耕地利用转型的理论与实践

宋小青 著

科 学 出 版 社
北 京

内 容 简 介

本书构建了格局与功能互馈的土地利用转型理论框架，明确耕地利用转型的研究路径，据此比较分析了19个典型案例国家和我国耕地利用转型态势，揭示了我国耕地利用转型的基本路径以及生物灾害脆弱性新问题。本书立足我国国情，提出了通过耕地多功能管理开展耕地利用转型调控的实践路径。

本书可作为地理学、土地科学、城乡规划、生态学、景观科学等相关专业科研人员、大学本科和研究生的阅读资料，也可为在自然资源管理、国土空间规划治理等相关领域工作的技术人员、管理人员提供参考。

审图号：GS（2022）937号

图书在版编目（CIP）数据

耕地利用转型的理论与实践 / 宋小青著. —北京：科学出版社，2022.7
ISBN 978-7-03-072629-2

Ⅰ. ①耕… Ⅱ. ①宋… Ⅲ. ①耕地利用–研究–中国 Ⅳ. ①F323.211

中国版本图书馆CIP数据核字（2022）第111619号

责任编辑：董 墨 赵 晶 / 责任校对：郝甜甜
责任印制：吴兆东 / 封面设计：无极书装

科学出版社出版
北京东黄城根北街16号
邮政编码：100717
http://www.sciencep.com

北京九州迅驰传媒文化有限公司印刷
科学出版社发行 各地新华书店经销
*
2022年7月第 一 版 开本：720×1000 B5
2024年9月第二次印刷 印张：17 3/4
字数：310 000

定价：138.00元

（如有印装质量问题，我社负责调换）

序　一

对事物发展规律简单明了的概括，无疑是学术研究的一种追求。

在土地利用变化研究领域，“转型”就属于这样一种概括。起初，概括的是国家层面森林总面积从净减少到净增加的趋势性转折现象，即“森林转型”。一个国家森林面积的增减，通常对应于耕地面积的收缩与扩张。随着经济社会历史的演进，耕地恰恰与林地在规模变化上经历了相反的过程。传统农业时代的拓荒常常是蚕食森林的过程，而工业化城市化阶段农业的退缩又给森林让出了空间。于是，用“转型”概括的，就不只是林地了。

后来，学者们发现乡村建设用地在一定区域内的总面积也存在这种转型现象。鉴于区域内各类土地间总是此消彼长的关系，还有学者把一个国家各类土地间这种耦合的整体变化概括为“土地利用转型”。不过，“森林转型”也好，“土地利用转型”也罢，说的都是土地面积的变化。或者说，讨论的是土地资源数量的问题。本书作者，则开拓了一个新的研究领域，即对土地功能转型的探索。

作为人类社会的重要自然资源，土地所具有的功能或提供的产品和服务，远不止一种。这对本书讨论的耕地来讲，体现得更为突出。随着经济社会历史的演进，无论社会还是农户，对多项耕地功能的需求都在发生着趋势性变化。比如在社会层面，近年来我们见证了粮食之外蔬果和高端园艺产业的大规模扩张，观光采摘和休闲农业的快速发展，还有保护性耕作、生态农业措施的广泛实践，等等；在农户层面，耕地的生产资料功能强化，而社会保障功能衰减。如果说森林转型假说主要是帮助我们把握生产、生活与生态空间竞争的规律性，那么耕地功能转型的研究会让我们看到更多方面的竞争和冲突，进而提出更多有意思的研究课题。

了解耕地本身具有的多功能性和耕地功能转型背后的原因，有助于走出土地问题的认识误区。眼下耕地“非粮化”吵得很热。如果从功能转型的视角来看，部分耕地转向其他作物种植，正是农业呼应社会需求的结果，也是对耕地更多功能的开发。就像“粮食安全”理念应该让位于更全面也更贴近现实需求的“食物安全”理念一样，应该从食物安全、生态安全、农民增收等多目标综合协调的角度，在不破坏耕地粮食生产功能的条件下，鼓励多种经营。

在讨论耕地问题的著作中，本书无疑是理论性较强的一本。但是本书并未停留在理论探索上。作者没有把土地利用转型看成是现实中一种宿命的、一成不变的客观规律，而是认为可以调控，可以管理。这与提出森林转型假说的西方学者的认识显然不同，后者只是希望自己的假说能够解释现实。在本书的最后一章，作者提出了如何通过多功能管理调控耕地利用转型的思路，一份“经世致用”的热忱，跃然纸上。

李秀彬

2022 年 7 月 6 日于北京

序　二

耕地具有为人类提供丰富的健康食物和生态、景观、文化服务等功能。随着经济社会发展，人类对耕地的属性、功能的认识也日益深入。耕地含有全部的土壤要素和与之关联的其他自然要素，为生物生长和农业生产提供生境条件。同时，耕地也表现出空间结构、景观格局、地域文化等多种形态。人们在开发利用耕地满足生活、精神需求的过程中，耕地利用呈现出规律性变化。在不同的发展阶段，耕地利用往往呈现多次、多样的转型。有关耕地利用转型的研究已成为地理学、土地科学、农业科学、生态学、经济学、社会科学等多个学科领域的研究重点。

我国人口多、地域广阔，但是耕地资源相对不足、空间分异特征明显，同时，农耕文明历史悠久并且具有独特的发展历程。这些都为耕地开发利用变化研究提供了丰富的情景。近年来，我国耕地生产性开发利用达到了前所未有的强度，在满足人们生活必须的农产品需求方面发挥了重要的作用。同时也带来了一系列诸如耕地质量退化、生态功能退化、环境健康等问题。推进建设生态文明、建设美丽中国、乡村振兴、共同富裕等一系列国家战略政策的实施，激发了耕地的多功能性，增强了耕地利用转型需求。系统开展耕地利用转型研究意义重大。

作者长期以来围绕耕地多功能性以及耕地利用转型开展学习和研究，具有较好的理论和实践基础，取得了多项代表性科研成果。本书从耕地利用转型的基本概念、理论阐述、国内外耕地利用转型发展等方面，探讨了耕地利用转型的理论方法、特征、规律、驱动机制以及与之相关的生物灾害脆弱性问题，对我国新时期耕地利用转型的调控政策制定具有较强的参考性和指导性意义。

我国耕地利用转型研究起步时间不算长。由于耕地利用转型问题的复杂性、系统性和区域性特点，迫切需要多学科参与，在理论、方法、过程机理和应用研究方面予以突破。本书的出版可供从事相关研究的科技工作者、政府决策者和相关专业学习的学生参考和讨论，通过启发和相互促进，推动这一研究的发展。

欧阳竹

2022 年 7 月 12 日于北京

前　言

耕地是保障食物安全的基础资源、维持农户生计的重要资产、促进经济稳定发展的基础载体、维持乡村生物多样性的关键生境和改善乡村人居环境的重要介质。耕地保护向来是世界各国自然资源管理的核心议题。我国已建立了世界上最严格的耕地保护制度，在地块尺度划定落实了永久基本农田保护红线。尽管如此，由于我国目前正处于耕地利用转型期，耕地保护仍然面临重大挑战。例如，城乡建设、农业结构调整引起的耕地快速消耗仍在持续，以华北“杨上粮下”、华南“占田植桉”、长江中下游“双改单”、西南“洗脚上田”为典型代表的耕地边际化局面尚未得到根本扭转，以东北黑土流失和土壤污染为典型代表的耕地退化还在加剧，气候变化引起的区域农业自然资源脆弱性还在增强。对此，迫切需要准确把握转型期耕地利用变化的趋势与规律，推动耕地保护创新发展。

与经典的土地利用变化研究相比，土地利用转型研究更能在区域尺度把握土地利用变化趋势与规律。21世纪初，土地利用转型研究经中国科学院地理科学与资源研究所龙花楼研究员引入国内后，与我国土地利用管理重大问题不断结合，研究领域逐步拓展到耕地及城乡建设用地利用转型，引起了社会及决策层的广泛关注。本书分为8章，是作者在国际土地利用转型研究的启发之下，在耕地利用转型理论以及耕地利用转型态势、机理和调控研究方面形成的阶段性成果。讨论的重点如下：

第1章凝练我国经济社会发展中耕地保护面临的重大现实问题及其症结，并以此提出耕地利用转型的迫切要求；

第2章在回溯土地利用转型研究缘起的基础上，构建土地利用转型研究框架，结合耕地多功能与耕地功能管理的理论解释，明确耕地利用转型的格局和功能两条研究路径；

第3章比较分析发达国家耕地利用转型态势，总结耕地利用转型的基本规律以及对我国耕地利用转型可资借鉴的先进经验；

第4章验证耕地资源开发强度内部结构演化的阶段性假说，揭示中华人民共和国成立以来耕地资源开发强度阶段演化特征及机理，为探索我国耕地利用转型趋势和规律奠定基础；

第5章从格局和功能两个角度定量刻画我国耕地利用转型的总体态势，研判耕地利用转型的总体阶段与主要问题；

第6章验证诱致性生产替代驱动的耕地利用功能转型假说，以广东省为例，揭示耕地利用类型结构、投入结构和种植结构演变对耕地利用功能转型的决定作用；

第7章关注耕地利用转型中的生物灾害脆弱性问题，构建“经济社会环境—耕地利用活动—生物灾害反馈—灾害防治应对”社会生态交互逻辑，以期以耕地利用转型为纽带建立市场与社会、生态系统的关联；

第8章探索我国耕地多功能管理的实践路径和突破口，提出耕地多功能统筹发展的分区任务和耕地多功能管理层次机制体系，以期发挥耕地多功能管理对调控我国耕地利用转型的“杠杆”作用。

由于作者的学识有限，本书难免有疏漏之处，敬请读者批评、指正。

宋小青

2022年3月15日于武汉南望山庄博士后公寓

目　　录

第1章 研究背景

耕地利用转型研究的宗旨在于推动耕地保护创新发展，增进可持续发展能力，这就对研判耕地保护问题和需求提出了要求。改革开放以来，社会各界对耕地保护问题的讨论日益激烈，学术界对这一问题的分析莫衷一是。对此，本章旨在凝练我国经济社会发展中耕地保护面临的重大现实问题及其症结，并以此提出耕地利用转型的迫切要求。

1.1 耕地保护重大现实问题

耕地乃土地之精华，是实现“无贫穷”“零饥饿”“清洁饮水和卫生设施”“可持续城市和社区”“负责任消费和生产”“气候行动”“水下生物”“陆地生物”等联合国可持续发展目标（United Nations Development Programme，2015）的关键资源环境要素，已成为我国保障食物安全与解决“三农”问题的基础资源以及保障区域生态安全与改善人居环境的基础要素。保护耕地是我国自然资源管理的首要任务。我国确立了“十分珍惜、合理利用土地和切实保护耕地”的基本国策，实施了世界上最严格的耕地保护制度，建立了耕地数量、质量、生态三位一体保护体系。然而，耕地保护问题至今依然普遍存在。

1. 耕地需求无序竞争

我国耕地无序竞争表现为粮食生产、农业结构调整、生态保护与耕地非农化尤其是其过度性损失之间的竞争。庞大的人口规模、日益提升的生活水平以及粮食单产潜力约束共同决定了粮食生产对耕地的首要刚性需求。然而，种粮比较效益低下的局面迄今仍未从根本上改变。农业结构调整仍然是农民增收的重要途径，保障生物能源生产用地也是现实所需，二者共同导致耕地被大量转用。同时，耕地非农化导致大量优质耕地非逆转性流失，甚至因忽视耕地非市场价值造成了大量过度性损失（曲福田等，2004；曲福田和谭荣，2010；谭荣和曲福田，2006；Tan et al.，2011）。当前，非土地要素对土地的替代能力仍然较低。加之宜建空间狭小及其与耕地分布高度重合，耕地非农化难以迅速趋缓。此外，在短期利益驱使下，各地倾向于争取较少的耕地保有量和较多的新增建设用地占用耕地指标。地方政府之间及其与中央政府之间的博弈，造成了诸如耕地占优补劣、基本农田“上山下水进房”（刘文甲，2006；黄征学和黄凌翔，2019）等问题。

2. 耕地边际化

耕地边际化即现存社会经济结构下，受社会、经济、政治及环境因素驱动，特定区域内耕地停止其当前利用活动的过程（Baldock et al.，1996；Lasanta et al.，2017；Prishchepov et al.，2013；Renwick et al.，2013），通常表现为耕地利用投入下降、撂荒或弃耕、土地所有权转移或重组以及耕地非农化等。我国耕地边际化迹象曾在1987年前后出现，并在1991年、1996年前后表现明显（刘成武和李秀彬，2006）。伴随着2004年前后“刘易斯拐点”的到来（Cai，2008；Zhang et al.，2010；蔡昉，2008），以追求农户劳动生产率最大化为动因的耕地边际化普遍发生（李升发和李秀彬，2018；李升发等，2017；黄利民等，2008；田玉军等，2009；Li S F and Li X B，2017；Tan et al.，2021；Wang et al.，2020）。尽管惠农政策实施、永久基本农田保护红线划定在一定程度上抑制了耕地边际化进程，但由于农资价格上涨及劳动力成本持续上升，农民纷纷“洗脚上田”（李旭鸿，2011；田玉军等，2009），耕地边际化呈蔓延态势。耕地边际化对农业生产、粮食安全及农民利益构成直接威胁，而且通常与农业边际化、农村聚落边际化交互影响，从而制约乡村可持续发展（Brouwer et al.，2008；Gao et al.，2017；Liu et al.，2014；Liu and Li，2017；Zhang et al.，2016）。

3. 耕地生态系统退化

我国耕地生态系统退化表现在以下三方面：①农业高强度集约经营引起耕地生态系统承载能力下降甚至承载极限被突破。以化学物质大量使用、漫灌、浅耕为主要特征的“重利用、轻管护”的耕地利用方式，导致耕地土壤板结、地力退化。而且，化肥的长期过度使用已导致耕地土壤严重酸化甚至污染水体和空气（Guo et al.，2010，2018，2020）。②农业专业化生产导致耕地利用均质化。例如，近年来，农户大棚种植的快速发展导致村落、乡（镇）等尺度上耕地利用方式、集约度及耕作景观明显均质化（Ge et al.，2019）。③人类建设活动干扰，尤其是线形交通基础设施及点状农村居民点建设扩张导致耕地破碎化（Cheng et al.，2015；Jiang et al.，2021；Su et al.，2011）。

耕地生态系统退化的主要影响包括：①耕地质量下降，导致商品性生产功能衰退；②非商品性生产功能，如生态功能的退化，导致耕地利用负的外部性增强；③对区域生态环境安全构成威胁（宋小青和欧阳竹，2012a）。

1.2 耕地保护现实问题的症结

从以上问题可以看出，当前耕地保护模式已难以解决经济社会快速发展中的耕地保护问题。现实呼唤学术界亟须立足新的视角，重新审视耕地保护模式。这一新视角的产生务必要以梳理上述看似独立的耕地保护问题间的内在逻辑为起点。①在新古典经济学思想的支配下，土地单功能利用被认为是最富经济效率的土地利用方式。受不断增长的生存与发展需求驱使，片面追求商品性生产功能增长的退耦化生产、不断增加土地利用单元及其规模成为土地单功能利用的两大策略。前者直接导致非商品性生产功能退化甚至耕地生态系统承载极限突破，后者导致耕地利用均质化与耕地破碎化。二者共同促成了耕地生态系统退化。②鉴于土地总量有限性与空间位置的不可移动性，土地利用单元及其规模不断增加必然导致建设用地扩张、农业生产及生态保护对耕地的无序竞争。③耕地生态系统退化导致耕地商品性生产功能衰退。土地利用单元及其规模不断增加导致特定用途土地的无租边际点与不同用途土地的转移边际点发生空间位移，从而打破土地利用空间均衡（李秀彬，2002；张伟等，2009），二者共同促成耕地边际化（图1-1）。

以上分析表明，受新古典经济学理论支配的土地单功能利用是导致当前我国耕地保护现实问题的关键所在。我国耕地保护明显表现为耕地单功能管理模式。这种模式的显著特点是缺乏耕地利用外部性内部化的制度设计。

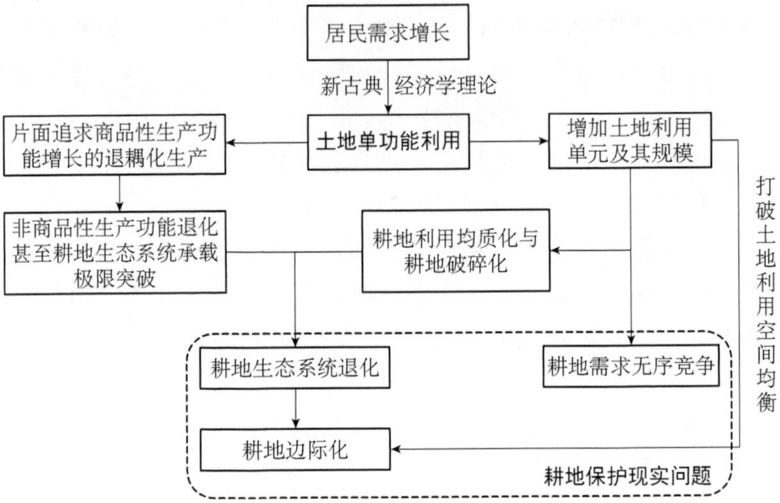

图1-1 耕地保护现实问题的综合分析框架（宋小青和欧阳竹，2012a）

1.3 耕地利用转型的迫切要求

耕地功能需求是耕地利用的内生动力与归宿。随着经济社会发展，城乡居民生活水平及土地意识逐步提高，耕地功能需求随之逐步强化、多样化、高端化，由此带动耕地保护必将向不断完善耕地利用外部性内部化机制的耕地多功能管理转型。

当前经济社会发展转型时期，我国耕地保护对保障国家食物安全、维护区域生态安全、促进城乡统筹发展以及提升农业发展活力具有关键作用（蔡运龙，2001；宋小青和欧阳竹，2012a），由此决定了耕地功能的多元化发展态势。我国《生态文明体制改革总体方案》明确指出，构建国土空间开发保护制度并着力解决优质耕地占用过多、生态破坏、环境污染等问题，明确耕地保护边界，建立耕地休养生息制度，完善最严格的耕地保护制度和耕地质量保护法律法规。因此，回归生存与发展的需求本质，更加注重节约资源、协同提升多元功能体现着城乡居民的耕地功能需求导向（宋小青和欧阳竹，2012b）。立足耕地多功能这一视角，探索实施耕地多功能管理，推动耕地向城乡居民需求发展方向转型，也可能成为我国耕地保护的创新之路。

捕捉耕地变化的脉络是实施耕地多功能管理的基本前提，这也意味着需要探寻捕捉这种脉络的有效工具。值得注意的是，人类社会伴随土地利用变化而发展，透过土地利用这面镜子（Tuan，1971），经济社会发展变迁往往映射出相应的土地利用变化脉络。工业革命以前，由于土地利用活动干扰强度有限，这种映射一直作为人地系统潜在的运行规则并未被揭示。但工业革命以来，土地利用对土地覆被的显著改变引起了科学界对这种映射的普遍关注与强烈反思（Foley et al.，2005；Houghton，1994；Matson et al.，1997；Turner et al.，1994，2007；Vitousek et al.，1997）。作为追踪这种映射关系的典型工具，土地利用转型研究于20世纪90年代在反思浪潮中逐渐兴起，并发展成为当前土地变化科学领域的热点前沿。从可持续发展观点来看，转型包含社会、经济、生态三大彼此关联的维度。转型不是自然法则，转型的模式、路径并非一成不变。对于决策者而言，转型的程度、速度均可通过政策干预而调控（Martens and Rotmans，2002；Long and Qu，2018；Long，2020；李灿，2021）。那么，土地利用政策理应可以引导土地利用向符合人类需求的方向转变。事实上，全球陆地计划（Global Land Project，GLP）已将土地功能变化与制度演化的耦合纳入了土地系统的研究范畴（Global Land Project，2005）。因此，耕地利用转型研究将有助于创新耕地保护政策，进而引领耕地保护走向耕地多功能管理实践。

参考文献

蔡昉. 2008. 刘易斯转折点——中国经济发展新阶段[M]. 北京：社会科学文献出版社.

蔡运龙. 2001. 中国农村转型与耕地保护机制[J]. 地理科学，21（1）：1-6.

黄利民，张安录，刘成武. 2008. 农地边际化进程理论和实证研究[J]. 生态经济，8：28-32.

黄征学，黄凌翔. 2019. 国土空间规划演进的逻辑[J]. 公共管理与政策评论，8（6）：40-49.

李灿. 2021. 区域土地利用转型诊断与调控的分析路径[J]. 地理研究，40（5）：1464-1477.

李升发，李秀彬. 2018. 中国山区耕地利用边际化表现及其机理[J]. 地理学报，73（5）：803-817.

李升发，李秀彬，辛良杰，等. 2017. 中国山区耕地撂荒程度及空间分布——基于全国山区抽样调查结果[J]. 资源科学，39（10）：1801-1811.

李秀彬. 2002. 土地利用变化的解释[J]. 地理科学进展，21（3）：195-203.

李旭鸿. 2011-10-27. 十年后，谁来种地[N]. 光明日报，https://epaper.gmw.cn/gmrb/html/2011-10/27/nw.D110000gmrb_20111027_1-16.htm[2022-06-13].

刘成武，李秀彬. 2006. 对中国农地边际化现象的诊断——以三大粮食作物生产的平均状况为例[J]. 地理研究，25（5）：895-904.

刘文甲. 2006-03-22. 平地建城植树，基本农田上山[N]. 中国自然资源报，003版.

曲福田，冯淑怡，诸培新，等. 2004. 制度安排、价格机制与农地非农化研究[J]. 经济学季刊，4（1）：229-246.

曲福田，谭荣. 2010. 中国土地非农化的可持续治理[M]. 北京：科学出版社.

宋小青，欧阳竹. 2012a. 耕地多功能内涵及其对耕地保护的启示[J]. 地理科学进展，31（7）：859-868.

宋小青，欧阳竹. 2012b. 中国耕地多功能管理的实践路径探讨[J]. 自然资源学报，27（4）：540-551.

谭荣，曲福田. 2006. 中国农地非农化与农地资源保护：从两难到双赢[J]. 管理世界，12：50-59，66.

田玉军，李秀彬，辛良杰，等. 2009. 农业劳动力机会成本上升对农地利用的影响——以宁夏回族自治区为例[J]. 自然资源学报，24（3）：369-377.

张伟，张宏业，张义丰，等. 2009. 对土地竞租曲线形态及其变化的再认识[J]. 地理科学进展，28（6）：905-911.

Baldock D，Beaufoy G，Brouwer F，et al. 1996. Farming at the Margins：Abandonment or Redevelopment of Agricultural Land in Europe[M]. London：IEEP and LEI-DLO.

Brouwer F，Rheenen T V，Dhillion S S，et al. 2008. Sustainable Land Management：Strategies to Cope with the Marginalisation of Agriculture[M]. Cheltenham：Edward Elgar Publishing Ltd.

Cai F. 2008. Approaching a Triumphal Span：How Far is China Towards Its Lewisian Turning Point? [R]. Helsinki：the United Nations University World Institute for Development Economics Research.

Cheng L，Xia N，Jiang P H，et al. 2015. Analysis of farmland fragmentation in China modernization demonstration zone since "reform and openness"：a case study of South Jiangsu province[J]. Scientific Reports，5：11797.

Foley J A，de Fries R，Asner G P，et al. 2005. Global consequences of land use[J]. Science，309（22）：570-574.

Gao X S，Xu A Q，Liu L，et al. 2017. Understanding rural housing abandonment in China's rapid urbanization[J]. Habitat International，67：13-21.

Ge D Z，Wang Z H，Tu S S，et al. 2019. Coupling analysis of greenhouse-led farmland transition and rural transformation development in China's traditional farming area：a case of Qingzhou City[J]. Land Use Policy，86：113-125.

Global Land Project. 2005. Science Plan and Implementation Strategy[R]. Stockholm：IGBP Report No.53/IHDP Report No.19. IGBP Secretariat.

Guo J H，Liu X J，Zhang Y，et al. 2010. Significant acidification in major Chinese croplands[J]. Science，327（19）：1008-1010.

Guo X，Li H Y，Yu H M，et al. 2018. Drivers of spatio-temporal changes in paddy soil pH in Jiangxi Province，China from 1980 to 2010[J]. Scientific Reports，8：2702.

Guo Y X，Chen Y F，Searchinger T D，et al. 2020. Air quality，nitrogen use efficiency and food security in China are improved by cost-effective agricultural nitrogen management[J]. Nature Food，1：648-658.

Houghton R A. 1994. The worldwide extent of land-use change[J]. BioScience，44（5）：305-313.

Jiang P H，Chen D S，Li M C. 2021. Farmland landscape fragmentation evolution and its driving mechanism from rural to urban：a case study of Changzhou City[J]. Journal of Rural Studies，82：1-18.

Lasanta T，Arnáez J，Pascual N，et al. 2017. Space-time process and drivers of land abandonment in Europe[J]. CATENA，149（3）：810-823.

Li S F，Li X B. 2017. Global understanding of farmland abandonment：a review and prospects[J]. Journal of Geographical Sciences，27（9）：1123-1150.

Liu Y S，Fang F，Li Y H. 2014. Key issues of land use in China and implications for policy making[J]. Land Use Policy，40：6-12.

Liu Y S，Li Y H. 2017. Revitalize the world's countryside[J]. Nature，548：275-277.

Long H L，Qu Y. 2018. Land use transitions and land management：a mutual feedback perspective[J]. Land Use Policy，74：111-120.

Long H L. 2020. Land Use Transitions and Rural Restructuring in China[M]. Singapore：Springer Nature.

Martens P，Rotmans J. 2002. Transitions in a Globalising World[M]. Lisse Exton：Swets & Zeitlinger Publishers.

Matson P A，Parton W J，Power A G，et al. 1997. Agricultural intensification and ecosystem properties[J]. Science，277（25）：504-509.

Prishchepov A V，Müller D，Dubinin M，et al. 2013. Determinants of agricultural land abandonment in post-Soviet European Russia[J]. Land Use Policy，30（1）：873-884.

Renwick A，Jansson T，Verburg P H，et al. 2013. Policy reform and agricultural land abandonment in the EU[J]. Land Use Policy，30（1）：446-457.

Su S L，Jiang Z L，Zhang Q，et al. 2011. Transformation of agricultural landscapes under rapid urbanization：a threat to sustainability in Hang-Jia-Hu region，China[J]. Applied Geography，31（2）：439-449.

Tan R，Qu F T，Heerink N，et al. 2011. Rural to urban land conversion in China-How large is the over-conversion and what are its welfare implications[J]? China Economic Review，22（4）：474-484.

Tan Y Z，Chen H，Xiao W，et al. 2021. Influence of farmland marginalization in mountainous and hilly areas on land use changes at the county level[J]. Science of The Total Environment，2021：149576.

Tuan Y F. 1971. Geography，phenomenology and the study of human nature[J]. The Canadian Geographer，15：181-192.

Turner II B L，Lambin E F，Reenberg A. 2007. The emergence of land change science for global environmental change and sustainability[J]. Proceedings of the National Academy of Sciences of the United States of America，104（52）：20666-20671.

Turner II B L，Meyer W B，Skole D L. 1994. Global land-use/land-cover change：towards an integrated program of study[J]. AMBIO，23（1）：91-95.

United Nations Development Programme. 2015. Sustainable development goals[N]. https://www.cn.undp.org/content/china/en/home/sustainable-development-goals.html[2022-06-13].

Vitousek P M，Mooney H A，Lubchenco J，et al. 1997. Human domination of earth's ecosystems[J]. Science，277（25）：494-499.

Wang Y H，Li X B，Xin L J，et al.2020. Farmland marginalization and its drivers in mountainous areas of China[J]. Science of The Total Environment，719（1）：135132.

Zhang X B，Yang J，Wang S L. 2010. China has reached the Lewis turning point[R]. http://www.ifpri.org/sites/default/files/publications/ifpridp00977.pdf[2022-06-13].

Zhang Y，Li X B，Song W，et al. 2016. Land abandonment under rural restructuring in China explained from a cost-benefit perspective[J]. Journal of Rural Studies，47：524-532.

第 2 章 耕地利用转型理论研究

相比于经典的土地利用变化研究，土地利用转型研究更能在区域尺度把握土地利用变化的趋势与规律。但是，土地利用转型与土地利用变化的研究一直存在混淆，而且前者的理论研究十分不足，这就导致耕地利用转型研究的理论根基缺失。对此，本章首先阐明学术立场，然后在回溯土地利用转型研究缘起的基础上，构建土地利用转型研究框架，结合耕地多功能与耕地功能管理的理论解释，明确耕地利用转型的格局和功能研究路径。

2.1 学术立场

2.1.1 学术倾向

可持续经济学是20世纪90年代以来在环境与资源经济学、生态经济学基础上，综合行为理论、实验经济学等知识发展而来的。它代表着经济学理论的进步，更标志着人类发展理念的更新。环境与资源经济学、生态经济学都是从经济可持续发展的角度研究人类、经济与环境间的关系问题。其中，前者遵循新古典经济学思想，侧重于解决外部性问题以获得经济持续发展，并且认为自然资本可以被人造资本替代，从而追求弱可持续性；后者采用多元化研究方法，主张经济发展应置身并依赖于生态系统，认为至少一部分自然资本不能被替代，从而追求强可持续性（Dietz and Neumayer，2007）。视角的差异导致二者日益分化。然而，行为及实验经济学的发展、多学科交叉方法的融入使这种分化趋于同化（Venkatachalam，2007），并逐步形成了可持续经济学。

可持续经济学聚焦于通过多学科交叉方法研究人类与自然的关系，并将未来的不确定性纳入考察范畴。规范性导向即满足人类的需求和需要，以及追求代内、代际和对待自然的公平性是可持续经济学最显著的特征。联合生产是实现这种规范性目标的重要概念。此外，可持续经济学还关注认知和管理需求，即为获得以上规范性目标的行动提供知识和指导（Baumgärtner and Quaas，2010a，2010b）。

本章旨在建立能够指导探索耕地乃至土地利用转型规律和制定调控转型的理论框架。土地利用转型与城乡居民认知、土地利用及各项管理行为存在紧密的内在联系。土地利用转型调控并不只是简单地按照预定转型目标优化土地资源配置，还需要明晰土地的功能内涵，提高公众对土地功能及其变化的认知，优化土地利用转型的制度与社会环境。这就要求立足土地利用角度，遵循生态经济学基本观点（Darwin et al.，1996），采用环境与资源经济学等学科研究方法，综合耕地利用及保护利益相关方的需求开展土地利用转型研究。因此，可持续经济学应当是土地利用转型研究需要遵循的学术倾向。

2.1.2 前提假设

从可持续经济学研究范式出发（钟茂初，2006），对城乡居民价值追求做出以下假设：城乡居民的土地需求涵盖物质、人文与生态三方面，追求福利最大化是城乡居民土地利用的目标。城乡居民不是纯粹的理性“经济人”。城乡居民的土地功能认识差异是福利最大化目标产生差异的根本原因。

2.1.3 基本观点

城乡居民生存与发展需求及其演变的多样性、层次性决定了土地功能的多元化及演变的阶段性。土地利用、耕地保护都应充分考虑这一特征，统筹管理土地的多元功能，而不是机械式、片面地关注土地尤其是耕地的数量、质量和生态问题。这就意味着，有必要在把握土地功能演变规律的基础上，引导土地向符合城乡居民生存与发展需求的方向演变。

土地变化是土地系统对土地利用行为的响应，而土地利用行为受土地功能需求驱使，有必要立足土地功能需求，规制土地利用行为，实现土地变化调控。这就意味着，土地利用转型调控理应是可行的。值得注意的是，土地利用行为是土地利用主体在特定地域文化背景与制度环境下对土地功能需求的响应。因此，土地利用转型调控需从多学科、多维度统筹考虑。

2.2 土地利用转型研究框架

2.2.1 土地利用转型研究缘起

1. 森林转型假说的缘起

从百年尺度来看，人口增长导致耕地面积迅速扩张。例如，1900～1990 年全球人口增长236%，耕地面积增长56%（Braimoh and Vlek，2008）。而耕地扩张导致以热带雨林为代表的自然生态系统大量减少（Laurance et al.，2014；Zalles et al.，2021）。与此相伴的是，生物多样性损失（Zabel et al.，2019）、水土流失、全球碳循环显著改变（Foley et al.，2005；Frank et al.，2018；Hong et al.，2021；Houghton，1994，2018；Maxwell et al.，2019；Qiu et al.，2021；Vitousek et al.，1997）。21世纪，人口增长与城市化进程将继续加快，食物、木材及居住空间需求将进一步提升。那么，森林未来将如何变化？与此紧密联系的经济社会及生态系统能否持续？由此引发了20世纪80年代末以来地理学家对森林变化及其驱动机制的广泛讨论。

在多数学者集中讨论森林砍伐的经济机制以及对可持续性的影响之时，苏格兰阿伯丁大学地理学家Mather通过观察欧美等发达国家和地区的森林变化，于 20 世纪 90 年代初率先提出了森林转型（forest transition or forest-area transition）假说（Mather，1992），即森林面积随着经济社会发展由持续减少转而扩张。同时指出，森林转型是森林砍伐速率下降与森林恢复速率上升综合作用的结果。人口增长率下降与农业技术进步导致的农地扩张减缓及劣质农地退耕、木材需求增长与城镇人口增长导致的森林美学及休闲价值提升是森林转型的主要原因。

2. 土地利用转型研究的兴起

从土地利用/土地覆被变化（land-use and land-cover change，LUCC）研究到全球陆地计划（Global Land Project，GLP），再到近年来在二者基础上兴起的土地变化科学（land change science，LCS）（Turner et al.，2007），国际土地变化研究凝聚了以下共识：①土地变化研究是全球环境变化及可持续性研究的重要组成部分，但缺乏统一的理论指导（Lambin and Veldkamp，2005）；②从时间尺度来看，历史的土地利用对生态系统的未来变化具有重大影响（Dong et al.，2018；Foster et al.，2003；Osburn et al.，2021；Perring et al.，2016）；③从空间尺度来看，土地变化的遥相关机理意义重大（Güneralp et al.，2013；Seto et al.，2012；孙晶等，2020）。因此，有必要厘清土地变化的时空脉络，探索土地变化理论。土地利用转型研究在此需求下快速发展，从而促进了土地变化科学理论基础的形成（Turner et al.，2007）。

经过持续努力，全球环境变化与可持续性研究学界一致认为，应当从“人类-环境”耦合系统视角开展土地利用/土地覆被变化研究。21世纪初，土地变化科学作为全球环境变化与可持续性研究的基本内容应运而生，其旨在：①观测并监测全球范围的土地变化；②从“人类-环境”耦合系统角度理解土地变化的机制；③模拟土地变化；④综合研究与评估土地变化的结果。土地利用转型代表土地变化科学研究的第四大目标（Turner et al.，2007），这正是其能够作为一项科学理论得以提出的重要原因。除此之外，土地利用转型理论的提出还得益于土地利用转型概念的建立与机制的深化。

土地利用转型一词由Walker于1987年在分析欠发达国家森林砍伐时首次使用。森林在这些欠发达国家属于国家公有，伐木公司一般与政府签订为期1～40年的伐木合同。伐木工起初会砍掉一些树木以修建道路，随后逐步深入成熟林采伐。由于合同期较短，采伐结束后伐木工一般不会种植幼林。这些清理出用于修建道路的地块往往被伐木工遗弃。此后，农民会进入森林将砍伐过的地块开垦为农地并持续使用，森林由此萎缩。鉴于森林砍伐与采伐强度和人口增长有关，Walker（1987）从经济学角度构建土地利用转型模型，以分析合同期内采伐地被伐木工遗弃的条件，从而为森林采伐管制提供依据。显然，此时的土地利用转型是指采伐地被遗弃后经农民开垦为农地的过程，与土地用途转换同义。

在地理学领域，首次给出土地利用转型概念的则是致力于全球环境变化研究的英国利兹大学地理学家Grainger教授。Mather提出森林转型假说后，尚未待学术界全面阐释森林转型的机制，Grainger（1995a）便于1995年在Mather的启发下，从国家土地利用形态（national land use morphology）变化角度提出了土地利用转型（land use transition）概念。他认为，食物生产及居住空间扩张往往需要砍伐森林，尤其是在森林占多数国土面积的国家（forested countries），森林减少率是指示土地利用演化过程的关键指标。Mather的森林转型的确可以揭示人类-环境关系，但不足以分析和模拟全球环境变化。其原因在于，森林转型建立在对森林面积变化分析基础之上，而且森林面积减少停止后可能在一段时间内保持稳定，待土地利用转型结束才转而扩张。也就是说，森林转型可能滞后于土地利用转型（Grainger，1995a，1995b）。此时的土地利用转型是指国家土地利用形态的转变过程。而国家土地利用形态是指某一时点一国主要土地利用类型和自然植被组成的总体格局。它可以通过土地利用图或土地利用数量结构简化表达（Grainger，1995a）。显然，与Mather的森林转型显著不同的是，Grainger建立的国家土地利用形态不仅揭示土地面积的变化过程，并且具有如下特征：①地理连续统一体。它是由土地利用类型及自然植被组成的连续统一体。②动态性。它是人类社会与自然环境交互作用、不断变化的结果。③限制性。它形成于一定地域边界即国家范围内（Grainger，1995a）。

尽管Grainger更为深入地呈现了土地利用形态的内涵，但在其后一段时间，科学界并不热衷于遵循他提出的从形态学视角开展转型研究，而是聚焦于验证Mather的森林转型假说（Bae et al.，2012；Kauppi et al.，2006；Mather et al.，1999；Mather and Needle，1998；Meyfroidt and Lambin，2009；Palo and Vanhanen，2000；Yeo and Huang，2013；Zhang，2000；何威风等，2016）。森林转型因地区而异，总体上分为“森林稀缺路径”与“经济增长路径”两种模式（Rudel et al.，2005；李秀彬和赵宇鸾，2011）。前者与木材市场需求增长、洪水等自然灾害和生态退化倒逼的造林政策等有关，是森林转型的积极机制；后者与经济全球化和局地市场因素共同作用导致的农村劳动力转移、农业技术进步与农地集约经营等有关，是森林转型的被动机制。这两种模式下，森林转型证实了人类社会对生态系统或经济系统的反馈或动态关联。由此，Lambin和Meyfroidt认为，土地利用转型的解释框架可以综合为“社会-生态负反馈”或“社会-经济动态”。前者是指生态系统服务供给下降或关键资源耗竭引起的自然覆被如森林向人工生态系统转换趋缓甚至转而恢复，是土地利用转型的内生动力。后者是指独立于生态系统之外的经济现代化、不同类型土地的地租相对变化、土地所有制结构变化、全球贸易发展等所致的自然恢复，是土地利用转型的外生动力（Lambin and Meyfroidt，2010）。

众所周知，社会与经济系统的发展与变革依赖于人的价值观，是可预测、可调控的。既然土地利用转型与社会、生态、经济系统间紧密关联，那么社会和经济系统的变化必然映射到土地利用转型。这是不是意味着土地利用转型也可预测、可调控？Foley等（2005）和deFries等（2004）提出的土地利用转型阶段模型证实了这一点（图2-1）。随着人类社会发展，土地可能经历从史前的自然生态系统向疆土开垦、生计农业、逐步集约化和集约利用阶段转型（Foley et al.，2005；deFries et al.，2004）。诚然，转型不是自然法则，转型的程度、速度可以通过政策干预来调控（Martens and Rotmans，2002）。同时，土地利用转型也是土地利用冲突调解的结果。土地利用冲突差异必然引致土地利用转型的差异（龙花楼，2015）。因此，转型的模式、路径并非一成不变（Jepsen et al.，2015；Lambin and Meyfroidt，2010），并不是所有国家的土地都会按照图2-1所示的五个阶段逐次、线性地转型，部分国家可能在其中一些阶段经历相对更长的时间（Foley et al.，2005；de Fries et al.，2004）。然而，土地利用转型的总体趋势——从原始的自然生态系统向生计农业地域收缩趋于稳定，直至集约农业地域、城镇和保护性及休闲土地扩张趋于稳定地转型——是确定的、可预测的。

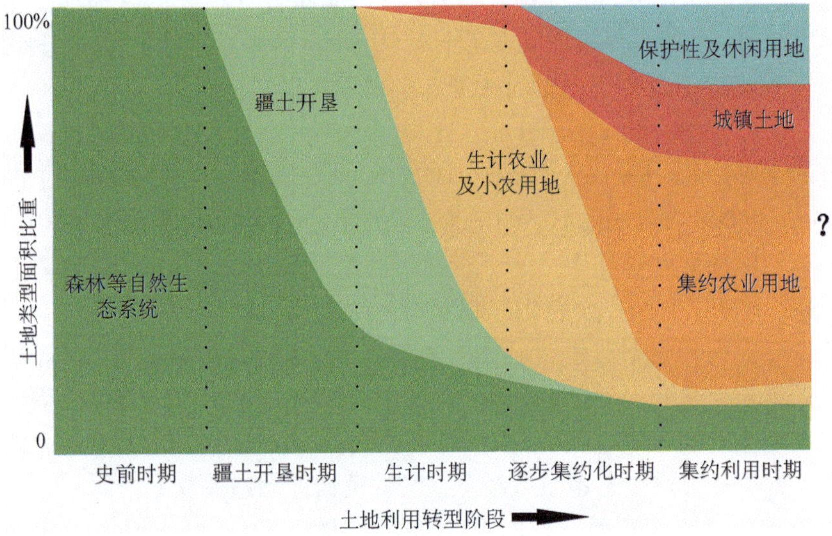

图2-1 土地利用转型阶段模型［修正自Foley等（2005）；deFries等（2004）］

3. 土地利用转型研究领域的拓展

从以上分析可以看出，土地利用转型研究起源于森林转型假说（Mather，1992）。与森林转型不同的是，Grainger建立的土地利用转型概念强调经济社会发展过程中国家土地利用形态的转变。Grainger提出这一概念后，国际学术界仍然热衷于国家层面的森林转型研究。21世纪初，土地利用转型作为LUCC研究的新途径由龙花楼教授引入国内（Long et al.，2007；Long，2020；龙花楼，2003；龙花楼和李秀彬，2002）。此后，这一研究方向与中国土地利用管理重大问题不断结合，其研究领域逐步拓展到地区尺度的耕地及城乡建设用地利用转型，引起了社会及决策层的广泛关注。

从研究目的来看，对于不同类型的土地，应当针对不同的土地管理目标来研究其转型过程。具体来看，森林转型之所以成为土地利用转型的研究焦点，是因为与森林转型关联的生态恢复和木材消费不仅事关森林转型国家的发展，而且与人类命运息息相关。基于这一认识，国际学术界聚焦于研究森林从持续收缩向扩张转型的过程。对于当前中国而言，城乡建设用地快速扩张与低效利用并存（Chen et al.，2016；Gao et al.，2022；Jiao et al.，2020；Yu et al.，2019；方创琳等，2017），耕地快速减少、破碎化、质量退化、边际化与高度集约利用并存，是现阶段中国土地利用管理的重大问题（Chen et al.，2014；Liu et al.，2014；李升发等，2017；李升发和李秀彬，2018）。随着城镇化发展持续推进，未来中国城乡建设用地扩张的态势如何，耕地保护的出路何在？①宅基地利用转型已经显现，即宅基地占建设用地增量的比重随着社会经济发展由高向低转型（Long et al.，2007；Qu et al.，2021a；龙花楼，2003；龙花楼和李秀彬，2002，2005），宅基地空间形态变化趋向规整化（Song and Li，2020）。城市近郊至乡村腹地，宅基地功能出现分化，其功能转型显现（Qu et al.，2021b；Zhu et al.，2014；高金龙等，2021）。随着经济增长与产业结构优化，建设用地扩张呈减缓态势（曲福田等，2001）并趋于极限（李效顺等，2011），建设用地利用转型成为节约集约用地的必然要求（陈昌玲等，2018；李牧等，2019；吕晓和史洋洋，2018；瞿诗进等，2020）。因此，城乡建设用地利用转型研究应当以合理管控土地开发强度、推进土地节约集约利用、提升城乡治理水平为目标，重点研究其从快速扩张向扩张趋缓甚至停滞的转型过程，如土地利用转型阶段模型所示的城镇土地利用转型（图2-1）。新奥尔良及开普敦等地城镇土地利用转型过程中的城镇治理也对此做出了预示（Ernstson et al.，2010）。②欧洲发达国家、日本、韩国、美国、加拿大等1961年以来的耕地变化态势表明，随着经济社会发展，耕地将由快速减少、破碎化、质量退化转而趋于稳定甚至恢复性增长、集中连片与多功能化（宋小青，2013）。这预示着耕地多功能管理主导的耕地利用转型将成为中国耕地变化的发展方向（宋小青和欧阳竹，2012a）。因此，中国耕地利用转型研究则应当以严格控制耕地流失、切实保障食物安全、促进农业转型为目标，重点研究耕地从快速流失向流失趋缓、停滞甚至恢复增长的转型过程，如土地利用转型阶段模型所示的生计农业及小农用地向规模化的集约农业用地转型（图2-1）。北美洲的大豆种植用地扩张（Anette and Nina，2011）以及经济发达国家耕地非农化趋缓（Azadi et al.，2011）则对此做出了预示。综上所述，鉴于特定土地管理目标，中国耕地及城乡建设用地利用转型研究具有重要价值。

从研究领域来看，森林转型从属于土地利用转型，尤其在森林占多数国土面积的国家，它是导致国家土地利用形态转变的重要原因。但正如Grainger（1995a，1995b）指出，森林转型可能滞后于土地利用转型。这主要由于森林收缩停止后，其他类型的土地如城镇土地可能仍然扩张，从而抑制了森林恢复增长。也就是说，城镇从快速扩张向扩张停滞转型决定了生态恢复的进程。从这一点来看，耕地及城乡建设用地利用转型应当成为重点研究领域。

从研究尺度来看，在Grainger（1995a）所处的时代，国家层面的土地利用数据和图件严重缺失，但国家是开展全球环境变化模拟以及集成全球社会经济统计数据的基本单元。这正是Grainger关注国家尺度土地利用形态的重要原因。不同的研究目的所依赖的研究尺度显然不同。宅基地利用转型便是针对中国建设用地迅猛扩张、农村宅基地规模庞大且低效利用突出问题，为盘活低效农村宅基地、遏制建设用地无序扩张，在长江沿线样带这一典型区域被提出的（Long et al.，2007；龙花楼，2003；龙花楼和李秀彬，2002，2005）。因此，土地利用转型的研究尺度应当涵盖地方、地区、国家乃至全球。

显然，土地利用转型研究已林立于国际土地变化科学的热点前沿领域（Global Land Project，2005；Messina，2020；Peter，2009；Rindfuss et al.，2004；Turner et al.，2007；Long，2020；Long et al.，2020，2021；龙花楼和陈坤秋，2021），且在国内取得了令人欣慰的成绩。国内学者已将土地利用转型的研究领域拓展至地区尺度的耕地及城乡建设用地利用转型方面。

2.2.2 土地利用转型的内涵解释

1. 土地利用转型的基本概念

根据Grainger的定义，考虑到地区尺度的耕地及城乡建设用地利用转型命题，将土地利用转型定义为：随着经济社会发展，一定地域的土地利用形态在长期变化过程中发生的趋势性转折，包括耕地、林地、城镇土地、宅基地等单一类型土地利用形态以及地域整体土地利用形态的趋势性转折。

深刻理解土地利用形态是阐释土地利用转型的关键。土地利用形态可以用土地利用图或土地利用数量结构表达（Grainger，1995a）。这实质上是考虑了土地利用的空间形态（或称土地利用格局）。土地利用是否还存在其他形态呢？Mather提出森林转型假说之初曾指出，转型之前原始森林砍伐导致生物多样性锐减，转型之后恢复扩张的森林并不足以同质替代被砍伐的原始森林。也就是说，伴随着森林转型，森林功能呈退化态势。这正是转型后的森林面积曲线峰值低于转型前峰值的原因（Mather，1992）。这就意味着，土地利用转型研究不仅应当重视土地利用格局，也应当重视土地利用功能。

通过以上分析，土地利用形态包括土地利用空间形态（或称土地利用格局）和土地利用功能形态。①土地利用格局属于显性形态（龙花楼，2012，2015），具体表现为土地利用的景观格局和经营格局。其中，景观格局是指不同规模、形状的单一类型土地斑块或不同规模、形状的不同类型土地斑块在地域空间的组合形式；经营格局是指一定地域内的单一类型土地或多种类型土地被不同主体经营后呈现出的土地-经营主体组合形式。②土地利用功能形态属于隐性形态（龙花楼，2012，2015），是指土地的不同功能的组合形式。土地利用功能具有供给或实证性和需求或规范性两方面的内涵。从供给或实证性角度来看，土地利用功能是土地利用活动的多种产出或效应，由这种活动的联合生产特性和土地的本身属性决定，不以人的价值观为转移。从需求或规范性角度来看，土地利用功能是人根据自身需要或土地利用目标赋予土地所应当承担的角色或作用，体现了土地利用主体的多元需求，以人的价值观为转移（宋小青和欧阳竹，2012a，2012b；宋小青等，2014）。

2. 土地利用转型与土地利用变化的内涵差异

土地利用转型与土地利用变化都体现为人类活动所导致的土地属性变化。然而，前者是后者演进到一定阶段的产物，往往与区域经济社会发展阶段相对应。二者在基本类型、时间尺度、空间尺度、价值主体、驱动因素、轨迹特征、结果/影响等方面具有显著差异。

（1）基本类型的差异。土地利用变化包括土地用途转换和集约度变化（李秀彬，2002）。土地利用转型包括土地利用格局的趋势性转折和功能形态的趋势性转折。

（2）时间尺度的差异。土地利用变化时刻都在发生。然而，为便于监测和统计，土地利用数据的获取频率往往是一年。由此，土地利用变化通常以年为研究尺度，这也是LUCC的研究惯例。土地利用转型关注的是土地利用形态在长期变化过程中的趋势性转折。对于这种趋势性转折，在以往的森林转型研究和土地利用转型阶段模型（deFries et al.，2004；Foley et al.，2005）中（图2-1），土地利用转型通常以十年甚至百年为研究尺度。

（3）空间尺度的差异。土地利用变化从地块、地方、地区、国家到全球均可发生。其中，地方尺度涵盖村域至乡域，地区尺度涵盖县域至省域以及流域。如前所述，以往的森林转型研究聚焦于国家乃至全球尺度。近年来，土地利用转型研究开始转向县域（Song and Li，2020；廖柳文等，2021；向敬伟等，2016）、省域（陈龙等，2015；张文斌等，2021）、跨省经济区（Long et al.，2007；龙花楼，2003；龙花楼和李秀彬，2002，2005；田俊峰等，2020a，2020b）以及流域（阿迪莱·如则等，2020；李明珍等，2020；张文慧等，2020）等地区尺度。可见，土地利用转型具有显著的区域性，具体涵盖村域至全球尺度。

（4）价值主体的差异。土地利用因主体而异。个体如农户或企业个体，群体如一定地域内不同收入水平或不同社会阶层的居民，以及制定并实施土地政策、作为社会公益代表的各级政府等都是土地利用变化的主体。而土地利用转型是不同群体的土地利用行为与政府的调控措施相互作用到一定程度或阶段的结果。例如，重庆山区的森林转型是农民群体的耕地撂荒、林果大量种植等行为与政府对林果业发展和生态退耕的扶持和激励综合作用的结果（何威风等，2016）。因此，土地利用转型的主体往往是一定地域的居民群体和作为社会公益代表的各级政府。

（5）驱动因素的差异。LUCC个案研究表明，人口和收入水平变化等是土地利用变化的主要驱动力。但是，案例对比和关联研究发现，在制度影响下，个体/群体对经济机会的响应才是土地利用变化的深层驱动因素。同时，全球化因素往往对其具有强化或者削弱作用，因而也是土地利用变化的深层驱动因素（Lambin and Meyfroidt，2011；Lambin et al.，2001；Meyfroidt et al.，2013）。对于土地利用转型而言，个体响应的重要性相对较低。从“社会–生态负反馈”和“社会–经济动态”机制可以看出，在全球化因素和制度因素的影响下，群体/社会对社会经济动态和生态系统变化的响应更为重要（Lambin and Meyfroidt，2010）。

（6）轨迹特征的差异。土地本身的差异尤其是地块的空间异质性，以及土地利用主体的多元化、复杂性尤其是土地利用者个体的复杂多样性，导致土地利用变化往往具有无规则特征。而土地利用转型则是土地利用变化到一定阶段表现出的土地利用形态的趋势性转折，其与一定的经济社会发展阶段相对应（deFries et al.，2004；Foley et al.，2005），因而具有阶段性。

（7）结果/影响的差异。土地利用变化的无规则特征决定了土地利用变化的结果具有较强的不确定性。而土地利用转型是土地利用系统对经济社会发展与生态系统综合作用的响应，符合一定地域经济社会发展和生态系统演化的总体趋势。因而，土地利用转型的结果/影响是决定性的（表2-1）。正是由于这种决定性，人们往往可以通过把握以往的土地利用转型规律来调控经济社会和生态系统的未来发展。

表2-1　土地利用转型与土地利用变化的内涵差异

	土地利用变化	土地利用转型
基本类型	用途转换和集约度变化	土地利用格局和功能形态的趋势性转折
时间尺度	年	十年甚至百年

续表

	土地利用变化	土地利用转型
空间尺度	地块　地方　地区　国家　全球	地方　地区　国家　全球
价值主体	个体/群体/社会	群体/社会
驱动因素	个体/群体对经济机会的响应、制度因素、全球化因素	群体/社会对社会经济动态和生态系统变化的响应、制度因素、全球化因素
轨迹特征	无规则	阶段性
结果/影响	不确定性	决定性

2.2.3　土地利用转型的诊断研究

诊断土地利用转型的关键在于，构建土地利用形态的分析指标以及土地利用转型的诊断准则。根据土地利用形态的内涵，从格局和功能两方面构建土地利用形态的分析指标体系。同时，从经济社会快速发展阶段面临的土地利用重大现实问题，如城镇土地快速扩张、耕地及森林快速减少及破碎化等出发，构建土地利用转型的诊断准则及指标体系（表2-2）。

表2-2　土地利用转型诊断准则及指标体系

诊断路径	分析视角	分析指标	诊断准则
土地利用格局转型诊断	数量变化视角	地类面积	从快速流失转向流失趋缓、停滞甚至恢复增长或从快速扩张转向扩张趋缓甚至停滞
		地类面积的年变化率	
	景观格局变化视角	斑块数量、斑块密度、斑块平均面积、最大斑块指数、斑块形状指数、分裂指数、聚合度指数等	从快速破碎化转向破碎化趋缓、停滞甚至连片集中规整
	经营格局变化视角	人均地类面积	从细碎化转向集中规模经营
		户均地类地块数	
		用地单位平均经营土地利用类型面积	
土地利用功能转型诊断	外部性视角	单位面积土地利用类型的商品性产出，如地均粮食产量、地均GDP、地均工业产值等	商品性产出增长的同时，非商品性产出维持稳定甚至增长
		单位面积土地利用类型的非商品性产出，如单位面积土地碳固持量、非生产性生境小区面积比重、单位面积化学品使用量（负向指标）	
	结构分析视角	土地利用类型结构、土地利用投入结构、土地经营用途结构	土地利用功能从社会经济型转向经济社会型甚至生态经济型
	政策演进视角	生物性产品生产功能、国民经济贡献功能、家庭经济贡献功能、社会安定维护功能、就业保障功能、生态安全维护功能、景观休闲功能等功能类型数及组合结构	规范或需求范畴的土地利用功能多样化的同时，实证或供给范畴的土地利用功能向生态、景观类功能逐步凸显的方向演化，且两大范畴的功能协同演化

诊断土地利用转型的难点在于，运用可靠的方法探寻土地利用形态长期变化过程中的趋势性转折点。值得注意的是，土地利用形态变化往往具有较强的波动性。这种波动性导致土地利用形态变化存在诸多突变点。但趋势性转折点仅仅是一段时间内突变点集合中的某一个典型突变点。由此，趋势性转折点的探寻可以从突变点检测入手。根据土地利用转型的诊断准则，比较分析各突变点前后土地利用形态的变化趋势，从而发现趋势性转折点。

2.2.4 土地利用转型的机理研究

1. 土地利用转型的驱动因素识别

土地利用转型是土地利用变化演进到一定阶段的产物。土地利用转型机制研究应当始于对土地利用变化驱动因素的识别。土地利用变化驱动因素分为表层驱动因素和深层驱动因素。其中，表层驱动因素是一定地点上的直接人类活动，包括基础设施建设、城市扩张、农地扩张、森林采伐等，以及环境变化；深层驱动因素通过作用于表层驱动因素来影响土地利用，包括人口、经济、技术、制度、文化和区位因素（Geist and Lambin，2002；Lambin and Meyfroidt，2011；Lambin et al.，2001；Meyer and Turner，1992；Meyfroidt et al.，2013；Qasim et al.，2013；Vliet et al.，2015）。

2. 土地利用转型的驱动机理研究

深层驱动因素的作用路径是揭示土地利用转型驱动机理的关键（图2-2）。事实上，土地利用转型驱动机理也就体现为深层驱动因素沿一定作用路径的级联驱动效应。

1）社会–生态负反馈机制

文化因素包括土地伦理观和土地价值观，往往作为约定俗成的非正式制度内嵌于一定地域的某一社会经济发展阶段。它影响着土地所有制、土地利用制度、土地管理制度等正式制度的形成与运行（Williamson，1998，2000），并与正式制度以及全球化、全球环境变化等背景条件共同决定土地管理模式。具体来看，重土地的资源属性、忽视环境属性的地域文化，往往催生出致力于片面追求土地商品性产出增长的正式制度。不断增长的商品性产出需求致使土地的稀缺性日益增强，因此土地往往被配置在边际产出最大的功能上。在这种新古典经济学思想的指导之下，土地利用逐步走向“专业化”，土地的联合生产特性被忽视，土地多种功能之间的耦合联系被割裂，从而衍生出土地单功能管理模式（宋小青和欧阳竹，2012a）。

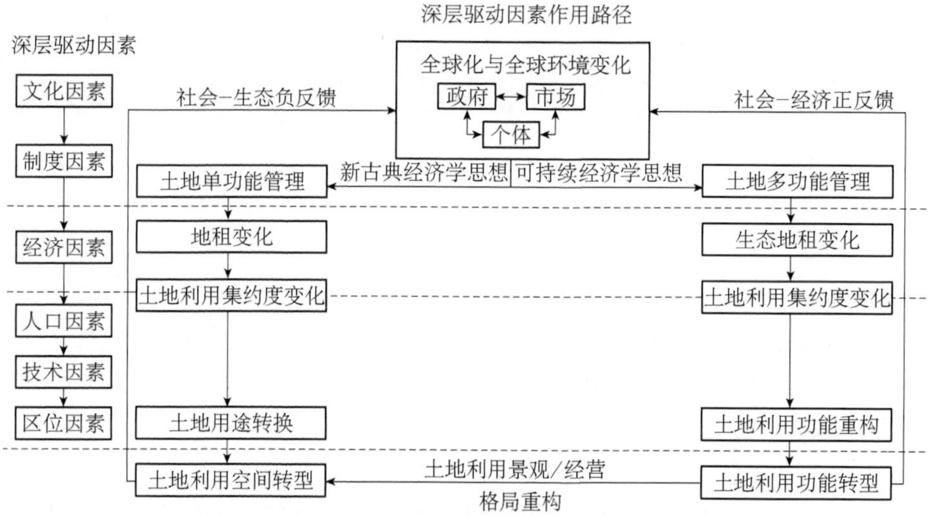

图2-2　土地利用转型机制框架（宋小青，2017）

随着经济社会发展，被配置在不同功能上的土地的地租及其与其他生产要素如劳动力、机械、原料等价格的相对关系逐步分化。当这种相对关系变动到地租相对于其他生产要素的价格优势开始下降之时，土地利用投入会随之下降，由此导致土地利用集约度下降，直至地租不足以抵消生产成本，也就是这一功能的土地利用已经得不偿失，土地利用主体就会放弃这一功能，从而发生土地用途转换。同理，从土地要素间的关系来看，土地利用主体将逐步降低对低地租产出土地的投入甚至放弃对其使用，从而发生土地用途转换。不同区位上的土地用途转换会引发土地利用格局转型。

显然，低地租产出能力的土地如粮食作物用地、林地等具有向高地租产出能力的土地如城市用地、经济和园艺作物用地等转换的“天然动力”。这势必威胁粮食安全和生态安全。也就是说，土地单功能管理模式下的土地利用格局转型并不一定符合公共利益需求。当社会所需的粮食安全和生态安全被突破时，转型的结果必然作为社会–生态负反馈作用于文化因素和正式土地制度，倒逼土地单功能管理模式优化并引发新一轮的土地利用格局转型，甚至倒逼土地单功能管理模式向土地多功能管理模式发展。

深层驱动因素沿以上路径形成的级联驱动效应也就构成了土地利用格局转型机理。在这种级联效应中，土地利用集约度与土地利用格局之间的耦合关系、土地利用格局与社会–生态负反馈之间的耦合关系理应成为研究的关键问题。

2）社会–经济正反馈机制

除了由上述社会–生态负反馈倒逼所致以外，土地多功能管理模式也可以由文化因素直接诱导。具体来看，土地的资源属性和环境属性并重的地域文化，聚焦人与自然的互惠关系，强调在保证生态系统恢复力的前提下可持续利用生态系统服务，以应对未来的不确定性。这往往催生出致力于协调具有增长型机制的土地利用系统与具有稳定型机制的生态系统（赵超英和周毅，2002）的正式制度。协调二者的关键在于促进多种功能在同一土地上协同演化（Fischer et al.，2014；Grau et al.，2013；Law et al.，2015；Phalan and Green，2011)，减少土地利用的外部性。在这种可持续经济学（Ballet et al.，2011；Bartelmus，2010；Baumgärtner and Quaas，2010a，2010b）思想的指导之下，充分理解土地的联合生产特性并协调土地的多种功能成为必然，由此衍生出土地多功能管理模式（Foley et al.，2005）。

土地多功能管理模式要求显化土地的非商品性产出价值，包括生态系统的调节服务价值和支持服务价值，并将其反哺于生态系统管理，而不是被土地所有者全部无偿占有，这部分价值即构成了生态地租（龙开胜和陈利根，2010，2011；龙开胜等，2012；Long et al.，2013）。随着经济社会发展，土地的非商品性产出需求日益增长，生态地租及其相对于其他生产要素如劳动力、机械、原料等的价格优势逐步提升，由此带动土地利用投入呈上升态势，土地利用集约度随之提高。同时，生态地租反哺带来生态系统管理水平提升。土地利用集约度将被控制在生态系统管理的目标范围内，二者的正向协同演化促成土地多功能利用乃至土地利用功能重构，进而实现土地利用功能转型。

土地利用功能转型往往与人类对土地的非商品性产出需求息息相关，而非商品性产出需求受社会经济发展水平制约。这就要求土地利用功能转型必须符合并服务于经济社会发展。因此，土地利用功能转型的结果必将作为社会-经济正反馈作用于文化因素和正式土地制度，引致土地多功能管理模式优化及新一轮的土地利用功能转型。

深层驱动因素沿以上路径形成的级联驱动效应也就构成了土地利用功能转型机理。在这种级联效应中，土地利用集约度与土地利用功能形态之间的耦合关系、土地利用功能形态与经济社会发展水平之间的耦合关系理应成为研究的关键问题。

3）功能转型反馈机制

土地利用功能转型之后，在这场转型中所形成的土地多功能利用及其管理模式将在下一场转型来临之前被转化为土地优化配置的动力。这将从地域整体上重构土地利用景观格局和经营格局，从而促成新一轮的土地利用格局转型，也就构成了土地利用功能转型对格局转型的反馈机理。其中，土地利用功能形态与土地利用景观格局之间的耦合关系、土地利用功能形态与土地利用经营格局之间的耦合关系理应成为研究的关键问题。

4）土地利用转型的互馈机理环

综上，土地利用转型机理体现为土地利用格局转型与功能转型的互动机理环，包括：人口、经济、技术、制度、文化和区位因素级联驱动形成的格局转型机理和功能转型机理以及功能转型对格局转型的反馈机理。而这一互馈机理环实质上揭示的是社会–体制系统、社会–经济系统和社会–生态系统之间的互动（图2-3）。此外，从功能转型机理分析可以看出，土地多功能管理是土地管理的发展方向。那么，研究实施土地多功能管理，发挥土地利用功能转型对格局转型的调控作用是推进土地利用转型的关键。

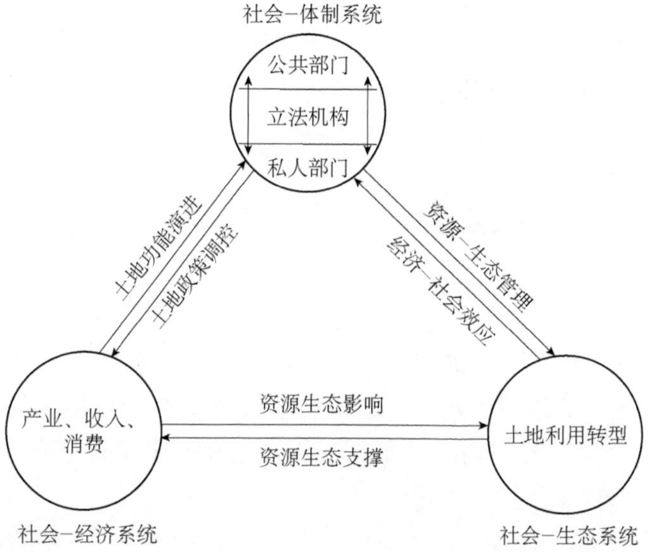

图2-3　土地利用转型与社会、体制、经济和生态系统的互馈（李秀彬，2002；Platt，2014）

2.2.5　土地利用转型的效应研究

土地利用转型效应研究是评估土地利用绩效、优化土地利用政策的必然要求。由于对土地利用转型的机理理解不足、其模型方法发展滞后以及数据限制等，土地利用转型效应研究还不够全面、深入，但学术界已开展了有益探索。从当前研究热点及未来需求来看，土地利用转型效应包括社会、经济、生态环境3个方面（表2-3）。然而，学术界普遍将土地利用转型效应等同于土地利用变化效应，大多承袭土地利用变化效应的研究视角和方法。如前所述，无论是内涵还是机理，土地利用转型都显著不同于土地利用变化。因此，未来应当回归土地利用转型的内涵和机理，聚焦研究土地利用格局和功能形态的趋势性转折对社会、经济和生态环境的影响。

表2-3　土地利用转型效应研究议题（宋小青，2017）

转型效应	研究议题
社会效应	农户生计、减贫、公共健康、粮食安全、城乡一体化……
经济效应	经济增长、产业转型、居民收入、农业生产、能源消费……
生态环境效应	水生态与水环境、土壤生态与环境、碳排放、固碳、洪涝、水土流失、农业生物灾害、生物多样性、生境质量、生态安全……

2.3　耕地多功能解释框架

2.3.1　耕地多功能理论渊源

1. 生态系统多功能

自Tansley提出生态系统概念以来，生态系统的三类功能，即能量流动、物质循环与信息传递受到了广泛关注。在生态学家们看来，生态系统功能是生态系统要素间的相互作用，与生态系统过程同义（Wallace，2007）。尽管迄今为止人类还不能完全理解生态系统过程，但已得出以下基本结论：①生态系统管理不存在最理想的空间或时间尺度；②生态系统功能取决于生态系统结构与多样性；③生态系统具有时空动态特征；④无法避免不确定性问题（Simpson and Christensen，1997）。

值得注意的是，长期以来生态学家们并未真正意义上将人类纳入生态系统范畴。这一局限导致人类长期忽视自身行为引起的生态系统功能变化。在高强度人类活动干扰下，生态系统持续退化，引发了全球资源环境危机。直至20世纪60年代，以维持生态系统持续性为宗旨的生态系统服务研究范式兴起，为人类重新认识生态系统功能提供了契机，并极大地推动了生态系统多功能综合研究。这主要得益于跨学科研究带来的研究视角拓展，即生态系统服务研究范式强调从经济学角度研究生态学问题。

从经济学视角来看，生态系统功能是人类从生态系统的特性与过程中获得的利益（Daily，1997）。以de Groot等为代表的生态经济学家们从生态学、经济学的综合观点出发，将生态系统功能定义为“直接或间接地提供满足人类需要的产品及服务的自然过程与组分的能力”，并将其分为调节功能、生境功能、生产功能及信息功能。其中，调节功能是基本生态过程及生命支持系统的维持，包括气体调节、气候调节、干扰防止、水调节、水供给、土壤保持、土地形成、养分调节、废物处理、授粉、生物控制；生境功能即为野生动植物提供生境，包括庇护功能、养育功能；生产功能指自然资源的供给，包括食物、原材料、基因资源、医疗资源及装饰资源的供给；信息功能包括美学信息、消遣、文化及艺术信息、精神及历史信息、科学与教育（de Groot，1992，2006；de Groot et al.，2002）。

以上生态系统功能大多存在质的差异，由此极大地制约了生态系统多功能综合研究。为定量揭示生态系统多功能变化，Costanza等（1997）利用货币量纲首次开展了全球生态系统服务价值评估。该研究将生态系统服务类型划分为十七大类型，但与de Groot等对生态系统功能类型的划分并无本质区别。价值评估中，该研究将生态系统服务价值分为市场价值和非市场价值。在新古典经济学思想的指导下，通过边际分析方法测算了各类生态系统各类服务的单位面积货币价值量。实质上，这一货币价值量来源于消费者个体效用。然而，个体效用总和并不与社会整体效用一致（Wilson and Howarth，2002），这正是生态系统服务价值评估的根本缺陷。尽管如此，该研究无论是在理论、方法还是在研究尺度方面都开创了生态系统服务或多功能定量、综合研究的先河。

受上述研究启发，针对生态系统受损现实状况与可持续发展要求，21世纪之交联合国号召上千名科学家、专家及非政府组织代表发起了千年生态系统评估（Millennium Ecosystem Assessment，MEA）。MEA以揭示生态系统服务与人类福祉关系为宗旨，测算供给、调节、文化与支持服务价值量（Millennium Ecosystem Assessment，2003）（表2-4），对生态系统服务或多功能定量、综合研究具有里程碑式的意义。

表2-4　MEA的生态系统服务分类框架

供给服务（从生态系统获得的产品）	调节服务（从生态系统过程的调节作用获得的惠益）	文化服务（从生态系统获得的非物质惠益）	支持服务（对所有其他生态系统服务的生产必不可少的服务）
食物	气候调节	精神与宗教	土壤形成
淡水	疾病调控	消遣与生态旅游	养分循环
薪柴	水资源调节	美学	初级生产
生化药剂	净化水质	灵感	
遗传资源	授粉	教育	
		故土情节	
		文化遗产	

从以上研究可以看出，生态系统服务与生态经济学研究途径下的生态系统功能仅存在描述方式的差异，实际研究中并未对二者做出严格的区分，而且二者都将功能限定在对人类有利的方面。

追溯耕地多功能理论渊源，还必须关注农田生态系统多功能研究。值得注意的是，农田生态系统既是生态系统服务的传递者也是接收者。农田生态系统服务既包括有利的服务，也包括不利的服务（Herd and Shackleton，2020；Swinton et al.，2007；Zhang et al.，2007）。但这些研究并没有突破MEA的分类框架，仅结合农田生态系统特点对服务类型进行了局部调整。农田生态系统多功能及其变化的定量刻画大多承袭Costanza等（1997）的研究思想，开展市场价值和非市场价值评估。其中，非市场价值评估主要有两种方法：①基于效用价值法评估思想，通过诸如支付意愿调查，统计分析农田生态系统多功能价值。这类研究在国内比较普遍，能为提高公众对耕地非市场价值的认识、完善农用地估价及实施耕地保护生态补偿提供支撑。其中，比较典型的是湖北省农田多功能价值研究（蔡银莺，2010）。然而，这类研究对调查设计要求较高，而且农田生态系统多功能的非市场价值评估与Costanza等（1997）的研究存在同样的缺陷。②通过农田科学实验观测农田生态系统功能物质量，然后基于市场替代法及物质量单价相关研究成果，计算农田生态系统多功能价值。其中，比较典型的是新西兰坎特伯雷29块农田试验地的多功能价值评估（Sandhu et al.，2008）。然而，农田生态系统的土壤形成、水文调节等生态功能空间边界与产权归属不明晰，评估结果难以反映对应地块的非市场价值。

2. 农业多功能

农业多功能研究起源于欧盟倡导的多功能农业理念，围绕农业作为经济部门或产业而开展。通过解决农业边际化、农村衰退及环境退化等非持续性问题，以提升农业地位并加强贸易保护是欧盟提出农业多功能的初衷（OECD，1998）。当前，农业多功能研究途径逐步分化为市场调节、土地利用、面向行为者及公众调节4类（Renting et al.，2009）。

第二次世界大战后，针对食物短缺、劳动力及收入不足等问题，欧洲共同农业政策（Common Agriculture Policy，CAP）强调，实行价格支持和贸易保护以刺激农业发展。此后，欧洲很快出现了食物及劳动力过剩问题。同时，由于农业扶持政策并未对农业生产活动本身给予充分关注，农业生产环境逐步恶化。对此，欧盟提出，农业不仅能生产食物，而且能为人类提供田园景观、乡村文化等非商品性产出。若要维持一定数量的农业人口，以不至于出现大量个体农场破产进而导致农民离农等社会问题，必须维持对农民的补贴（Vereijken，2003）。由此，欧盟将农业多功能作为农业发展方针，并努力推广这一理念。1992年，“农业的多功能”被写入联合国《21世纪议程》。自此，农业多功能正式进入国际政治、经济及科学研究等领域，引起了经济合作与发展组织（Organization for Economic Co-operation and Development，OECD）、联合国粮食及农业组织（Food and Agriculture Organization of the United Nations，FAO）的广泛讨论。其中，FAO着重从区域可持续发展角度研究农业土地综合利用；OECD的工作则具有奠基性作用，系统阐释了农业多功能的内涵及分析框架。

以OECD为代表的市场调节途径认为，除提供食物和纤维外，农业还能形成景观，提供诸如土地保护、可更新自然资源的持续管理及生物多样性保护等环境利益，并促进乡村经济社会发展（OECD，1998）。除农产品外，其余产出或效应被认为是农业生产的“附产出”，即外部性。从方法论层面来看，农业多功能研究可以遵循实证与规范两种思路。农业生产可以理解为同时生产商品性产出和非商品性产出的联合生产（joint production）过程。从这一角度出发，农业多功能研究具有实证研究的性质。此外，农业的宗旨是满足社会的特定功能。由此，农业多功能不仅具有农业生产过程的特性，而且具有价值观的内涵，即维持或提高农业多功能成为一种政策目标。从这个角度研究农业多功能应遵循规范研究思路。尽管OECD非常关注农业生产过程，但是农业多功能的供给、需求及政策都是OECD研究的主要内容（OECD，1998，2001，2003）。

尽管基于新古典经济学思想提出了农业多功能解释框架，但OECD 的研究过于关注公共产品及外部性，从而限制了对农业多功能的全面认识（Renting et al.，2008）。这主要表现在忽视了农场及地域尺度的转换过程，以及农业多功能的空间性、相关行为者动机及关系等问题。其中，关于空间性问题，Wilson（2009）认为，应该从人文地理学角度进行研究，而且只有农场尺度的多功能农业才具有实质性的意义。这一观点从近年来快速发展的农业土地利用研究方面可见一斑。也就是说，土地利用途径主要关注农业多功能的地域性或空间性。但是，以土地利用为核心的研究很难表达农场或村落尺度农业多功能的协同作用，而且对土地利用管理的内在社会过程考虑不够。广泛使用的土地利用变化模型也主要针对土地多功能而非农业多功能本身。

为了更多地揭示相关行为者的动机及其关系，面向行为者的农业多功能研究路径也就随之分化出来。该类研究以农户为主要分析单元，重点关注农场尺度的决策过程，能很好地描述并解释包括行为者动机及对可持续性的影响在内的微观体制问题，但对区域尺度的内涵解释存在不足。然而，农业多功能研究并不能仅仅停留在微观机制层面，应该更多地为区域乃至国家的宏观管理与可持续发展提供支撑。农业多功能的公众调节研究路径则体现了这一宗旨。该研究路径关注监测、管理农业多功能的公共体制及社会、经济与环境影响，有助于分析不同国家或区域的政策差异，而且能增强对农业多功能与可持续性及乡村发展关系的理解。然而，该类研究对公共政策的综合研究及公共治理与私人管治的均衡问题研究还有待加强（Renting et al.，2009）。

3. 景观多功能

景观多功能研究源于对环境问题的关注，置身于景观科学，围绕代表生态学、地理学及社会学等学科的综合观点而开展。由于自然景观的大量开发，景观均质化与景观生态系统动态构成了冲突，降低了不同功能的正向协同作用。而且，农药、化肥等大量使用产生了一系列的环境问题。事实证明，景观单功能利用并不能满足人类对环境的多方面需要。对此，人们对景观功能的关注由分化转向整合（Brandt and Vejre，2003），景观多功能研究也逐渐兴起。2000年10月，在丹麦召开的“多功能景观：景观研究与管理的跨学科方法”（Multifunctional Landscapes：Interdisciplinary Approaches to Landscape Research and Management）国际多功能景观大会，标志着景观多功能问题正式进入科学研究领域。

从景观的定义来看，任何景观都具有多功能性（Mander et al.，2007；彭建等，2015）。也就是说，多功能性是景观的内在属性。景观多功能的研究正是从理解功能的内涵开始的。功能涉及目的、运行性能、相互作用及过程的含义；目的表达了功能的方向性；运行性能表达了功能能力的含义；相互作用表达了功能联系的含义，但未考虑景观利用的目的或能力；过程也仅说明了功能运行已经完成，但没有表达景观的能力。基于以上考虑，景观功能被定义为“沿某一或多或少给定方向改变土地单元的，或将土地单元维持在某一给定状态即掌控景观结构及变化的（驱动力）能力”。

从驱动力或能力的角度出发，可从三方面理解景观功能：①反映维持或改变环境且可以实现的自然能力的景观生态系统功能。该功能是客观存在的，包括生态系统的所有过程。可见，该内涵与生态系统功能一致。②反映改变环境且可以实现的社会能力的土地利用功能。该功能仅涉及了部分生态系统过程，且土地利用强度是影响该功能的重要因素。③反映维持或改变环境但属于社会意识层面的超功能。该功能并不一定与物质过程直接相关，包括设计功能和感知功能两方面含义。其中，设计功能是指为某一特定土地使用者、特定用途、保护措施或其他需要而优先划定的土地单元；感知功能则与人的主观认识有关，因而具有较弱的空间性。

从类型上看，景观多功能可分为生产功能、生态调节功能、信息功能及机械与空间支持功能4类，每类功能可从以上3方面继续细分（表2-5）。

表2-5　景观功能分类

功能类型	现存物质功能		现存非物质功能及未来物质功能
	生态系统功能	土地利用功能	超功能
生产功能	打猎	全年性食物及草料作物	面向未来生产的生态系统、土地利用功能
	鱼	终年性产业作物	
	自然产品聚集	永久性作物	
	地下水及地表水消费	木材生产	
	可更新能源聚集	渔业	
		不可更新性矿物原材料及建筑资源获取	
生态调节功能	表土形成及土壤肥力维持	人类垃圾存储及再循环	面向未来生产的生态系统、土地利用的生态调节功能
	侵蚀及沉积调节	自然保护区调节及维持	
	土壤干湿调节		
	有害物质分解		
	地下水		
	水存储及径流平衡调节		
	自然地表水净化		
	能量平衡调节		
	不同景观的气候调节		
	生物群落的自我更新		
	景观中种群及亚种群自我更新、维持及调节		
	基因库保护		
	生物多样性维持		
信息功能			感知功能
			美学功能
			局地与区域辨别
			精神与宗教功能
			社会地位表达
			伦理功能
			文化及艺术启发
机械与空间支持功能	过滤及缓冲功能（土壤、水、空气及噪声）	人类生境及居民点	科学及教育功能
		产业用地	消遣及旅游功能（社会及心理部分）

续表

功能类型	现存物质功能		现存非物质功能及未来物质功能
	生态系统功能	土地利用功能	超功能
机械与空间支持功能	过滤及缓冲功能（土壤、水、空气及噪声）	基础设施 军事用地 消遣及旅游功能（人类生态部分）	环境状态指标 设计功能 土地登记 土地利用分区 保护性区域

景观科学尤其是景观生态学自诞生起便致力于研究景观空间异质性。出于对空间异质性的关注，景观科学对景观多功能空间尺度的探讨极具建设性意义。从空间观点来看，多功能性可以分为空间分离、时间分离及空间融合三种类型：①具有不同单功能的分离的土地单元在空间上聚合，形成空间分离的景观多功能；②具有不同功能的相同土地单元，由于时间分离而形成时间分离的景观多功能；③在同一时点，具有不同功能的土地单元融合而形成空间融合的景观多功能（Brandt and Vejre，2003）。

从方法论角度来看，景观生态系统功能与土地利用功能决定了景观多功能研究的实证性。值得注意的是，人类的景观感知、意识及价值观与景观交互影响（Nassauer，1995）。多功能景观正是自然与文化交互作用的有形实体，是自然生物地球化学系统与人类观念、意识共同的缔造物（Naveh，2001）。这就意味着，景观多功能研究不仅需要多学科参与，而且要围绕人类需求开展，人类需求则决定了景观多功能研究的规范性。然而，这种规范性研究尚不多见。景观多功能研究仍然侧重于实证性，而且以景观多功能价值评估最为多见。这与农田生态系统多功能价值评估的研究理念并无本质差别。

4. 土地多功能

农业多功能与景观多功能研究从关注某一类问题开始不断分化、发展，研究内容、方法相互渗透。二者均包括对土地功能的研究。事实上，土地利用是农场与景观的共同特点，是农业多功能与景观多功能研究的桥梁。例如，农业联合生产的首要“副产出”或外部性是开敞景观，而文化景观的主要功能是农业生产；与特定区域联系的农场生产活动是土地利用，而景观的生产功能也由土地利用实现。由此可见，土地利用是农业与景观多功能研究的桥梁。土地利用多功能研究即以生态系统服务为理论基础，在农业及景观多功能研究的基础上发展而来（Helming et al.，2008；Mander et al.，2007）。

自LUCC研究计划实施以来，国际上对土地生产功能（Chai et al.，2021；Deng et al.，2006；Yan et al.，2009；Liu et al.，2010）、水文调节功能（Siriwardena et al.，2006；Li et al.，2009）、气体调节功能（Huang and Tang，2010；Qiu et al.，2021；Rounsevell and Reay，2009；Sun et al.，2010）、承载功能（Tan et al.，2005；Thompson and Prokopy，2009）等单项功能，以及土地利用与土壤养分（Kong et al.，2006）、土壤碳及氮分布（Xu et al.，2013；Li et al.，2012；Li and Pang，2010；Yin et al.，2021）、生物多样性（Daskalova et al.，2020；Newbold et al.，2016；Peters et al.，2019；Young，2009）、自然环境状况的关系（Penny and Beach，2021；Potschin，2009；Stephens et al.，2019）已开展了大量研究。生态系统服务研究兴起后，土地利用变化对可持续性的多维影响逐步被认识，促进学术界真正从整体论角度探讨土地利用功能。

2005年于爱沙尼亚举办的名为“多功能土地利用：满足未来景观产品及服务需求”（Multifunctional Land Use：Meeting Future Demands for Landscape Goods and Services）第三次国际研讨会，以及由欧洲、中国及拉丁美洲共同发起的SENSOR项目“可持续性影响评估：欧洲区域多功能土地利用的环境、社会和经济效应工具”（Sustainability Impact Assessment：Tools for Environmental，Social and Economic Effects of Multifunctional Land Use in European Regions）均遵循了该研究范式。其中，多功能土地利用国际研讨会详细阐释了土地多功能研究的基础理论，SENSOR项目则提出了土地多功能定量评估的框架、方法及应用领域（Helming et al.，2008）。SENSOR项目以评估土地利用变化对可持续性的直接影响为宗旨，将土地功能定义为“与区域的经济、环境和社会最相关的不同土地利用提供的私人及公共产品及服务”。该定义具有以下特点：①除环境方面外，将土地利用直接与社会经济功能相联系；②将功能限定在更小、能明确定义的空间尺度内；③明确辨别不同功能。土地利用功能涉及社会、经济及环境3个方面共9类指标（表2-6）。每类指标通过一系列能评估“影响”的关键指标来描述，这些关键指标来自欧盟的影响评估指南（Commission of the European Communities，2006）。

表2-6　土地利用功能分类

一级功能类型	二级功能类型
社会功能	就业支持、人类健康与消遣、文化
经济功能	居住及独立于土地的生产、基于土地的生产、交通
环境功能	非生物资源供给、生物资源支持与供给、生态系统过程维持

当前，涵盖土地生产潜力评价、土地适宜性评价、土地经济评价与土地可持续利用评价等主要内容的土地评价体系已经建立。其中，土地生产潜力评价、土地适宜性评价是以FAO颁布的《土地评价纲要》为指南，侧重于评价土地生产功能；土地经济评价关注土地的经济用途和土地利用的经济过程；土地可持续利用评价综合考虑土地利用的社会、经济及环境影响，是判断土地利用系统可持续与否的准则。然而，以上研究并未从整体论角度综合考察土地多功能。长期以来，土地多功能停滞在定性描述阶段，制约了人类对土地多功能的全面、定量认识。

SENSOR项目在深入研究土地利用影响指标、土地功能、可持续发展三者关系的基础上，构建了土地多功能评价框架，拉开了土地多功能定量评价的序幕。该评价框架面向终端决策者，根据可持续发展的三个维度，将土地多功能分解为社会功能、经济功能和生态功能，建立表征不同功能的指标体系，运用参与式方法评估不同政策情景下的土地多功能，进而判断政策执行对可持续性的影响。评价过程包括指标体系建立、聚类区域可持续性指标的重要性判断、区域可持续性阈值确定与指标值标准化、区域土地多功能综合评估（图2-4）。

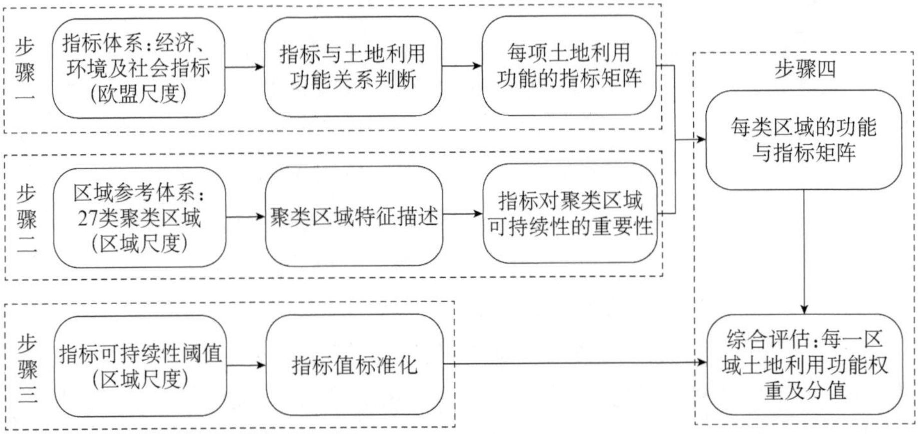

图2-4　SENSOR项目土地多功能评价框架

国内土地科学领域很早就有关于土地功能的描述（曲福田和诸培新，2018；王万茂，2010），但是关于土地利用多功能的综合研究起步较晚（魏云洁等，2010）。根据效用价值理论，功能或效用是价值的源泉。以此为前提，在近年来耕地保护研究中，为重建耕地资源价值（霍雅勤和蔡运龙，2003；俞奉庆和蔡运龙，2003，2004；蔡运龙和霍雅勤，2006；李翠珍等，2008），国内对耕地多功能展开了大量研究。①从定义来看，耕地功能即耕地满足人的多种需要的功用（赵华甫等，2007）；②从形成过程来看，它是在土地利用过程中，通过土地特性、人类感官和社会经济制度综合作用，由人类各种需求演绎而成的（袁弘等，2007）；③从类型来看，大多数学者将耕地功能分为经济产出功能、生态功能及社会承载功能三大类；④从功能特点来看，耕地的多功能性具有明显的综合优势（刘卫东，2008）。

总结以上研究得出以下启示：①相关研究均源自对可持续性问题的关注（表2-7），多功能性与可持续性关系紧密；②多功能可从人、环境及人与环境的关系进行解释。例如，生态系统功能主要从环境的角度出发，研究多功能的供给问题；OECD的农业多功能主要从农业活动本身即人的角度出发，研究联合生产的外部性；景观的超功能及国内部分学者提出的土地多功能主要从人类多重需要角度出发，研究由人类需要引致的多功能；以SENSOR项目为代表的土地利用多功能主要通过建立土地利用与社会-生态-经济系统的关系，即从人与环境的关系出发，研究土地利用对可持续性的多重影响。可见，多功能不仅涉及自然生态系统本身的运行过程，而且涉及与社会系统、经济系统的交互作用。此外，空间性或地域性也是多功能研究的重要问题。

表2-7　多功能与可持续性的关系

多功能研究	可持续性问题
生态系统多功能	生态系统退化、自然资本耗竭，维持生态系统可持续性
农业多功能	农业与农地边际化、农村衰退及环境退化，保障农业可持续发展，提升农村活力
景观多功能	人类活动导致景观均质化、环境退化，维持景观系统可持续性
土地多功能	土地利用变化对可持续性的直接影响，土地可持续利用

2.3.2　耕地多功能的基本概念

耕地是同时进行商品性生产与非商品性生产的联合生产系统（OECD，2001），是复杂的自然-社会-经济复合系统。耕地功能是耕地系统提供满足人类生存与发展所需产出的能力，是联系耕地系统产出与耕地利用相关活动的纽带。多功能性是耕地的基本特性。耕地多功能是指耕地除了具有商品性生产功能外，还具有非商品性生产功能。其中，商品性生产功能是指粮食、油料、蔬菜等生产功能；非商品性生产功能是指调节大气组分与气候、调节水文、隔离建设空间等生态功能，提供耕作风景、开敞空间等景观功能，传承农耕文化、为农民提供社会保障等社会文化功能，以及空间承载储备功能（宋小青和欧阳竹，2012a，2012b）。

2.3.3 耕地多功能的本质属性

耕地多功能具有整体性、结构性、层次性、开放性和可持续性五大基本属性。①整体性。耕地多功能是耕地各单项功能相互联系、相互作用形成的有机整体。耕地功能往往以单项功能有机组合后的综合体状态存在。每一单项功能都服务于耕地多功能的形成与发挥。与其他类型土地相比，耕地具有显著的多功能综合优势（刘卫东，2008）。②结构性。耕地多功能由耕地系统的内在结构决定。耕地生态子系统的承载能力是耕地系统联合生产的基础（Gomez and Garcia，2007），决定了联合生产的最大可能产出边界对耕地系统产出及其结构的制约性。片面追求商品性产出，会引起非商品性产出的退耦化生产乃至耕地功能冲突。③层次性。耕地多功能的层次性由耕地系统与其子系统因隶属关系而形成的等级层次决定。不同尺度的耕地多功能等级层次具有明显差异，这为把握特定尺度下的耕地主体功能提供了可能。④开放性。耕地多功能的形成与发挥实质是耕地与环境持续交换物质、能量与信息的过程。⑤可持续性。维持耕地生态子系统功能的整体性及其与耕地经济子系统的一致性是耕地系统持续更新的关键，由此决定了耕地多功能的可持续性。

2.3.4 耕地多功能的内涵解释

1. 实证与规范的内涵

从实证的角度来看，耕地利用必然导致具有耦合关系的多种产出或效应。应不应该具有多功能并不属于耕地利用考虑的范畴。联合生产是理解实证内涵的关键，由生物化学联合、以生物化学过程为基础的物理联合及区域物理联合三方面决定。其中，前两种联合发生在地块尺度，而区域物理联合发生在区域尺度内的不同地块。

（1）生物化学联合。由生物化学过程决定的自然再生产是耕地最重要的特征。生物化学过程实质上是由太阳辐射驱动的耕地生态子系统要素间的作用及相互关联。生物化学过程得以维持的前提是耕地系统的高度开放性，而过程运行的结果是具有联合特性的耕地系统不同产出。例如，除产出粮食、油料、蔬菜等农产品外，农作物生长必然通过与外界的交互作用产生一系列的非生物产品或环境效应，如碳固定与排放、氧气释放、水土保持与流失。尽管这些产出是联合的，但产出的结构因耕地利用方式不同而异。例如，化肥、农药的大量投入容易导致地力退化及环境污染（Guo et al.，2010，2018，2020），而传统农业中农家肥的使用不仅可以培育地力而且可以缓解环境污染。生物化学联合关注的焦点是耕地利用的生态环境效应。通过降低化学品投入等方式改变耕地联合生产结构，从而实现耕地多功能成为该类联合生产的研究主题。

（2）以生物化学过程为基础的物理联合。该类联合以不突破生产的联合度为前提，遵循生物化学过程原理，提升耕地利用综合效益。例如，小麦与固氮植物间作不仅可以在保持小麦产量的前提下减少化肥施用，还可以增加收入来源；利用农田边界土地，通过种植乔、灌、草来构建农田生态保护屏障，同时在玉米种植季引入生物“导弹”进行田间害虫生物防治，不仅可以保障小麦、玉米产量，还可以减少农药使用。从商品产出来看，小麦与固氮植物之间存在独立的、平行的物理联合关系。从共生关系来看，小麦与固氮植物、生物“导弹”与玉米作物之间存在耦合的生物化学过程。遵循生物化学过程原理，积极构建以生物化学过程为基础的物理联合，在保障并提高商品性产出与正的外部性的前提下，尽量减少负的外部性，是耕地多功能研究值得关注的话题。

（3）区域物理联合。从区域尺度来看，不同耕地地块既可以种植粮食作物，也可以种植油料、棉花、蔬菜、瓜果等经济和园艺作物，从而形成一定的耕地利用空间格局。不同地块的作物有相对独立的生长环境，彼此生物化学过程较少。尽管这些地块首先承担的是商品性产品生产功能。但是，农业结构调整是适应居民饮食结构变化、提高农民收入及适应农户家庭劳动力配置变化的必然选择。因此，不同种植用途的地块在空间上组合形成的区域物理联合生产也应纳入耕地多功能的研究范畴。这种联合以商品性生产为中心，较少关注耕地利用的生态环境效应，是目前最普遍的耕地利用方式。可以将其看作是耕地单功能利用的空间组合。此外，生物化学联合、以生物化学过程为基础的物理联合或它们与耕地单功能利用在空间上聚合也可以形成耕地联合生产。

从耕地与社会的关系出发，耕地存在的意义在于实现特定的社会功能或满足特定的社会需要。这就要求从耕地应该具有的角色或作用去理解耕地多功能。此时，耕地多功能就不仅仅具有耕地生产过程的特性，而且融入了人的观念和意识，从而具有了价值观的内涵，即维持或发展耕地多功能可能成为一种政策目标。从该角度来看，耕地多功能属于规范研究的范畴。例如，城乡二元土地制度的确立赋予了耕地对农民的生活与就业保障功能；为限制城镇空间的无序扩张，我国在城镇周边、城市群接合部、交通沿线通过划定永久基本农田红线，赋予了耕地的生态隔离带、“绿心”等功能（周怀龙，2016）。

2. 供给与需求的内涵

从供给的角度来看，耕地功能从根本上受制于耕地生态子系统的承载能力。但耕地管理者尤其是其直接经营者也通过优化耕地利用方式或者耕地多样化利用，来满足消费者的多元需求。一方面，优化耕地利用方式，如建设无公害粮食生产基地，以满足消费者对食物品质的要求；另一方面，实施耕地多样化利用，如通过全域土地综合整治与农业景观营造，发展休闲或观光农业，以满足消费者对耕作景观与文化的需求。

耕地利用的目标是满足人类生存与发展对耕地产出的需要。因而，人的需要对耕地功能的效用具有决定性的作用。从需求的角度来看，耕地多功能可以理解为社会或个体的耕地需求变化的结果。例如，人们对品质安全的粮食的需求导致了耕地粮食生产功能的提高与拓展，而大城镇居民对农村耕作景观及农村文化的需求导致了城镇近郊耕地的景观文化功能的显现。

3. 可能的综合解释框架

从供给角度出发，耕地利用是发挥耕地多功能、满足人类需求的必然途径。此时，耕地多功能被理解为耕地利用的多重影响、作用或效用，所以具有实证范畴的内涵。

从需求角度出发，维持耕地利用的可持续性、促进耕地功能的拓展与升级是满足人类耕地需求的前提。此时，耕地多功能被理解为特定经济社会发展阶段的政策目标，所以具有规范范畴的内涵。

联系供给与需求的机制是公共政策、市场体制等耕地多功能管理的制度安排。从实证或供给角度分析耕地利用的影响或耕地多功能变化是从规范或需求角度评价耕地多功能管理政策的重要方法。同时，政策评价是制度优化的必然选择。因此，理解耕地多功能，需要同时把握实证与规范、需求与供给两方面的内涵，二者具有内在的统一性（图2-5）。

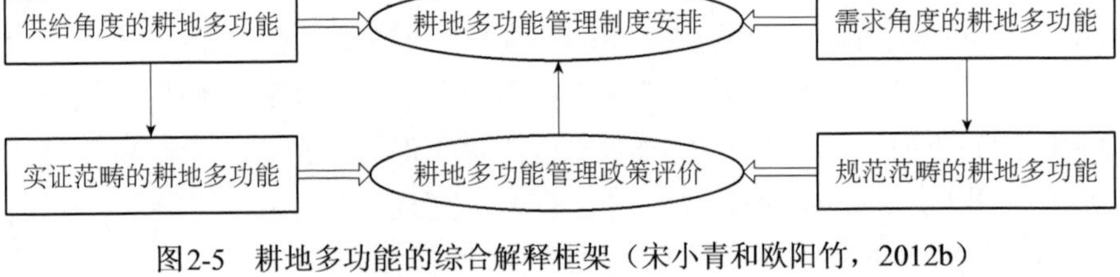

图2-5　耕地多功能的综合解释框架（宋小青和欧阳竹，2012b）

2.3.5 耕地多功能的主要特征

1. 主体差异性

从规范或需求的角度来看，耕地多功能因不同耕地管理主体的目标或需求的差异而变化。当前，耕地管理主体主要包括中央政府、地方政府和农户三类。为保障社会持续稳定发展，粮食安全保障及社会保障功能是当前中央政府最为关注的两大耕地功能。但农户与地方政府的耕地利用及保护目标的分化，导致了三类主体间的竞争甚至冲突。例如，1991年前后及1996年后的耕地边际化（刘成武和李秀彬，2006），对粮食数量安全构成了威胁。2003年后，在惠农政策等激励下，粮食产量得到了恢复。但化肥、农药的大量使用对粮食品质安全及耕地生态功能构成了威胁。此外，为应对地方财政压力并加快地方经济发展，过度的耕地非农化造成了大量农民失地，与中央政府及农户的生产功能利用及社会保障功能利用构成了冲突。

2. 时间动态性

耕地多功能随时间演化呈不断拓展与升级态势。从规范或需求的角度来看，在人类需要驱使下，耕地功能类型不断多样化。同时，同类耕地功能也不断深化，如粮食生产功能已从追求增产演变为注重产量与品质共同提高。从实证或供给的角度来看，不同阶段耕地利用与管理方式的差异导致耕地功能存在时间动态性。在以上两方面的作用下，通过市场与公共政策的引导与规制，特定的经济社会发展阶段形成了与之相适应的耕地多功能时间结构。

3. 空间异质性

从实证或供给的角度来看，耕地多功能空间异质性由耕地的异质性及耕地利用与管理活动的区域差异性决定。特定地域必然存在与其相适应的耕地多功能空间结构。耕地多功能的空间形态大致表现为：①空间分离的多功能。其由具有不同单功能利用的、彼此分离的耕地单元在空间上组合而成，通过耕地单功能利用的区域物理联合生产实现。②时间分离的多功能。其由处于不同功能演化阶段的耕地单元组合而成。与空间分离的耕地多功能相比，其联合生产的本质并未改变，只是耕地功能的演化阶段发生了变化。③空间融合的多功能。其由处于相同功能演化阶段的具有不同功能的耕地单元在空间上融合而成，实质上是通过以生物化学过程为基础的物理联合生产实现（图2-6）。

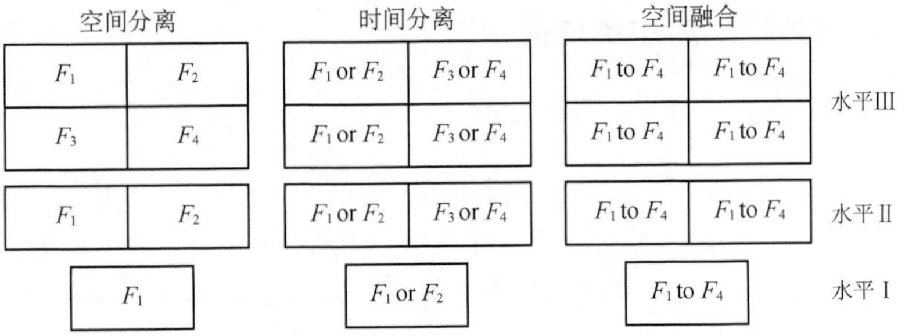

图2-6　耕地多功能的空间表达示例（宋小青和欧阳竹，2012b）

F_1～F_4表示具有功能1～功能4的耕地单元

2.4　耕地功能管理内涵与模式

2.4.1　耕地功能管理基本含义

耕地功能管理是通过耕地保护政策的制定、实施、监督与协调，对耕地功能利用及其引起的耕地功能变化的人工干预过程。耕地功能利用的主体包括中央政府、地方政府、农民、农民集体、用地单位、城镇居民等利益相关者。

2.4.2　耕地功能管理核心问题

耕地功能利用不仅是耕地功能管理的直接对象之一，而且是另一直接对象即耕地功能变化的驱动因素。理解耕地功能利用的发展过程是厘清耕地功能管理核心问题的关键。

受耕地功能利用竞争的不断调整，一定地域内的耕地功能利用空间格局随时间演化而不断发展。具体来看，耕地景观的空间异质性首先决定了耕地功能利用的空间异质性。在特定的发展阶段，不同主体的耕地功能需求导致耕地功能利用空间格局形成。随着经济社会发展，主体的耕地功能需求不断多样化并逐步增强。例如，近年来，公众对居住环境、精神愉悦等生活品质的关注逐步上升，耕地的景观、文化及生态功能需求日益显现。京津冀、长江三角洲、珠江三角洲等地区休闲观光农业的快速发展就是其佐证。耕地功能需求的发展导致耕地功能利用空间格局不断演化。值得注意的是，耕地功能需求在发展的同时，与耕地资源的稀缺性、耕地多功能性相耦合，共同决定了耕地功能利用竞争的客观存在。这种竞争对耕地功能利用演化不断调整，从而完成耕地功能的配置。若配置的结果是耕地功能利用发展到与该地域及其发展阶段相适应、能满足不同相关主体耕地功能需求的动态均衡状态，则耕地功能实现了均衡配置，从而保障耕地保护目标的实现，此时的耕地功能利用竞争为合理竞争。反之，耕地功能配置失衡，从而制约耕地保护目标的实现，此时的竞争为不合理竞争。

显然，耕地功能利用竞争直接决定着耕地功能的配置结果。检验配置是否均衡或竞争是否合理的标准是耕地功能利用的社会效用是否得到了优化（Wiggering et al.，2006）。而对社会效用的分析，则需关注耕地功能利用的外部性问题。

在处于特定发展阶段的具体地域内，由某一主体的耕地功能利用产生而又不完全由其获得（或承担）的产出（或成本）即耕地功能利用外部性。耕地功能管理应区分以下几类外部性。①正外部性与负外部性。正外部性，即由该主体耕地功能利用导致的外部经济，如农户耕地商品性生产功能的合理利用不仅为农户自身提供经济收益，而且能保障粮食等产品的市场供给并提供生态调节服务。负外部性，即由该主体耕地功能利用导致的外部不经济，如农户耕地商品性生产功能的过度集约利用，导致食物品质下降及农业污染。显然，正外部性意味着该主体获得的耕地功能利用产出低于社会总产出或其承担的耕地功能利用成本高于社会总成本，从而有利于社会效用的优化。相反，负外部性意味着该主体获得的耕地功能利用产出高于社会总产出或其承担的耕地功能利用成本低于社会总成本，从而制约着社会效用的优化。②区内外部性与区际外部性。具体地区内耕地功能利用产出或成本在相关主体间的分配属于区内外部性问题，而区际外部性体现了耕地功能利用的区际联系。例如，上游地区普遍漫灌（或节水灌溉）将促进（或削弱）下游地区的耕地商品性生产功能利用；为保证耕地总量动态平衡，经济发达地区的快速、大规模耕地空间承载功能利用往往建立在经济欠发达地区舍弃该项功能的利用机会基础之上。而经济欠发达地区的耕地商品性生产功能利用又为经济发达地区提供了社会及生态效益。③代内外部性与代际外部性。一般情况下，耕地功能管理关注的是代内外部性。若将当前耕地功能利用的成本或效益向未来延伸，代际外部性也就随之展现。由于耕地功能利用的生态或社会影响往往具有时间滞后性，代际外部性也就成为耕地功能可持续管理必须关注的问题。

综上所述，解决耕地功能利用的外部性问题，引导耕地功能利用合理竞争，从而优化耕地功能利用的社会效用，是耕地功能管理的核心问题。

2.4.3　耕地功能管理模式划分

耕地多功能的整体性、结构性及开放性是耕地功能利用外部性存在的必要条件，而制度缺陷则是外部性产生的充分条件。若将因制度缺陷而形成的耕地功能管理模式称为耕地单功能管理，那么为消除制度缺陷而设计的模式因考虑了与外部性相联系的耕地功能则可称为耕地多功能管理。

耕地单功能管理割裂了耕地功能间的联合关系，认为耕地仅能生产单一的商品性产出。为追求这种产出的增长，耕地被配置在具体的商品性生产功能实行“专业化”生产。根据新古典经济学理论，这种“专业化”生产被认为是最富效率的耕地功能利用方式。然而，由于忽视外部性存在的必要条件，对外部性内部化并未做出制度安排，耕地功能利用竞争逐步恶化。因而，无法优化耕地功能利用的社会效用，从而制约了耕地保护目标的实现。

与耕地单功能管理显著不同的是，耕地多功能管理不仅尊重耕地联合生产及耕地多功能性特点，而且针对耕地功能管理的核心问题，通过制度设计将外部性内部化，引导耕地功能利用合理竞争。因而，耕地功能利用的社会效用逐步优化，从而保障耕地保护目标的实现。

根据耕地功能利用的发展过程，并对比以上两种模式可以发现：耕地单功能管理仅是城乡居民需求发展过程中耕地资源管理的过渡阶段。其缺陷可以通过耕地多功能管理予以弥补。因此，耕地多功能管理理应成为耕地保护的发展方向。

2.5 耕地利用转型的研究路径

2.5.1 耕地利用转型的基本概念

根据土地利用转型的基本概念，耕地利用转型可以定义为随着经济社会发展，一定地域的耕地利用形态在长期变化过程中发生的趋势性转折。其中，耕地利用形态表现为耕地利用格局和耕地利用功能形态。

2.5.2 耕地利用格局转型研究路径

1. 数量变化视角

耕地数量变化与建设扩张、农业结构调整和生态退耕密切相关。若在某一时点或时段，耕地数量变化发生了趋势性转折，表明耕地利用格局发生了转型。具体表现为，随着经济社会发展，耕地数量由持续增加转而减少或由持续快速减少转而减速趋缓甚至增加。其中，耕地数量和耕地年净消耗率是度量耕地数量的两大指标。

2. 景观格局变化视角

耕地景观格局即不同地块的耕地在空间上的分布状况。一般而言，受地形约束以及土地开发、整理、复垦等工程技术限制，耕地分布表现为地块规整程度低、形状复杂、集中连片性差等破碎化特点。随着经济社会发展，土地整治往往推动耕地分布向集中、连片、规整的方向发展。若在某一时点或时段，耕地景观格局变化发生了这种趋势性转折，则表明耕地利用格局发生了转型。

3. 经营格局变化视角

耕地经营格局即耕地在不同农户或经营者之间的配置状况。一般而言，在小农经济社会，耕地配置表现为细碎化特征。随着经济社会的发展，耕地流转往往推动耕地经营规模扩大。若在某一时点或时段，耕地经营格局变化发生了由细碎化经营向规模化经营的趋势性转折，则表明耕地利用格局发生了转型。

2.5.3　耕地利用功能转型研究路径

1. 外部性视角

该视角适合研究已经普遍关注并致力于解决耕地利用外部性的区域。例如，欧盟、美国、韩国、日本等发达国家和组织自20世纪80年代开始普遍关注耕地利用负的环境外部性问题。自耕地数量、质量和生态“三位一体”保护理念建立以来，我国对耕地利用负的环境外部性的关注度显著提高。可见，一定的经济社会发展阶段，必然产生与之对应的耕地功能认知与需求。在经济社会发展相对低级阶段未显现的耕地功能，将在经济社会发展相对高级阶段逐步显现。耕地利用的联合生产特性决定了耕地利用外部性不可避免。在需求驱使下，耕地利用技术与管理措施不断创新，耕地利用的社会效用因外部性问题逐步解决而优化或提高，耕地功能将随着经济社会的发展逐步多样化、高端化。耕地功能的这一动态演变过程——耕地多功能化，即耕地利用功能转型。

2. 结构分析视角

土地利用转型的阶段模型（deFries et al.，2004；Foley et al.，2005）显示（图2-1），耕地利用转型表现为生计农业、小型耕地的萎缩及其向规模化、集约化经营转变。这就意味着，有必要从结构分析视角考察耕地利用功能转型。耕地利用结构是指耕地利用系统组成要素在数量上的比例关系，包括耕地利用类型结构、投入结构和种植结构。其中，类型结构即耕地亚类的数量构成，一般而言，即水田和旱地的数量构成；投入结构即劳动力、土地、机械和生物化学品等要素投入的数量构成；种植结构即不同类型农作物种植规模的数量构成。从实证内涵来看，耕地利用功能是农户在既定耕地资源禀赋和政策条件下，根据市场诱导，对不同耕地利用活动进行选择的结果。这种选择表现为在水田、旱地等不同类型耕地之间的选择，在劳动力与机械等省工性投入要素、耕地规模与化肥等增产性投入要素之间的选择，以及在不同农作物类型之间的选择，由此形成了耕地利用的类型结构、投入结构和种植结构。随着经济社会发展，由这3种结构演变所决定的耕地利用功能转型是值得深入研究的课题。

3. 政策演进视角

该视角适合研究未充分关注耕地利用的外部性但是亟须通过政策干预来优化耕地利用社会效用的区域。耕地功能规范或需求、实证或供给两方面内涵的内在统一性在于面向耕地调控的政策或决策评价与优化。基于这一理解，耕地功能变化研究可以演绎出两条路径：①开展耕地功能变化预估，即耕地利用功能转型事前影响评价。可以首先根据耕地需求预期赋予耕地多元功能，据此运用诸如CLUE-S、元胞自动机、多智能体等模型方法，开展耕地变化情景模拟与分析，预估耕地利用功能的可能转型趋势及其政策指向。②开展耕地功能变化历史评价，即耕地利用功能转型事后影响评价。可以首先梳理耕地利用及管理相关政策演进，从政策出台的背景、内容、目的反演耕地功能类型，从政策所处的层级、对所阐述内容的重视程度等反演耕地功能的强弱，从政策演进的时间节点判断耕地功能的阶段变化，总结耕地功能的内涵与形态的演变过程。据此构建耕地功能度量指标体系，监测、评价指标的长期变化，诊断耕地功能形态转型的态势及其政策启示。

参考文献

阿迪莱·如则，阿依吐尔逊·沙木西，古丽米热·艾尔肯. 2020. 开都-孔雀河流域土地利用转型及其功能变化特征[J]. 水土保持通报，40（4）：244-251.

蔡银莺. 2010. 农地生态与农地价值的关系[M]. 北京：科学出版社.

蔡运龙，霍雅勤. 2006. 中国耕地价值重建方法与案例研究[J]. 地理学报，61（10）：1084-1092.

陈昌玲，张全景，诸培新. 2018. 经济发达地区城乡建设用地转型时空演变特征——以江苏通州为例[J]. 土壤通报，49（3）：537-545.
陈龙，周生路，周兵兵，等. 2015. 基于主导功能的江苏省土地利用转型特征与驱动力[J]. 经济地理，35（2）：155-162.
方创琳，李广东，张蔷. 2017. 中国城市建设用地的动态变化态势与调控[J]. 自然资源学报，32（3）：363-376.
高金龙，刘彦随，陈江龙. 2021. 苏南地区农村宅基地转型研究：基于利用状态的视角[J]. 自然资源学报，36（11）：2878-2891.
何威风，阎建忠，周洪，等. 2016. 森林转型的微观机制：以重庆市山区为例[J]. 自然资源学报，31（1）：102-113.
霍雅勤，蔡运龙. 2003. 可持续理念下的土地价值决定与量化[J]. 中国土地科学，17（2）：19-23.
李翠珍，孔祥斌，孙宪海. 2008. 北京市耕地资源价值体系及价值估算方法[J]. 地理学报，63（3）：321-329.
李明珍，李阳兵，冉彩虹. 2020. 土地利用转型背景下的乡村景观格局演变响应——基于草堂溪流域的样带分析[J]. 自然资源学报，35（9）：2283-2298.
李牧，郝晋民，陈丽，等. 2019. 中国地级市城乡建设用地与人口增长脱钩分析[J]. 资源科学，41（10）：1897-1910.
李升发，李秀彬. 2018. 中国山区耕地利用边际化表现及其机理[J]. 地理学报，73（5）：803-817.
李升发，李秀彬，辛良杰，等. 2017. 中国山区耕地撂荒程度及空间分布——基于全国山区抽样调查结果[J]. 资源科学，39（10）：1801-1811.
李效顺，张绍良，汪应宏. 2011. 中国经济转型阶段建设用地增长极限计量研究[J]. 自然资源学报，26（7）：1085-1095.
李秀彬，赵宇鸾. 2011. 森林转型、农地边际化与生态恢复[J]. 中国人口·资源与环境，21（10）：91-95.
李秀彬. 2002. 土地利用变化的解释[J]. 地理科学进展，21（3）：195-203.
廖柳文，高晓璐，龙花楼，等. 2021. 基于农户利用效率的平原和山区耕地利用形态比较[J]. 地理学报，76（2）：471-486.
刘成武，李秀彬. 2006. 对中国农地边际化现象的诊断——以三大粮食作物生产的平均状况为例[J]. 地理研究，25（5）：895-904.
刘黎明. 2000. 土地资源学（第六版）[M]. 北京：中国农业大学出版社.
刘卫东. 2008. 耕地多功能保护问题研究[J]. 国土资源科技管理，25（1）：1-5.
龙花楼，陈坤秋. 2021. 基于土地系统科学的土地利用转型与城乡融合发展[J]. 地理学报，76（2）：295-309.
龙花楼，李秀彬. 2002. 区域土地利用转型分析：以长江沿线样带为例[J]. 自然资源学报，17（2）：144-149.
龙花楼，李秀彬. 2005. 长江沿线样带农村宅基地转型[J]. 地理学报，60（2）：179-188.

龙花楼. 2003. 土地利用转型：土地利用/覆被变化综合研究的新途径[J]. 地理与地理信息科学，19（1）：87-90.

龙花楼. 2012. 论土地利用转型与乡村转型发展[J]. 地理科学进展，31（2）：131-138.

龙花楼. 2015. 论土地利用转型与土地资源管理[J]. 地理研究，34（9）：1607-1618.

龙开胜，陈利根. 2010. 生态地租的理论发展及基本范畴[J]. 环境科学与管理，35（10）：137-140.

龙开胜，陈利根. 2011. 1997-2007年中国生态地租变化分析[J]. 中国人口·资源与环境，21（9）：44-50.

龙开胜，赵亚莉，张鸿辉，等. 2012. 中国生态地租空间分异及其影响因素分析[J]. 地理学报，67（8）：1125-1136.

吕晓，史洋洋. 2018. 江苏省城乡建设用地经济密度的时空格局演变研究[J]. 中国土地科学，32（2）：27-33.

彭建，吕慧玲，刘焱序，等. 2015. 国内外多功能景观研究进展与展望[J]. 地球科学进展，30（4）：465-476.

瞿诗进，胡守庚，李全峰. 2020. 中国城市建设用地转型阶段及其空间格局[J]. 地理学报，75（7）：1539-1553.

曲福田，陈江龙，冯淑怡. 2001. 经济发展与土地持续性利用[M]. 北京：人民出版社.

曲福田，诸培新. 2018. 土地经济学（第四版）[M]. 北京：中国农业出版社.

宋小青，欧阳竹. 2012a. 中国耕地多功能管理的实践路径探讨[J]. 自然资源学报，27（4）：540-551.

宋小青，欧阳竹. 2012b. 耕地多功能内涵及其对耕地保护的启示[J]. 地理科学进展，31（7）：859-868.

宋小青，吴志峰，欧阳竹. 2014. 1949 年以来中国耕地功能变化[J]. 地理学报，69（4）：435-447.

宋小青. 2013. 中国耕地转型：空间与功能双重解构[D]. 北京：中国科学院大学.

宋小青. 2017. 论土地利用的研究框架[J]. 地理学报，72（3）：447-463.

孙晶，刘建国，杨新军，等. 2020. 人类世可持续发展背景下的远程耦合框架及其应用[J]. 地理学报，75（11）：2408-2416.

田俊峰，王彬燕，程利莎，等. 2020a. 政策主导下的区域土地利用转型过程与机制——以中国东北地区为例[J]. 地理研究，39（4）：805-821.

田俊峰，王彬燕，王士君. 2020b. 东北地区土地利用转型特征测度与机制探索[J]. 经济地理，40（9）：184-195.

王万茂. 2010. 土地资源管理学（第2版）[M]. 北京：高等教育出版社.

魏云洁，谢高地，Helming K，等. 2010. 中国土地利用多功能性动态的区域分析[J]. 生态学报，30（24）：6749-6761.

向敬伟，李江风，曾杰. 2016. 鄂西贫困县耕地利用转型空间分异及其影响因素[J]. 农业工程学报，32（1）：272-279.

徐梦瑶，张正峰. 2020. 乡村产业振兴背景下京津冀地区乡村工业用地转型[J]. 经济地理，40（5）：174-182.

俞奉庆，蔡运龙. 2003. 耕地资源价值探讨[J]. 中国土地科学，17（3）：3-9.

俞奉庆，蔡运龙. 2004. 耕地资源价值重建与农业补贴：一种解决“三农”问题的政策取向[J]. 中国土地科学，18（1）：18-23.

袁弘，蒋芳，刘盛和. 2007. 城市化进程中北京市多功能农地利用[J]. 干旱区资源与环境，21（10）：18-23.

张文斌，张志斌，董建红，等. 2021. 多尺度视角下耕地利用功能转型及驱动力分析——以甘肃省为例[J]. 地理科学，41（5）：900-910.

张文慧，吕晓，史洋洋，等. 2020. 黄河流域土地利用转型图谱特征[J]. 中国土地科学，34（8）：80-88.

赵超英，周毅. 2002. 国土资源、环境、生态与人口可持续发展战略[M]. 北京：中国大地出版社.

赵华甫，张凤荣，许月卿. 2007. 北京城市居民需要导向下的耕地功能保护[J]. 资源科学，29（1）：56-62.

钟茂初. 2006. 可持续发展经济学[M]. 北京：经济科学出版社.

周怀龙. 2016. 106个重点城市周边永久基本农田划定工作纪实[N]. http://www.gov.cn/xinwen/2016-06/08/content_5080453.htm[2022-06-13].

Anette R，Nina A F. 2011. Globalizing land use transitions：the soybean acceleration[J]. Geografisk Tidskrift，111（1）：85-92.

Azadi H，Ho P，Hasfiati L. 2011. Agricultural land conversion drivers：a comparison between less developed，developing and developed countries[J]. Land Degradation & Development，22（6）：596-604.

Bae J S，Joo R W，Kim Y S. 2012. Forest transition in South Korea：reality，path and drivers[J]. Land Use Policy，29（1）：198-207.

Ballet J，Bazin D，Dubois J L，et al. 2011. A note on sustainability economics and the capability approach[J]. Ecological Economics，70（11）：1831-1834.

Bartelmus P. 2010. Use and usefulness of sustainability economics[J]. Ecological Economics，69（11）：2053-2055.

Baumgärtner S，Quaas M. 2010a. Sustainability economics：general versus specific，and conceptual versus practical[J]. Ecological Economics，69（11）：2056-2059.

Baumgärtner S，Quaas M. 2010b. What is sustainability economics[J]? Ecological Economics，69（3）：445-450.

Braimoh A K，Vlek P L G. 2008. Land Use and Soil Resources[M]. Berlin：Springer.

Brandt J，Vejre H. 2003. Multifunctional Landscapes Volume I：Theory，Values and History[M]. Southampton：WIT Press.

Chai Q，Nemecek T，Liang C，et al. 2021. Integrated farming with intercropping increases food production while reducing environmental footprint[J]. Proceedings of the National Academy of Sciences of the United States of America，118（38）：e2106382118.

Chen R S，Ye C，Cai Y L，et al. 2014. The impact of rural out-migration on land use transition in China：Past，present and trend[J]. Land Use Policy，40（4）：101-110.

Chen Y，Chen Z G，Xu G L，et al. 2016. Built-up land efficiency in urban China：insights from the General Land Use Plan（2006-2020）[J]. Habitat International，51：31-38.

Commission of the European Communities. 2006. Impact Assessment Guidelines SEC（2005）791 With March 2006 Update[R]. Brussel：European Commission.

Costanza R，d'Arge R，de Groot R，et al. 1997. The value of the world's ecosystem services and natural capital[J]. Nature，387：253-260.

Daily G C. 1997. Introduction：what are ecosystem services?//Daily G C. Natures Services：Societal Dependence on Natural Ecosystems[M]. Washington：Island Press：1-10.

Darwin R，Tsigas M，Lewandrowski J，et al. 1996. Land use and cover in ecological economics[J]. Ecological Economics，17（3）：157-181.

Daskalova G N，Myers-Smith I H，Bjorkman A D，et al. 2020. Landscape-scale forest loss as a catalyst of population and biodiversity change[J]. Science，368（6497）：1341-1347.

de Groot R S，Wilson R A，Boumans R M. 2002. A typology for the classification，description and valuation of ecosystem functions，goods and services[J]. Ecological Economics，41：393-408.

de Groot R S. 1992. Functions of nature：evaluation of nature in environmental planning，management and decision making[M]. Groningen：Wolters-Noordhoff.

de Groot R S. 2006. Function-analysis and valuation as a tool to assess land use conflicts in planning for sustainable，multi-functional landscapes[J]. Landscape and Urban Planning，75（3-4）：175-186.

de Fries R S，Asner G P，Houghton R. 2004. Trade-offs in land-use decisions：towards a framework for assessing multiple ecosystem responses to land-use change//deFries R S，Asner G P，Houghton R. Ecosystems and Land Use Change[M]. Washington，DC：American Geophysical Union：1-9.

Deng X Z，Huang J K，Rozelle S，et al. 2006. Cultivated land conversion and potential agricultural productivity in China[J]. Land Use Policy，23（4），372-384.

Dietz S，Neumayer E. 2007. Weak and strong sustainability in the SEEA：concepts and measurement[J]. Ecological Economics，61（4）：617-626.

Dong W L，Song A，Liu X D，et al. 2018. Warming deferentially altered multidimensional soil legacy induced by past land use history[J]. Scientific Reports，8：1546.

Ernstson H，Se V D L，Redman C L，et al. 2010. Urban transitions：on urban resilience and human-dominated ecosystems[J]. Ambio，39（8）：531-545.

Fischer J，Abson D J，Butsic V，et al. 2014. Land sparing versus land sharing：moving forward[J]. Conservation Letters，7（3）：149-157.

Foley J A，deFries R，Asner G P，et al. 2005. Global consequences of land use[J]. Science，309（22）：570-574.

Foster D，Swanson F，Aber J，et al. 2003. The importance of land-use legacies to ecology and conservation[J]. BioScience，53（1）：77-88.

Frank S，Beach R，Havlík P，et al. 2018. Structural change as a key component for agricultural non-CO_2 mitigation efforts[J]. Nature Communications，9：1060.

Gao J X，Song J B，Wu L F. 2022. A new methodology to measure the urban construction land-use efficiency based on the two-stage DEA model[J]. Land Use Policy，112：105799.

Geist H J，Lambin E F. 2002. Proximate causes and underlying driving forces of tropical deforestation[J]. Bioscience，52（2）：143-150.

Global Land Project. 2005. Science Plan and Implementation Strategy[R]. Stockholm：IGBP Report No.53/IHDP Report No.19. IGBP Secretariat.

Gomez S A，Garcia A G. 2007. A comprehensive assessment of multifunctional agricultural land-use systems in Spain using a multi-dimensional evaluative model[J]. Agriculture，Ecosystems and Environment，120：82-91.

Grainger A. 1995a. National land use morphology：patterns and possibilities[J]. Geography，80（3）：235-245.

Grainger A. 1995b. The forest transition：an alternative approach[J]. Area，27（3）：242-251.

Grau R，Kuemmerle T，Macchi L. 2013. Beyond ‘land sparing versus land sharing’：environmental heterogeneity，globalization and the balance between agricultural production and nature conservation[J]. Current Opinion in Environmental Sustainability，5（5）：477-483.

Güneralp B，Seto K C，Ramachandran M. 2013. Evidence of urban land teleconnections and impacts on hinterlands[J]. Current Opinion in Environmental Sustainability，5（5）：445-451.

Guo J H，Liu X J，Zhang Y，et al. 2010. Significant acidification in major Chinese croplands[J]. Science，327（19）：1008-1010.

Guo X，Li H Y，Yu H M，et al. 2018. Drivers of spatio-temporal changes in paddy soil pH in Jiangxi Province，China from 1980 to 2010[J]. Scientific Reports，8：2702.

Guo Y X，Chen Y F，Searchinger T D，et al. 2020. Air quality，nitrogen use efficiency and food security in China are improved by cost-effective agricultural nitrogen management[J]. Nature Food，1：648-658.

Helming K，Perez-Soba M，Tabbush P. 2008. Sustainability Impact Assessment of Land Use Changes[M]. Berlin：Springer.

Herd-Hoare S，Shackleton C M. 2020. Ecosystem disservices matter when valuing ecosystem benefits from small-scale arable agriculture[J]. Ecosystem Services，46：101201.

Hong C P，Burney J A，Pongratz J，et al. 2021. Global and regional drivers of land-use emissions in 1961-2017[J]. Nature，589：554-561.

Houghton R A. 1994. The worldwide extent of land-use change[J]. BioScience，44（5）：305-313.

Houghton R A. 2018. Interactions between land-use change and climate-carbon cycle feedbacks[J]. Current Climate Change Reports，4（2）：115-127.

Huang Y，Tang Y H. 2010. An estimate of greenhouse gas（N_2O and CO_2）mitigation potential under various scenarios of nitrogen use efficiency in Chinese croplands[J]. Global Change Biology，16（11）：2958-2970.

Jepsen M R，Kuemmerle T，Müller D，et al. 2015. Transitions in European land-management regimes between 1800 and 2010[J]. Land Use Policy，49（4）：53-64.

Jiao L M，Xu Z B，Xu G，et al. 2020. Assessment of urban land use efficiency in China：a perspective of scaling law[J]. Habitat International，99：102172.

Kauppi P E，Ausubel J H，Fang J，et al. 2006. Returning forests analyzed with the forest identity[J]. Proceedings of the National Academy of Sciences，103（46）：17574-17579.

Kong X B，Zhang F R，Wei Q. 2006. Influence of land use change on soil nutrients in an intensive agricultural region of North China[J]. Soil & Tillage Research，88（1-2）：85-94.

Lambin E F，Meyfroidt P. 2010. Land use transitions：socio-ecological feedback versus socio-economic change[J]. Land Use Policy，27（2）：108-118.

Lambin E F，Meyfroidt P. 2011. Global land use change，economic globalization，and the looming land scarcity[J]. Proceedings of The National Academy of Sciences of The United States of America，108（9）：3465-3472.

Lambin E F，Turner B L，Geist H J，et al. 2001. The causes of land-use and land-cover change：moving beyond the myths[J]. Global Environmental Change，11（4）：261-269.

Lambin E，Veldkamp A. 2005. Key findings of LUCC on its research questions[J]. Global Change Newsletter，63：12-14.

Laurance W F，Sayer J，Cassman K G. 2014. Agricultural expansion and its impacts on tropical nature[J]. Trends in Ecology and Evolution，29（2）：107-116.

Law E A，Meijaard E，Bryan B A，et al. 2015. Better land-use allocation outperforms land sparing and land sharing approaches to conservation in Central Kalimantan，Indonesia[J]. Biological Conservation，186：276-286.

Li D J，Niu S L，Luo Y Q. 2012. Global patterns of the dynamics of soil carbon and nitrogen stocks following afforestation：a meta-analysis[J]. New Phytologist，195（1）：172-181.

Li G L，Pang X M. 2010. Effect of land-use conversion on C and N distribution in aggregate fractions of soils in the southern Loess Plateau，China[J]. Land Use Policy，27（3）：706-712.

Li Y，Piao S L，Li L Z X，et al. 2018. Divergent hydrological response to large-scale afforestation and vegetation greening in China[J]. Science Advance，4（5）：eaar4182.

Li Z，Liu W Z，Zhang X C，et al. 2009. Impacts of land use change and climate variability on hydrology in an agricultural catchment on the Loess Plateau of China[J]. Journal of

Hydrology，377（1-2）：35-42.

Liu J G，Hull V，Batistella M，et al. 2013. Framing sustainability in a telecoupled world[J]. Ecology and Society，18（2）：26.

Liu Y S，Fang F，Li Y H. 2014. Key issues of land use in China and implications for policy making[J]. Land Use Policy，40（1）：6-12.

Liu Y S，Wang J Y，Long H L. 2010. Analysis of arable land loss and its impact on rural sustainability in Southern Jiangsu Province of China[J]. Journal of Environmental Management，91（3）：646-653.

Long H L，Heilig G K，Li X B，et al. 2007. Socio-economic development and land-use change：analysis of rural housing land transition in the transect of the Yangtse River，China[J]. Land Use Policy，24（1）：141-153.

Long H L，Qu Y，Tu S S，et al. 2020. Development of land use transitions research in China[J]. Journal of Geographical Sciences，30（7）：1195-1214.

Long H L，Zhang Y N，Ma L，et al. 2021. Land use transitions：progress，challenges and prospects[J]. Land，10（9）：903.

Long H L. 2020. Land Use Transitions and Rural Restructuring in China[M]. Singapore：Springer Nature.

Long K S，Zhao Y L，Zhang H H，et al. 2013. Differentiation characteristics and influencing factors of ecological land rent among provinces in China[J]. Journal of Geographical Sciences，23（3）：387-403.

Mander U，Helming K，Wiggering H. 2007. Multifunctional Land Use：Meeting Future Demands for Landscape Goods and Services[M]. Berlin：Springer.

Martens P，Rotmans J. 2002. Transitions in a Globalising World[M]. Lisse Exton：Swets & Zeitlinger Publishers.

Mather A S. 1990. Global Forest Resources. London：Belhaven.

Mather A S，Fairbairn J，Needle C L. 1999. The course and drivers of the forest transition：the case of France[J]. Area，15（1）：65-90.

Mather A S，Needle C L. 1998. The forest transition：a theoretical basis[J]. Area，30（2）：117-124.

Mather A S. 1992. The forest transition[J]. Area，24（4）：367-379.

Maxwell S L，Evans T，Watson J E M，et al. 2019. Degradation and forgone removals increase the carbon impact of intact forest loss by 626%[J]. Science Advances，5：eaax2546.

Messina J P. 2020. Land change science and SARS-CoV-2[J]. Current Opinion in Environmental Sustainability，46：18-20.

Meyer W B，Turner B L. 1992. Human population growth and global land-use/cover change[J]. Annual Review of Ecology and Systematics，23（1）：39-61.

Meyfroidt P，Lambin E F. 2009. Forest transition in Vietnam and displacement of deforestation abroad[J]. Proceedings of the National Academy of Sciences of the United States of America，106（38）：16139-16144.

Meyfroidt P，Lambin E F，Erb K H，et al. 2013. Globalization of land use：distant drivers of land change and geographic displacement of land use[J]. Current Opinion in Environmental Sustainability，5（5）：438-444.

Millennium Ecosystem Assessment. 2003. Ecosystems and human well-being：a framework for assessment[M]. Washington：Island Press.

Nassauer J I. 1995. Culture and changing landscape structure[J]. Landscape Ecology，10（4）：229-237.

Naveh Z. 2001. Ten major premises for a holistic conception of multifunctional landscapes[J]. Landscape and Urban Planning，57：269-284.

Newbold T，Hudson L N，Arnell A P，et al. 2016. Has land use pushed terrestrial biodiversity beyond the planetary boundary? A global assessment[J]. Science，353（6296）：288-291.

OECD. 1998. Co-operative Approaches to Sustainable Agriculture[R]. Paris：Organization for Economic Cooperation and Development.

OECD. 2001. Multifunctionality：Towards an Analytical Framework[R]. Paris：Organization for Economic Cooperation and Development.

OECD. 2003. Multifunctionality：The Policy Implications[R]. Paris：Organization for Economic Cooperation and Development.

Osburn E D，Aylward F O，Barrett J E. 2021. Historical land use has long-term effects on microbial community assembly processes in forest soils[J]. ISME Communications，1：48.

Palo M，Vanhanen H. 2000. World Forests from Deforestation to Transition[M]? Dordrecht：Kluwer Academic.

Penny D，Beach T P. 2021. Historical socioecological transformations in the global tropics as an Anthropocene analogue[J]. Proceedings of the National Academy of Sciences of the United States of America，118（40）：e2022211118.

Perring M P，de Frenne P，Baeten L，et al. 2016. Global environmental change effects on ecosystems：the importance of land-use legacies[J]. Global Change Biology，22（4）：1361-1371.

Peter H V. 2009. Land use change：science，policy，and management[J]. Environment and Planning B Planning and Design，36：569-570.

Peters M K，Hemp A，Appelhans T，et al. 2019. Climate-land-use interactions shape tropical mountain biodiversity and ecosystem functions[J]. Nature，568（7750）：88-92.

Phalan B，Green R E. 2011. Reconciling food production and biodiversity conservation：land sharing and land sparing compared[J]. Science，333（6047）：1289-1291.

Platt R H. 2014. Land Use and Society：Geography，Law，and Public Policy（3rd ed.）[M]. Washington：Island Press.

Potschin M. 2009. Land use and the state of the natural environment[J]. Land Use Policy，26S：S170-S177.

Qasim M，Hubacek K，Termansen M. 2013. Underlying and proximate driving causes of land use change in district Swat，Pakistan[J]. Land Use Policy，34（12）：146-157.

Qiu C J，Ciais P，Zhu D，et al. 2021. Large historical carbon emissions from cultivated northern peatlands[J]. Science Advances，7：eabf1332.

Qu Y B，Dong X Z，Zhan L Y，et al. 2021a. Scale transition and structure-function synergy differentiation of rural residential land：a dimensionality reduction transmission process from macro to micro scale[J]. Land，10（6）：647.

Qu Y B，Jiang G H，Ma W Q，et al. 2021b. How does the rural settlement transition contribute to shaping sustainable rural development? Evidence from Shandong，China[J]. Journal of Rural Studies，82：279-293.

Renting H，Oostindie H，Laurent C，et al. 2008. Multifunctionality of agricultural activities，changing rural identities and new territorial linkages[J]. International Journal of Agricultural Resources，Governance and Ecology，7（4）：361-385.

Renting H，Rossing W A H，Groot J C J，et al. 2009. Exploring multifunctional agriculture. a review of conceptual approaches and prospects for an integrative transitional framework[J]. Journal of Environmental Management，90（Suppl 2）：S112-S123.

Rindfuss R R，Walsh S J，Turner II W B L，et al. 2004. Developing a science of land change：challenges and methodological issues[J]. Proceedings of the National Academy of Sciences of the United States of America，101（39）：13976-13981.

Rounsevell M D A，Reay D S. 2009. Land use and climate change in the UK[J]. Land Use Policy，26S：S160-S169.

Rudel T K，Coomes O T，Moran E，et al. 2005. Forest transitions：towards a global understanding of land use change[J]. Global Environmental Change，15（1）：23-31.

Sandhu H S，Wratten S D，Cullen R，et al. 2008. The future of farming：the value of ecosystem services in conventional and organic arable land. An experimental approach[J]. Ecological Economics，64（4）：835-848.

Seto K C，Reenberg A，Boone C G，et al. 2012. Urban land teleconnections and sustainability[J]. Proceedings of the National Academy of Sciences of the United States of America，109（20）：7687-7692.

Simpson R D，Christensen N L. 1997. Ecosystem Function & Ecosystem Management：Reconciling Economics and Ecology[M]. New York：Chapman & Hall.

Siriwardena L，Finlayson B L，McMahon T A. 2006. The impact of land use change on catchment hydrology in large catchments：the Comet River，Central Queensland，Australia[J]. Journal of Hydrology，326（1-4）：199-214.

Song W，Li H H. 2020. Spatial pattern evolution of rural settlements from 1961 to 2030 in

Tongzhou District，China[J]. Land Use Policy，99：105044.
Stephens L，Fuller D，Boivin N，et al. 2019. Archaeological assessment reveals Earth's early transformation through land use[J]. Science，365（6456）：897-902.
Sun W J，Huang Y，Zhang W，et al. 2010. Carbon sequestration and its potential in agricultural soils of China[J]. Global Biogeochemical Cycling，24：GB3001.
Swinton M S，Frank L，Robertson G P，et al. 2007. Ecosystem services and agriculture：cultivating agricultural ecosystems for diverse benefits[J]. Ecological Economics，64（2）：245-252.
Tan M H，Li X B，Xie H，et al. 2005. Urban land expansion and arable land loss in China：a case study of Beijing-Tianjin-Hebei region[J]. Land Use Policy，22（3）：187-196.
Thompson A W，Prokopy L S. 2009. Tracking urban sprawl：using spatial data to inform farmland preservation policy[J]. Land Use Policy，26（2）：194-202.
Turner B L，Lambin E F，Reenberg A. 2007. The emergence of land change science for global environmental change and sustainability[J]. Proceedings of the National Academy of Sciences of the United States of America，104（52）：20666-20671.
Venkatachalam L. 2007. Environmental economics and ecological economics：where they can converge[J]? Ecological Economics，61（2-3）：550-558.
Vereijken P H. 2003. Transition to multifunctional land use and agriculture[J]. NJAS Wageningen Journal of Life Sciences，50（2）：171-179.
Vitousek P M，Mooney H A，Lubchenco J，et al. 1997. Human domination of earth's ecosystems[J]. Science，277（25）：494-499.
Vliet J V，Groot H L F D，Rietveld P，et al. 2015. Manifestations and underlying drivers of agricultural land use change in Europe[J]. Landscape & Urban Planning，133：24-36.
Walker R T. 1987. Land use transition and deforestation in developing countries[J]. Geographical Analysis，19（1）：18-30.
Wallace K J. 2007. Classification of ecosystem services：problems and solutions[J]. Biological Conservation，139：235-246.
Wiggering H，Dalchow C，Glemnitz M，et al. 2006. Indicators for multifunctional land use-Linking socio-economic requirements with landscape potentials[J]. Ecological Indicators，6：238-249.
Williamson O E. 1998. Transaction cost economics：how it works；where it is headed[J]. De Economist，146（1）：23-58.
Williamson O E. 2000. The new Institutional economics：taking stock，looking ahead[J]. Journal of Economic Literature，38（3）：595-613.
Wilson A W，Howarth R B. 2002. Discourse-based valuation of ecosystem services：establishing fair outcomes through group deliberation[J]. Ecological Economics，41（3）：431-443.
Wilson G A. 2009. The spatiality of multifunctional agriculture：a human geography perspective[J].

Geoforum，40（2）：269-280.

Xu X F，Thornton P E，Post W M. 2013. A global analysis of soil microbial biomass carbon，nitrogen and phosphorus in terrestrial ecosystems[J]. Global Ecology and Biogeography，22（6）：737-749.

Yan H M，Liu J Y，Huang H Q，et al. 2009. Assessing the consequence of land use change on agricultural productivity in China[J]. Global and Planetary Change，67（1-2）：13-19.

Yeo I Y，Huang C Q. 2013. Revisiting the forest transition theory with historical records and geospatial data：a case study from Mississippi（USA）[J]. Land Use Policy，32（1）：1-13.

Yin Y L，Zhao R F，Yang Y，et al. 2021. A steady-state N balance approach for sustainable smallholder farming[J]. Proceedings of the National Academy of Sciences of the United States of America，118（39）：e2106576118.

Young R H. 2009. Land use and biodiversity relationships[J]. Land Use Policy，26S：S178-S186.

Yu J Q，Zhou K L，Yang S L. 2019. Land use efficiency and influencing factors of urban agglomerations in China[J]. Land Use Policy，88：104143.

Zabel F，Delzeit R，Schneider J M，et al. 2019. Global impacts of future cropland expansion and intensification on agricultural markets and biodiversity[J]. Nature Communications，10：2844.

Zalles V，Hansen M C，Potapov P V，et al. 2021. Rapid expansion of human impact on natural land in South America since 1985[J]. Science Advances，7（14）：eabg1620.

Zhang W，Ricketts T H，Kremen C，et al. 2007. Ecosystem services and dis-services to agriculture[J]. Ecological Economics，64（2）：253-260.

Zhang Y Q. 2000. Deforestation and forest transition：theory and evidence in China//Palo M，Vanhanen H. World Forests from Deforestation to Transition[M]? Dordrecht：Kluwer：41-65.

Zhu F K，Zhang F R，Li C，et al. 2014. Functional transition of the rural settlement：analysis of land-use differentiation in a transect of Beijing，China[J]. Habitat International，41（1）：262-271.

第 3 章　发达国家耕地利用转型态势

与森林类似，耕地不仅是人类赖以生存的自然资源，也为人类建设发展提供储备空间。随着经济社会发展，耕地的数量、质量、分布和功能也随之变化。那么，耕地是否也存在类似森林转型的总体态势？发达国家的耕地利用转型究竟存在怎样的基本规律和值得借鉴的先进经验？本章通过比较分析欧洲、北美洲、亚洲共19个典型案例国家的耕地利用转型态势，尝试回答这两个问题。

3.1　研究方法与数据

3.1.1　耕地利用格局转型研究方法

1. 耕地数量变化视角

根据耕地利用格局转型研究路径，耕地利用格局转型研究首先可以从寻找耕地数量变化的趋势性转折点入手（图3-1）。耕地数量在时间序列上往往因政策演进、经济发展、人口变迁等波动变化。耕地数量长期变化中的突变点包含上述转折点。对此，采用滑动 t 检验提取耕地数量变化的突变点：①连续滑动设置某一时刻为基准点，将样本量为n的时间序列耕地面积分为两段；②计算基准点前后长度分别为n_1、n_2（一般取n_1=n_2）的耕地面积滑动子序列t统计量；③给定显著性水平α，确定临界值t_α。若$|t|<t_\alpha$，则认为基准点前后的耕地面积滑动子序列均值无显著差异，反之，则认为耕地面积在基准点时刻发生了突变。其中，t统计量计算公式如下：

$$t=\frac{\overline{x_1}-\overline{x_2}}{\sqrt{\frac{(n_1-1)\times s_1^2+(n_2-1)\times s_2^2}{n_1+n_2-2}}\times\sqrt{\frac{1}{n_1}+\frac{1}{n_2}}}\tag{3-1}$$

式中，$\overline{x_1}$、$\overline{x_2}$分别为基准点前后耕地面积滑动子序列的均值；s_1、s_2分别为两子序列的标准差。

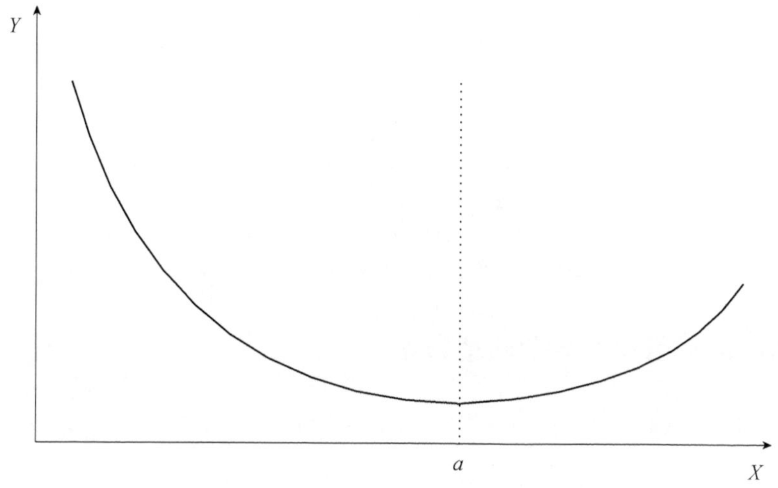

图3-1　耕地面积变化转折

X：时间；Y：耕地面积；a：转折时点或时段

在某一转折时点或时段后，若耕地年净消耗率明显放缓，则说明耕地于该时点或时段发生了转型（图3-2）。诊断公式如下：

$$r=\frac{\sum_{i=a}^{a_1}u_i}{(a_1-a)}-\frac{\sum_{j=a_0}^{a}u_j}{(a-a_0)}\tag{3-2}$$

式中，r为转折时点或时段前后年净消耗率差；a为转折时点或时段；a_0为研究初始年份；a_1为研究截止年份；u_i为a到a_1时段内的耕地年净消耗率；u_j为a_0到a时段内的耕地年净消耗率。若$r>0$，表明在a时点或时段发生了耕地利用格局转型。

2. 耕地经营格局变化视角

鉴于数据可获得性，在此仅通过分析耕地经营格局变化的趋势性转折，开展耕地利用格局转型案例研究。耕地经营格局通过耕地经营规模度量。

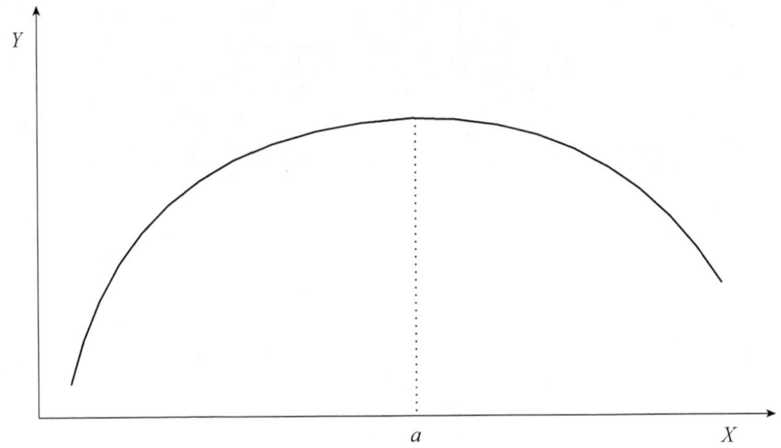

图3-2　耕地年净消耗率转折

X：时间；*Y*：耕地年净消耗率；*a*：转折时点或时段

3.1.2　耕地利用功能转型研究方法

从外部性视角开展耕地利用功能转型案例研究。首先，分析耕地功能需求是否发生了多样化变化，然后判断耕地利用的社会效用是否得到优化或提高。若耕地的商品性产出逐步增长的同时，非商品性产出维持稳定甚至增长，则可认为耕地利用的社会效用得到了优化或提高（Wiggering et al.，2006；宋小青等，2014；宋小青和欧阳竹，2012）。鉴于数据可获得性，商品性产出采用谷物收获面积单产度量，非商品性产出采用单位耕地面积氮肥消耗量、有机农业用地面积、非生产性生境小区面积度量。在农业长期集约经营过程中，若单位耕地面积氮肥消耗量越大，则对非商品性生产功能的负面影响越明显；若有机农业用地面积越大或者耕地中非生产性生境小区面积越大，则对非商品性生产功能的促进作用越明显。

3.1.3　研究数据

数据集涉及欧洲的奥地利、比利时、丹麦、芬兰、法国、德国、爱尔兰、意大利、卢森堡、荷兰、挪威、波兰、瑞典、瑞士及英国，北美洲的美国、加拿大，亚洲的韩国、日本；涉及时段为1961～2011年；涉及指标包括农业用地面积、耕地面积、氮肥消耗量、谷物总产、谷物收获面积、谷物收获面积单产、谷物进出口量、总人口、城市人口、人均国民生产总值（GNP）、农场数量、农场规模、有机农业用地面积等。其中，耕地面积、氮肥消耗量、谷物总产、谷物收获面积、谷物收获面积单产、谷物进出口量、总人口、城市人口来自联合国粮食及农业组织统计数据库（FAO，2013），人均GNP来自《国际统计年鉴》（中华人民共和国国家统计局，2013）；农场数量、农场规模、有机农业用地面积来自欧盟统计局（European Commission，2013）、各国统计局。

3.2　典型案例国家选择

3.2.1　基本原则

宏观政策、社会经济发展水平、城市化水平等是耕地变化的重要驱动因素。鉴于此，典型案例国家选择主要遵循以下基本原则：

（1）尊重宏观政策影响。典型实证研究应有利于总结耕地利用转型基本规律及其启示。因此，选取已经或正在实施耕地多功能管理及相关政策的国家作为典型研究区域。

（2）尊重经济发展影响。典型案例国家应达到经济发达水平。根据世界银行2010年划分标准，发达国家人均国民收入应不低于12196美元。以此为依据，在欧洲、北美洲及亚洲范围内选取典型发达国家。

（3）尊重城市化发展影响。研究选取的典型实证区域应处于城市化发展相对成熟阶段。根据城市化发展“S”形曲线规律，30%、70%分别为城市化发展起飞阶段、成熟阶段的拐点。以此为依据，在欧洲、北美洲及亚洲范围内选取城市化发展相对成熟的国家作为典型研究区域。

（4）尊重数据可获得性。数据是实证研究的基石，而连续时间序列数据更是本研究的关键。典型案例国家选择应充分考虑度量指标的可获得性，尤其是时间连续性。

3.2.2　欧洲典型案例国家

在欧洲范围内选取奥地利、比利时、丹麦、芬兰、法国、德国、爱尔兰、意大利、卢森堡、荷兰、挪威、波兰、瑞典、瑞士及英国共15个国家作为典型研究区域。2000年以前比利时、卢森堡相关指标为合计数，故将其作为比利时–卢森堡整体单元进行分析。2009年，挪威、卢森堡人均国民收入最高，分别高达8.64万美元、7.44万美元；瑞士、丹麦其次，分别为6.76万美元、5.89万美元；爱尔兰、荷兰、比利时、奥地利、瑞典、芬兰次之，介于4.28万～4.94万美元；英国、法国、德国、意大利介于1.24万～4.27万美元；波兰仅1.23万美元。

2011年，除波兰、爱尔兰、奥地利、意大利外，其余国家城市化水平均超过70%。其中，比利时城市化水平最高，达97.44%；荷兰、瑞典、芬兰、卢森堡、法国、丹麦城市化水平其次，介于83%～88%；瑞士、德国、英国、挪威城市化水平次之，介于73%～80%（图3-3）。

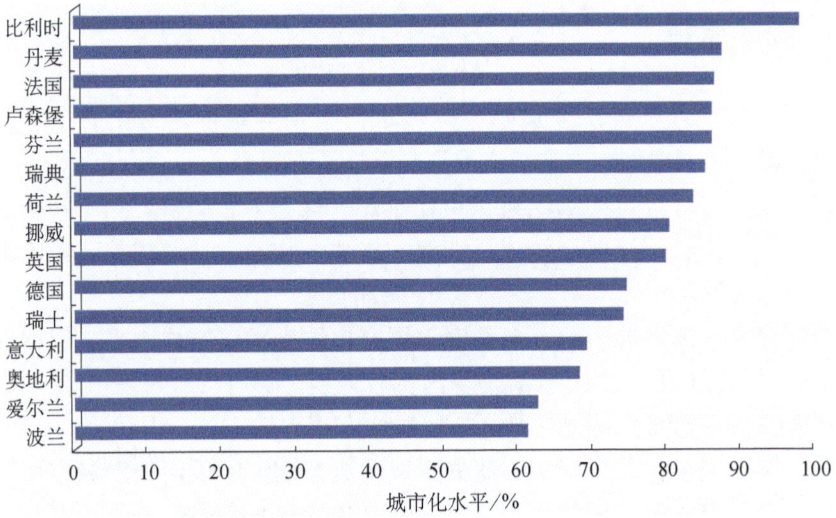

图3-3　2011年欧洲典型发达国家城市化水平

3.2.3　北美洲典型案例国家

在北美洲范围内选取美国、加拿大作为典型研究区域。美国、加拿大2009年的人均国民收入分别高达4.72万美元、4.22万美元，2011年的城市化水平分别高达82.57%、80.69%。

3.2.4　亚洲典型案例国家

在亚洲范围内选取日本、韩国作为典型研究区域。日本、韩国2009年的人均国民收入分别高达3.79万美元、1.98万美元，2011年的城市化水平分别为67.04%、83.26%。

3.3　耕地利用转型国际实证

3.3.1　欧洲典型发达国家耕地利用转型

1. 奥地利

1）耕地利用格局转型

（1）耕地数量变化视角。滑动 t 检验结果表明，耕地面积滑动子序列 n_1= n_2=5，给定显著性水平 α=0.01，耕地数量于1965～1966年、1971～1972年、1982年、1992年、1994年、1999～2001年发生了突变。51年来，耕地面积总体上波动性减少。1961～1973年耕地面积快速减少，1965～1966年耕地面积出现短暂波动。1974～2011年耕地面积变化波动性明显增强，1982年、1992年、1994年、1999～2001年耕地面积出现短暂波动。耕地面积于1974～1982年出现了恢复性增长，1982～1983年大幅减少，减少明显趋缓。可见，耕地数量变化在1973年前后发生了趋势性转折（图3-4）。1961～1973年，耕地面积年净消耗率均值为0.90%；1974～2011年，耕地面积年净消耗率均值为0.27%。

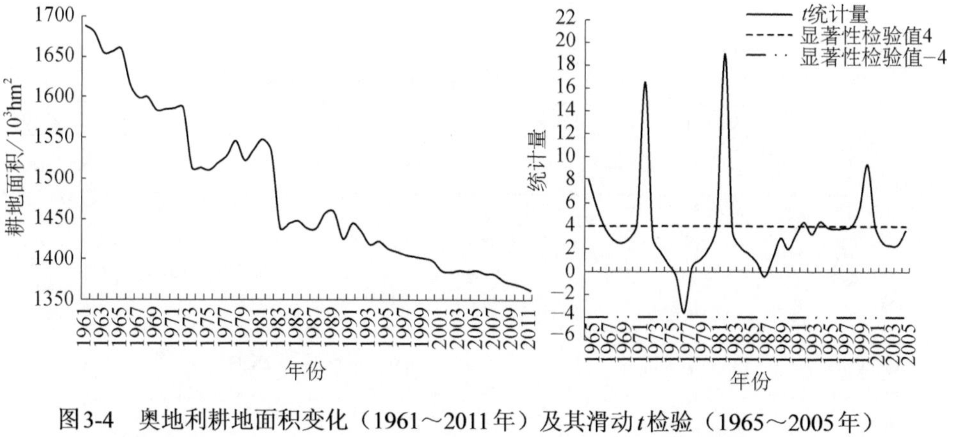

图3-4　奥地利耕地面积变化（1961～2011年）及其滑动 t 检验（1965～2005年）

（2）耕地经营格局变化视角。1980～1985年，农业经济活动人口人均耕地面积大致围绕4.85hm²小幅波动。1985～2011年，农业经济活动人口人均耕地面积从4.89hm²增长到了9.81hm²（图3-5）。从农场经营规模来看，1960～2010年，农业用地面积、农场数量呈逐步减少态势，农业用地平均经营规模呈阶段性增长态势。1960～1980年，农业用地平均经营规模仅增长了1.85hm²；1990～

2010年，农业用地平均经营规模增长了5.84hm²。从农场类型变化可以进一步看出，1990～2010年，50hm²以下的农场呈减少态势，其中，面积小于30hm²的农场减少最明显。同期，50hm²以上的农场呈增加态势，其中，50～100hm²、100～200hm²、>200hm²的农场分别增加了5670个、1780个、370个（表3-1）。

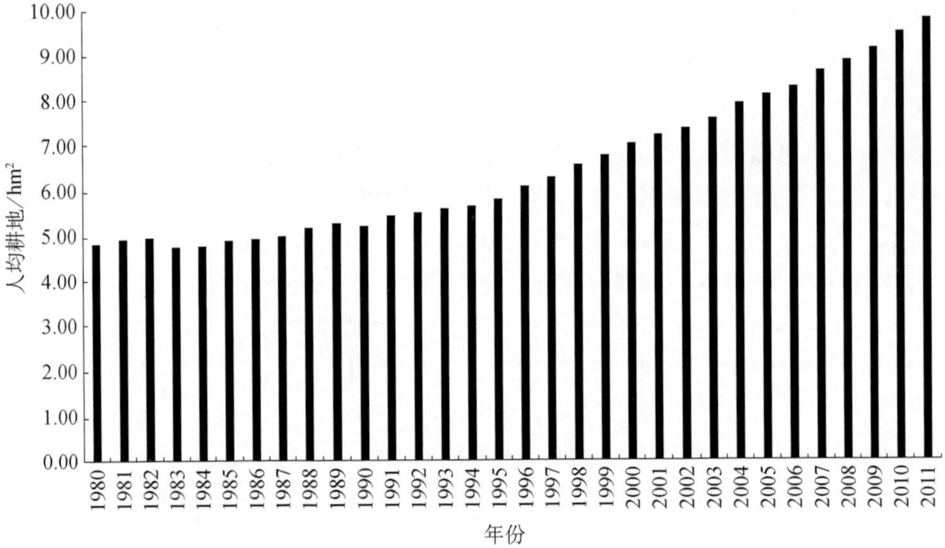

图3-5　1980～2011年奥地利农业经济活动人口人均耕地变化

表3-1　1960～2010年奥地利农业用地及农场类型变化

指标	1960年	1970年	1980年	1990年	1995年	1999年	2003年	2005年	2007年	2010年
农业用地平均经营规模/hm²/个	10.07	10.59	11.92	12.42	14.35	15.59	17.73	17.21	17.32	18.26
农业用地面积/10³hm²	4050	3896	3675	3500	3432	3390	3376	3263	3240	3165
农场数量/10³个	402.29	367.74	308.25	281.91	239.10	217.51	190.38	189.59	187.03	173.32
其中：<5hm²	—	—	—	97.48	66.23	52.66	40.52	39.66	40.89	34.38
5～10hm²	—	—	—	49.06	43.88	40.54	34.24	34.11	34.10	31.40
10～20hm²	—	—	—	54.95	49.37	45.70	40.67	39.38	37.52	34.37
20～30hm²	—	—	—	33.41	30.99	29.08	25.93	25.70	24.10	22.64
30～50hm²	—	—	—	26.05	27.22	27.02	26.57	26.36	25.96	25.00
50～100hm²	—	—	—	10.57	12.08	13.03	14.80	16.07	15.79	16.24
100～200hm²	—	—	—	3.43	3.71	3.92	4.15	4.75	4.70	5.21
>200hm²	—	—	—	3.05	3.21	3.27	3.20	3.27	3.38	3.42

注：农业用地平均经营规模=农业用地面积/农场数量。

以上分析表明，奥地利耕地数量变化于1973年前后发生了趋势性转折，耕地经营格局变化于1985年前后发生了趋势性转折。综合来看，奥地利耕地利用格局转型发生在1985年前后。

2）耕地利用功能转型

1961～2011年，谷物收获面积单产总体上逐步增长。1961～2002年，单位耕地氮肥消耗量呈明显的“倒U”形曲线变化。其中，1961～1985年单位耕地氮肥消耗量快速增长；1985～2002年单位耕地氮肥消耗量有所下降（图3-6）。

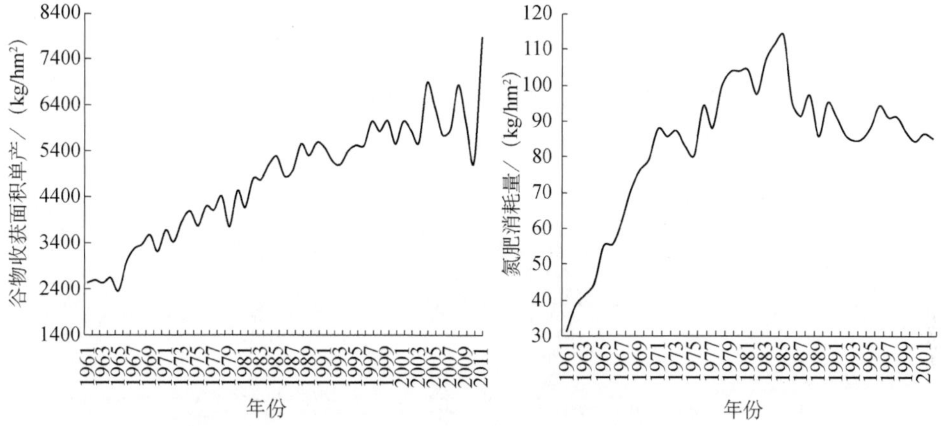

图3-6　奥地利谷物收获面积单产（1961～2011年）及氮肥消耗量（1961～2002年）

2000～2010年，有机农业用地面积增长了26.67%，有机农业用地面积占农业用地面积比重从13.77%逐步增长到19.69%（表3-2）。

表3-2　2000～2010年奥地利有机农业用地面积及其所占农业用地面积比重

指标	2000年	2001年	2002年	2003年	2004年	2005年	2006年	2007年	2008年	2009年	2010年
面积/10^3hm^2	429.17	410.53	425.25	447.98	460.85	479.82	477.80	482.34	492.63	518.76	543.61
比重/%	13.77	14.03	14.52	15.47	16.03	16.69	16.71	17.06	17.47	18.50	19.69

以上分析表明，1961年以来，耕地商品性生产功能逐步提升的同时，耕地利用对非商品性生产功能的负面影响持续增强，但于1985年前后得到明显遏制。而且，环境友好型农业政策及措施有力促进了有机农业的发展，耕地多功能逐步增强。由此可见，奥地利耕地利用功能转型发生在1985年前后。

2. 比利时–卢森堡

1）耕地利用格局转型

（1）耕地数量变化视角。滑动t检验结果表明，耕地面积滑动子序列$n_1=n_2=5$，给定显著性水平$\alpha=0.01$，耕地数量于1965～1967年、1972年、1978～1980年、1991～1992年、1999年发生了突变。1965～1967年、1972年、1991～1992年、1999年耕地面积长期变化过程中出现短暂波动，1978～1980年则是骤然下降。总的来看，以1987年为界，耕地数量由长期持续减少转而长期持续增加（图3-7）。1961～1987年，耕地面积年净消耗率均值为1.45%；1988～2011年，耕地面积年净增长率均值为1.29%。

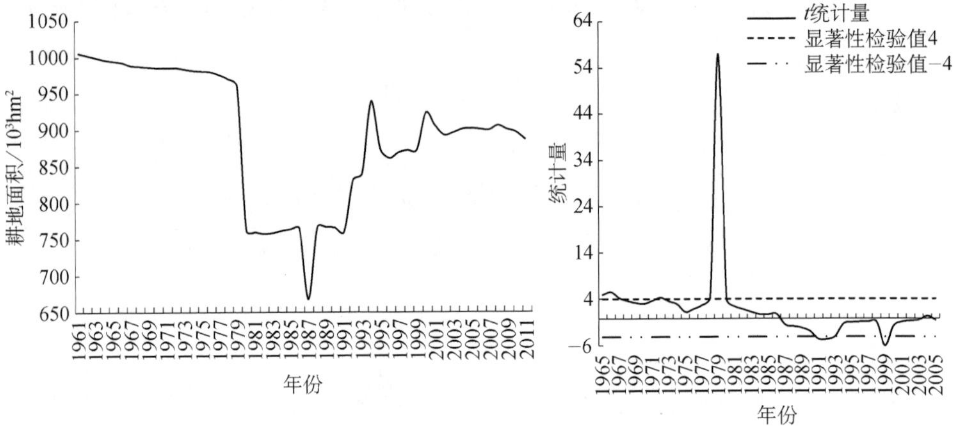

图3-7　比利时-卢森堡耕地面积变化（1961～2011年）及其滑动t检验（1965～2005年）

（2）耕地经营格局变化视角。1980～1987年，农业经济活动人口人均耕地大致围绕6.00hm²小幅波动。1987～2011年，农业经济活动人口人均耕地从5.86hm²增长到14.80hm²，增长了152.56%。1991～2011年增长最明显，共增长了7.76hm²（图3-8）。从农场类型变化可以看出，1990～2007年，50hm²以下的农场明显减少。同期，50hm²以上的农场呈增加态势，比利时、卢森堡分别增长了80.12%、1.83%（表3-3）。

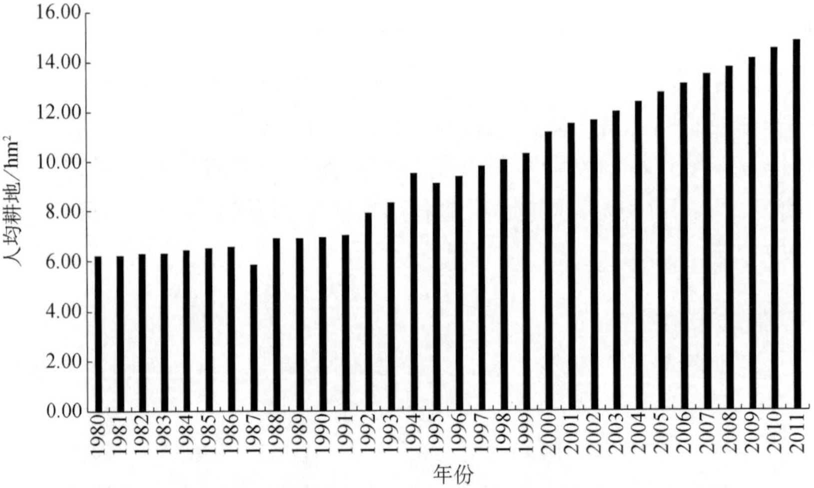

图3-8　1980～2011年比利时-卢森堡农业经济活动人口人均耕地变化

表3-3　1990～2007年比利时、卢森堡农场类型变化（单位：10^3个）

年份	比利时				卢森堡			
	<5hm²	5～20hm²	20～50hm²	≥50hm²	<5hm²	5～20hm²	20～50hm²	≥50hm²
1990	32.07	29.44	18.65	4.88	1.02	0.77	1.06	1.09
1993	26.71	25.55	18.69	5.38	0.90	0.57	0.77	1.17
1995	23.68	22.99	18.32	5.99	0.79	0.54	0.66	1.19
1997	21.64	21.00	17.81	6.74	0.72	0.49	0.59	1.18
2000	19.02	18.45	16.72	7.52	0.63	0.48	0.53	1.18
2003	15.38	16.12	15.28	8.17	0.48	0.41	0.44	1.12
2005	13.70	15.01	14.31	8.53	0.51	0.40	0.42	1.11
2007	12.21	13.68	13.34	8.79	0.41	0.40	0.38	1.11

以上分析表明，1987年前后比利时-卢森堡耕地数量变化与耕地经营格局变化均发生了趋势性转折。综合来看，比利时-卢森堡耕地利用格局转型发生在1987年前后。

2）耕地利用功能转型

1961～2011年，谷物收获面积单产总体上逐步增长。1961～2002年，单位耕地氮肥消耗量呈明显的“倒U”形曲线变化。其中，1961～1987年单位耕地氮肥消耗量快速增长；1987～1999年单位耕地氮肥消耗量有所下降（图3-9）。

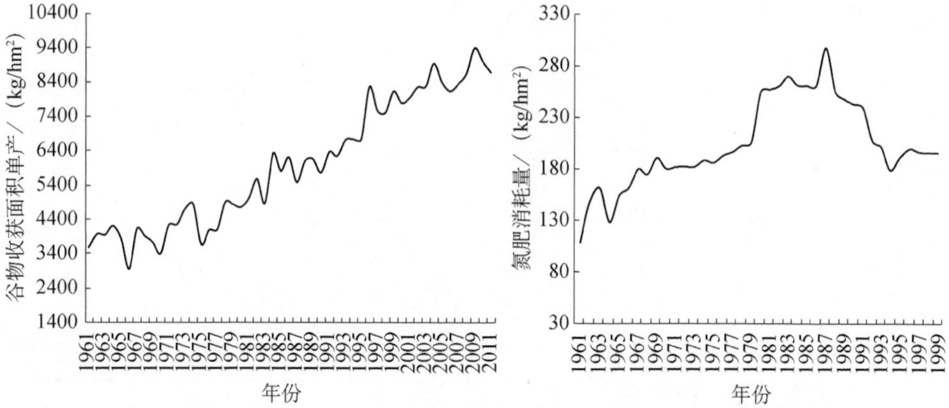

图3-9　比利时-卢森堡谷物收获面积单产（1961～2011年）及氮肥消耗量（1961～1999年）

2000～2010年，有机农业用地面积增长了142.55%，有机农业用地面积占农业用地面积比重从1.43%逐步增长到3.50%（表3-4）。

表3-4　2000～2010年比利时-卢森堡有机农业用地面积及其所占农业用地面积比重

指标	2000年	2001年	2002年	2003年	2004年	2005年	2006年	2007年	2008年	2009年	2010年
面积/10^3hm^2	21.74	24.59	32.24	26.97	26.89	26.24	32.94	36.01	39.26	45.07	52.73
比重/%	1.43	1.62	2.12	1.77	1.77	1.73	2.17	2.39	2.61	2.99	3.50

以上分析表明，1961年以来，耕地商品性生产功能逐步提升的同时，耕地利用对非商品性生产功能的负面影响持续增强，但于1987年前后得到明显遏制。而且，环境友好型农业政策及措施有力促进了有机农业的发展，耕地多功能逐步增强。由此可见，比利时-卢森堡耕地利用功能转型发生在1987年前后。

3. 丹麦

1）耕地利用格局转型

（1）耕地数量变化视角。滑动t检验结果表明，耕地面积滑动子序列$n_1=n_2=5$，给定显著性水平$\alpha=0.01$，丹麦耕地数量于1968～1970年、1981～1982年、1986～1988年、1992～1994年、1998年发生了突变。1968～1970年、1981～1982年、1986～1988年仅是1961～1994年耕地面积持续减少过程中出现短暂波动的年份。1994年以后，耕地面积波动明显加强。大体以2003年为界，耕地面积由快速减少转而快速增加。其中，1998年仅是1994～2003年快速减少过程中出现短暂波动的年份。总的来看，1994年前后耕地数量变化发生了趋势性转折（图3-10）。1961～1995年，耕地面积年净消耗率均值为0.55%；1995～2011年，耕地面积年净增长率均值为0.48%。

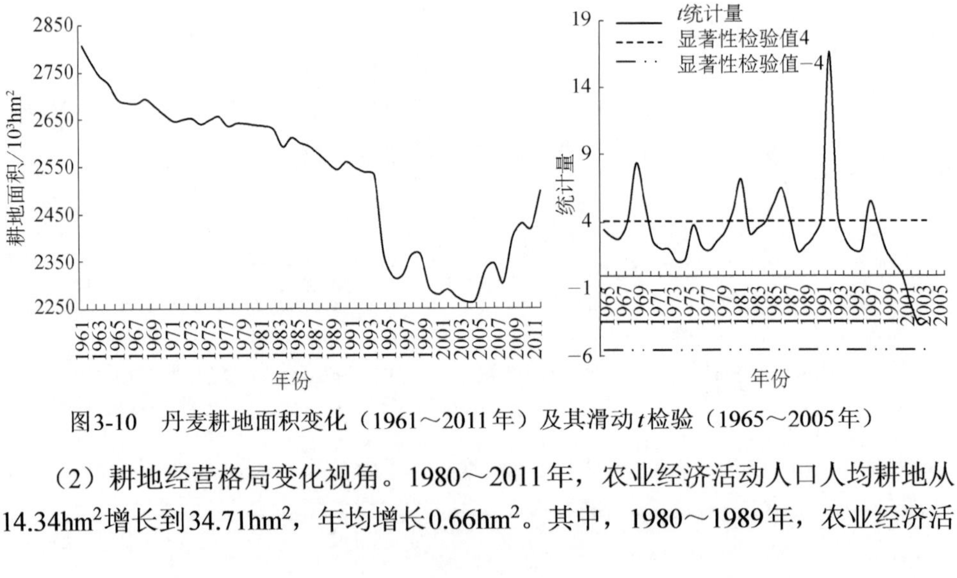

图3-10　丹麦耕地面积变化（1961～2011年）及其滑动t检验（1965～2005年）

（2）耕地经营格局变化视角。1980～2011年，农业经济活动人口人均耕地从$14.34hm^2$增长到$34.71hm^2$，年均增长$0.66hm^2$。其中，1980～1989年，农业经济活动人口人均耕地年均增长0.13hm^2；1990～2011年，农业经济活动人口人均耕地年均增长0.90hm^2（图3-11）。从农场类型变化可以进一步看出，1990～2007年，50hm^{2}以下的农场明显减少。同期，50hm^{2}以上的农场呈小幅增加态势（表3-5）。

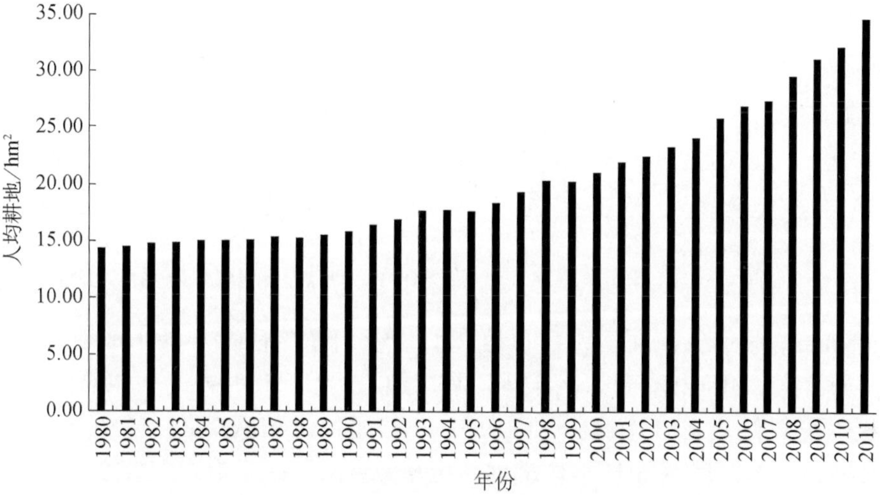

图3-11　1980～2011年丹麦农业经济活动人口人均耕地变化

表3-5　1990～2007年丹麦农场类型数量变化　（单位：10^3个）

类型	1990年	1993年	1995年	1997年	2000年	2003年	2005年	2007年
<5hm^2	2.24	1.95	2.08	2.23	1.99	1.80	1.75	1.67
5～20hm^2	32.20	28.77	26.29	23.79	21.01	16.87	19.9	17.21
20～50hm^2	31.26	26.65	23.27	19.58	17.17	12.77	13.45	10.47
≥50hm^2	15.57	16.41	17.13	17.55	17.67	17.18	16.58	15.27

以上分析表明，丹麦耕地数量变化于1995年前后发生了趋势性转折，耕地经营格局变化于1990年前后发生了趋势性转折。综合来看，丹麦耕地利用格局转型发生在1995年前后。

2）耕地利用功能转型

1961～2011年，谷物收获面积单产总体上逐步增长。1961～2002年，单位耕地氮肥消耗量呈明显的“倒U”形曲线变化。其中，1961～1984年单位耕地氮肥消耗量快速增长；1985～2002年单位耕地氮肥消耗量有所下降（图3-12）。

2000～2010年，有机农业用地面积增长了3.32%，有机农业用地面积占农业用地面积比重从5.96%增长到6.12%（表3-6）。此外，生境小区调查结果发现：①丹麦东部地区线形生境长度及面积大致稳定。1981～1996年，东部地区每4km^{2}区域内的线形生境数量从27.23个下降到25.04个，线形生境长度大致保持

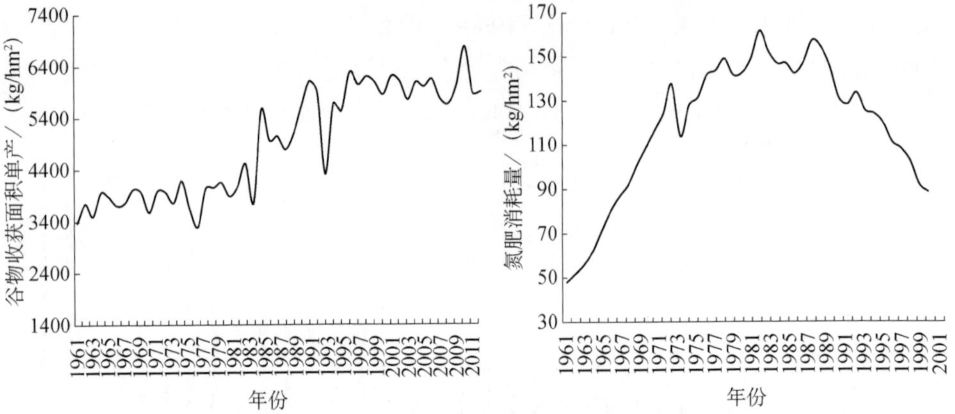

图3-12 丹麦谷物收获面积单产（1961～2011年）及氮肥消耗量（1961～2002年）

在5.80km，线形生境面积比重保持在1.82%～1.85%。②丹麦东部地区面状生境，如篱笆、田间林草带、沟渠等明显增加。1981～1986年，每$4km^2$区域内的面状生境数量从8.63个减少到8.56个，但面积比重从3.30%增加到3.49%。1991～1996年，每$4km^2$区域内的面状生境数量从8.88个增加到9.79个，面积比重从3.76%增加到4.18%（Groom and Reed，2001）。

表3-6 2000～2010年丹麦有机农业用地面积及其所占农业用地面积比重

指标	2000年	2001年	2002年	2003年	2004年	2005年	2006年	2007年	2008年	2009年	2010年
面积/10^3hm^2	157.68	168.37	174.35	165.15	154.92	134.13	138.08	142.86	150.10	156.43	162.90
比重/%	5.96	6.37	6.59	6.21	5.83	5.18	5.33	5.37	5.64	5.88	6.12

以上分析表明，1961年以来，耕地商品性生产功能逐步提升的同时，丹麦耕地利用对非商品性生产功能的负面影响持续增强，但于1985年前后得到明显遏制。而且，环境友好型农业政策及措施有力促进了有机农业及农田生物多样性的发展，耕地多功能逐步增强。由此可见，丹麦耕地利用功能转型发生在1985年前后。

4. 芬兰

1）耕地利用格局转型

（1）耕地数量变化视角。滑动t检验结果表明，耕地面积滑动子序列$n_1=n_2=5$，给定显著性水平$\alpha=0.01$，芬兰耕地数量于1967～1984年、1994年、2002～2005年发生了突变。大致以1986年为界，耕地面积由持续减少转而波动性增长。耕地面积于1961～1967年保持稳定，1967～1985年持续快速减少，此后波动性明显增强。具体来看，耕地数量大致由1986～1994年的波动性增长转为1994～1997的波动性减少，然后转为1997～2011年的波动性增长。其中，2002～2005

年仅是1997～2011年增长过程中出现短暂波动的年份。总的来看，耕地数量变化在1986年前后发生了趋势性转折（图3-13）。1961～1986年，耕地面积年净消耗率均值为0.67%；1987～2011年，耕地面积年净消耗率均值为0.0003%。

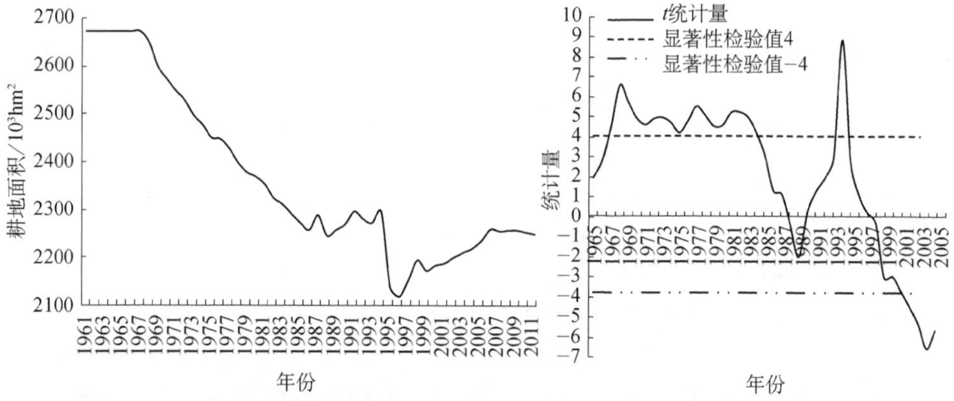

图3-13　芬兰耕地面积变化（1961～2011年）及其滑动t检验（1965～2005年）

（2）耕地经营格局变化视角。1980～2011年，农业经济活动人口人均耕地从7.95hm^2增长到23.93hm^2，年均增长0.52hm^2。其中，1980～1985年，农业经济活动人口人均耕地年均增长0.14hm^2；1986～2011年，农业经济活动人口人均耕地年均增长0.60hm^2（图3-14）。从农场类型变化可以进一步看出，1995～2007年，50hm^2以下的农场明显减少。同期，50hm^2以上的农场增长了7250个，增长了105.69%（表3-7）。

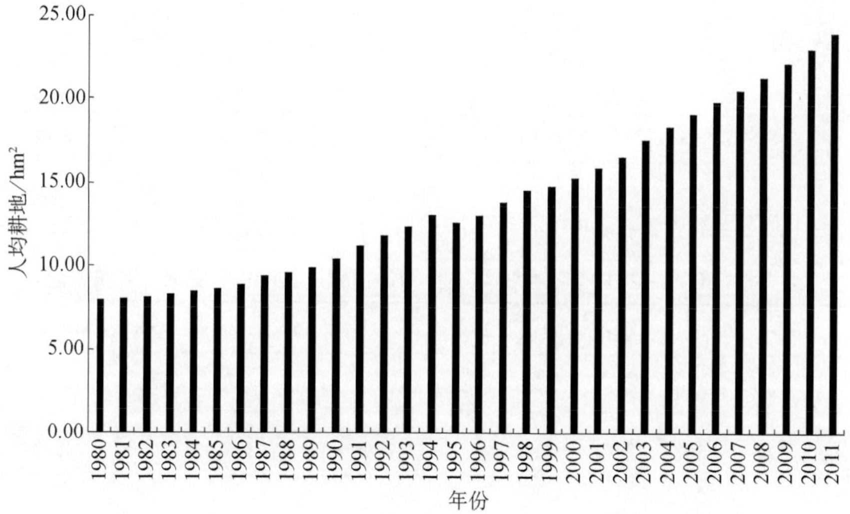

图3-14　1980～2011年芬兰农业经济活动人口人均耕地变化

表3-7 1995～2007年芬兰农场类型数量变化 （单位：10^3个）

类型	1995年	1997年	2000年	2003年	2005年	2007年
<5hm²	10.59	7.90	8.54	7.45	6.54	6.63
5～20hm²	48.26	41.87	31.33	27.24	24.66	23.32
20～50hm²	35.24	33.65	30.36	27.88	26.16	24.18
≥50hm²	6.86	8.02	10.97	12.39	13.25	14.11

以上分析表明，1986年前后芬兰耕地数量变化与耕地经营格局变化均发生了趋势性转折。综合来看，芬兰耕地利用格局转型发生在1986年前后。

2）耕地利用功能转型

1961～2011年，谷物收获面积单产总体上逐步增长。1961～2002年，单位耕地氮肥消耗量呈明显的"倒U"形曲线变化。其中，1961～1986年单位耕地氮肥消耗量快速增长；1987～2002年单位耕地氮肥消耗量有所下降（图3-15）。

2000～2010年，有机农业用地面积增长了14.75%，有机农业用地面积占农业用地面积的比重从6.65%逐步增长到7.38%（表3-8）。

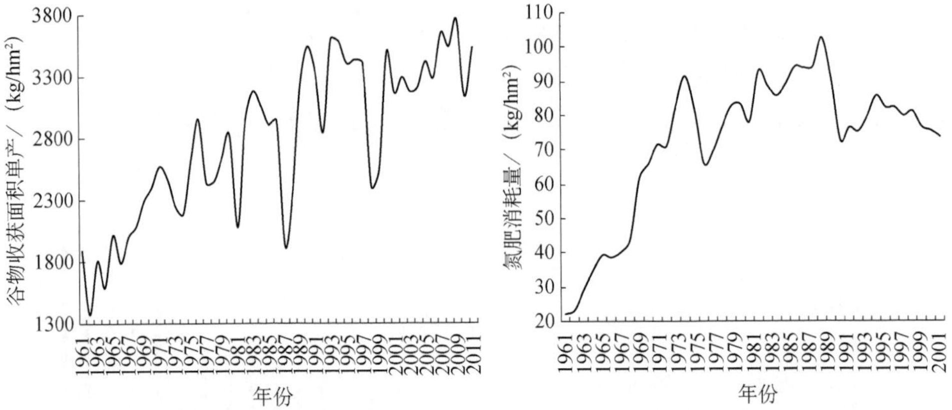

图3-15 芬兰谷物收获面积单产（1961～2011年）及氮肥消耗量（1961～2002年）

表3-8 2000～2010年芬兰有机农业用地面积及其所占农业用地面积比重

指标	2000年	2001年	2002年	2003年	2004年	2005年	2006年	2007年	2008年	2009年	2010年
面积/10^3hm²	147.42	147.94	156.69	159.99	162.02	147.59	144.67	148.76	150.37	166.17	169.17
比重/%	6.65	6.72	7.07	7.12	7.30	6.68	6.52	6.49	6.56	7.25	7.38

以上分析表明，1961年以来，耕地商品性生产功能逐步提升的同时，芬兰

耕地利用对非商品性生产功能的负面影响增强，但于1986年前后得到明显遏制。而且，环境友好型农业政策及措施有力促进了有机农业的发展，耕地多功能逐步增强。由此可见，芬兰耕地利用功能转型发生在1986年前后。

5. 法国

1）耕地利用格局转型

（1）耕地数量变化视角。滑动t检验结果表明，耕地面积滑动子序列$n_1=n_2=5$，给定显著性水平$\alpha=0.01$，法国耕地数量于1965～1968年、1978～1984年、1992～1993年、1997～2000年发生了突变。自1973年，耕地面积开始波动增长。1965～1968年是1961～1972年持续快速减少过程中出现短暂波动的年份，1973～1984年、1992～1993年、1997～2000年是1979～2011年增长过程中出现短暂波动的年份。总的来看，耕地数量变化在1972年前后发生了趋势性转折（图3-16）。1961～1972年，耕地面积年净消耗率均值为1.27%；1973～2011年，耕地面积年净增长率均值为0.20%。

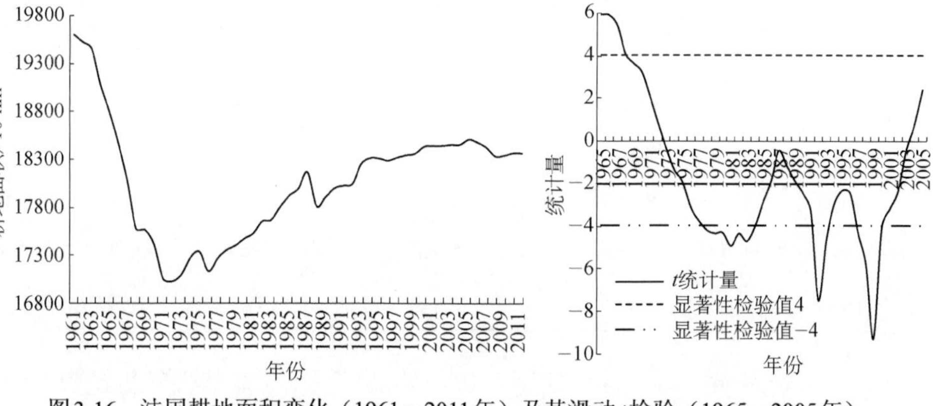

图3-16 法国耕地面积变化（1961～2011年）及其滑动t检验（1965～2005年）

（2）耕地经营格局变化视角。1980～2011年，农业经济活动人口人均耕地从8.82hm²增长到33.64hm²，年均增长0.80hm²。其中，1980～1987年，农业经济活动人口人均耕地年均增长0.40hm²；1988～2011年，农业经济活动人口人均耕地年均增长0.94hm²（图3-17）。从农场类型变化可以看出，1979～2010年，100hm²以下的农场及其农业用地面积明显减少。同期，100hm²以上的农场及其农业用地面积明显增长，而1988～2010年二者增长最明显。1988～2010年，100～200hm²的农场及其农业用地面积分别增长了95.79%、105.00%，大于200hm²的农场及其农业用地面积分别增长了210.24%、199.00%（表3-9）。

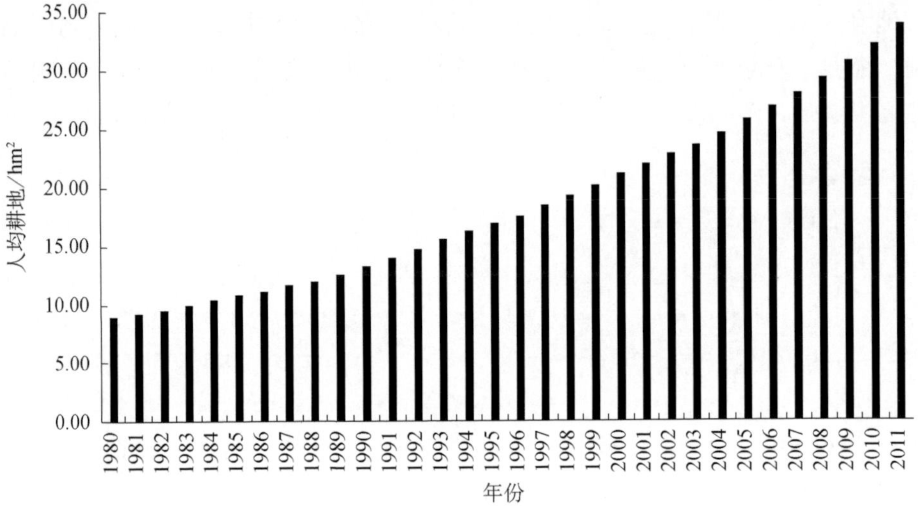

图3-17　1980～2011年法国农业经济活动人口人均耕地变化

表3-9　1979～2010年法国农场类型及农业用地面积变化

类型	农场数量/10^3个				农业用地面积/10^3hm^2			
	1979年	1988年	2000年	2010年	1979年	1988年	2000年	2010年
<20hm²	766.73	556.73	325.11	211.40	5455.23	3757.24	1825.84	1237.12
20～50hm²	347.32	288.06	137.81	87.90	10962.17	9348.06	4666.14	2986.67
50～100hm²	114.08	128.26	122.14	97.40	7683.39	8708.91	8661.98	7036.39
100～200hm²	29.04	37.08	64.30	72.60	3797.58	4863.63	8655.37	9970.64
≥200hm²	5.50	6.64	14.45	20.60	1598.20	1917.95	4046.98	5734.58

以上分析表明，耕地数量变化于1973年前后发生了趋势性转折，耕地经营格局变化于1988年前后发生了趋势性转折。综合来看，法国耕地利用格局转型发生在1988年前后。

2）耕地利用功能转型

1961～2011年，谷物收获面积单产总体上逐步增长。1961～2002年，单位耕地氮肥消耗量呈明显的“倒U”形曲线变化。其中，1961～1988年单位耕地氮肥消耗量快速增长；1989～2002年单位耕地氮肥消耗量有所下降（图3-18）。

2000～2010年，有机农业用地面积增长了128.54%，有机农业用地面积占农业用地面积比重从1.33%逐步增长到3.08%（表3-10）。

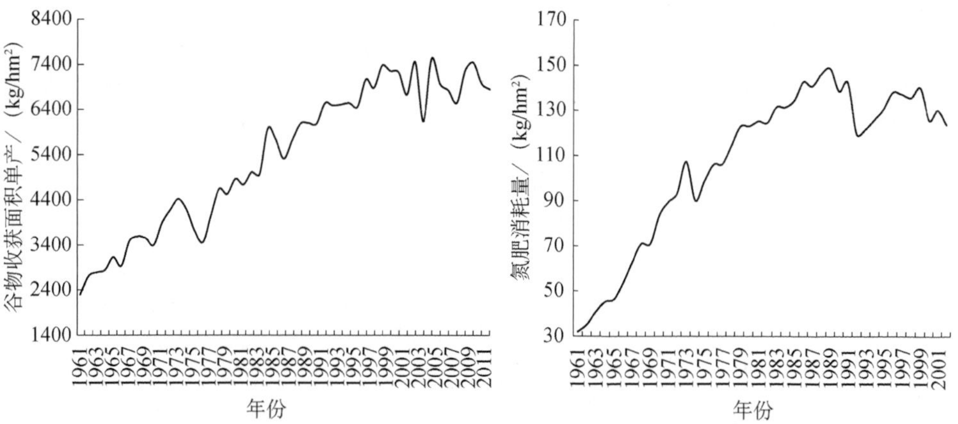

图3-18 法国谷物收获面积单产（1961～2011年）及氮肥消耗量（1961～2002年）

表3-10 2000～2010年法国有机农业用地面积及其所占农业用地面积比重

指标	2000年	2001年	2002年	2003年	2004年	2005年	2006年	2007年	2008年	2009年	2010年
面积/10^3hm^2	369.93	419.75	517.97	550.99	534.04	550.49	552.82	557.13	583.80	677.51	845.44
比重/%	1.33	1.51	1.86	1.86	1.94	2.00	2.00	2.02	2.13	2.47	3.08

以上分析表明，1961年以来，耕地商品性生产功能逐步提升的同时，耕地利用对非商品性生产功能的负面影响增强，但于1988年前后得到明显遏制。而且，环境友好型农业政策及措施有力促进了有机农业的发展，耕地多功能逐步增强。由此可见，法国耕地利用功能转型发生在1988年前后。

6. 德国

1）耕地利用格局转型

（1）耕地数量变化视角。滑动t检验结果表明，耕地面积滑动子序列$n_1=n_2=10$，给定显著性水平$\alpha=0.01$，德国耕地数量于1979～1980年、1984～1990年发生了突变。1979～1980年、1984～1990年是1961～1991年快速减少过程中出现短暂波动的年份。总的来看，耕地数量变化在1991年前后发生了趋势性转折（图3-19）。1961～1991年，耕地面积年净消耗率均值为0.18%；1992～2011年，耕地面积年净增长率均值为0.14%。

（2）耕地经营格局变化视角。1980～2011年，农业经济活动人口人均耕地从4.91hm²增长到18.79hm²，年均增长0.45hm²。其中，1980～1990年，农业经济活动人口人均耕地年均增长0.28hm²；1991～2011年，农业经济活动人口人均耕地年均增长0.56hm²（图3-20）。从农场类型变化可以进一步看出，1990～

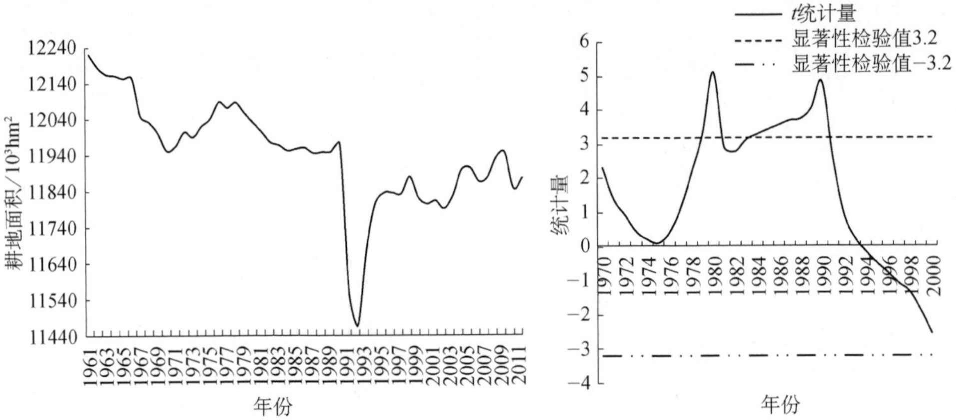

图3-19 德国耕地面积变化（1961～2011年）及其滑动t检验（1970～2000年）

2007年，50hm²以下的农场明显减少。同期，50hm²以上的农场从56280个增长到85280个，增长了51.53%。而且，2003～2007年，50hm²以上的农场数量增加主要来自100hm²以上的农场数量增加（表3-11）。

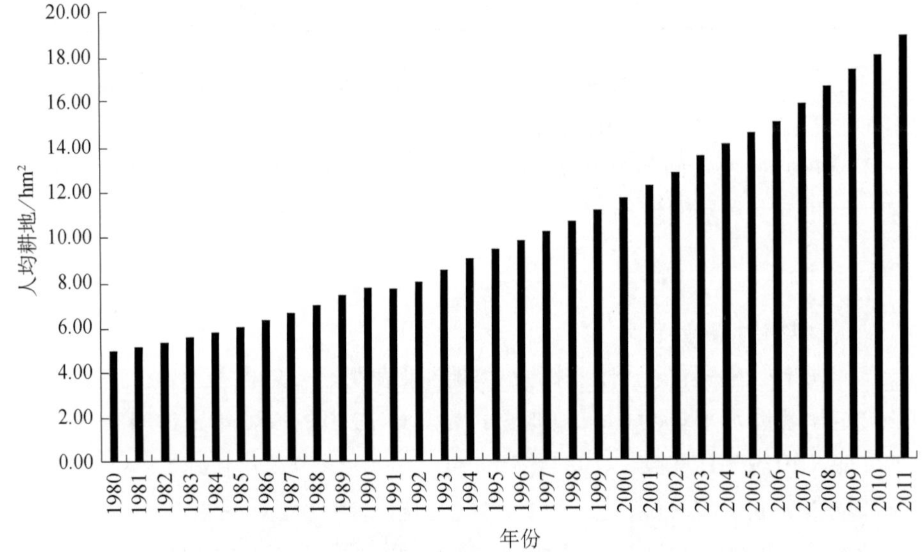

图3-20 1980～2011年德国农业经济活动人口人均耕地变化

表3-11 1990～2007年德国农场类型数量变化 （单位：10^3个）

类型	1990年	1993年	1995年	1997年	2000年	2003年	2005年	2007年
<5hm²	218.58	191.65	179.18	168.09	117.63	97.46	88.01	83.57
5～20hm²	225.63	206.88	183.99	168.22	161.32	137.27	128.82	119.62
20～50hm²	153.07	141.83	132.23	122.41	114.35	94.03	88.45	81.94

续表

类型	1990年	1993年	1995年	1997年	2000年	2003年	2005年	2007年
≥50hm²	56.28	65.68	71.46	75.65	78.67	83.39	84.70	85.28
50～75hm²						36.26	35.47	34.54
75～100hm²						18.67	18.94	18.86
≥100hm²						28.46	30.30	31.88

以上分析表明，1991年前后德国耕地数量变化与耕地经营格局变化均发生了趋势性转折。综合来看，德国耕地利用格局转型发生在1991年前后。

2）耕地利用功能转型

1961～2011年，谷物收获面积单产总体上逐步增长。1961～2002年，单位耕地氮肥消耗量呈明显的“倒U”形曲线变化。其中，1961～1980年单位耕地氮肥消耗量快速增长；1981～2002年单位耕地氮肥消耗量有所下降（图3-21）。

2000～2010年，有机农业用地面积增长了81.44%，有机农业用地面积占农业用地面积的比重从3.18%逐步增长到5.93%（表3-12）。

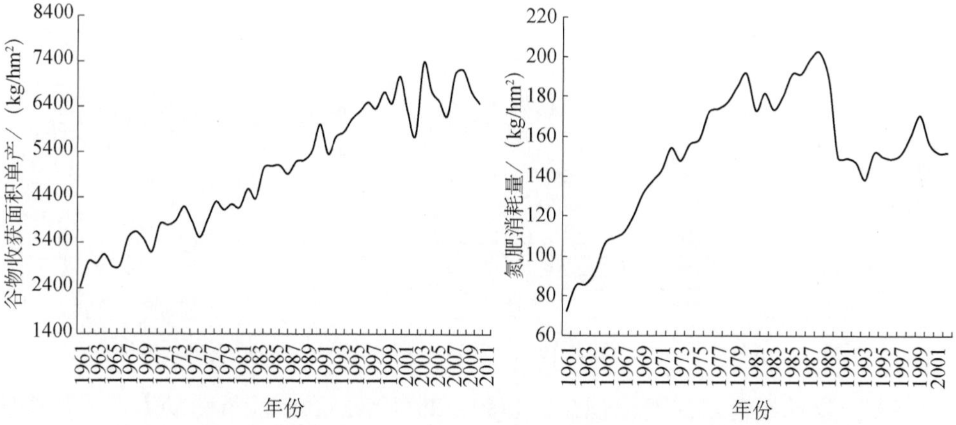

图3-21　德国谷物收获面积单产（1961～2011年）及氮肥消耗量（1961～2002年）

表3-12　2000～2010年德国有机农业用地面积及其所占农业用地面积比重

指标	2000年	2001年	2002年	2003年	2004年	2005年	2006年	2007年	2008年	2009年	2010年
面积/10^3hm^2	546.02	635.00	696.98	734.03	767.89	807.41	825.54	865.34	907.79	947.12	990.70
比重/%	3.18	3.70	4.06	4.32	4.52	4.74	4.85	5.10	5.35	5.59	5.93

以上分析表明，1961年以来，耕地商品性生产功能逐步提升的同时，德国

耕地利用对非商品性生产功能的负面影响增强，但于1981年前后得到明显遏制。而且，环境友好型农业政策及措施有力促进了有机农业的发展，耕地多功能逐步增强。由此可见，德国耕地利用功能转型发生在1981年前后。

7. 爱尔兰

1）耕地利用格局转型

（1）耕地数量变化视角。滑动t检验结果表明，耕地面积滑动子序列$n_1=n_2=5$，给定显著性水平$\alpha=0.01$，1961年以来，爱尔兰耕地数量于1965～1967年、1970～1982年、1995年、1999～2000年、2005年发生了突变。1965～1967年、1970～1982年是1961～1983年持续快速减少过程中出现短暂波动的年份，1995年、1999～2000年、2005年是1984～2011年波动性增长过程中出现短暂波动的年份。总的来看，耕地数量变化在1984年前后发生了趋势性转折（图3-22）。1961～1983年，耕地面积持续快速减少，年净消耗率均值为2.01%；1984～2011年，耕地面积波动明显增强，年净增长率均值为0.22%。

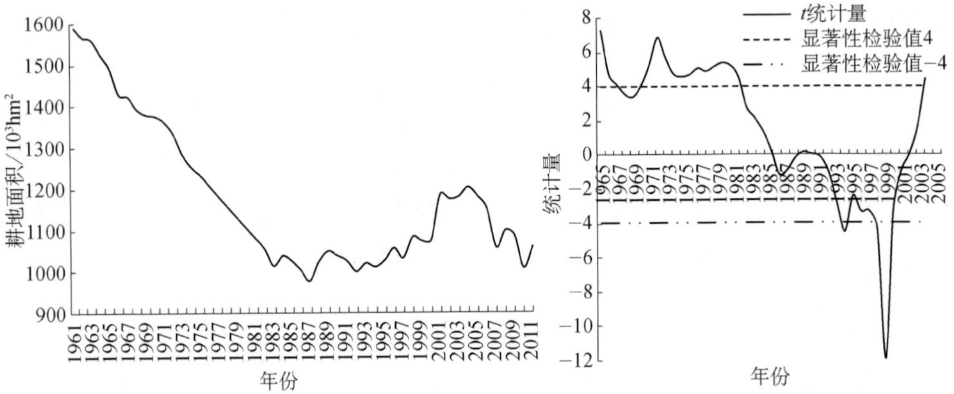

图3-22　爱尔兰耕地面积变化（1961～2011年）及其滑动t检验（1965～2005年）

（2）耕地经营格局变化视角。1980～2011年，农业经济活动人口人均耕地从4.76hm²增长到7.27hm²，年均增长0.08hm²，且阶段性变化明显。其中，1980～1985年，农业经济活动人口人均耕地年均增长0.02hm²；1986～2004年，农业经济活动人口人均耕地年均增长0.15hm²；2005～2011年，农业经济活动人口人均耕地略微波动变化（图3-23）。从农场类型变化可以进一步看出，1990～2007年，50hm²以下的农场均呈减少态势。其中，5hm²以下的农场、5～20hm²的农场减少最明显，分别减少了56.26%、35.48%。同期，50hm²以上的农场从19610个增长到22740个，增长了15.96%（表3-13）。

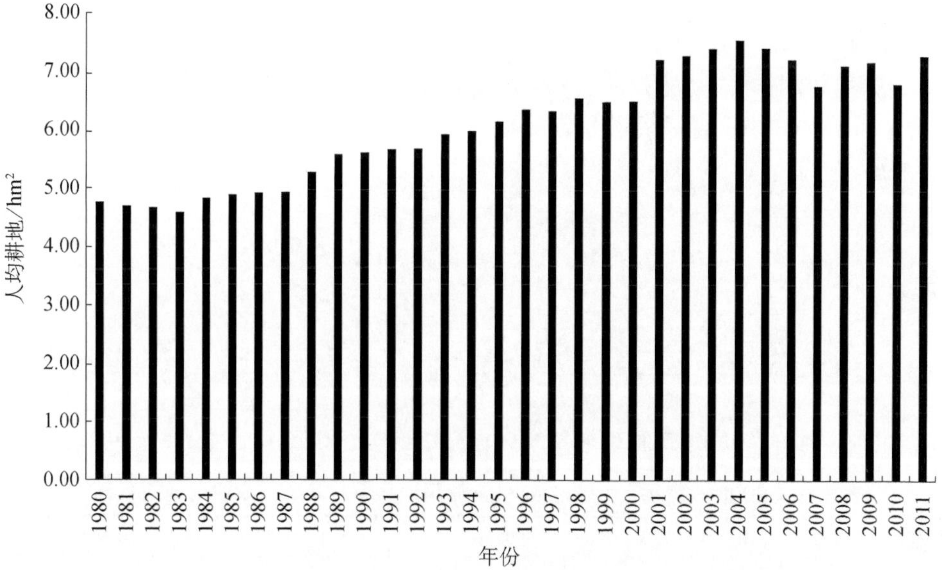

图3-23　1980～2011年爱尔兰农业经济活动人口人均耕地变化

表3-13　1990～2007年爱尔兰农场类型数量变化　（单位：10^3个）

类型	1990年	1993年	1995年	1997年	2000年	2003年	2005年	2007年
<5hm²	19.18	16.53	14.85	11.14	11.67	8.59	9.24	8.39
5～20hm²	72.40	67.05	61.16	58.49	51.04	52.06	48.58	46.71
20～50hm²	59.39	56.80	57.21	57.37	54.68	51.97	51.22	50.41
≥50hm²	19.61	18.99	20.20	20.84	24.15	23.00	23.64	22.74

以上分析表明，爱尔兰耕地数量变化于1984年前后发生了趋势性转折，耕地经营格局变化于1985年前后发生了趋势性转折。综合来看，爱尔兰耕地利用格局转型发生在1985年前后。

2）耕地利用功能转型

1961～2011年，谷物收获面积单产总体上逐步增长。1961～2002年，单位耕地氮肥消耗量呈明显的“倒U”形曲线变化。其中，1961～1994年单位耕地氮肥消耗量快速增长；1995～2002年单位耕地氮肥消耗量有所下降（图3-24）。

2000～2010年，有机农业用地面积增长了75.76%，有机农业用地面积占农业用地面积的比重从0.61%逐步增长到1.16%（表3-14）。

以上分析表明，1961年以来，耕地商品性生产功能逐步提升的同时，爱尔兰耕地利用对非商品性生产功能的负面影响增强，但于1995年前后得到明显遏

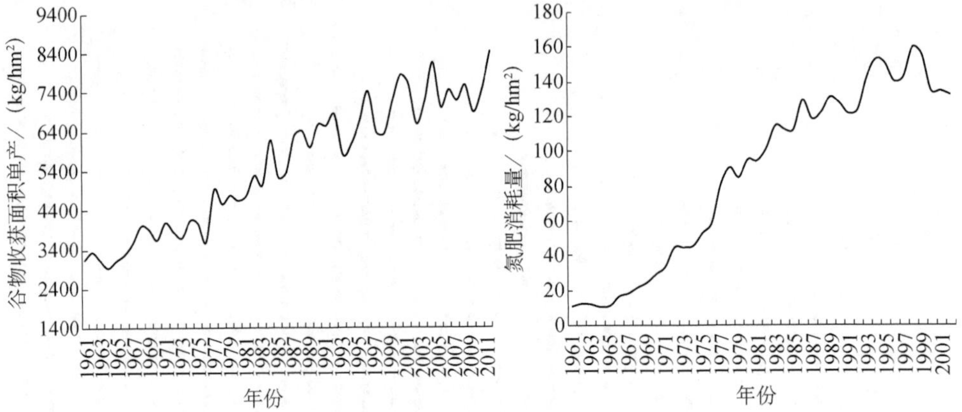

图3-24　爱尔兰谷物收获面积单产（1961～2011年）及氮肥消耗量（1961～2002年）

表3-14　2000～2010年爱尔兰有机农业用地面积及其所占农业用地面积比重

指标	2000年	2001年	2002年	2003年	2004年	2005年	2006年	2007年	2008年	2009年	2010年
面积/10^3hm^2	27.23	30.07	29.75	28.51	30.67	35.27	39.95	41.12	44.75	47.86	47.86
比重/%	0.61	0.68	0.67	0.65	0.70	0.84	0.95	0.99	1.08	1.16	1.16

制。而且，环境友好型农业政策及措施有力促进了有机农业的发展，耕地多功能逐步增强。由此可见，爱尔兰耕地利用功能转型发生在1995年前后。

8. 意大利

1）耕地利用格局转型

（1）耕地数量变化视角。滑动t检验结果表明，耕地面积滑动子序列$n_1=n_2=5$，给定显著性水平$\alpha=0.01$，意大利耕地数量于1965年、1969～1971年、1977年、1982～1983年、1991～1993年、2002～2005年发生了突变。1971～1982年，耕地面积减少了0.56%；1983～1990年，耕地面积减少了1.27%；1991～2011年，耕地面积净减少了23.6%。其中，1995～1999年出现了恢复性增长。1965年、1969～1970年是1961～1971年持续快速减少过程中出现短暂波动的年份，1977年、1982～1983年、1991～1993年、2002～2003年是1972～2011年波动性减少过程中出现短暂波动的年份。总的来看，耕地数量变化在1971年前后发生了趋势性转折（图3-25）。1961～1971年，耕地面积年净消耗率均值为2.77%；1972～2011年，耕地面积年净消耗率均值为0.81%。

（2）耕地经营格局变化视角。1980～2011年，农业经济活动人口人均耕地从3.40hm²增长到8.41hm²，年均增长0.16hm²。其中，1980～1989年，农业经济活动人口人均耕地年均增长0.08hm²；1990～2011年，农业经济活动人口人均耕

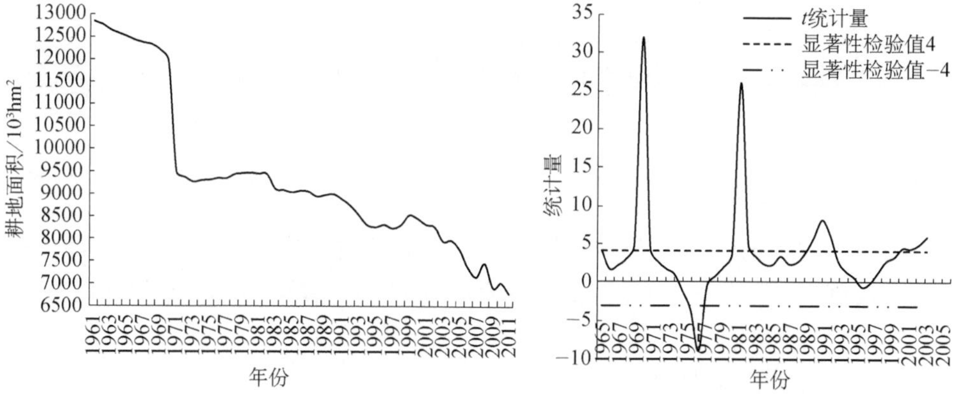

图3-25 意大利耕地面积变化（1961～2011年）及其滑动t检验（1965～2005年）

地年均增长0.19hm²（图3-26）。从农场类型变化可以进一步看出，1995～2007年，50hm²以下的农场均有所减少。其中，5hm²以下的农场、5～20hm²的农场分别减少达28.12%、25.53%。同期，50hm²以上的农场增加了2030个，增长了5.29%（表3-15）。

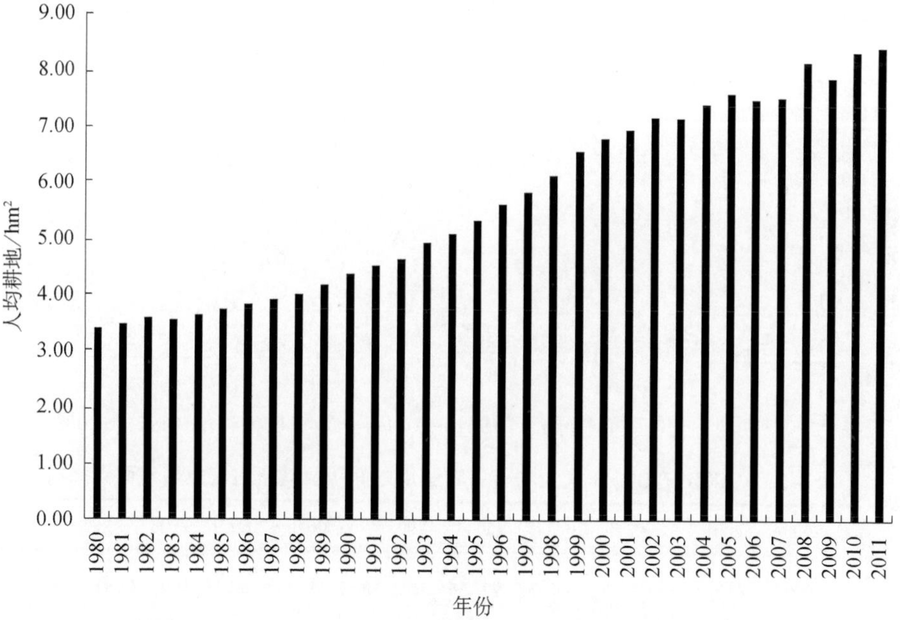

图3-26 1980～2011年意大利农业经济活动人口人均耕地变化

表3-15 1995～2007年意大利农场类型数量变化 （单位：10^3个）

类型	1995年	1997年	2000年	2003年	2005年	2007年
<5hm²	2099.05	1927.85	1938.26	1753.62	1687.04	1508.88

续表

类型	1995年	1997年	2000年	2003年	2005年	2007年
5～20hm²	439.48	426.45	398.29	424.13	347.24	327.27
20～50hm²	87.66	93.46	105.30	95.97	82.91	87.26
≥50hm²	38.37	40.63	40.25	41.51	36.54	40.40

以上分析表明，意大利耕地数量减少在1971年前后发生了转折，即由快速减少转向减少趋缓。耕地经营格局变化于1990年前后发生了趋势性转折。综合来看，意大利耕地利用格局转型发生在1990年前后。

2）耕地利用功能转型

1961～2011年，谷物收获面积单产总体上逐步增长。1961～2002年，单位耕地氮肥消耗量呈明显的“倒U”形曲线变化。其中，1961～1985年单位耕地氮肥消耗量加速增长；1986～2002年单位耕地氮肥消耗量有所下降（图3-27）。

2000～2010年，有机农业用地面积增长了7.05%，有机农业用地面积占农业用地面积的比重从7.96%逐步增长到8.74%（表3-16）。

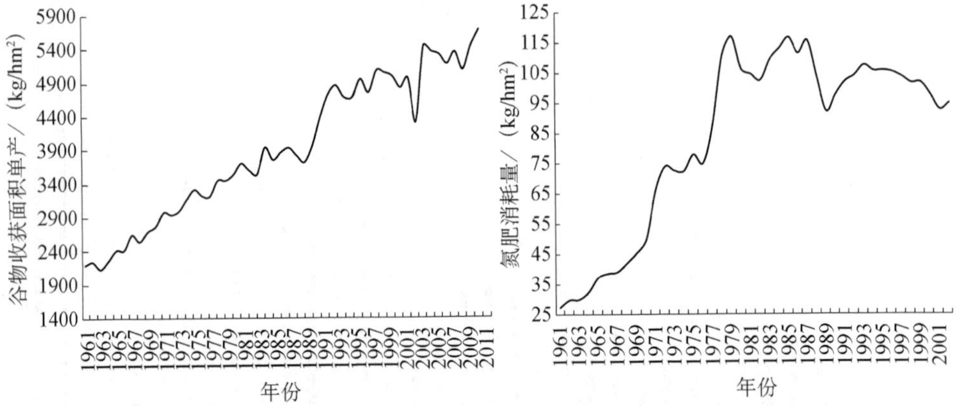

图3-27　意大利谷物收获面积单产（1961～2011年）及氮肥消耗量（1961～2002年）

表3-16　2000～2010年意大利有机农业用地面积及其所占农业用地面积比重

指标	2000年	2001年	2002年	2003年	2004年	2005年	2006年	2007年	2008年	2009年	2010年
面积/10³hm²	1040.38	1237.64	1168.21	1052.00	954.36	1069.46	1148.16	1150.25	1002.41	1106.68	1113.74
比重/%	7.96	9.47	8.94	8.02	7.28	8.42	9.04	9.03	7.87	8.68	8.74

以上分析表明，1961年以来，耕地商品性生产功能逐步提升的同时，意大利耕地利用对非商品性生产功能的负面影响增强，但于1985年前后得到明显遏

制。而且，环境友好型农业政策及措施有力促进了有机农业的发展，耕地多功能逐步增强。由此可见，意大利耕地利用功能转型发生在1985年前后。

9. 荷兰

1）耕地利用格局转型

（1）耕地数量变化视角。滑动t检验结果表明，耕地面积滑动子序列$n_1=n_2=5$，给定显著性水平$\alpha=0.01$，荷兰耕地数量于1965～1970年、1976～1978年、1982～1987年、1995～1997年、2003年发生了突变。1965～1970年是1961～1976年持续快速减少过程中出现短暂波动的年份，1982～1987年、1995～1997年、2003年是1976～2011年波动性增长过程中出现短暂波动的年份。总的来看，耕地数量变化在1976年前后发生了趋势性转折（图3-28）。1961～1975年，耕地面积年净消耗率均值为1.88%；1976～2011年，耕地面积年净增长率均值为0.96%。

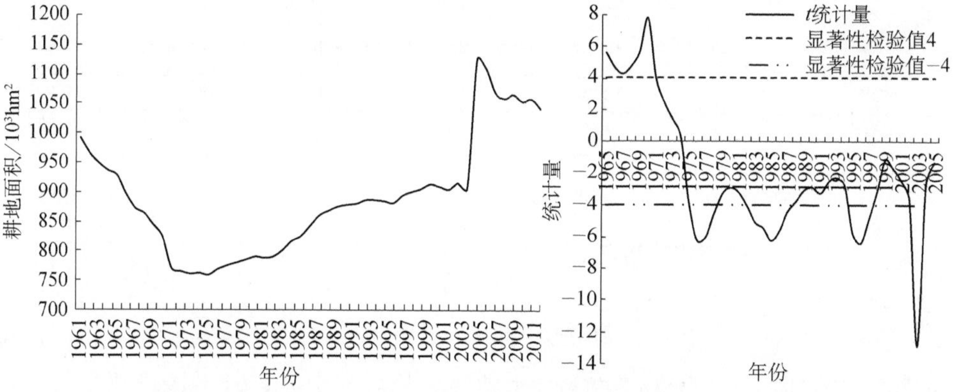

图3-28 荷兰耕地面积变化（1961～2011年）及其滑动t检验（1965～2005年）

（2）耕地经营格局变化视角。1980～2011年，农业经济活动人口人均耕地从2.64hm^{2}增长到了5.01hm^2，年均增长0.08hm^2。其中，1980～1986年，农业经济活动人口人均耕地年均增长0.04hm^2；1987～2011年，农业经济活动人口人均耕地年均增长0.09hm^2（图3-29）。从农场类型变化可以进一步看出，1995～2007年，50hm^{2}以下的农场均呈减少态势。其中，5hm^{2}以下的农场、5～20hm^{2}的农场、20～50hm^{2}的农场分别减少了37.28%、45.06%、23.85%。同期，50hm^{2}以上的农场增长了4400个，增长了73.33%（表3-17）。

以上分析表明，荷兰耕地数量变化于1976年前后发生了趋势性转折，但耕地经营格局变化趋势性转折发生在1987年前后。综合来看，荷兰耕地利用格局转型发生在1987年前后。

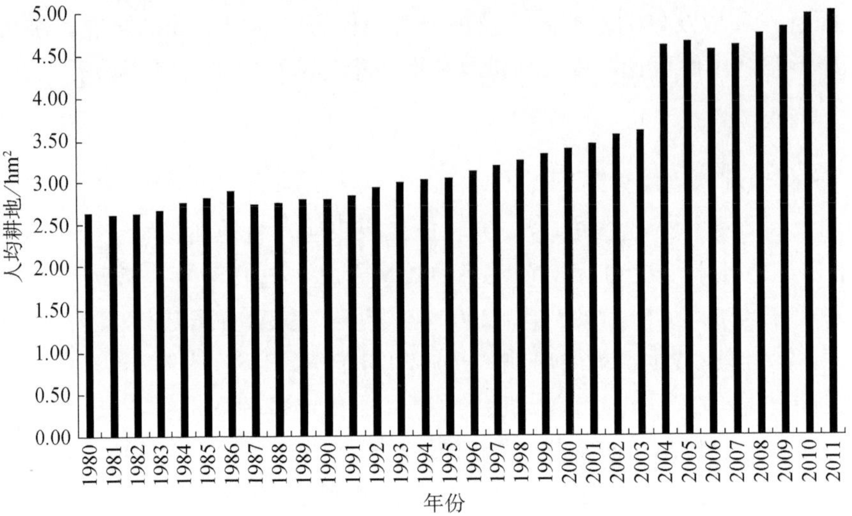

图3-29　1980～2011年荷兰农业经济活动人口人均耕地变化

表3-17　1995～2007年荷兰农场类型数量变化　（单位：10^3个）

类型	1995年	1997年	2000年	2003年	2005年	2007年
<5hm²	40.34	40.77	37.45	34.53	31.73	25.30
5～20hm²	46.89	41.75	38.83	36.53	33.29	25.76
20～50hm²	31.57	30.39	29.78	29.17	28.19	24.04
≥50hm²	6.00	6.81	7.15	7.69	8.34	10.40

2）耕地利用功能转型

1961～2011年，谷物收获面积单产总体上逐步增长。1961～2002年，单位耕地氮肥消耗量呈明显的“倒U”形曲线变化。其中，1961～1979年单位耕地氮肥消耗量快速增长；1980～2002年单位耕地氮肥消耗量有所下降（图3-30）。

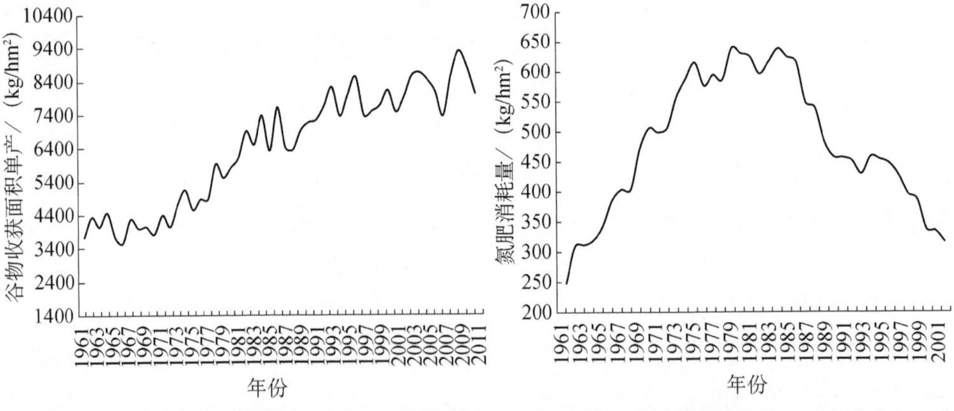

图3-30　荷兰谷物收获面积单产（1961～2011年）及氮肥消耗量（1961～2002年）

2000～2010年，有机农业用地面积增长了43%，有机农业用地面积占农业用地面积的比重从1.59%逐步增长到2.40%（表3-18）。

表3-18　2000～2010年荷兰有机农业用地面积及其所占农业用地面积比重

指标	2000年	2001年	2002年	2003年	2004年	2005年	2006年	2007年	2008年	2009年	2010年
面积/10^3hm^2	32.33	35.88	42.61	41.87	48.15	48.77	48.43	47.02	50.43	51.91	46.23
比重/%	1.59	1.77	2.17	2.18	2.50	2.54	2.52	2.46	2.61	2.69	2.40

以上分析表明，1961年以来，耕地商品性生产功能逐步提升的同时，荷兰耕地利用对非商品性生产功能的负面影响增强，但于1980年前后得到明显遏制。而且，环境友好型农业政策及措施有力促进了有机农业的发展，耕地多功能逐步增强。由此可见，荷兰耕地利用功能转型发生在1980年前后。

10. 挪威

1）耕地利用格局转型

（1）耕地数量变化视角。滑动t-检验结果表明，耕地面积滑动子序列n_1=n_2=5，给定显著性水平α=0.01，挪威耕地数量于1968～1971年、1977～1978年、1980～1983年、1985年、2002～2005年发生了突变。1961～1973年耕地面积持续快速减少，1968～1971年是该过程中出现短暂波动的年份。1974～2011年，耕地面积总体有所增加，但波动明显增强。其中，1974～1996年耕地面积恢复性增长，1977～1978年、1980～1983年、1985年是该过程中出现短暂波动的年份；1997～2011年耕地面积快速减少，2002～2005年是该过程中出现短暂波动的年份。总的来看，耕地数量变化在1973年前后发生了趋势性转折（图3-31）。1961～1973年，耕地面积年净消耗率均值为0.69%；1974～2011年，耕地面积年净增长率均值为0.13%，但1974～1996年耕地面积年净增长率均值为1.04%。

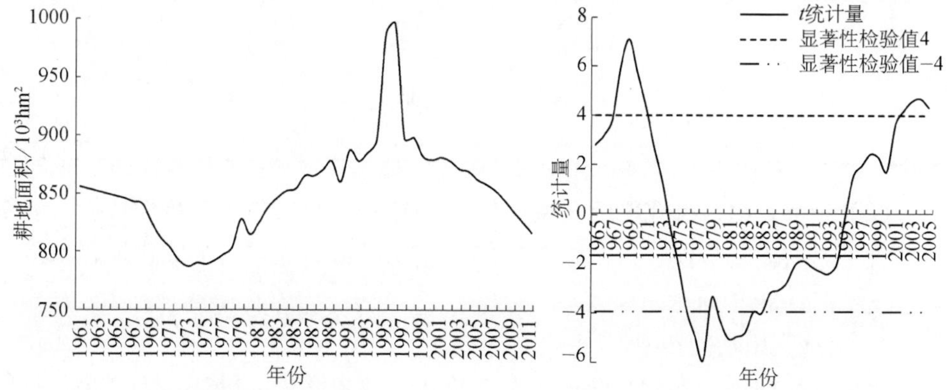

图3-31　挪威耕地面积变化（1961～2011年）及其滑动t检验（1965～2005年）

（2）耕地经营格局变化视角。1980～2011年，农业经济活动人口人均耕地从4.94hm^{2}增长到9.39hm^2，年均增长0.14hm^2。其中，1980～1988年，农业经济活动人口人均耕地年均增长0.11hm^2；1989～2011年，农业经济活动人口人均耕地年均增长0.15hm^2（图3-32）。从农场类型变化可以进一步看出，2000～2007年，20hm^{2}以下的农场明显减少。其中，5hm^{2}以下的农场、5～20hm^{2}的农场分别减少了57.44%、38.30%。同期，20～50hm^{2}以上的农场、50hm^{2}以上的农场分别增长了6.14%、96.20%（表3-19）。

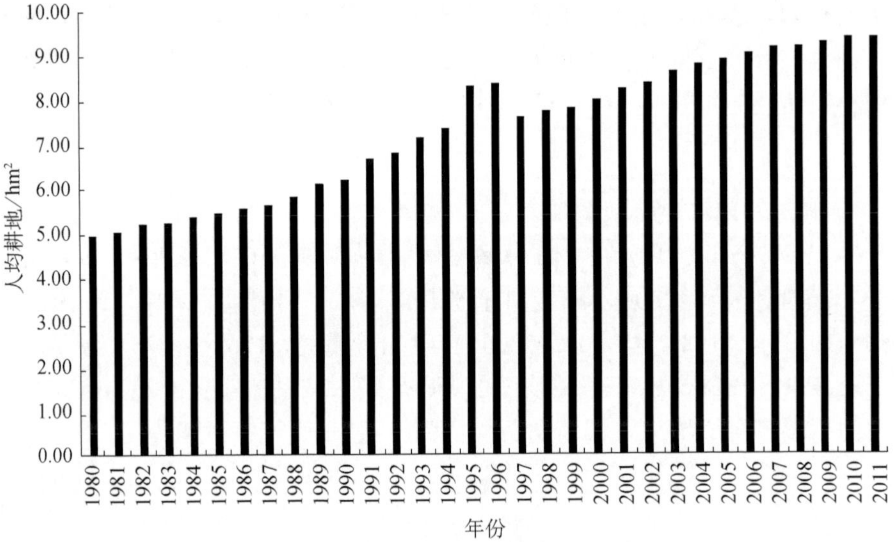

图3-32　1980～2011年挪威农业经济活动人口人均耕地变化

表3-19　2000～2007年挪威农场类型数量变化　（单位：10^{3}个）

类型	2000年	2003年	2005年	2007年
<5hm^2	14.52	8.22	6.42	6.18
5～20hm^2	39.01	30.89	26.90	24.07
20～50hm^2	15.64	16.83	17.00	16.60
≥50hm^2	1.58	2.29	2.68	3.10

以上分析表明，挪威耕地数量变化于1973年前后发生了趋势性转折，但耕地经营格局变化趋势性转折发生在1989年前后。综合来看，挪威耕地利用格局转型发生在1989年前后。

2）耕地利用功能转型

1961～2011年，谷物收获面积单产总体上逐步增长。1961～2002年，单位耕地氮肥消耗量呈明显的“倒U”形曲线变化。其中，1961～1979年单位耕地氮肥消耗量快速增长；1980～2002年单位耕地氮肥消耗量有所下降（图3-33）。

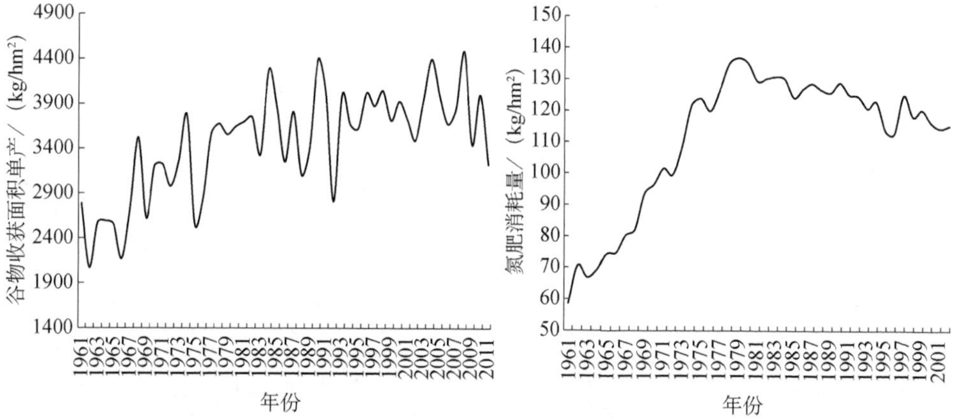

图3-33　挪威谷物收获面积单产（1961～2011年）及氮肥消耗量（1961～2002年）

2000～2010年，有机农业用地面积增长了178.71%，有机农业用地面积占农业用地面积的比重从1.98%逐步增长到5.53%（表3-20）。

表3-20　2000～2010年挪威有机农业用地面积及其所占农业用地面积比重

指标	2000年	2001年	2002年	2003年	2004年	2005年	2006年	2007年	2008年	2009年	2010年
面积/10^3hm^2	20.53	26.67	32.55	38.18	41.04	43.03	44.62	48.86	52.25	56.74	57.22
比重/%	1.98	2.57	3.13	3.67	3.94	4.16	4.31	4.72	5.05	5.48	5.53

以上分析表明，1961年以来，耕地商品性生产功能逐步提升的同时，耕地利用对非商品性生产功能的负面影响增强，但于1980年前后得到明显遏制。而且，环境友好型农业政策及措施有力促进了有机农业的发展，耕地多功能逐步增强。由此可见，挪威耕地利用功能转型发生在1980年前后。

11. 波兰

1）耕地利用格局转型

（1）耕地数量变化视角。滑动t检验结果表明，耕地面积滑动子序列$n_1=n_2=5$，给定显著性水平$\alpha=0.01$，波兰耕地数量于1965～1972年、1978～1980年、1987～1990年、1994～1995年、2000～2002年发生了突变。1961～1972年耕地面积持续快速减少，耕地面积年净消耗率均值为0.65%，1965～1971年是该过程中出现短暂波动的年份。1973～1999年耕地面积减少明显趋缓，耕地面积年净消耗率均值为0.20%，1978～1980年、1987～1990年、1994～1995年是该过程中出现短暂波动的年份。此后，耕地面积变化波动性明显增强。2000～2005年耕地面积急剧减少，耕地面积年净消耗率均值为2.42%。2006～2009年耕地面积恢复性增长，耕地面积年净增长率均值为0.81%。2010～2011年，耕地面积年净消耗率均值为5.64%（图3-34）。由此可见，耕地数量变化在1972年前后发生了趋势性转折。

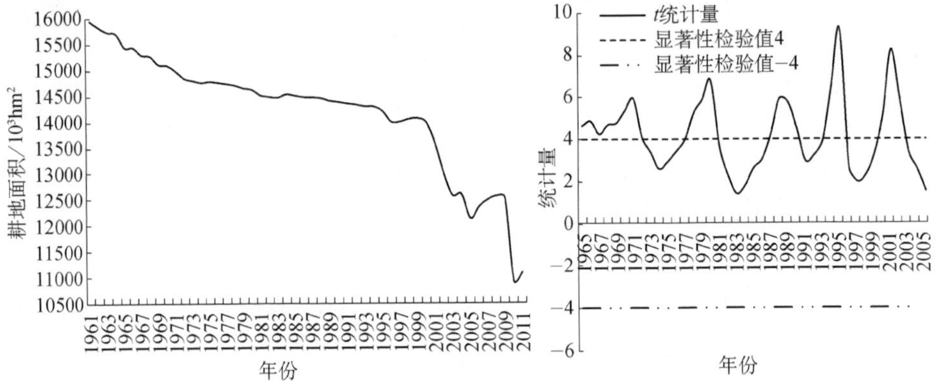

图3-34　波兰耕地面积变化（1961～2011年）及其滑动t检验（1965～2005年）

（2）耕地经营格局变化视角。1980～2011年，农业经济活动人口人均耕地从2.79hm^2增长到3.85hm^2，年均增长0.03hm^2。其中，1980～1988年，农业经济活动人口人均耕地仅增长0.02hm^2；1989～2011年，农业经济活动人口人均耕地年均增长0.05hm^2（图3-35）。从农场类型变化进一步看出，2003～2007年，

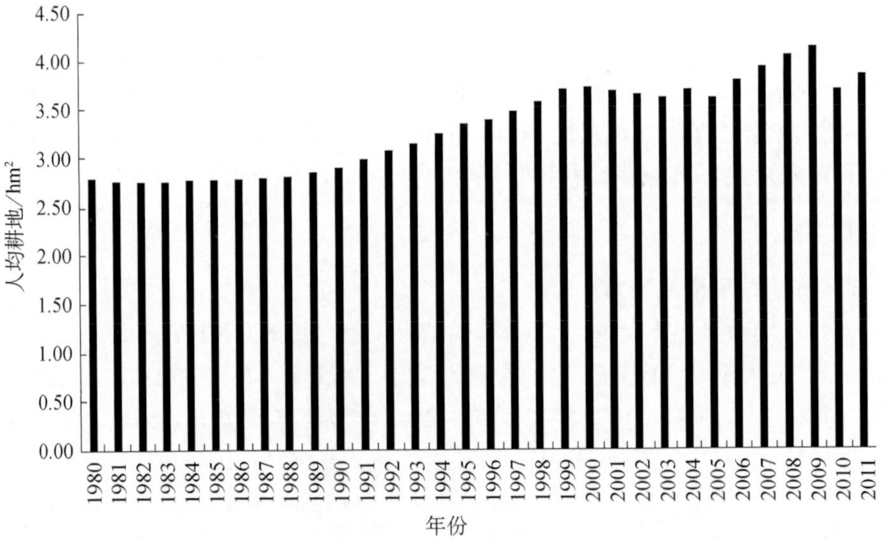

图3-35　1980～2011年波兰农业经济活动人口人均耕地变化

50hm²以上的农场增加幅度明显超过其他面积类型农场。其中，5hm²以下的农场、5～20hm²的农场、20～50hm²以上的农场分别增加了13.32%、1.53%、12.23%，50hm²以上的农场增加了32.21%（表3-21）。

表3-21　2003～2007年波兰农场类型数量变化　（单位：10^3个）

类型	2003年	2005年	2007年
<5hm²	1444.81	1750.86	1637.28
5～20hm²	619.19	608.14	628.66
20～50hm²	90.32	96.78	101.37
≥50hm²	17.88	20.70	23.64

以上分析表明，波兰耕地数量与耕地经营格局变化分别于1972年前后、1989年前后发生了趋势性转折。综合来看，波兰耕地利用格局转型发生在1989年前后。

2）耕地利用功能转型

1961～2011年，谷物收获面积单产总体上逐步增长。1961～2002年，单位耕地氮肥消耗量呈明显的“倒U”形曲线变化。其中，1961～1989年单位耕地氮肥消耗量快速增长；1990～2002年单位耕地氮肥消耗量有所下降（图3-36）。

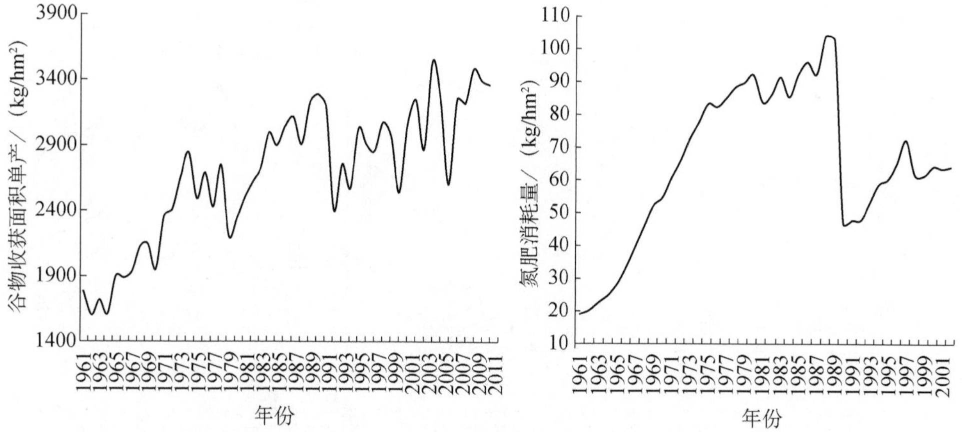

图3-36　波兰谷物收获面积单产（1961～2011年）及氮肥消耗量（1961～2002年）

2000～2010年，有机农业用地面积增长了22.73倍，有机农业用地面积占农业用地面积的比重从0.12%逐步增长到3.37%（表3-22）。

以上分析表明，1961年以来，耕地商品性生产功能逐步提升的同时，波兰耕地利用对非商品性生产功能的负面影响增强，但于1989年前后得到明显遏制。而且，环境友好型农业政策及措施有力促进了有机农业的发展，耕地多功能逐步增强。由此可见，波兰耕地利用功能转型发生在1989年前后。

表3-22　2000～2010年波兰有机农业用地面积及其所占农业用地面积比重

指标	2000年	2001年	2002年	2003年	2004年	2005年	2006年	2007年	2008年	2009年	2010年
面积/10^3hm^2	22.00	44.89	53.52	76.25	82.73	159.71	228.01	285.88	313.94	367.06	521.97
比重/%	0.12	0.25	0.32	0.53	0.57	1.08	1.55	1.85	2.03	2.37	3.37

12. 瑞典

1）耕地利用格局转型

（1）耕地数量变化视角。滑动t检验结果表明，耕地面积滑动子序列$n_1=n_2=5$，给定显著性水平$\alpha=0.01$，瑞典耕地数量于1972～1974年、1978～1990年、1998～2000年、2005年发生了突变。耕地面积变化阶段性特征明显。1961～1971年，耕地面积持续快速减少。1972～2011年，耕地面积减少明显趋缓且波动性明显增强，1972～1974年、1978～1990年、1998～2000年、2005年是该长期变化过程中出现短暂波动的年份。总的来看，耕地数量变化在1972年前后发生了趋势性转折（图3-37）。1961～1971年，耕地面积年净消耗率均值为1.50%；1972～2011年，耕地面积年净消耗率均值为0.38%。

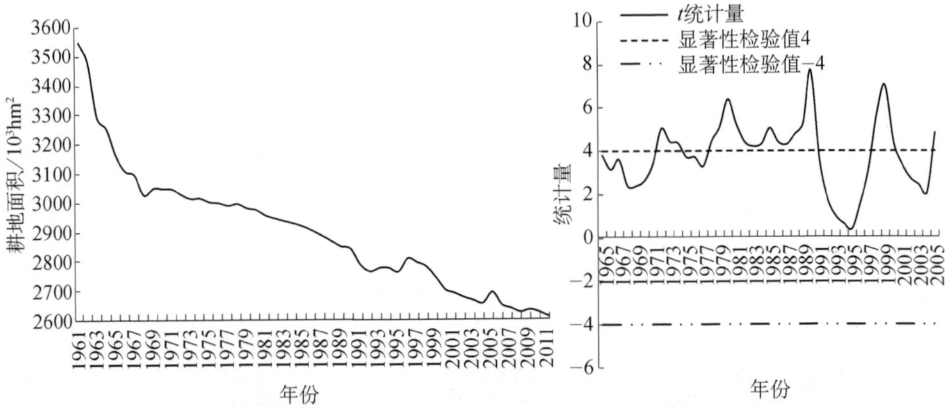

图3-37　瑞典耕地面积变化（1961～2011年）及其滑动t检验（1965～2005年）

（2）耕地经营格局变化视角。1980～2011年，农业经济活动人口人均耕地从10.98hm^2波动增长到23.30hm^2，年均增长0.40hm^2。其中，1980～1988年，农业经济活动人口人均耕地年均增长0.26hm^2；1989～2011年，农业经济活动人口人均耕地年均增长0.46hm^2（图3-38）。从农场类型变化可以进一步看出，1981～2007年，100hm^2以下的农场均有所减少。其中，50.1～100.0hm^2的农场减少幅度最小，仅减少了12.67%；10.1～20.0hm^2、20.1～30.0hm^2的农场减少幅

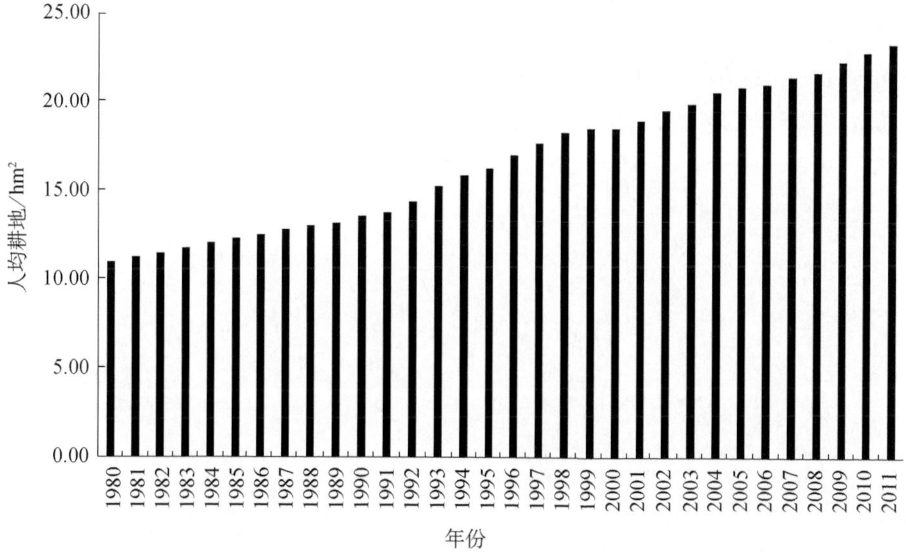

图3-38　1980～2011年瑞典农业经济活动人口人均耕地变化

度最大，分别减少了50.55%、54.15%；5.1～10.0hm^2、30.1～50.0hm^{2}的农场分别减少了43.85%、47.75%。同期，大于100.1hm^{2}的农场增长了88.11%。然而，1989年以来，大于100.1hm^{2}的农场年均增长3.32%，明显超过1981～1988年的2.24%（表3-23）。可见，瑞典耕地格局在1989年前后发生了明显转折。

表3-23　1981～2007年瑞典农场类型数量变化　（单位：10^{3}个）

年份	<2.0 hm^2	2.1～5.0hm^2	5.1～10.0hm^2	10.1～20.0hm^2	20.1～30.0hm^2	30.1～50.0hm^2	50.1～100.0hm^2	>100.1 hm^2
1981	—	18.59	24.40	27.28	15.53	15.81	10.26	3.28
1985	—	17.87	22.11	24.66	14.42	15.54	10.92	3.51
1988	—	15.97	20.08	21.94	13.13	14.79	11.21	3.80
1989	—	15.39	19.56	21.35	12.58	14.50	11.31	3.86
1990	—	14.96	19.02	20.83	12.18	14.22	11.35	4.00
1995	—	12.83	16.71	18.46	10.63	12.83	11.34	4.50
2000	—	11.78	14.11	15.45	8.72	10.62	10.65	5.46
2003	—	9.29	11.32	13.16	7.60	9.26	10.11	6.04
2005	0.95	14.49	14.12	14.15	7.58	8.86	9.57	6.10
2007	0.87	14.04	13.70	13.49	7.12	8.26	8.96	6.17

以上分析表明，瑞典耕地数量与耕地经营格局变化分别于1972年前后、1989年前后发生了趋势性转折。综合来看，瑞典耕地利用格局转型发生在1989年前后。

2）耕地利用功能转型

1961～2011年，谷物收获面积单产总体上逐步增长。从氮肥消耗量模拟曲线来看，1961～2002年，单位耕地氮肥消耗量呈明显的“倒U”形曲线变化。其中，1961～1983年单位耕地氮肥消耗量快速增长；1984～2002年单位耕地氮肥消耗量总体上有所下降（图3-39）。

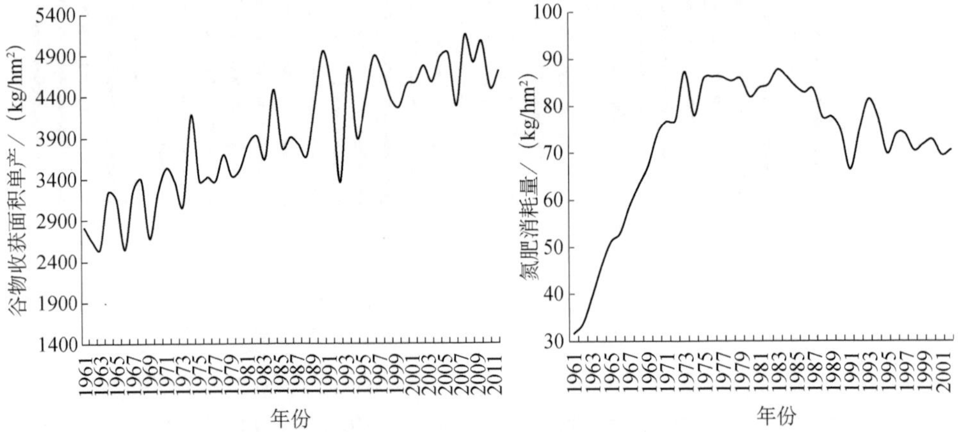

图3-39　瑞典谷物收获面积单产（1961～2011年）及氮肥消耗量（1961～2002年）

2000～2010年，有机农业用地面积增长了151.79%，有机农业用地面积占农业用地面积比重从5.67%逐步增长到14.07%（表3-24）。

表3-24　2000～2010年瑞典有机农业用地面积及其所占农业用地面积比重

指标	2000年	2001年	2002年	2003年	2004年	2005年	2006年	2007年	2008年	2009年	2010年
面积/10^3hm^2	174.23	202.83	214.12	225.79	222.10	222.74	225.43	308.27	336.44	391.52	438.69
比重/%	5.67	6.60	6.85	7.22	7.10	6.98	7.06	9.89	10.79	12.56	14.07

以上分析表明，1961年以来，耕地商品性生产功能逐步提升的同时，瑞典耕地利用对非商品性生产功能的负面影响增强，但于1984年前后得到明显遏制。而且，环境友好型农业政策及措施有力促进了有机农业的发展，耕地多功能逐步增强。由此可见，瑞典耕地利用功能转型发生在1984年前后。

13. 瑞士

1）耕地利用格局转型

（1）耕地数量变化视角。与1961年相比，2011年瑞士耕地面积仅减少了1.37%，但阶段性变化明显。大致以1974年为界，耕地数量变化发生了明显转折（图3-40）。1961～1973年，耕地面积快速减少，年净消耗率均值为0.93%。

1974～2011 年，耕地面积总体增加，年净增长率均值为 0.27%。其中，1974～1996 年耕地面积增长明显，年净增长率均值为 0.64%。1997～2011 年，耕地面积减少不明显，年净消耗率均值为 0.30%。

图 3-40　1961～2011 年瑞士耕地面积变化

（2）耕地经营格局变化视角。1980～2011 年，农业经济活动人口人均耕地从 2.09hm^2 增长到 2.97hm^2。其中，1980～1991 年，农业经济活动人口人均耕地减少了 0.07hm^2；1992～2011 年，农业经济活动人口人均耕地增长了 0.95hm^2（图 3-41）。

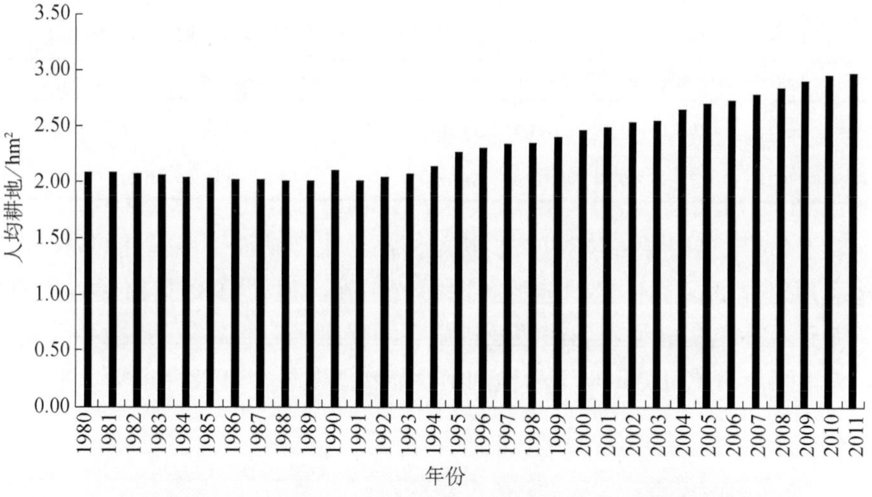

图 3-41　1980～2011 年瑞士农业经济活动人口人均耕地变化

以上分析表明，瑞士耕地数量与耕地经营格局变化趋势性转折分别发生于 1974

年前后、1991年前后。综合来看，瑞士耕地利用格局转型发生在1991年前后。

2）耕地利用功能转型

1961～2011年，谷物收获面积单产总体上逐步增长。从氮肥消耗量模拟曲线来看，1961～2002年，单位耕地氮肥消耗量呈明显的“倒U”形曲线变化。其中，1961～1987年单位耕地氮肥消耗量快速增长；1988～2002年单位耕地氮肥消耗量总体上有所下降（图3-42）。

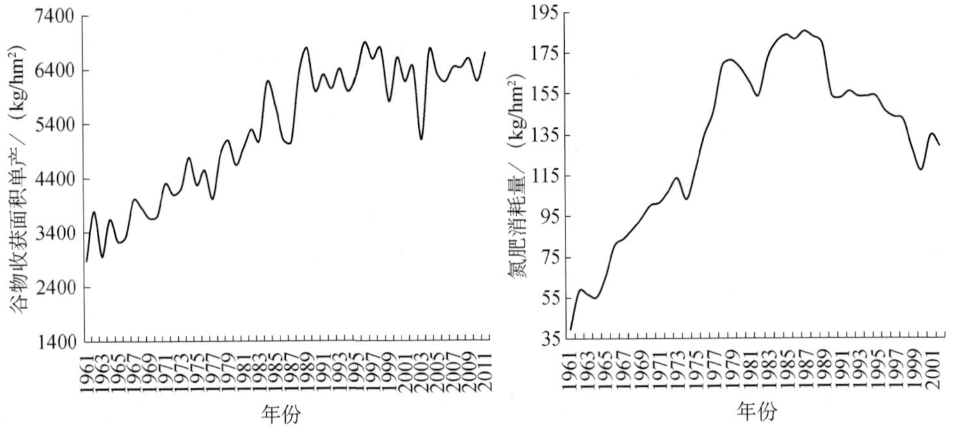

图3-42　瑞士谷物收获面积单产（1961～2011年）及氮肥消耗量（1961～2001年）

2000～2010年，有机农业用地面积增长了44.56%，有机农业用地占农业用地总面积比重从7.71%逐步增长到11.37%（表3-25）。

表3-25　2000～2010年瑞士有机农业用地面积及其所占农业用地面积比重

指标	2000年	2001年	2002年	2003年	2004年	2005年	2006年	2007年	2008年	2009年	2010年
面积/10^3hm^2	82.74	93.96	102.64	109.09	114.56	117.12	117.80	116.64	116.27	114.05	119.61
比重/%	7.71	8.77	9.59	10.22	10.76	11.00	11.06	11.00	10.99	10.80	11.37

以上分析表明，1961年以来，耕地商品性生产功能逐步提升的同时，瑞士耕地利用对非商品性生产功能的负面影响增强，但于1988年前后得到明显遏制。而且，环境友好型农业政策及措施有力促进了有机农业的发展，耕地多功能逐步增强。由此可见，瑞士耕地利用功能转型发生在1988年前后。

14. 英国

1）耕地利用格局转型

（1）耕地数量变化视角。滑动t检验结果表明，耕地面积滑动子序列$n_1=n_2=5$，给定显著性水平$\alpha=0.01$，英国耕地数量于1967～1969年、1973～1974年、

1987年、1991～1992年、2005年发生了突变。1961～1974年，耕地面积快速减少，1967～1969年、1973～1974年是该过程中出现短暂波动的年份。1974～1985年，耕地面积基本稳定。1985～1994年，耕地面积快速减少，1987年、1991年是该过程中出现短暂波动的年份。1995～2011年，耕地面积变化并不明显，但波动性明显增强，2005年是该过程中出现短暂波动的年份。总的来看，耕地数量变化于1995年前后发生了趋势性转折（图3-43）。1961～1994年，耕地面积年净消耗率均值为0.57%；1995～2011年，耕地面积年净增长率均值为0.19%。

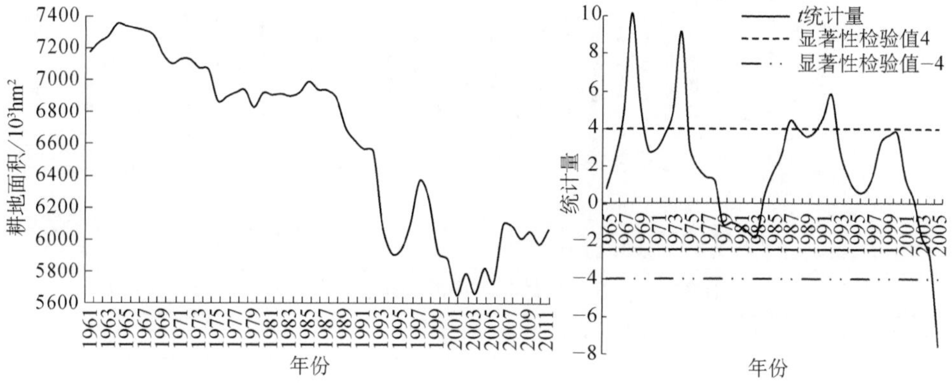

图3-43　英国耕地面积变化（1961～2011年）及其滑动t检验（1965～2005年）

（2）耕地经营格局变化视角。1980～2011年，农业经济活动人口人均耕地从9.68hm^{2}增长到12.93hm^2，年均增长0.10hm^2。其中，1980～1989年，农业经济活动人口人均耕地小幅波动，年均增长0.07hm^2；1989～2011年，农业经济活动人口人均耕地年均增长0.12hm^2（图3-44）。从农场类型变化可以进一步看出，2005～2011年，100hm^{2}以下的小麦农场均有所减少，但大于100hm^{2}的小麦农场增长了19.57%。同期，30hm^{2}以下的谷物农场均有所减少，但30～50hm^{2}的谷物农场数量基本稳定，50～100hm^{2}的农场增加了8.33%，大于100hm^{2}的谷物农场增加了27.27%（表3-26）。

以上分析表明，英国耕地数量于1995年前后发生了趋势性转折，但耕地经营格局变化趋势性转折发生在1990年前后。综合来看，英国耕地利用格局转型发生在1995年前后。

2）耕地利用功能转型

1961～2011年，谷物收获面积单产总体上逐步增长。1961～2002年，单位耕地氮肥消耗量呈明显的“倒U”形曲线变化。其中，1961～1986年单位耕地氮肥消耗量快速增长，1987～2002年有所下降（图3-45）。

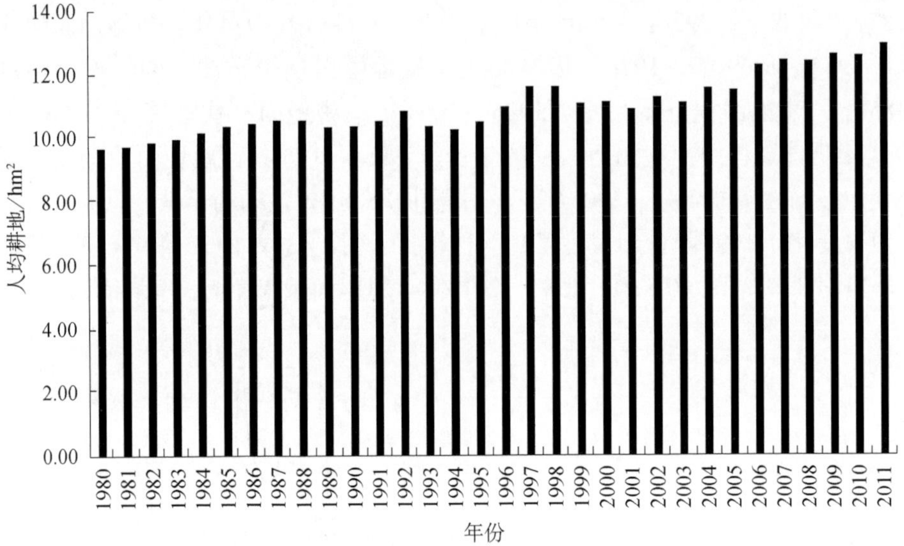

图3-44　1980～2011年英国农业经济活动人口人均耕地变化

表3-26　2005～2011年英国农场类型数量变化　（单位：10^3个）

类型	小麦农场		谷物农场	
	2005年	2011年	2005年	2011年
0.1～15hm²	11.60	8.70	20.30	16.00
15～30hm²	8.30	6.90	8.90	8.10
30～50hm²	6.60	6.20	5.00	5.00
50～100hm²	7.20	6.90	3.60	3.90
≥100hm²	4.60	5.50	1.10	1.40

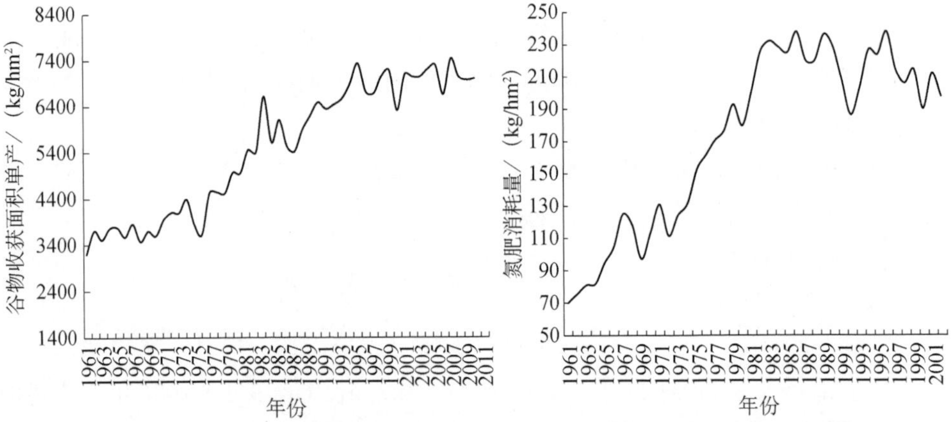

图3-45　英国谷物收获面积单产（1961～2011年）及氮肥消耗量（1961～2002年）

1992～2010年，有机农业用地面积增长了约22倍。其中，2000～2010年，有机农业用地面积占农业用地面积的比重从3.34%逐步增长到4.34%（表3-27）。

表3-27　1992～2010年英国有机农业用地面积及其所占农业用地面积比重

年份	面积/10^3hm^2	比重/%	年份	面积/10^3hm^2	比重/%
1992	30.40	—	2002	724.52	4.59
1993	30.70	—	2003	695.62	4.32
1994	45.20	—	2004	690.27	4.29
1995	48.20	—	2005	613.00	3.84
1996	50.80	—	2006	605.71	3.45
1997	81.90	—	2007	682.20	4.23
1998	276.00	—	2008	737.63	4.57
1999	425.90	—	2009	721.73	4.47
2000	527.32	3.34	2010	699.64	4.34
2001	679.63	4.30			

此外，乡村生境调查结果显示，20世纪90年代农田植物多样性提高，这一变化在农田边界表现尤为突出。例如，英格兰和威尔士农田边界植物多样性提高了38%。20世纪80年代英格兰和威尔士篱笆等线形生境快速减少的势头得到扭转。1990～1998年，池塘等面状小生境数量增加约6%（Haines-Young et al., 2000）。

以上分析表明，1961年以来，耕地商品性生产功能逐步提升的同时，英国耕地利用对非商品性生产功能的负面影响增强，但于1987年前后得到明显遏制。而且，环境友好型农业政策及措施有力促进了有机农业的发展，耕地多功能逐步增强。由此可见，英国耕地利用功能转型发生在1987年前后。

3.3.2　北美洲典型发达国家耕地利用转型

1. 美国

1）耕地利用格局转型

（1）耕地数量变化视角。从图3-46可以看出，1961～2011年，美国耕地面积总体减少，且变化阶段性特征明显。1961～1967年，耕地面积快速减少，年净消耗率均值为0.57%。1968～1969年，耕地面积恢复性增长。1970～1974年，耕地面积小幅减少，年净消耗率均值为0.29%。1975～1991年，耕地面积减少明显趋缓，年净消耗率均值仅0.02%。1992～2006年，耕地面积持续快速减少，年净消耗率均值为0.97%。2007～2008年，耕地面积恢复性增长。2009～2011年，耕地面积快速减少，年净消耗率均值为1.78%。其中，1992～2006年、2009～2011年，耕地数量的快速减少主要是城市化快速发展导致的城市扩张占用耕地。1961年，城市化水平超过70%，步入城市化发展的成熟阶段。1992～2006年、2009～2011年，城市化分别以年均0.36个百分点、0.29个百分点的速度持续快速发展，明显快于1961～1991年的年均0.18个百分点。由此可见，耕地数量变化在1975年前后发生了趋势性转折。

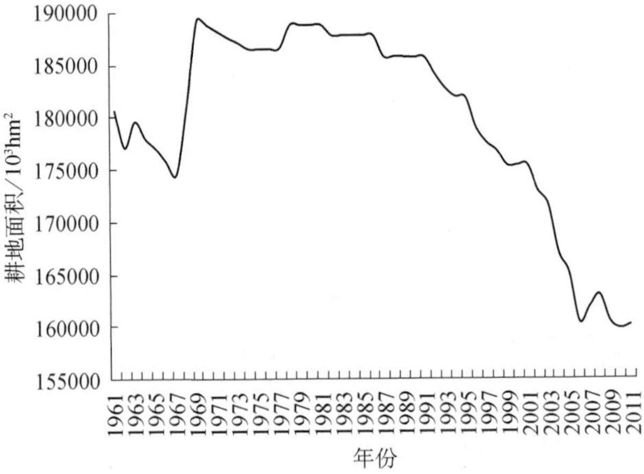

图3-46　1961～2011年美国耕地面积变化

（2）耕地经营格局变化视角。1980～2011年，美国农业经济活动人口人均耕地从48.16hm²增长到65.24hm²，年均增长0.55hm²。其中，1980～1989年，农业经济活动人口人均耕地年均增长0.14hm²；1990～2011年，农业经济活动人口人均耕地年均增长0.72hm²（图3-47）。从农场规模可以进一步看出，农场平均规模从1974年的178.07hm²增长到1992年的198.71hm²，然后下降到2007年169.16hm²。1974～2007年，0.40～3.64hm²、4.05～19.83hm²的农场分别增加了81.55%、63.43%；20.24～72.44hm²、72.85～201.95hm²、202.35～404.30hm²的农场分别减少了20.21%、40.21%、27.78%。同期，404.70～809.00hm²的农场数量基本不变，但2002年以前，该类型农场处于增加态势。值得注意的是，≥809.40hm²的农场从62230个逐年增加到80390个，33年间增加了29.18%（表3-28）。总的来看，1974年前后美国耕地经营格局变化发生了趋势性转折。

以上分析表明，美国耕地数量及耕地经营格局均在1975年前后发生了趋势性转折。综合来看，美国耕地利用格局转型发生在1975年前后。

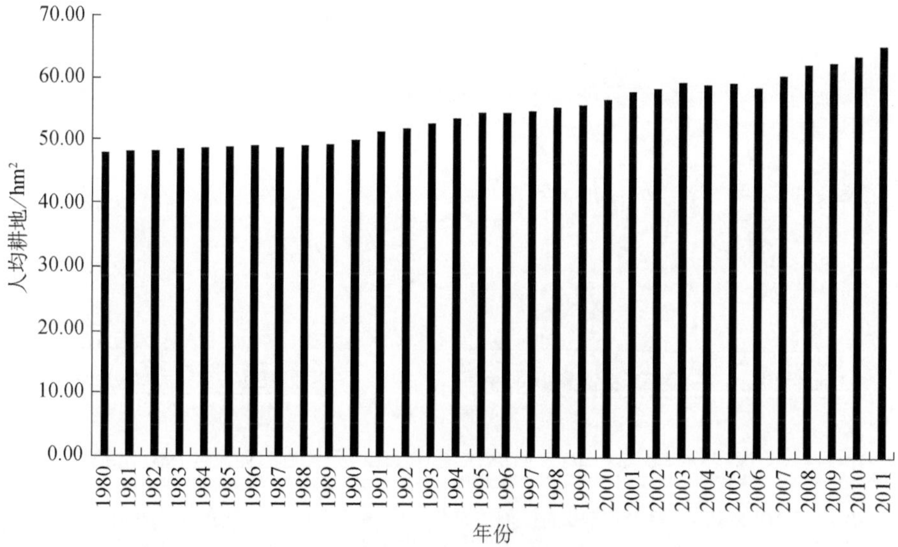

图3-47　1980～2011年美国农业经济活动人口人均耕地变化

表3-28　1974～2007年美国农场变化

指标	1974年	1978年	1982年	1987年	1992年	1997年	2002年	2007年
农场规模/10^3hm^2	411592.19	410680.35	399356.58	390321.26	382656.60	386388.34	379721.53	373172.19
农场平均规模/hm^2	178.07	181.71	178.07	186.97	198.71	174.43	178.36	169.16
农场数量/10^3个	2314.01	2257.78	2240.98	2087.76	1925.30	2215.88	2128.98	2204.79
其中：0.40～3.64hm^2	128.25	151.23	187.67	183.26	166.50	205.39	179.35	232.85
4.05～19.83hm^2	379.54	391.55	449.25	412.44	387.71	530.90	563.77	620.28
20.24～72.44hm^2	827.88	759.05	711.65	644.85	584.15	694.49	658.71	660.53
72.85～201.95hm^2	616.10	581.63	526.51	478.29	427.65	428.22	388.62	368.37
202.35～404.30hm^2	207.30	213.21	203.93	200.06	186.39	179.45	161.55	149.71
404.70～809.00hm^2	92.71	97.80	97.40	102.08	101.92	103.01	99.02	92.66
≥809.40hm^2	62.23	63.30	64.58	66.79	70.99	74.43	77.97	80.39

2）耕地利用功能转型

1961～2011年，谷物收获面积单产总体上逐步增长。1961～2002年，单位耕地氮肥消耗量阶段性变化特征明显。其中，1961～1984年单位耕地氮肥消耗量加速增长，1985～2002年增速明显趋缓，而且波动性增强（图3-48）。

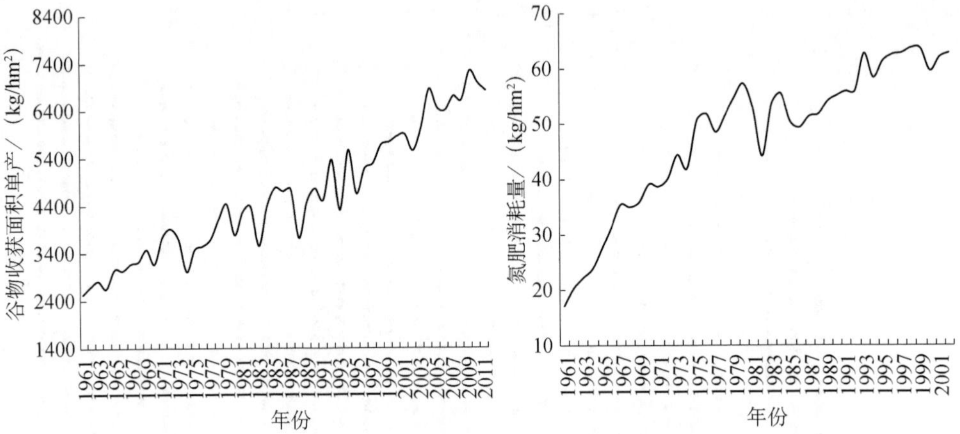

图3-48 美国谷物收获面积单产（1961～2011年）及氮肥消耗量（1961～2002年）

2000～2008年，有机农业用地经营规模逐步增加。其中，有机农场平均规模从109.04hm^{2}增加到150.61hm^2，增加了38.12%；有机农业用地规模、有机耕地规模分别增加了171.16%、287.77%；有机耕地规模占有机农业用地规模的比重从31.37%提高到了44.86%（表3-29）。

表3-29 2000～2008年美国有机农业用地变化

指标	2000年	2001年	2002年	2003年	2004年	2005年	2006年	2007年	2008年
有机农场数量/10^{3}个	6.59	6.95	7.32	8.04	8.02	8.49	9.47	11.35	12.94
有机农场平均规模/hm^2	109.04	121.97	106.41	110.65	153.64	193.20	125.48	152.94	150.61
有机农业用地规模/10^{3}hm^2	718.78	847.55	779.26	889.07	1232.36	1640.83	1188.21	1736.15	1949.02
有机耕地规模/10^{3}hm^2	225.49	319.51	253.30	301.61	644.59	943.42	425.53	811.43	874.39
有机耕地比重/%	31.37	37.70	32.51	33.92	52.31	57.50	35.81	46.74	44.86

以上分析表明，1961年以来，耕地商品性生产功能逐步提升的同时，美国耕地利用对非商品性生产功能的负面影响持续增强，但于1985年前后明显改善。而且，环境友好型农业政策及措施有力促进了有机农业的发展，耕地多功能逐步增强。由此可见，美国耕地利用功能转型发生在1985年前后。

2. 加拿大

1）耕地利用格局转型

（1）耕地数量变化视角。1961～2011年，加拿大耕地面积有所增加且阶段性变化明显。其中，1961～1966年，耕地面积快速增加，年净增长率均值为0.91%；1967～1981年，耕地面积增速有所放缓，年净增长率均值为0.35%；1982～2001年，耕地面积增速继续放缓，年净增长率均值为0.09%；2002～2011年，耕地面积迅速下降，年净消耗率均值为0.65%（图3-49）。

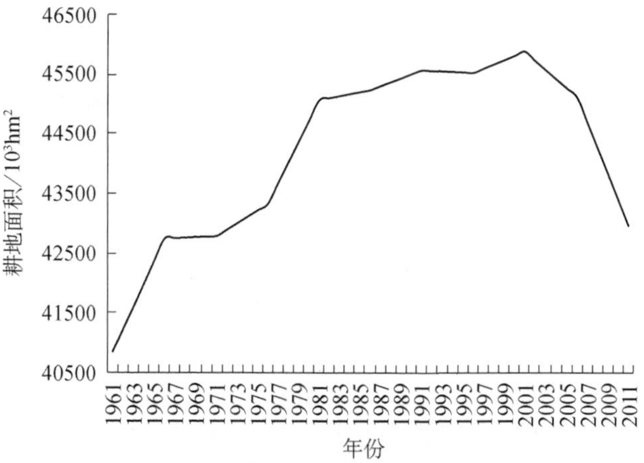

图3-49 1961～2011年加拿大耕地面积变化

（2）耕地经营格局变化视角。1980～2011年，农业经济活动人口人均耕地从55.49hm^2逐年增长到131.80hm^2，年均增长2.46hm^2。其中，1980～1990年，农业经济活动人口人均耕地年均增长3.64hm^2；1991～2011年，农业经济活动人口人均耕地年均增长1.82hm^2（图3-50）。从农场变化可以进一步看出，1976～2011年，农场数量逐年减少，共减少39.23%。647.12hm^2以下的农场均有所减少，而且28.33～647.12hm^2的农场减少幅度明显超过农场总体情况。同期，647.52～906.12hm^2、906.53～1165.13hm^2、1165.54～1424.14hm^2、≥1424.54hm^2的农场分别增加了7.46%、60.43%、124.52%、175.16%（表3-30）。

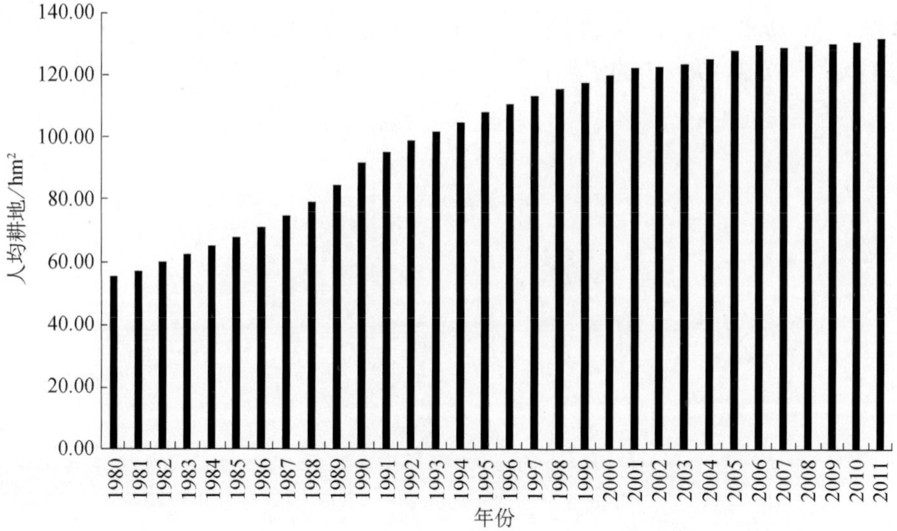

图3-50 1980～2011年加拿大农业经济活动人口人均耕地变化

表3-30　1976～2011年加拿大农场类型数量变化

指标	1976年	1981年	1986年	1991年	1996年	2001年	2006年	2011年
农场数量/10^3个	338.55	318.36	293.09	280.04	276.55	246.92	229.37	205.73
其中：<4.05hm²	14.10	16.41	14.68	13.67	16.65	12.60	13.17	12.99
4.05～27.92hm²	40.57	40.30	35.56	35.22	37.83	33.59	35.36	32.71
28.33～52.21hm²	44.01	39.69	33.60	32.68	31.43	28.01	26.09	24.21
52.61～72.44hm²	40.69	38.15	34.54	33.40	33.29	29.28	24.40	21.71
72.85～96.72hm²	24.26	21.16	18.81	17.16	16.30	14.51	13.10	11.72
97.13～161.48hm²	52.86	47.08	42.80	39.10	37.46	33.12	29.00	24.97
161.88～226.23hm²	31.57	27.76	25.19	23.14	21.52	19.54	17.31	15.05
226.63～307.17hm²	26.62	23.76	21.90	19.98	18.10	16.02	14.04	11.78
307.57～452.86hm²	29.51	27.79	26.29	24.41	21.91	18.95	16.13	13.41
453.26～647.12hm²	17.91	18.28	18.64	18.40	17.35	15.28	13.18	10.83
647.52～906.12hm²	8.58	9.57	10.70	11.38	11.79	11.13	10.61	9.22
906.53～1165.13hm²	3.26	3.64	4.40	4.82	5.31	5.55	5.82	5.23
1165.54～1424.14hm²	1.55	1.70	2.16	2.45	2.82	3.20	3.53	3.48
≥1424.54hm²	3.06	3.07	3.83	4.24	4.80	6.16	7.65	8.42

以上分析表明，在保持耕地数量增长的同时，加拿大耕地经营格局在1976年前后发生了趋势性转折。由此表明，加拿大耕地利用格局转型发生在1976年前后。

2）耕地利用功能转型

1961～2011年，谷物收获面积单产总体上逐步增长。1961～2002年，单位耕地氮肥消耗量变化呈逐步增长态势（图3-51）。其中，1961～1996年，单位耕地氮肥消耗量从2.41kg/hm²快速增长到36.69kg/hm²，此后有所下降且波动明显增强。至2002年，单位耕地氮肥消耗量为35.64kg/hm²，仅为同年美国的56.67%，与美国1969年的消耗水平相当。

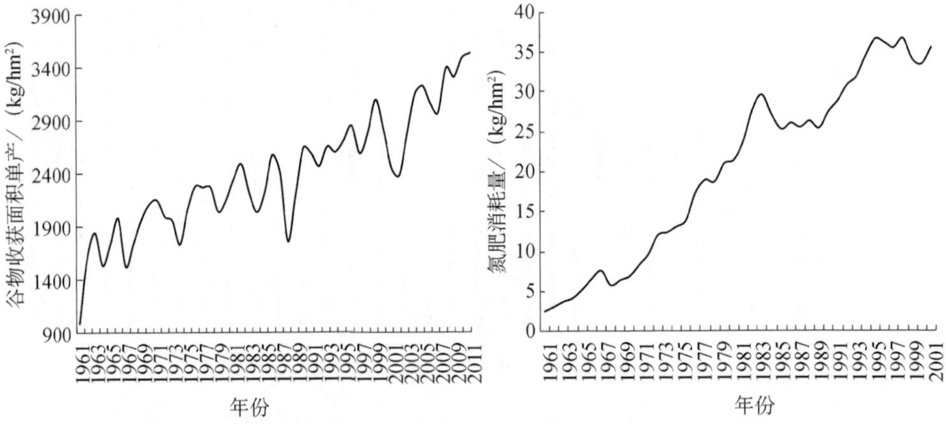

图3-51　加拿大谷物收获面积单产（1961～2011年）及氮肥消耗量（1961～2002年）

2005～2010年，有机农业用地从578.87×10³hm²增长到703.68×10³hm²，增长了21.56%。同期，有机农业用地面积占农业用地面积比重从0.86%增长到1.11%（表3-31）。

表3-31　2005～2010年加拿大有机农业用地面积及其所占农业用地面积比重

指标	2005年	2006年	2007年	2008年	2009年	2010年
有机农业用地面积/10³hm²	578.87	604.40	556.27	628.56	703.68	703.68
占农业用地面积比重/%	0.86	0.92	0.85	0.97	1.10	1.11

以上分析表明，1961年以来，加拿大耕地多功能管理成效显著。耕地商品性生产功能逐步提升的同时，耕地利用对非商品性生产功能影响相对较轻。而且，环境友好型农业政策及措施有力促进了有机农业的发展，耕地多功能逐步增强。

3.3.3　亚洲典型发达国家耕地利用转型

1. 日本

1）耕地利用格局转型

（1）耕地数量变化视角。1961～2011年，日本耕地面积总体减少，且变化阶段特征明显。其中，1961～1975年，耕地面积快速减少，年净消耗率均值为0.96%。1976～2011年，耕地面积减少明显放缓，年净消耗率均值为0.42%。其中，1976～1988年，耕地面积减少最缓，年净消耗率均值为0.22%（图3-52）。

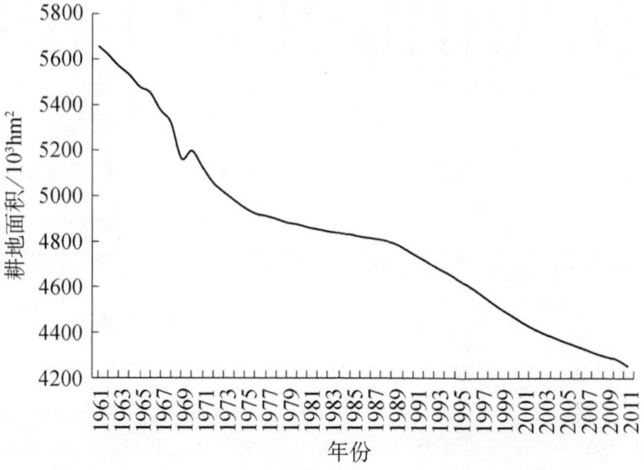

图3-52　1961～2011年日本耕地面积变化

（2）耕地经营格局变化视角。1980～2011年，农业经济活动人口人均耕地从0.79hm^{2}逐年增长到3.21hm^2，年均增长0.08hm^2。其中，1980～1989年，农业经济活动人口人均耕地年均增长0.02hm^2；1990～2011年，农业经济活动人口人均耕地年均增长0.10hm^2（图3-53）。从农户耕地经营规模来看，1947～1950年，都府县耕地经营规模≤0.5hm^2、介于0.5～1.0hm^2、1.0～2.0hm^{2}的农户均有所增加，但耕地经营规模≥2.0hm^{2}的农户反而减少。同期，北海道耕地经营规模≤1.0hm^2、介于1.0～5.0hm^2、5.0～10.0hm^{2}的农户均有所增加，但耕地经营规模≥10.0hm^{2}的农户反而减少。农地改革及《农地法》实施后，1950年开始，都府县耕地经营规模≤1.0hm^{2}的农户持续减少，耕地经营规模介于1.0～2.0hm^{2}的农户先增加后减少，而耕地经营规模≥2.0hm^{2}的农户快速增长。同期，北海道耕地经营规模≤5.0hm^{2}的农户持续减少，耕地经营规模介于5.0～10.0hm^{2}的农户先增加后减少，而耕地经营规模≥10.0hm^{2}的农户快速增长（表3-32）。

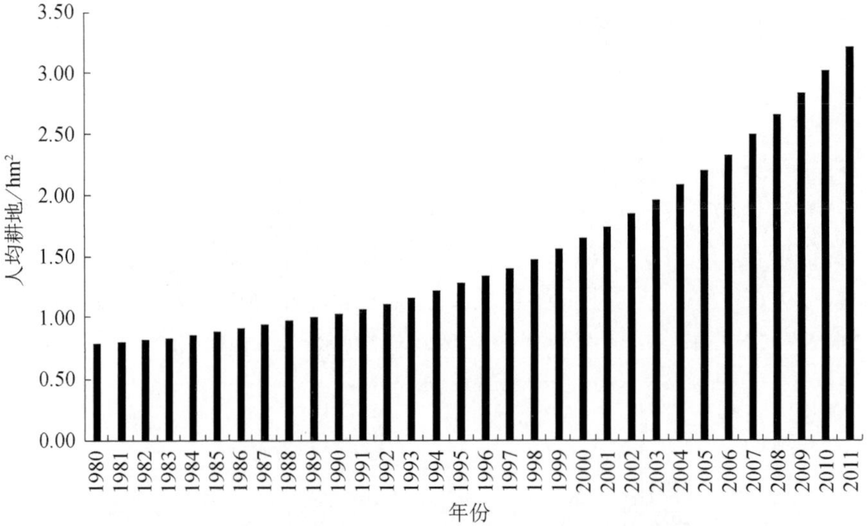

图3-53　1980～2011年日本农业经济活动人口人均耕地变化

表3-32　1947～2011年日本农户数量变化　（单位：千户）

年份	都府县				北海道			
	≤0.5hm^2	0.5～1.0hm^2	1.0～2.0hm^2	≥2.0hm^2	≤1.0hm^2	1.0～5.0hm^2	5.0～10.0hm^2	≥10.0hm^2
1947	2418	1813	1261	211	57	104	36	11
1950	2468	1952	1308	203	84	114	38	10
1960	2275	1907	1405	237	61	114	47	11
1965	2096	1762	1352	255	47	91	46	16
1970	1999	1604	1272	301	36	63	41	25

续表

年份	都府县				北海道			
	≤0.5hm²	0.5～1.0hm²	1.0～2.0hm²	≥2.0hm²	≤1.0hm²	1.0～5.0hm²	5.0～10.0hm²	≥10.0hm²
1975	1995	1436	1076	311	27	48	33	26
1980	1922	1304	981	335	23	39	30	29
1985	1856	1182	883	346	20	32	26	31
1990	1560	1049	782	348	17	24	22	32
1995	633	925	682	339	7	18	17	32
2000	545	813	592	324	5.8	14	13	30
2005	436	673	498	304	4.4	10	9.4	28
2010	343	553	413	278	3.6	7.7	6.5	26
2011	846	—	394	279	17	—	—	26

以上分析表明，日本耕地数量与耕地经营格局变化分别在1976前后、1950年前后发生了趋势性转折。综合来看，日本耕地利用格局转型发生在1976年前后。

2）耕地利用功能转型

1961～2011年，谷物收获面积单产总体上逐步增长。1961～2002年，单位耕地氮肥消耗量呈明显的“倒U”形曲线变化。其中，1961～1973年单位耕地氮肥消耗量快速增长；1974～2002年单位耕地氮肥消耗量有所下降（图3-54）。

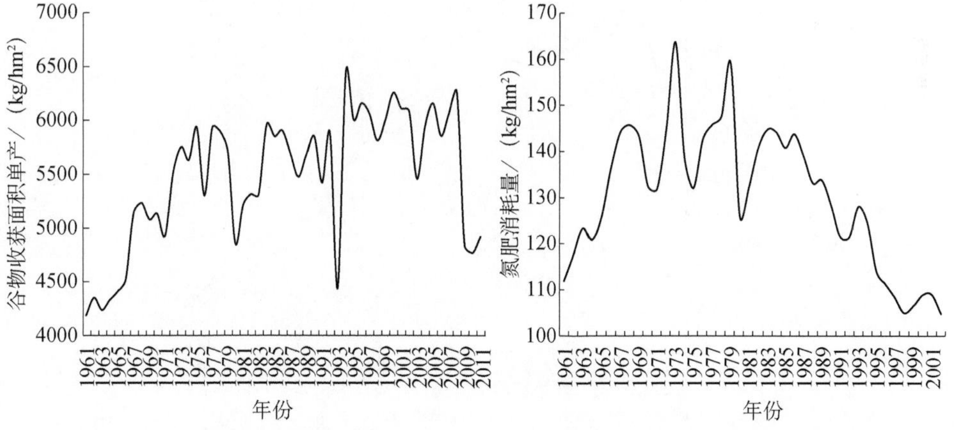

图3-54 日本谷物收获面积单产（1961～2011年）及氮肥消耗量（1961～2002年）

2005～2010年，有机农业用地从8.11×10³hm²增长到9.07×10³hm²，增长了11.84%。同期，有机农业用地面积占农业用地面积比重从0.17%增长到0.20%（表3-33）。

表3-33　2005～2010年日本有机农业用地面积及其所占农业用地面积比重

指标	2005年	2006年	2007年	2008年	2009年	2010年
有机农业用地面积/10^3hm^2	8.11	6.07	6.63	9.09	9.07	9.07
占农业用地面积比重/%	0.17	0.13	0.14	0.20	0.20	0.20

以上分析表明，1961年以来，耕地商品性生产功能逐步提升的同时，日本耕地利用对非商品性生产功能的负面影响增强，但于1974年前后得到明显遏制。而且，环境友好型农业政策及措施有力促进了有机农业的发展，耕地多功能逐步增强。由此可见，日本耕地利用功能转型发生在1974年前后。

2. 韩国

1）耕地利用格局转型

（1）耕地数量变化视角。1961～2011年，韩国耕地面积总体上呈减少态势，且变化阶段性特征明显。1961～1967年，耕地面积呈增长态势，年净增长率均值为1.31%。1968～2011年，耕地面积持续快速减少，年净消耗率均值为0.87%（图3-55）。总的来看，耕地面积快速减少，这与快速推进的城市化密切相关。1961～2011年，城市化以年均1.10个百分点的速度持续快速推进，明显高于日本年均0.47个百分点的发展速度。其中，自1968年韩国城市化水平超过35%以后，即城市化发展进入的起飞阶段以后，城市化以年均1.07个百分点的速度持续快速推进，这无疑导致了同期耕地面积的持续快速减少。

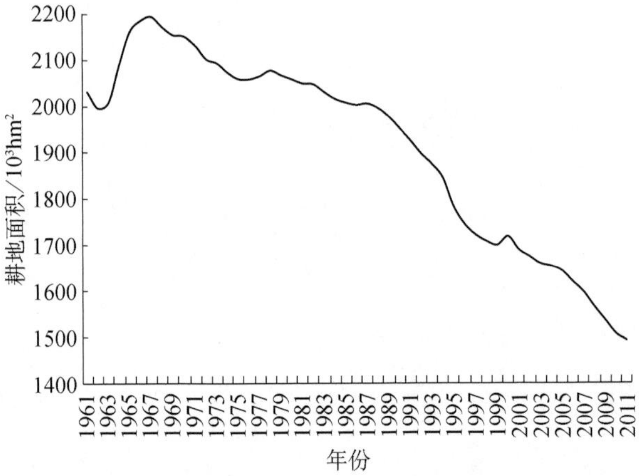

图3-55　1961～2011年韩国耕地面积变化

（2）耕地格局变化视角。1980～2011年，韩国农业经济活动人口人均耕地从$0.38hm^2$逐年增长到$1.24hm^2$，年均增长$0.03hm^2$。其中，1980～1990年，农业经济活动人口人均耕地年均增长$0.017hm^2$；1991～2011年，农业经济活动人口人均耕地年均增长0.033hm²（图3-56）。

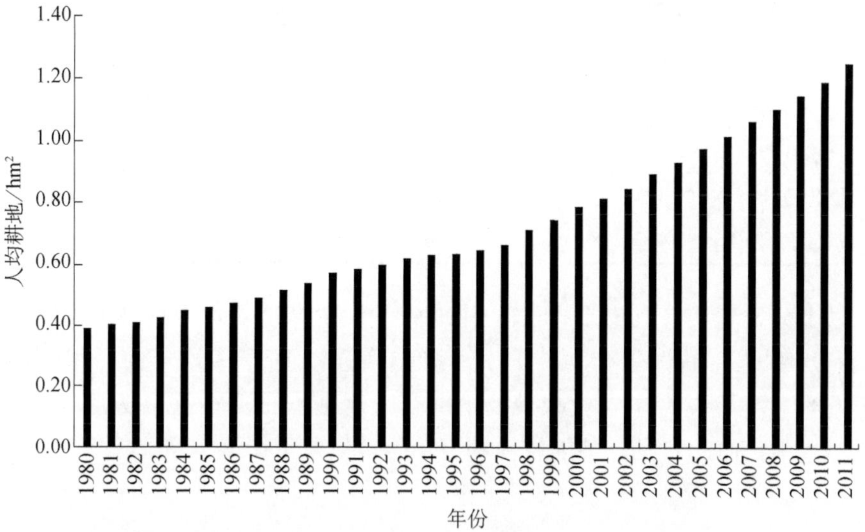

图3-56　1980～2011年韩国农业经济活动人口人均耕地变化

以上分析表明，韩国耕地数量变化转型并不明显，但耕地经营格局变化在1991年前后发生了趋势性转折。总的来看，韩国耕地利用格局转型发生在1991年前后，主要表现为耕地格局的优化。

2）耕地利用功能转型

1961～2011年，谷物收获面积单产总体上逐步增长。1961～2002年，单位耕地氮肥消耗量呈明显的抛物线变化。其中，1961～1990年单位耕地氮肥消耗量加速增长；1991～2002年单位耕地氮肥消耗量增速明显趋缓（图3-57）。

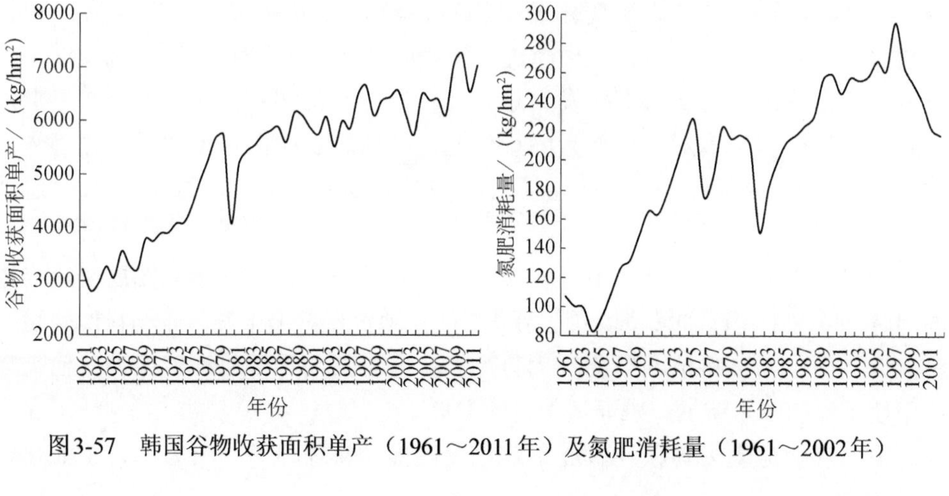

图3-57　韩国谷物收获面积单产（1961～2011年）及氮肥消耗量（1961～2002年）

2005～2010年，有机农业用地从$6.10\times10^3hm^2$增长到$15.52\times10^3hm^2$，增长了154.43%。同期，有机农业用地面积占农业用地面积比重从0.32%增长到0.88%（表3-34）。

表3-34　2005～2010年韩国有机农业用地面积及其所占农业用地面积比重

指标	2005年	2006年	2007年	2008年	2009年	2010年
有机农业用地面积/10^3hm^2	6.10	8.56	9.73	12.03	13.34	15.52
占农业用地面积比重/%	0.32	0.46	0.53	0.66	0.74	0.88

以上分析表明，1961年以来，耕地商品性生产功能逐步提升的同时，韩国耕地利用对非商品性生产功能的负面影响增强，但于1991年前后得到明显遏制。而且，环境友好型农业政策及措施有力促进了有机农业的发展，耕地多功能逐步增强。由此可见，韩国耕地利用功能转型发生在1991年前后。

3.4　耕地利用转型规律与启示

3.4.1　耕地利用转型基本规律

1. 耕地利用格局转型是与耕地资源禀赋相适应的经济社会变迁的理性响应

（1）丰富的资本集聚产生了资本对土地较强的替代能力。欧洲15国、北美洲2国、亚洲2国耕地数量变化发生趋势性转折时的人均国民收入均值分别为1.73万美元、1.19万美元、0.86万美元。其中，超过1万美元的国家分别有11个、2个、1个，耕地数量变化发生趋势性转折时的城市化水平均值分别为73.52%、74.61%、57.56%，其中超过1万美元的国家分别有10个、2个、1个。可见，以上各国耕地数量变化发生趋势性转折时均已实现了丰富的资本集聚，已具备了足够的资本对土地要素的替代能力，同时表明，耕地数量变化趋势性转折发生的经济条件是：人均国民收入超过0.85万美元，城市化水平超过55%。

（2）地租上涨倒逼耕地用途转换成本上升。工业化、城镇化发展快速推进的同时，欧洲15国、北美洲2国、亚洲2国耕地价值普遍上升，带动耕地地租产出能力增强，乃至耕地利用比较优势提升。二者共同导致耕地转换为其他类型或用途土地的成本增加，进而遏制耕地消耗。

（3）农业劳动力转移及农业产业化发展推动耕地流转。一方面，工业化、城镇化发展拉动农业劳动力转移，从而倒逼耕地流转，实行耕地规模经营。另一方面，农业产业化发展要求联合一定规模的耕地参与生产经营，从而推动耕地利用规模化发展。1961～2011年，欧洲15国、北美洲2国、亚洲2国农业经济活动人口减少均超过35%。其中，韩国减少最多，达83.63%；瑞典减少最少，为36.89%（图3-58）。案例分析显示，各国农业经济活动人口人均耕地及中大型农场规模同期增加较快。然而，值得注意的是，尽管耕地经营格局可以实现转型，但快速推进的城市化势必影响对耕地数量的管控。例如，美国于1975年实现了耕地利用格局转型，且城市化发展于1961年步入了成熟阶段。然而，1992～2006年、2009～2011年，城市化发展速度明显超过1961～1991年平均水平，由此导致耕地数量持续快速减少。韩国通过耕地经营格局优化于1991年前后实现了耕地利用格局转型，但1961～2011年城市化以超过日本0.64个百分点的速度持续快速推进，从而导致耕地数量持续减少。

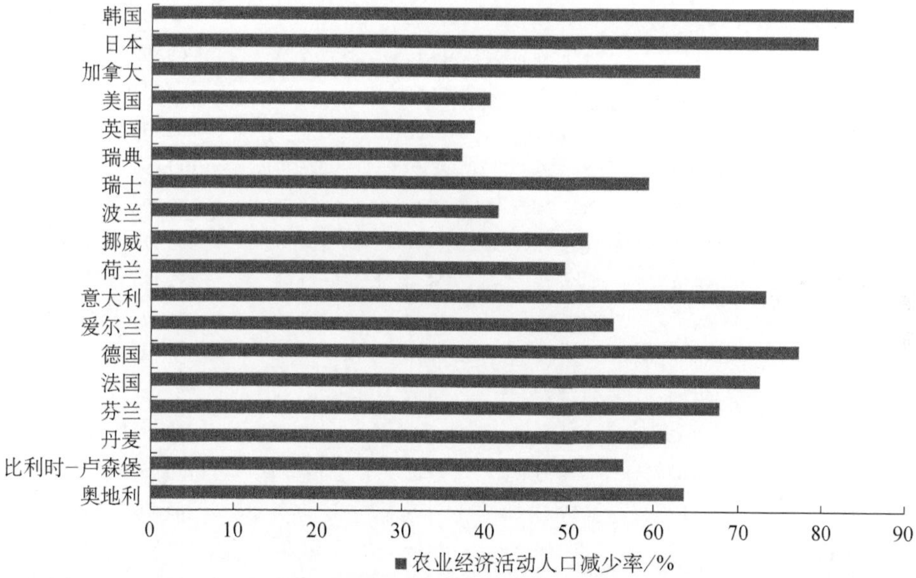

图3-58　1961～2011年欧洲、北美洲、亚洲典型案例国家农业经济活动人口减少率

（4）农业机械化发展推动耕地规模经营。一方面，工业化、城镇化发展推动了欧洲15国、北美洲2国、亚洲2国机械技术进步。另一方面，资本集聚及其向农村、农业转移，极大地促进农业机械化推广。以上两方面共同为各国耕地流转及规模化经营提供了物质技术装备。

（5）农作物产品贸易发展加强耕地保护。从表3-35可以看出，1961～2010年，法国、加拿大、美国是出口导向型谷物出口大国。值得注意的是，法国耕地数量于1973年出现持续恢复性增长；加拿大耕地数量自1961年开始保持持续净增长，并且耕地经营格局于1976年出现转型；美国于1975年前后发生耕地经营格局转型。瑞士尽管不是谷物出口大国，但属于谷物出口导向型国家，耕地数量于1974年出现续恢复性增长。由此可见，与农作物产品进口导向型国家相比，农作物产品出口导向型国家耕地压力更加明显，这迫使出口导向型国家更加重视加强耕地保护，促进耕地恢复性增长以及规模化利用，从而较快实现耕地利用格局转型。

表3-35　1961～2010年欧洲、北美洲、亚洲典型案例国家谷物进出口变化

（单位：10^4t）

案例国	谷物进口量		谷物出口量		谷物进出口量差额	
	1961年	2010年	1961年	2010年	1961年	2010年
奥地利	51.99	154.87	4.72	130.16	47.27	24.71
比利时-卢森堡	184.37	759.81	7.88	247.54	176.49	512.27
加拿大	69.72	233.02	1211.22	2277.41	−1141.50	−2044.39
丹麦	83.05	86.76	14.16	247.21	68.89	−160.45
芬兰	20.93	10.06	11.11	72.34	9.82	−62.28
法国	85.61	194.26	418.06	3477.43	−332.45	−3283.17
德国	742.78	843.79	125.69	1276.17	617.09	−432.38
爱尔兰	37.89	117.74	15.10	9.89	22.79	107.85
意大利	504.39	1085.91	28.47	159.31	475.92	926.60
日本	498.01	2560.45	5.90	31.08	492.11	2529.37
荷兰	368.67	1163.30	30.45	131.97	338.22	1031.33
挪威	53.36	55.08	1.26	0.11	52.10	54.97
波兰	262.28	133.86	10.38	203.38	251.90	−69.52
韩国	53.32	1344.45	0.39	2.16	52.93	1342.29
瑞士	28.67	34.93	49.63	101.90	−20.96	−66.97
瑞典	86.32	69.23	0.02	0.78	86.30	68.45
英国	919.87	300.69	18.04	476.91	901.83	−176.22
美国	74.61	569.39	3179.60	8695.60	−3104.99	−8126.21

（6）土地综合整治促进耕地利用格局转型。土地综合整治不仅可以有效增加耕地面积，而且可以促进耕地集中连片分布。欧洲15国、美国、加拿大，以及日本、韩国，均是通过土地综合整治解决农地细碎化问题的代表性国家。例如，英国、丹麦、荷兰等欧洲国家早已掌握并运用了现代化的土地整理技术，美国、加拿大的大规模农场则是土地综合整治的杰作，而日本、韩国分别在20世纪50年代、70年代出台农业基本法律促进土地综合整治与流转。可见，土地

整治是以上国家耕地利用格局转型的重要手段。

（7）土地管理政策演进促进耕地利用格局转型。耕地的持续消耗导致欧洲15国、北美洲2国、亚洲2国耕地压力逐步增强。在此驱使下，各国政府围绕土地节约集约利用、耕地保护制定并落实了综合性、协调性更强的土地管理政策，以促进耕地利用格局转型。例如，欧洲国家普遍实施了多层级空间规划与农业多功能政策；美国构建了包括土地利用总体规划、农业保护区划、农场生命力计划、城市增长管理法、购买农地发展权计划、减税政策、转移发展权等13项农地保护工具的制度体系（Farmland Information Center，2008），构建了农地节约利用、建设用地理性增长、自然保留地严格保护的土地资源综合管理模式；日本实施了《农地法》、《农业基本法》、《农促法》、《农振法》及《增进农用地利用法》等法律。随着社会经济发展，各国土地保护伦理意识逐步增强，耕地多功能价值观逐步建立并得到巩固，土地管理制度体系逐步完善，营造了耕地利用格局转型的良好社会环境与制度环境。

根据以上分析，19个典型案例国家耕地利用格局转型驱动机制总结如图3-59所示。由此表明，耕地利用转型是经济社会变迁的必然响应。而且，这种响应是建立在耕地资源禀赋基础上的理性响应。例如，奥地利、意大利、荷兰、挪威、波兰、瑞士耕地数量变化先于经营格局变化趋势性转折11～19年发生。1980年，以上六国农业经济活动人口人均耕地分别为4.85hm^2、3.40hm^2、2.64hm^2、4.94hm^2、2.79hm^2、2.09hm^2，均属于劳动力相对丰富而耕地相对稀缺的国家。与其他欧洲九国相比，由于地劳关系相对紧张，以上六国倾向于更加注重耕地数量管控。1980年日本、韩国的农业经济活动人口人均耕地分别为0.79hm^2、0.38hm^2，地劳关系在案例国家中最紧张。然而，日本、韩国耕地数量变化趋势性转折并没有先于耕地经营格局变化。这主要是由于两国耕地过于细碎，而且城市化水平相对较低，优化耕地经营格局从而释放农业劳动力更有利于农业发展以及城市化快速推进。

2. 耕地利用功能转型是与居民需求升级相适应的农业产业转型的必然结果

自20世纪60年代，耕地长期单功能利用导致耕地退化、耕作景观破坏以及农业污染在欧洲引起了强烈关注（Brandt and Vejre，2003；Vereijken，2003）。对此，欧盟自20世纪80年代后期开始实施农业多功能政策，以生产更加安全的食物、保持更加洁净的环境、保存更加美丽的乡村。一方面，欧盟大力发展生物技术，改良农作物品种，以减少农作物生长对资源环境消耗的依赖。另一方面，欧盟大力发展化学技术，并制定了严格的农业生产环境规制标准。

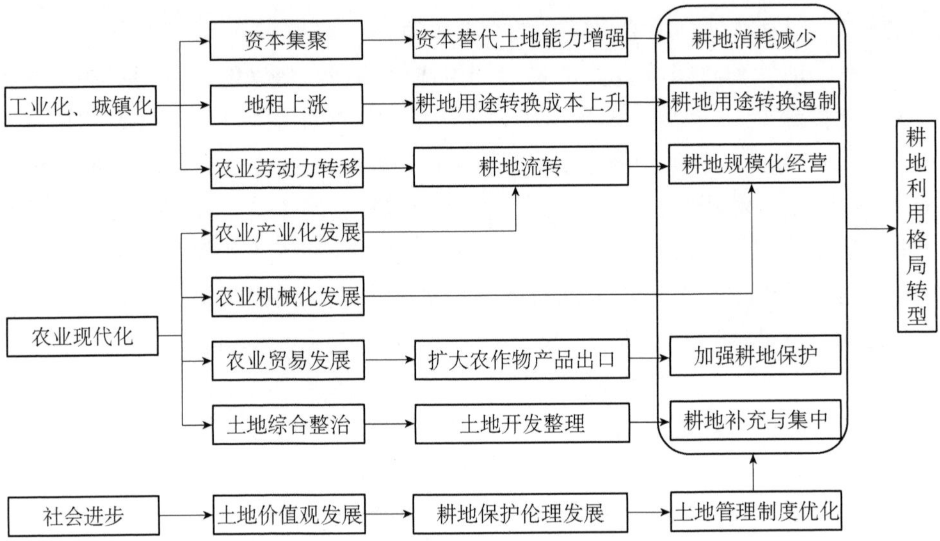

图3-59　19个典型案例国家耕地利用格局转型驱动机制

耕地长期单功能利用引起的环境问题在美国、加拿大、日本、韩国也同样存在。1961年以来，加拿大一直实行相对粗放的农业经营模式，其环境问题并不如美国、日本、韩国明显。欧盟的农业多功能实施经验在日本、韩国得到了广泛应用。美国尽管并不承认农业多功能理念，但也针对以上环境问题实施了一系列的政策措施。其中，最典型的当属积极发展生态系统服务市场（ecosystem services markets，ESM）、开展最优管理实践（best management practices，BMP）以及综合害虫管理（integrated pest management，IPM）。具体来看：①构建ESM的目的是内部化农地功能利用正外部性，持续提升非商品性产出，实现环境保护与农业持续发展。例如，温室气体市场中，需要降低自身环境足迹的个人或产业活动者向农民购买固碳信用，农民则通过实施保护性耕作、减少合成肥料施用量等措施生产并出售固碳信用。②BMP的目的是在节省农业生产成本并保持产量的前提下，实现水质及土壤保护。在水质保护方面，为降低污染排放及其处理成本，受法律管制的公共事业运营商向农户或其他信用提供者购买水质信用，农户则在农地利用中实行以减少化肥使用为主的养分管理，从而改善水质并出售水质信用。在土壤保护方面，农户被要求实行少耕。若以上BMP措施导致产量及收入下降，农户将得到维持未实施BMP时产量及收入的经济补偿。③IPM的实质是运用生物、物理、化学及人工措施治理害虫、杂草及作物病虫，以降低农药大量使用引起的健康及环境风险（Stuart et al.，2010；Begg et al.，2017）。

欧洲15国、北美洲2国、亚洲2国环境友好型农业政策的实施促进了耕地非商品性生产功能的提高。同时，为积极应对居民消费需求结构升级导致的耕地功能需求拓展与升级问题，各国大力推进了有机农业产业化发展，有机农业用地面积及其占农业用地面积的比重持续快速提高。

通过以上分析可以发现，各国耕地利用功能转型呈现以下共同特征：

（1）耕地退化与环境污染促使农业发展转型。耕地长期单功能利用导致耕地利用负面环境影响凸显，促使农业发展转型，倒逼耕地资源管理模式向耕地多功能管理方向转型。

（2）耕地稀缺引致农业发展转型。耕地稀缺实质由耕地功能供给稀缺导致。耕地生产潜力的有限性、土地面积的有限性与人口数量增长、消费水平升级的矛盾，决定了耕地功能供给的自然稀缺。耕地功能经济供给的稀缺，即与特定发展阶段城乡居民生存与发展需求相适应的耕地功能稀缺，伴随居民生存与发展需求不断拓展与升级而逐步增强。这是耕地利用功能转型最重要的动力。

由此表明，耕地利用功能转型是与居民需求升级相适应的农业发展转型的必然结果。而且，农业经营产业化程度越高，越利于耕地利用功能转型。例如，美国是19个案例国家中农业经营产业化程度最高的国家。2007年，美国规模超过800hm^{2}以上的农场有80390个，2010年农业经济活动人口人均耕地达64.69hm^2。2000～2008年，有机农场平均规模、有机农业用地规模、有机耕地规模分别增加了38.12%、171.16%、287.77%。2008年，有机农业用地规模、有机耕地规模位列19个案例国家第一。相反，日本、韩国的农户经营规模以及农业经济活动人口人均耕地均属19个案例国家中最低水平，有机农业用地规模发展也明显滞后。由此进一步论证了农业产业化发展对耕地利用功能转型的正向驱动作用。

3. 耕地多功能管理是以耕地多功能价值为基础的撬动耕地利用转型的“杠杆”

对比19个案例国家耕地利用格局转型与耕地利用功能转型的时间节点，可以发现二者发生时间高度契合（表3-36）。

表3-36　1961～2011年欧洲、北美洲、亚洲案例国家耕地利用转型时间节点

案例国家	耕地利用格局转型			耕地利用功能转型
	数量变化视角	格局变化视角	空间形态总体转型时间	功能形态总体转型时间
奥地利	1973	1985	1985	1985
比利时-卢森堡	1987	1987	1987	1987

续表

案例国家	耕地利用格局转型			耕地利用功能转型
	数量变化视角	格局变化视角	空间形态总体转型时间	功能形态总体转型时间
丹麦	1995	1990	1995	1985
芬兰	1986	1986	1986	1986
法国	1973	1988	1988	1988
德国	1991	1991	1991	1981
爱尔兰	1984	1985	1985	1995
意大利	1971	1990	1990	1985
荷兰	1976	1987	1987	1980
挪威	1973	1989	1989	1980
波兰	1972	1989	1989	1989
瑞典	1972	1989	1989	1984
瑞士	1974	1991	1991	1988
英国	1995	1990	1995	1987
美国	1975	1975	1975	1985
加拿大		1976	1976	1961
日本	1976	1950	1976	1974
韩国		1991	1991	1991

同时，耕地数量出现持续恢复增长的国家，耕地利用功能转型形态普遍在此前发生。例如，比利时-卢森堡、丹麦耕地数量分别在1987年后、2003年后持续恢复增长，其耕地利用功能转型分别发生在1987年前后、1985年前后；芬兰耕地数量1986年后开始波动性恢复增长，经历1994～1997年的短暂减少后开始持续恢复增长，其耕地利用功能转型发生在1986年前后；法国耕地数量在1973年后持续恢复增长，然后1988年耕地数量突然大幅减少，此后又保持持续恢复增长，其耕地利用功能转型发生在1988年前后；德国耕地数量在1992年后持续恢复增长，其耕地利用功能转型发生在1981年前后；荷兰耕地数量在1976年后开始恢复增长，1983年后恢复增长速度明显加快，其耕地利用功能转型发生在1980年前后；挪威耕地数量在1974～1996年保持持续恢复增长，其中1980年后恢复增长速度明显加快，其耕地利用功能转型发生在1980年前后；瑞士耕地数量在1974～1996年保持持续恢复增长，1989年后恢复增长速度明显加快，其耕地利用功能转型发生在1988年前后；英国耕地数量在1995年后恢复增长，其中2002年后恢复增长速度明显加快，其耕地利用功能转型发生在1987年前后；加拿大耕地数量在1961～2001年持续恢复增长，其耕地利用功能转型发生在1961年。

联系耕地空间形态与利用功能转型的动力机制可以发现，耕地多功能管理是撬动耕地利用转型的“杠杆”，而发挥“杠杆”作用的关键在于显化耕地多功能价值，这主要是耕地利用功能转型必然导致耕地价值提升，进而引致以下结果：①改变生产要素市场中资本与土地价格比，降低耕地消耗、促进优化耕地经营格局的技术与制度诱致性变迁，从而实现耕地利用格局转型；②增加耕地用途转换成本，打破城乡二元体制，进而通过优化市场配置促进耕地利用格局转型；③促进土地管理政策向强化耕地保护方向演进，为耕地利用格局转型提供制度保障；④提升农产品出口地区贸易优势，从而形成耕地利用格局转型的利好条件；⑤增强耕地保护社会认同与伦理意识，为耕地利用格局转型提供非正式制度保障。

4. 耕地利用转型与经济社会发展负反馈耦合机理在于体制响应与功能效应

以上三大耕地利用转型基本规律共同表明，耕地利用转型是发生在社会–生态系统内部、具有高度可调控性的过程，与社会–经济系统、社会–体制系统变迁高度关联。

（1）在社会–经济系统内部，一方面，经济社会发展引起耕地利用变化，产生相应的资源–生态影响；另一方面，经济社会发展引起产业、收入、消费等变量改变，导致居民耕地功能需求发展。这两种信号以社会–经济动态、社会–生态负反馈为主要形式，随着决策机制传导至社会–体制系统。

（2）在社会–体制系统内部，由公共部门、私人部门及与二者密切联系的立法机构组成的决策主体，根据以上两种信号的强弱，做出以资源–生态管理决策为表达形式的体制响应。其中，以耕地多功能管理为代表的资源–生态管理决策通过“杠杆”作用撬动耕地利用转型。

（3）在社会–生态系统内部，耕地利用转型后，耕地利用相关主体的耕地功能需求得到满足，耕地利用呈现合理、有序竞争局面。这种信号以功能效应的形式传导至社会–经济系统，从而提升对社会–经济系统变迁的支撑水平，同时，也传导至社会–体制系统，从而利于社会–体制系统从土地利用系统协调发展的角度出发，对耕地利用转型的速度和程度进行调控。

3.4.2　耕地利用转型经验启示

1. 以耕地多功能价值显化为核心，充分发挥耕地多功能管理的“杠杆”作用

耕地多功能价值显化是协调耕地利用相关主体间利益分配，进而解决耕地利用外部性问题的有效途径。而价值显化途径则表现为补贴、耕地非商品性产

出及其替代品的商品化等多种形式。例如，在荷兰代夫特市上毕斯兰低田多功能管理（Deelstra et al.，2001）中，政府通过明晰农地的使用权、收益权、处分权等完善了农地产权制度，并将农地租赁期从1年延长至12年，稳定了农民的收益权。同时，政府鼓励农地使用权流转，实现了有机乳品生产的规模经营，有机乳品可观的市场价格奠定了农户收入基础。而且，政府向农民发放了占农民经营收入10%的自然发展及消遣功能管理补贴，将农户的农地功能利用正外部性进行内部化。美国农地保护中，农地环境信用也是农地多功能价值市场化的体现。

2. 合理界定耕地多功能空间组织方式

界定合理的耕地多功能空间组织方式是实施耕地多功能管理的前提。根据国际经验，要重点协调空间分离的耕地多功能及空间融合的耕地多功能。荷兰代夫特市上毕斯兰在落实欧盟区域及国家等各级空间规划政策的基础上，通过土地利用规划融合了提供乳品生产功能的有机农场，以及提供消遣、自然发展、天然水处理、增强意识与教育功能的传统低田，实现了低田多功能利用。这是实现空间分离的耕地多功能的成功案例。美国的ESM、BMP以及IPM则是实现空间融合的耕地多功能的成功实践。可见，空间分离的耕地多功能较为注重耕地功能在空间规划的运用，而空间融合的耕地多功能较为注重新技术在地块尺度的运用。

3. 建立协调、互补的耕地多功能管理政策体系

欧洲15国、北美洲2国、亚洲2国的耕地利用转型经验表明，耕地多功能管理并不是一两种政策简单实施的结果，而是需要建立涉及土地类型全覆盖、统筹城镇与农村两大地区、协调农业与非农业两大部门的政策体系，并在此基础上选择合理的管治结构才能实现。中国耕地多功能管理应注重以下经验启示：①将耕地置身于土地系统，从耕地与剩余土地系统的内在关系出发，完善耕地多功能管理的制度体系保障。例如，美国农地保护体现了对农地本身、城镇等建设用地及自然保留地等未利用地进行的综合性管理。②政府适度干预与市场配置均是耕地多功能管理的有效工具。例如，代夫特市尤为强调规划对低田利用竞争的引导，而美国农地保护除体现规划与计划等工具的职能外，还充分发挥了生态系统服务市场的作用。③管控与激励相结合是耕地多功能管理的重要策略。城市化高级阶段城乡居民对耕地功能的多元需求是耕地多功能管理的前提，而激发农户参与的积极性是成败的关键。例如，上毕斯兰低田多功能管理

中，政府从完善农地产权制度、稳定农民的土地收益权、有机产品价格支持及农地多功能保护直接补贴等多种角度激发了农民参与的积极性。

4. 探索符合我国国情的耕地利用转型调控模式

由于资源禀赋与经济社会背景差异，欧洲15国、北美洲2国、亚洲2国采取了不同的耕地利用转型模式，实现了不同速度及程度的耕地利用转型。例如，奥地利、意大利、荷兰、挪威、波兰、瑞士由于耕地资源禀赋相对较差，但城市化水平相对较高，其选择了耕地数量管控优先于耕地格局优化的耕地利用转型道路；日本、韩国尽管耕地资源禀赋更差，但城市化水平相对较低，其选择了耕地格局优化优先于耕地数量管控的耕地利用转型道路；比利时-卢森堡、丹麦、芬兰、法国、德国、荷兰、挪威、瑞士、英国、加拿大选择了耕地利用功能转型优先的道路，其耕地数量均较早地出现了持续恢复性增长。这不仅检验了Martens和Rotmans（2002）关于“转型不是自然法则，转型的模式、路径也并非一成不变”的论断，而且也给出了这样的启示：中国必须探索与国情适应的耕地利用转型调控模式。从耕地利用转型的研究路径来看，这一模式的构建首先有赖于对以下问题的回答：①在耕地利用格局转型方面，耕地数量管控和耕地格局优化对当前中国孰重孰轻？②耕地利用格局转型优先还是耕地利用功能转型优先，中国该如何抉择？回答这两大问题，就必须研判中国耕地资源开发阶段演化特征、深入剖析中国耕地利用转型的基本态势。

参考文献

宋小青，欧阳竹. 2012. 中国耕地多功能管理的实践路径探讨[J]. 自然资源学报，27（4）：540-551.

宋小青，吴志峰，欧阳竹. 2014. 耕地转型的研究路径探讨[J]. 地理研究，33（3）：403-413.

中华人民共和国国家统计局. 2013. 国际统计年鉴[EB/OL]. http://www.stats.gov.cn/tjsj/qtsj/gjsj/ [2022-06-15].

Begg G S，Cook S M，Dye R，et al. 2017. A functional overview of conservation biological control[J]. Crop Protection，97：145-158.

Brandt J，Vejre H. 2003. Multifunctional Landscapes Volume I：Theory，Values and History[M]. Southampton：WIT Press.

Deelstra T，Boyd D，van den Biggelaar M，et al. 2001. Multifunctional land use：an opportunity for promoting urban agriculture in Europe[J]. Urban Agriculture Magazine，4：1-7.

European Commission. 2013. Eurostat[EB/OL]. http://epp.eurostat.ec.europa.eu/portal/page/portal/

statistics/search_database[2022-06-15].

Farmland Information Center. 2008. Farmland Protection Toolbox[R]. Washington DC：American Farmland Trust.

FAO. 2013. FAOSTAT-Agriculture [EB/OL]. http://faostat.fao.org/site/339/default.aspx.

Groom G，Reed T. 2001. Strategic Landscape Monitoring for the Nordic Countries[R]. Copenhagen：Nordic Council of Ministers.

Haines-Young R H，Barr C J，Black H I J，et al. 2000. Accounting for Nature：Assessing Habitats in the UK Countryside[R]. London：DETR.

Martens P，Rotmans J. 2002. Transitions in a Globalising World[M]. Lisse Exton：Swets & Zeitlinger Publishers.

Stuart D，Canty D，Killebrew K. 2010. Guide to environmental markets for farmers and ranchers[J]. American Farmland Trust，10：1-29.

Vereijken P H. 2003. Transition to multifunctional land use and agriculture[J]. NJAS Wageningen Journal of Life Sciences，50（2）：171-179.

Wiggering H，Dalchow C，Glemnitz M，et al. 2006. Indicators for multifunctional land use-linking socio-economic requirements with landscape potentials[J]. Ecological Indicators，6：238-249.

第4章　中国耕地资源开发阶段演化特征

理清耕地资源开发阶段演化特征是揭示耕地利用转型态势的前提。耕地资源开发是地域农业资源禀赋、经济社会发展条件和食物需求共同作用的结果。中华人民共和国成立以来，我国农业发展的指导方针总体上由解决温饱向节约集约、提质增效转变。同时，经济社会发展带动城乡要素流动加快和居民食物消费水平提升。由此，中国耕地资源开发究竟存在怎样的阶段演化特征？地区差异如何？

4.1　耕地资源开发强度内涵解释

4.1.1　耕地资源开发强度基本概念

土地资源是已经开垦利用的土地和可以利用而尚未利用的土地的总称（王万茂，2003）。由此，耕地资源包括现状耕地和尚未开发的可耕地即耕地后备资源。耕地资源开发旨在获得生存与发展所需的耕地产出。耕地资源的可再生性决定了耕地资源开发必须在耕地的产出能力范围内进行。综上，耕地资源开发强度可以定义为：在一定区域的一定发展阶段及技术条件下，为获得生存与发展所需的耕地产出，人们通过土地开垦、农业生产等活动干预耕地资源而实现的对耕地产出能力的占用程度。从开发活动方式看，耕地资源开发强度包括耕地资源开发活动的广度、深度与频度（周炳中等，2000；宋小青等，2013）三方面内涵。

4.1.2 耕地资源开发强度阶段演化假说

地域资源禀赋差异性及经济社会发展阶段性决定了耕地资源开发环境、开发条件及人们对耕地产出需求演化的阶段性。因此，耕地资源开发强度理应存在内部结构演化的阶段性。

经济发展初期，薄弱的农业生产条件、低下的土地生产力与强劲的粮食需求之间的矛盾导致耕地资源开发以外延扩张为主。该阶段的开发强度演化将以开发广度的提高为主要特点。

工业化、城市化开始后，农业生产条件逐步改善，耕地资源稀缺性逐步显现，耕地资源开发模式将逐步向内涵式开发转型。中国属于土地资源相对稀缺而农业劳动力相对丰富的国家。根据诱致性技术变迁理论（Hayami and Ruttan，1985；Yamada and Ruttan，1980；全炯振，2010），在国家尺度上，中国应通过推动生物化学技术进步来实行良种、化肥及农药等生产要素对土地的替代，从而实现土地节约型的内涵式耕地资源开发模式。由此，在国家尺度上，该阶段开发强度演化将以开发深度的提高为主要特点。然而，由于资源禀赋的差异和农业生产比较优势的存在，同一农业区内的开发深度将因农业劳动力与土地资源相对稀缺程度及经济发展水平的不同而出现差异。具体来看，劳均耕地越小、经济发展水平越高的区域，生物化学资本对土地的替代程度将越明显，开发深度将越大。相反，开发深度将越小。

工业化、城市化进入快速发展阶段后，耕地乃至农业边际化将随之出现（Baldock et al.，1996；Brouwer et al.，2008；Li S F and Li X B，2017；Tan et al.，2021；Wang et al.，2020；刘成武和李秀彬，2006）。由于种粮乃至农业比较利益下降，劳动力务农机会成本明显上升，农业劳动力大量析出，粮食复种指数将明显下滑。若宏观政策不能及时应对，耕地资源开发将进入以开发频度降低为主要特点的问题阶段。

4.2 耕地资源开发强度评价方法与数据来源

4.2.1 评价方法

1. 耕地资源开发广度

耕地资源开发广度（以下简称“开发广度”），即耕地资源数量的开发率：

$$K_g = \frac{s \times 100\%}{S} \tag{4-1}$$

式中，K_g为耕地资源开发广度；s 为现状耕地面积；S 为耕地资源总量，即现状耕地与耕地后备资源之和。

2. 耕地资源开发深度

耕地资源开发深度（以下简称“开发深度”），即粮食单产潜力的开发率：

$$K_s = \frac{w \times 100\%}{W} \tag{4-2}$$

式中，K_s为耕地资源开发深度；w 为单位播种面积粮食现实产量；W 为单位播种面积粮食产量潜力。

3. 耕地资源开发频度

耕地资源开发频度（以下简称“开发频度”），即粮食复种潜力的开发率：

$$K_p = \frac{\mathrm{mci_l}}{\mathrm{MCI_l}} = \frac{\mathrm{mci}}{\mathrm{MCI}} \times \frac{r}{R} \times 100\% \tag{4-3}$$

式中，K_p为耕地资源开发频度；$\mathrm{mci_l}$为粮食现实复种指数；$\mathrm{MCI_l}$为粮食复种潜力；mci 为现实复种指数；MCI 为复种指数潜力；r 为现实粮作比；R 为粮作比潜力。

4. 耕地资源开发强度

耕地资源开发强度（以下简称“开发强度”），即粮食总产能的开发率：

$$K = K_g \times K_s \times K_p \times 100\% = \frac{t}{T} \times 100\% \tag{4-4}$$

式中，K 为耕地资源开发强度；t 为现实粮食总产量；T 为粮食产量总潜力。

4.2.2 数据来源

1. 耕地数据

1949～1996 年耕地面积为重建数据（毕于运和郑振源，2000；封志明等，2005），1996～2004 年耕地面积来自《中国国土资源统计年鉴》（中华人民共和国国土资源部，2005）。2004 年耕地后备资源面积来自《中国耕地后备资源调查评价数据集》（温明炬和唐程杰，2005）。

2. 农业经济数据

农业生产数据来自《中国统计年鉴》（中华人民共和国国家统计局，1984–

2005)、《新中国农业60年统计资料》(中华人民共和国农业部，2009)。农产品成本收益数据来自《建国以来全国主要农产品成本收益资料汇编》(国家发展和改革委员会价格司，2003)、《全国农产品成本收益资料汇编》(国家发展和改革委员会价格司，2000–2005)。农民收入数据来自《中国农村统计年鉴》(国家统计局农村社会经济调查总队，2005)、《中国农村住户调查年鉴》(国家统计局农村社会经济调查司，2000–2008)。粮食生产潜力为区域试验产量（张晋科等，2006)。复种指数潜力为1km尺度估算值（范锦龙和吴炳方，2004)。鉴于改革开放以来粮作比呈下降态势，将改革开放以来各区域最大粮作比作为粮作比潜力。

受数据所限，本节研究不包括港澳台地区。

4.3 中华人民共和国成立以来耕地资源开发强度阶段演化

4.3.1 耕地资源开发广度

1952年，农业机械总动力18×10^4kW·h，粮食播面单产1322kg/hm^2，而人均粮食消费缺口达110.172kg（中华人民共和国国家统计局，1984–2005；中华人民共和国农业部，2009)。强劲的粮食需求与薄弱的农业生产条件及低下的土地生产力之间的矛盾凸显，导致耕地后备资源被大量开发，耕地面积迅速增加。1949～1957年，耕地净增加1393hm^2。尽管此后耕地面积有所波动，但20世纪80年代以前耕地面积总体呈增加态势（毕于运和郑振源，2000；封志明等，2005)。

自20世纪80年代初期开始，耕地面积持续减少。同时，耕地保护意识也随之觉醒。大量耕地后备资源被开发后，用于弥补建设占用、农业结构调整等导致的耕地流失。2004年，现状耕地12244.425万hm^2（中华人民共和国国土资源部，2005)，耕地后备资源$734.389\times10^4hm^2$（温明炬和唐程杰，2005)。全国耕地资源开发广度达94.342%（不包括港澳台地区)。除甘肃、青海、宁夏、新疆外，其余地区耕地资源开发广度超过90%，而且80%以上区域的耕地资源开发广度超过全国平均水平（图4-1)。

通过以上分析可知，20世纪80年代以前尤其是中华人民共和国成立初期至1957年，中国耕地资源开发以外延扩张为主要特点，与4.1.2节经济发展初期耕地资源开发强度阶段演化假说基本一致。当前，中国基本完成了外延式的耕地资源开发历程。

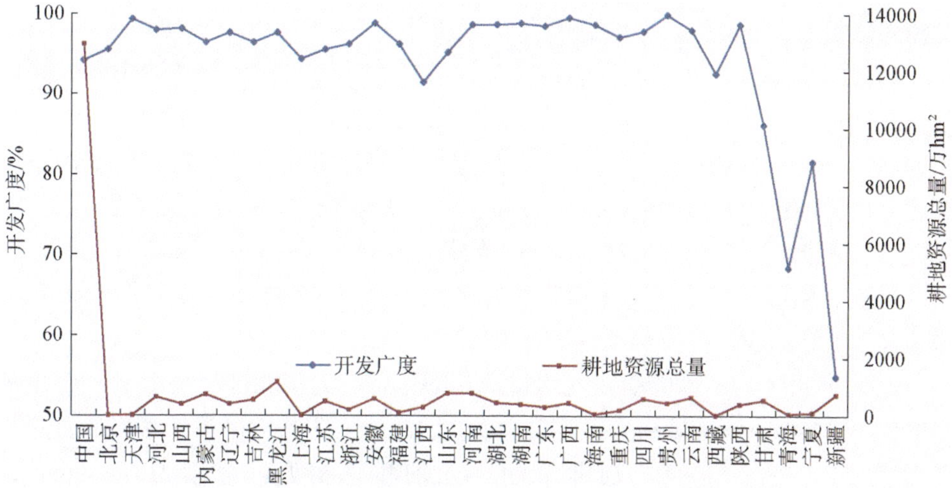

图4-1　2004年中国各区域耕地资源总量及其开发广度

4.3.2　耕地资源开发深度

在全国尺度上，从农业生产条件来看，农业基本建设支出从1952年的3.84亿元缓慢增长到1957年的10.93亿元，然后迅速增长至2004年的565.01亿元；农业机械总动力从1952年的18×10^4kW·h缓慢增长到1957年的121×10^4kW·h，然后迅速增长至2004年的64028×10^4kW·h；化肥折纯量从1952年的7.80万t缓慢增长到1957年的37.30万t，然后迅速增长至2004年的4637万t（中华人民共和国国家统计局，1984～2005；中华人民共和国农业部，2009）。1949～1957年，亩均物质费用缓慢增长。亩均物质费用于1957年达到7.86元，然后迅速增长到2004年的200.12元。其中，化肥及农药投入自20世纪70年代以来增长尤为明显。1975～2004年，亩均化肥及农药费用从5.83元迅速增长到82.99元。同期，亩均化肥及农药费用占物质费用的比重从25.06%迅速增长到41.47%。然而，亩均种子用量从1975年的12.24kg逐步下降到2004年的6.67kg（国家发展和改革委员会价格司，2003–2005）。从粮食产出来看，粮食播面单产从1949年的1029kg/hm^{2}缓慢增长到1957年的1460kg/hm^2，然后迅速增长到2004年的4620kg/hm^2（中华人民共和国国家统计局，1984–2005；中华人民共和国农业部，2009）。可见，自20世纪50年代后期，农业生产条件开始明显改善，亩均化肥及农药投入迅速加大，粮食播面单产快速增长。此外，亩均种子用量的下降说明种子改良与推广呈逐步扩大态势。由此表明，自工业化、城市化开始以后，中国耕地资源开发逐步走上了以生物化学技术创新为特点的土地节约型开发模式。根据式（4-2），可知2004年全国耕地资源开发深度达51.055%。

为揭示耕地资源开发深度的区域分异特征，将全国（不包括港澳台地区）分为东北区、华北区、蒙新区、青藏区、黄土高原区、长江中下游区、华南区和西南区，将各区内的省（自治区、直辖市）按经济发展水平自高到低排序，对比分析耕地资源开发深度与经济发展水平、耕地资源禀赋的关系（图4-2）。

（1）东北区。辽宁、吉林劳动力人均耕地0.598hm^2、1.115hm^2，分别属于东北区最低、中等水平，开发深度分别为67.395%、68.507%。黑龙江劳动力人均耕地高达1.652hm^2，开发深度仅41.339%。

（2）华北区。天津劳动力人均耕地0.553hm^2，为华北区最高水平，而开发深度仅39.122%。河南劳动力人均耕地仅0.245hm^2，为华北区最低水平，而开发深度为57.262%。北京、河北劳动力人均耕地相近，分别为0.409hm^2、0.403hm^2。但北京人均GDP高于河北，开发深度达47.051%，河北为44.028%。山东劳动力人均耕地0.346hm^2、人均GDP达1.693万元，分别属于华北区较低、较高水平，开发深度为55.811%，仅次于河南。

（3）蒙新区。宁夏劳动力人均耕地仅0.766hm^2，为蒙新区最低水平，开发深度为67.756%。内蒙古、新疆劳动力人均耕地分别为1.332hm^2、1.186hm^2，但内蒙古人均GDP和GDP总量高于新疆，二者开发深度分别为50.259%、44.256%。

（4）青藏区。青海劳动力人均耕地0.411hm^2，略低于西藏的0.424hm^2。但青海人均GDP为0.861万元，高于西藏的0.778万元，且青海GDP总量明显高于西藏，二者开发深度分别为70.213%、55.439%。

（5）黄土高原区。山西、甘肃劳动力人均耕地相近，但山西人均GDP略高于甘肃，前者开发深度略高于后者。陕西劳动力人均耕地0.434hm^2，但人均GDP较低，开发深度仅36.366%。

（6）长江中下游区。湖南、湖北人均GDP相近，但湖南劳动力人均耕地0.193hm^2，低于湖北的0.424hm^2。湖南的开发深度为77.876%，高于湖北的59.972%。江苏、湖北劳动力人均耕地相近，但江苏人均GDP高于湖北。同时，江苏的开发深度也高于湖北，达62.014%。上海劳动力人均耕地高于浙江，且人均GDP明显偏高。其开发深度达61.426%，高于浙江的53.016%。江西劳动力人均耕地仅0.297hm^2，略低于安徽的0.320hm^2。同时，江西人均GDP为0.819万元，高于安徽的0.777万元。二者开发深度分别为59.337%、47.568%。

（7）华南区。福建、广东劳动力人均耕地分别仅0.188hm^2、0.199hm^2，属于华南区最低水平，而人均GDP均为华南区最高水平。二者开发深度分别高达

61.977%、50.920%。海南劳动力人均耕地 0.384hm^2，为华南区最高水平，而开发深度仅 30.282%。广西劳动力人均耕地 0.284hm^2，开发深度为 41.344%，均属于华南区中等水平。

（8）西南区。四川劳动力人均耕地 0.255hm^2，为西南区最低水平，而开发深度高达 62.093%。云南、贵州劳动力人均耕地相近，均为西南区最高水平，而开发深度均为西南区最低水平。同时，云南人均 GDP、GDP 总量均高于贵州。其开发深度为 31.123%，高于贵州的 30.216%。重庆劳动力人均耕地 0.285hm^2，开发深度为 49.257%，均为西南区中等水平。

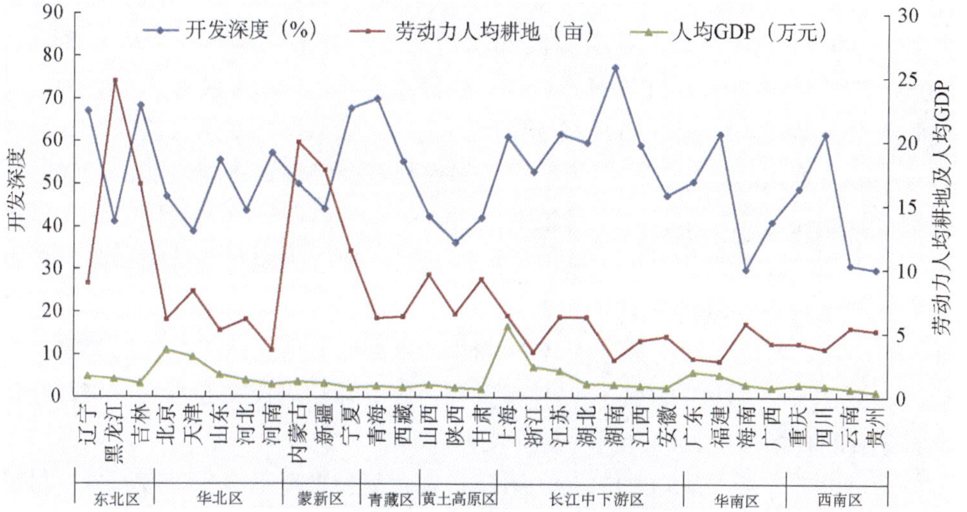

图4-2　2004年中国耕地资源开发深度区域对比

通过以上分析，同一农业区内，农业劳动力人均耕地越小、经济发展水平越高的区域，其开发深度也越大，相反，开发深度越小。这主要由于该类型区域内，耕地相对稀缺而劳动力相对丰富，粮食生产对通过生物化学技术实现粮食播面单产的依赖较大，可用于粮食生产的农业资本条件也相对优越。由此印证了 4.1.2 节工业化、城市化开始以后的开发强度阶段演化假说。

4.3.3　耕地资源开发频度

自 1958 年服务于赶超型工业化战略的农业政策实施以来，农业尤其是粮食生产积极性迅速下降。1961～1980 年，复种指数、粮作比分别由 138.60%、84.80%下降至 108.57%、80.09%（中华人民共和国农业部，2009），粮食复种指数从117.53%下降至86.96%。20世纪80年代初，农村地区普遍实施以确立并完善农业基本经营制度为重点的经济体制改革。农业生产积极性由此被大大激发，农业生产力水平迅速提高。尽管种植业结构调整自1985年逐步被提上日程，但1980～1990年复种指数、粮作比总体呈增长态势。自1990年，工业化、城市化进入快速发展阶段。1990～1995年，工业增加值占GDP比重从36.98%增长至42.27%。尽管人口城市化水平仅增长了2.63个百分点，但该阶段土地城市化发展迅速（Deng et al.，2010；Liu et al.，2005），加之1991年后农村劳动力转移管理政策的放松，粮食生产开始萎缩，耕地边际化显现。1990～1995年，粮作比、粮食复种指数分别从76.48%、87.12%下降到73.43%、84.96%。值得注意的是，1996～2004年，工业增加值占GDP比重、城市化水平分别从42.84%、30.48%增长至45.89%、41.76%。同期，农民家庭人均种植业纯收入与非种植业纯收入分别从924.40元、1001.67元增长至1135元、1801.40元（国家统计局农村社会经济调查总队，2005；国家统计局农村社会经济调查司，2000–2008），种粮比较利益（农民家庭人均种植业纯收入与非种植业纯收入之比）从0.92迅速下降至0.63。随着工业化、城市化加速发展，种粮比较利益持续下降，粮食生产大幅萎缩，耕地边际化明显加重（刘成武和李秀彬，2006）。1998～2003年，粮作比、粮食复种指数分别从73.08%、87.77%下降至65.22%、80.57%。对此，自2003年，中央陆续出台以种粮直补、农资补贴为代表的惠农政策，粮作比、粮食复种指数自2004年开始逐步回升。

通过以上分析，可知1961～1980年，粮食复种指数下滑程度最明显。尽管此期间工业化发展较快，但城市化发展缓慢。此次下滑主要由服务于国家工业赶超战略的农业政策实施所致，并不能体现市场经济体制下工业化、城市化快速发展对粮食复种指数变化的影响。自20世纪90年代初期，中国进入了建立社会主义市场经济体制时期。工业化、城市化快速发展的同时，粮食复种指数出现了两次下滑。其中，第一次出现在工业化及土地城市化快速发展的1990～1995年，下滑程度较轻；第二次出现在工业化、城市化加速发展的1998～2003年，下滑明显。与1990～1995年相比，1998～2003年粮食复种指数下滑涉及的地区及程度均明显扩大（图4-3）。由此表明，从国家尺度来看，中国耕地资源开发至少于1998年进入以开发频度降低为主要特点的问题阶段。然而，以保护农民种粮利益为导向的惠农政策的实施较快实现了粮食复种指数回升。2004年全国（不包括港澳台地区）耕地资源开发频度为52.04%。

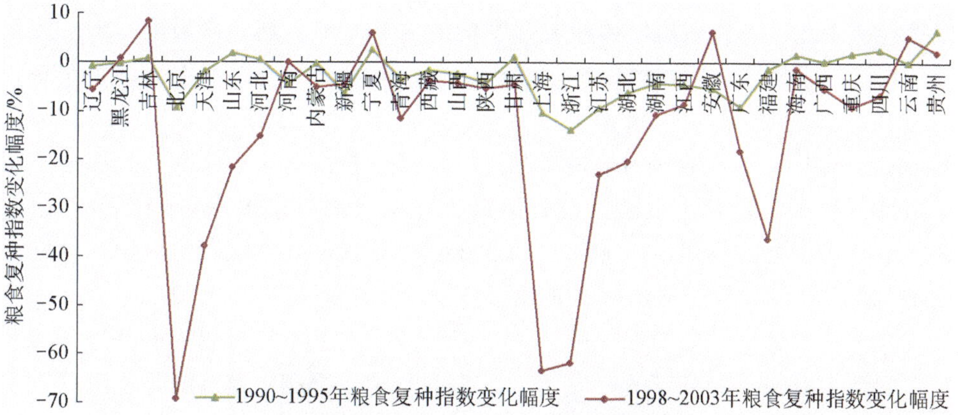

图4-3　1990～2003年中国粮食复种指数阶段变化

为揭示开发频度的区域分异特征，将全国31个省（自治区、直辖市）进行分区、排序，对比分析耕地资源开发频度与经济发展水平的关系。在同一农业区内，随着人均GDP增加，耕地资源开发频度因种粮比较利益下滑而大致呈下降态势（图4-4）。这一特征与前述粮食复种指数变化态势共同印证了4.1.2节工业化、城市化快速发展阶段的耕地资源开发强度阶段演化假说。

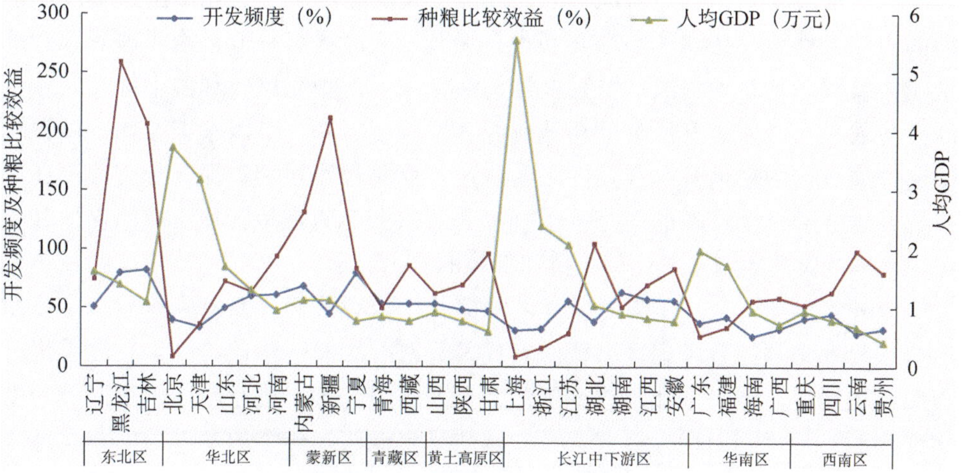

图4-4　2004年中国耕地资源开发频度区域对比

4.3.4　耕地资源开发强度

2004年中国耕地资源开发强度为25.06%。如前所述，经济发展水平及资源禀赋差异，将导致耕地资源开发强度结构差异化演进，进而形成开发强度的区域差异。东北区各省耕地资源开发强度均值达40.01%，居全国最高水平；蒙新区、长江中下游区、青藏区、华北区次之，分别为29.54%、28.49%、26.57%、23.75%；黄土高原区、西南区、华南区最低，分别为19.33%、16.52%、16.46%。此外，从农业区内耕地资源开发强度分布来看，蒙新区、长江中下游区内部差异最大，耕地资源开发强度最大差值分别达32.94%、32.32%；东北区、华北区次之，分别为21.89%、21.32%；西南区、华南区相对较小，分别为18.43%、17.34%；黄土高原区、青藏区最小，分别仅5.13%、1.72%。

综合以上分析可以发现，中国耕地资源开发已基本完成以提高耕地资源开发广度为主要特点的外延式开发历程，当前正值以提高耕地资源开发深度为主要特点同时面临耕地资源开发频度降低问题的内涵式开发阶段。

4.4 耕地资源开发阶段演化政策启示

4.4.1 耕地资源管理政策转型的基本导向

评价结果表明，提高耕地资源开发深度及开发频度是强化中国粮食供给能力的出路。然而，1998～2003年耕地资源开发频度显著降低，给耕地资源管理敲响了警钟。从耕地资源开发强度结构演化来看，种粮比较利益下降及农业劳动力务农机会成本上升所致的耕地资源开发频度下降，是国家工业化、城镇化快速发展过程中耕地资源开发的必经阶段。而种粮比较利益提升则有赖于在加快提升农业劳动生产率的同时，重视加大对农业尤其是粮食种植业的支持和保护。惠农政策的实施正是这种支持和保护的有力尝试。

此外，耕地资源开发强度及其结构演化的农业区区际及省际差异决定了耕地资源管理必须综合考虑区域资源禀赋及经济社会发展阶段等因素。注重提升农民种粮利益而不仅是加强耕地资源数量及质量保护，推行耕地资源区域差别化管理而不是“一刀切”模式，是中国耕地资源管理转型的基本导向。具体来看，一是应继续强化以生物化学技术进步为基础的土地节约型开发模式，提高耕地资源开发深度；二是以加快推进耕地适度规模经营为目标，推进农业机械化发展、农业劳动力转移及耕地流转，提升种粮劳动生产率；三是强化并稳定农业保护性政策，切实提升以种粮比较利益为核心的农民种粮效益；四是坚持严格保护耕地长期不动摇，因地制宜制定区域差别化的耕地资源管理政策，切实加强对耕地资源开发强度的管控。

4.4.2　区域差别化耕地资源开发强度管控政策建议

根据耕地资源禀赋、开发强度及其结构演化差异，将我国31个省（自治区、直辖市）划分为六大管控区（图4-5），因地制宜制定耕地利用转型管控策略。

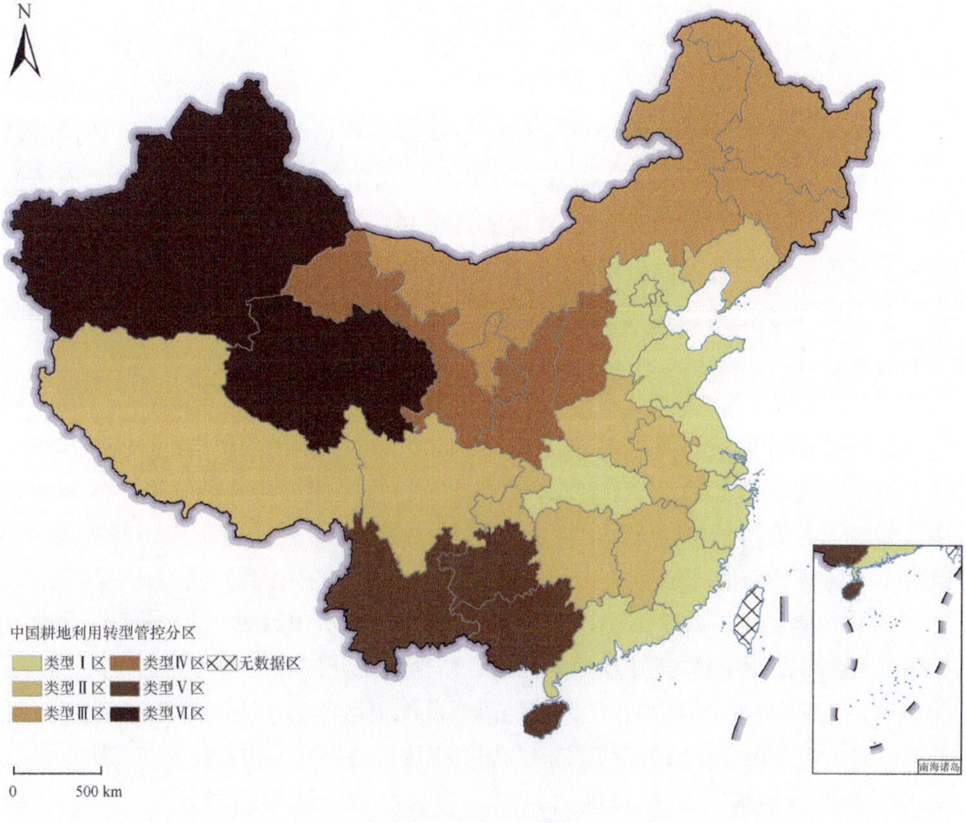

图4-5　中国耕地利用转型管控分区

（1）类型Ⅰ区。类型Ⅰ区由北京、天津、山东、河北、上海、江苏、浙江、湖北、广东、福建组成。耕地资源开发强度均值为22.08%，低于全国总体水平。耕地资源开发深度均值为53.53%，略高于全国总体水平。农业劳动力人均耕地仅0.36hm^2，略低于全国总体水平。值得注意的是，该区经济相对发达，1998～2003年粮食复种指数均出现明显下滑。总的来看，耕地资源开发频度下滑是该区耕地资源开发面临的主要问题。由此，应在依靠生物化学技术进步强化土地节约型开发模式的基础上，加大农业尤其是粮食种植业的政策性保护力度，并加大耕地流转力度。

（2）类型Ⅱ区。类型Ⅱ区由辽宁、河南、湖南、江西、安徽、重庆、四川、西藏组成。耕地资源开发强度均值为31.29%，明显高于全国总体水平。耕地资源开发深度均值、耕地资源开发频度均值分别为59.53%、53.88%，均略高于全国总体水平。农业劳动力人均耕地仅0.33hm^2，明显低于全国总体水平。总的来看，加快推进粮食生产向追求劳动生产率转型是该区的主要任务。应在继续推进生物化学技术进步并提升种粮比较利益的基础上，加快农业机械化发展、农业劳动力转移及耕地流转。

（3）类型Ⅲ区。类型Ⅲ区由黑龙江、吉林、内蒙古、宁夏组成。耕地资源开发强度均值为40.98%，明显高于全国总体水平。耕地资源开发深度均值为56.97%，略高于全国总体水平。但耕地资源开发频度均值77.61%，处于全国最高水平。农业劳动力人均耕地高达1.22hm^2，属于全国地劳关系最优越的地区。总的来看，继续提升耕地资源开发深度是该区主要任务。由此，应在稳定地劳关系的基础上，继续推进粮食生产的生物化学技术尤其是生物技术进步。

（4）类型Ⅳ区。类型Ⅳ区由山西、陕西、甘肃组成。耕地资源开发强度均值、耕地资源开发深度均值分别为19.33%、40.45%，明显低于全国总体水平。耕地资源开发频度均值为50.58%，与全国总体水平相当。总的来看，加强耕地质量建设，提高耕地资源开发深度是该区的主要任务。应重视对农田基本建设、耕地生态环境整治的支持力度。同时，推进粮食生产的生物化学技术进步。

（5）类型Ⅴ区。类型Ⅴ区由海南、广西、云南、贵州组成。耕地资源开发强度均值仅10.04%，耕地资源开发深度均值、耕地资源开发频度均值分别仅33.24%、30.26%。总的来看，该区粮食生产较为落后，加快培育粮食种植产业是该区的主要任务。应重视对粮食种植的政策支持，加快推进粮食生产的生物化学技术进步。

（6）类型Ⅵ区。类型Ⅵ区由新疆、青海组成。耕地资源开发强度均值仅18.39%，低于全国总体水平。耕地资源开发深度均值、耕地资源开发频度均值分别为57.24%、49.56%，分别略高于、略低于全国总体水平。然而，耕地资源开发广度仅61.64%，属于全国耕地后备资源分布最广的地区。总的来看，加强耕地后备资源开发时序管控是该区的主要任务。应节约集约利用耕地资源，依靠生物化学技术进步实行土地节约型开发模式。

参考文献

毕于运，郑振源. 2000. 建国以来中国实有耕地面积增减变化分析[J]. 资源科学，22（2）：8-

12.
范锦龙，吴炳方. 2004. 基于GIS的复种指数潜力研究[J]. 遥感学报，8（6）：637-644.
封志明，刘宝勤，杨艳昭. 2005. 中国耕地资源数量变化的趋势分析与数据重建：1949-2003[J]. 自然资源学报，20（1）：35-43.
国家发展和改革委员会价格司. 2003. 建国以来全国主要农产品成本收益资料汇编[M]. 北京：中国物价出版社.
国家发展和改革委员会价格司.2003-2005. 全国农产品成本收益资料汇编[M].北京：中国统计出版社.
国家统计局农村社会经济调查司. 2000-2008. 中国农村住户调查年鉴[M]. 北京：中国统计出版社.
国家统计局农村社会经济调查总队. 2005. 中国农村统计年鉴[M]. 北京：中国统计出版社.
刘成武，李秀彬. 2006. 对中国农地边际化现象的诊断——以三大粮食作物生产的平均状况为例[J]. 地理研究，25（5）：895-904.
全炯振. 2010. 中国农业的增长路径：1952—2008年[J]. 农业经济问题，9：10-16.
宋小青，欧阳竹，柏林川. 2013. 中国耕地资源开发强度及其演化阶段[J]. 地理科学，33（2）：135-142.
王万茂. 2003. 土地资源管理学[M]. 北京：高等教育出版社.
温明炬，唐程杰. 2005. 中国耕地后备资源调查评价数据集[M]. 北京：地质出版社.
张晋科，张凤荣，张琳，等. 2006. 中国耕地的粮食生产能力与粮食产量对比研究[J]. 中国农业科学，39（11）：2278-2285.
中华人民共和国国家统计局. 1984–2005. 中国统计年鉴[M]. 北京：中国统计出版社.
中华人民共和国国土资源部. 2005. 中国国土资源统计年鉴[M]. 北京：地质出版社.
中华人民共和国农业部. 2009. 新中国农业60年统计资料[M]. 北京：中国农业出版社.
周炳中，包浩生，彭补拙. 2000. 长江三角洲地区土地资源开发强度评价研究[J]. 地理科学，20（3）：218-223.
Baldock D，Beaufoy G，Brouwer F，et al. 1996. Farming at the Margins：Abandonment or Redevelopment of Agricultural Land in Europe[M]. London and The Hague：Institute for European Environmental Policy/Agricultural Economics Research Institute.
Brouwer F，Rheenen T V，Dhillion S S，et al. 2008. Sustainable Land Management：Strategies to Cope with the Marginalisation of Agriculture[M]. Cheltenham：Edward Elgar Publishing Ltd.
Deng X Z，Huang J K，Rozelle S，et al. 2010. Economic growth and the expansion of urban land in China[J]. Urban Studies，47（4）：813-843.
Hayami Y，Ruttan V W. 1985. Agricultural Development：An International Perspective[M]. Baltimore：Johns Hopkins University Press.
Li S F，Li X B. 2017. Global understanding of farmland abandonment：a review and prospects[J]. Journal of Geographical Sciences，27（9）：1123-1150.
Liu J Y，Zhan J Y，Deng X Z. 2005. Spatio-temporal patterns and driving forces of urban land

expansion in China during the economic reform era[J]. Ambio，34（6）：451-455.

Tan Y Z，Chen H，Xiao W，et al. 2021. Influence of farmland marginalization in mountainous and hilly areas on land use changes at the county level[J]. Science of The Total Environment，2021：149576.

Wang Y H，Li X B，Xin L J，et al. 2020. Farmland marginalization and its drivers in mountainous areas of China[J]. Science of The Total Environment，719（1）：135132.

Yamada S，Ruttan V W. 1980. International Comparisons of Productivity in Agriculture. New Developments in Productivity Measurement[M]. Chicago：University of Chicago Press.

第5章 中国耕地利用转型总体态势

第3章和第4章研究结果表明，耕地利用变化具有显著的阶段性，欧洲15国、美国、加拿大、日本、韩国等发达国家的耕地利用已经转型。1949年以来，我国逐步建立了世界上最严格的耕地保护制度，耕地数量、质量和生态“三位一体”保护体系已全面落实。同时，社会主义市场经济发展为耕地利用奠定了坚实的物质基础。那么，我国耕地利用转型是否发生，总体态势如何？

5.1 耕地利用格局转型总体态势

5.1.1 耕地数量变化分析

缺乏真实、连续、长时间序列的耕地数据是开展我国耕地利用转型研究的一大制约。当前，分类完整、流向明确、可靠性高的数据包括1996年公布的第一次全国土地调查数据、2009年公布的第二次全国土地调查数据、以1996年第一次全国土地调查数据为基础的年度土地利用变更调查数据、以2009年第二次全国土地调查数据为基础的年度土地利用变更调查数据以及农业部门、国土资源管理部门公布的1986～2008年耕地流入和流出数据。与第一次全国土地调查相比，第二次全国土地调查采用的调查技术更高，如使用更高分辨率的遥感影像和更细致的土地利用现状分类体系。因此，第二次全国土地调查数据比第一次全国土地调查数据的精度更高。在此，以第二次全国土地调查的耕地数据为基础，建立一套年际间可比较的时间序列耕地数据。考虑到复种指数在2008年和2009年变动较小，根据复种指数修正出2008年的耕地数据，公式如下：

$$A_{\text{adj\_2008}}=\frac{\text{TSA}_{2008}}{\text{mci}_{2009}} \tag{5-1}$$

$$\text{mci}_{2009}=\frac{\text{TSA}_{2009}}{A_{2009}} \tag{5-2}$$

式中，$A_{\text{adj\_2008}}$ 和 TSA_{2008} 分别为2008年修正后的耕地面积和农作物播种面积；TSA_{2009}、mci_{2009}和 A_{2009} 分别为2009年农作物播种面积、复种指数和耕地面积。

然后，基于耕地面积历史重建法（毕于运和郑振源，2000；封志明等，2005；宋小青等，2020），以2008年修正后的耕地面积为基础，修正1986～2007年耕地面积，公式如下：

$$A_{i-1}=A_i+\text{DA}_i-\text{IA}_i \tag{5-3}$$

式中，A_{i-1}、A_i 分别为i-1年、i年耕地面积；DA_i、IA_i分别为i年年内耕地减少面积、年内耕地增加面积。

将1986～2008年重建耕地面积数据与2009年第二次全国土地调查数据及以此为基础的2010～2017年年度土地利用变更调查数据整合为一套连续、系统的耕地数据。图5-1显示，1986年以来，耕地数量持续减少且阶段性变化特征明显（表5-1）。1986～1995年，耕地保护意识觉醒，《中华人民共和国土地管理法》赋予耕地保护法律地位，同时1992年开始的开发区清理整顿有效遏制耕地快速流失，耕地面积年均减少$10.54\times10^4\text{hm}^2$、年均减少率为0.67%。尽管1996～2003年中央要求各地进一步严格建设审批管理，但1999年开始的农业结构战略性调整与生态退耕导致耕地迅速减少，耕地面积年均减少$89.71\times10^4\text{hm}^2$、年均减少率为4.44%。2004年，《中华人民共和国土地管理法》修订实施。同年，《国务院关于深化改革严格土地管理的决定》提出“把落实好最严格的土地管理制度作为对执政能力和依法行政能力的检验”，2006年《耕地占补平衡考核办法》开始执行。至此，最严格的耕地保护制度基本建立，有效保障了耕地占补平衡。2004～2008年，耕地总量年均减少$18.21\times10^4\text{hm}^2$、年均减少率为0.54%。2009年，我国耕地数量、质量和生态“三位一体”保护模式全面建立。同时，城乡建设进入全面协调的一体化发展阶段，惠农政策全面深入实施，由此大大降低耕地流失率。2009～2012年、2013～2017年耕地年均分别减少$7.54\times10^4\text{hm}^2$、$7.05\times10^4\text{hm}^2$。以上分析表明，2004年以来耕地保护上升到空前高度，最严格的耕地保护制度促使耕地总量减少迅速趋缓。这是否意味着我国耕地利用格局转型？

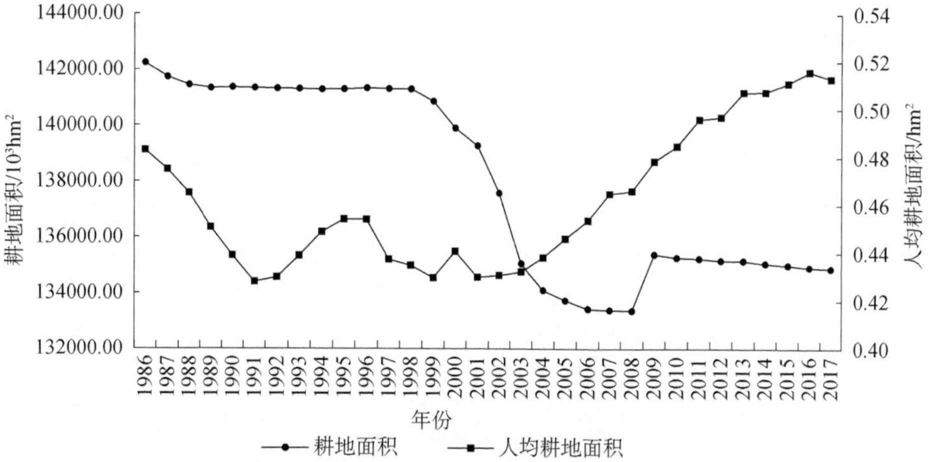

图5-1　1986～2017年中国耕地面积变化

表5-1　1986～2017年中国耕地面积变化

阶段（年份）	年均变化面积/10⁴hm²	年均变化率/%
1986～1995	−10.54	−0.67
1996～2003	−89.71	−4.44
2004～2008	−18.21	−0.54
2009～2012	−7.54	−0.17
2013～2017	−7.05	−0.21

根据第3章发达国家耕地利用转型态势研究结果，耕地数量发生明显转折的经济条件一般是：人均国民收入超过0.85万美元，城市化水平超过55%。然而，2008年我国人均国民收入仅0.37万美元，城市化水平仅46.99%。可见，当前我国耕地利用格局转型的经济基础有待加强，资本对土地要素的替代能力有待提高。但最严格的耕地保护制度已促使耕地数量减少于2008年开始趋缓，耕地利用格局转型的趋势已经显现。

5.1.2　耕地经营格局变化分析

1986～2017年，农业从业人员人均耕地面积呈明显的阶段性变化特征。①1986年农村改革进入流通领域，大量农业劳动力转入非农行业或进城务工。但是自1988年针对农业劳动力大规模流动引发的负面效应，中央开始控制农业劳动力盲目流动，阻碍了1988～1990年农业劳动力大规模转移。伴随耕地大量快速流失，1986～1990年农业从业人员人均耕地从0.48hm²逐年减少到0.44hm²。

②伴随我国探索建立社会主义市场经济体制，沿海地区工业化、城市化迅速推进，拉动农业劳动力大规模转移。1991～1996年，农业从业人员人均耕地从0.43hm^{2}逐年增长到0.45hm^2。③受亚洲金融危机影响，非农就业对农业劳动力吸引明显减弱。但是，农业结构战略性调整吸引了大量农业劳动力返乡务农。由此，大规模农业劳动力徘徊于农业与非农业、城镇与农村之间。1997～2003年，伴随耕地大量快速流失，农业从业人员人均耕地面积略微波动。④2004～2017年，工业反哺农业、城市反哺农村以及惠农政策全面深入实施，农业生产条件快速改善，如农业机械化水平日益提升。同时，在政府引导下，农户耕地流转的意识和进程也逐步加快，由此带动农业从业人员人均耕地面积从0.44hm^{2}持续增长到0.51hm^2。以上分析表明，1986～2017年，我国农业从业人员人均耕地面积于2004年出现趋势性转折，耕地经营格局转型态势显现。

5.1.3 耕地景观格局变化分析

耕地景观格局指数是揭示耕地空间分布的定量指标。根据2.2.3节土地利用转型诊断准则和2.5.2节耕地利用格局转型研究路径要求，构建耕地景观格局测度指标体系（表5-2）。其中，最大斑块指数（LPI）揭示大地块耕地面积优势与耕地地块集中程度；景观形状指数（LSI）、分裂指数（SPLIT）揭示耕地地块形状复杂程度与规整程度；聚集指数（AI）揭示耕地地块空间分布聚集程度。以上指标基于Fragstats景观格局软件计算。按地理格局分异，将全国31个省（直辖市、自治区）划分为东北区、华北区、黄土高原区、蒙新区、青藏区、长江中下游区、华南区、西南区，以中国科学院地理科学与资源研究所资源环境科学与数据中心（https://www.resdc.cn/data.aspx?DATAID=99）公布的1km栅格数据为基础，计算耕地景观格局指数。

表5-2 耕地景观格局测度指标体系

指标名称	指标解释	取值范围	景观意义
最大斑块指数（LPI）	单位面积最大斑块占比	0<LPI≤100	值越大，斑块优势越明显
景观形状指数（LSI）	景观边缘密度标准测度	LSI≥1	值越大，斑块越分离
分裂指数（SPLIT）	景观面积平方除以斑块面积平方和	1≤SPLIT≤景观面积平方	值越大，主导斑块分裂程度越高、形状规整程度越低
聚集指数（AI）	斑块聚集程度的测度	0≤AI≤100	值越大，主导斑块越集聚

20世纪80年代至2020年，大致以2005年为转折点，我国八大地理区耕地景观格局指数的阶段性变化特征明显。①耕地最大斑块指数（LPI）阶段性变

化。从阶段一至阶段二，东北区呈现加速增长态势，而其余地理区则从下降转而增加。②耕地景观形状指数（LSI）阶段性变化。从阶段一至阶段二，东北区呈现加速下降态势，长江中下游区呈现减速增长态势，青藏区呈现加速增长态势，而其余地理区则从增长转而下降。③耕地分裂指数（SPLIT）阶段性变化。从阶段一至阶段二，东北区呈现加速下降趋势，长江中下游区呈现减速增长态势，而其余地理区则从增长转而下降。④耕地聚集指数（AI）阶段性变化。从阶段一至阶段二，东北区、蒙新区呈现加速增长态势，长江中下游区呈现减速下降态势，而其余地理区则从下降转而增长（表5-3）。

表5-3　我国大陆八大地理区耕地景观格局指数年变化率　（单位：%）

地理区	LPI		LSI		SPLIT		AI	
	阶段一	阶段二	阶段一	阶段二	阶段一	阶段二	阶段一	阶段二
东北区	0.735	13.022	−0.001	−0.248	−1.053	−6.665	0.025	0.315
华北区	−0.930	2.166	0.434	−0.404	2.539	−3.240	−0.231	0.282
黄土高原区	−3.735	19.929	0.247	−0.385	30.431	−7.607	−0.391	0.577
蒙新区	−2.880	4.714	0.114	−0.340	3.794	−3.774	0.086	0.651
青藏区	−2.677	3.198	0.119	0.663	10.539	−3.022	−0.222	0.961
长江中下游区	−0.779	0.100	0.198	0.071	1.351	0.579	−0.231	−0.099
华南区	−3.852	46.575	0.124	−0.289	11.494	−7.623	−0.435	1.002
西南区	−0.716	0.335	0.060	−0.030	1.867	−0.732	−0.156	0.076

注：阶段一、二分别指20世纪80年代至2005年、2005～2020年。

以上分析表明，我国八大地理区耕地景观格局变化于2005年前后发生了趋势性转折，即耕地地块形状复杂程度降低且更加规整，地块分布由快速破碎化转而趋于集中连片。

5.1.4　耕地利用格局转型态势

根据以上分析，20世纪80年代以来，耕地数量尽管持续减少，但是快速减少的势头于2008年前后得到有效遏制。2017年，中国人均国民收入仅0.92万美元，城市化水平仅60.24%，已经达到耕地数量发生明显转折的一般经济条件：人均国民收入超过0.85万美元，城市化水平超过55%。而且，2004年前后耕地经营格局变化出现趋势性转折，2005年前后八大地理区耕地景观格局开始向集中、规整方向发展，耕地细碎化得到遏制。综合以上结果可以判断，我国耕地利用格局自2008年开始转型，属于典型的耕地利用格局优化优先于耕地数量管控的耕地利用转型道路。

5.2 耕地利用功能转型总体态势

5.2.1 政策演进视角下的耕地功能变化反演

1. 研究方法

梳理1949年以来农村经济、土地管理等政策演变。从政策出台的背景、内容、目的反演耕地功能类型，并按国家主体与农户主体进行区分。从政策所处的层级、对所阐述内容的重视程度反推耕地功能的强弱。从政策演进的时间节点判断耕地功能的阶段变化。

2. 中华人民共和国成立以来耕地功能形态阶段变化

1）1949～1952年耕地功能形态变化

该时期我国围绕国民经济恢复建设开展了土地改革运动，即改封建土地所有为农民土地私有，实现"耕者有其田"。1949年冬至1950年6月，改革工作较为分散。此后，改革在全国有计划地全面展开并于1952年12月结束。耕地功能表现为日益增强的以实物形态食物自给为特征的农户层面的基本生活保障功能和国家层面的粮食安全保障功能（图5-2）。尽管地权关系调整为恢复农业生产提供了保障，但由于农业发展缺乏整体性计划而且农业生产条件薄弱，粮食安全保障功能相对较弱。

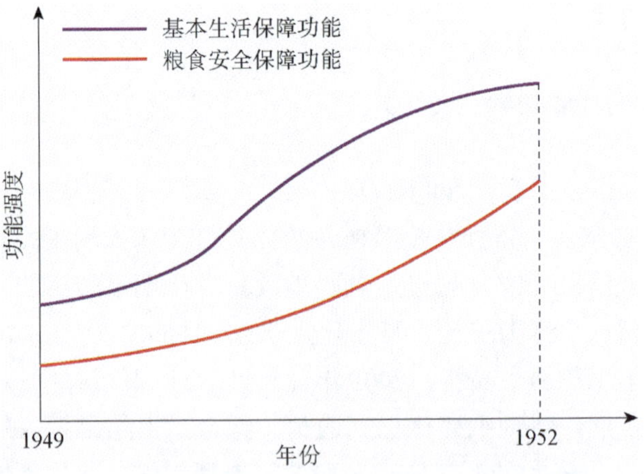

图5-2 基于政策反演的1949～1952年耕地功能形态变化示意图

2）1953～1957 年耕地功能形态变化

1953 年，我国进入国民经济建设时期。“一五”计划明确提出，逐步实施农业社会主义改造、国家工业化，以及商品粮食统一调拨、分配和管理。对此，中央出台了一系列的具体政策措施予以落实。农业社会主义改造方面，1953 年先后出台了《关于农业生产互助合作的决议》《关于发展农业生产合作社的决议》，1955 年提出大规模发展合作化并通过了《关于农业合作化问题的决议》。农业社会主义改造在经历互助组、初级社、高级社三个阶段后于 1956 年基本完成工业化，国家围绕建立社会主义工业化的初步基础大力实行资本原始积累。粮食管理方面，1953 年发布《关于实行粮食的计划收购与计划供应的决议》《关于实行粮食的计划收购和计划供应的命令》，1955 年发布《农村粮食统购统销暂行办法》《市镇粮食定量供应暂行办法》，初步建立起粮食统购统销制度。1957 年，《关于粮食统购统销的补充规定》决定关闭国家粮食市场。此外，国家严格限制农民向城市自由流动。1954 年发布《关于继续贯彻〈劝阻农民盲目流入城市〉的指示》以及《关于城乡划分标准的规定》，城乡分割的户籍管理制度基本形成。1956～1957 年发布《关于防止农村人口盲目外流的指示》及其补充指示。

从表面看来，以上政策存在明显的职能分割。但是将当时国情和制度联系起来来看，该时期的政策演进实质是围绕国家工业化所需的资本原始积累而展开的。其中，农业社会主义改造将农村社会组织向人民公社方向引导，并结合城乡分割的户籍制度对农民实行职业和身份融合管理，为资本原始积累奠定前期制度基础；粮食统购统销则为资本原始积累的直接工具——工农产品价格“剪刀差”提供了制度保障。可见，农户层面的基本生活保障功能已让位于逐步增强的国家层面的粮食安全保障功能，以及凌驾于二者之上的国民经济贡献功能。值得注意的是，农业社会主义改造的最终目的是实行人民公社化管理，农民的基本生活来源逐步由组织化的劳动予以保障，而不是耕地。因此，农户层面的基本生活保障功能呈逐步减弱态势，但仍然以实物形态的食物自给为特征。综合 1949～1952 年反演结果，1949～1957 年耕地功能形态变化如图 5-3 所示。

3）1958～1977 年耕地功能形态变化

该时期陆续实施了四个国民经济五年计划，服务于赶超型国家工业化的资本原始积累深入推进。从组织体制来看，人民公社正式形成，进一步夯实了资本原始积累的组织基础。1958 年，中央出台《关于把小型的农业合作社适当地合并为大社的意见》，人民公社化运动正式启幕。1958～1960 年，人民公社化运动将我国带入“大跃进”时代。对此，1961 年，《农村人民公社工作条例（草

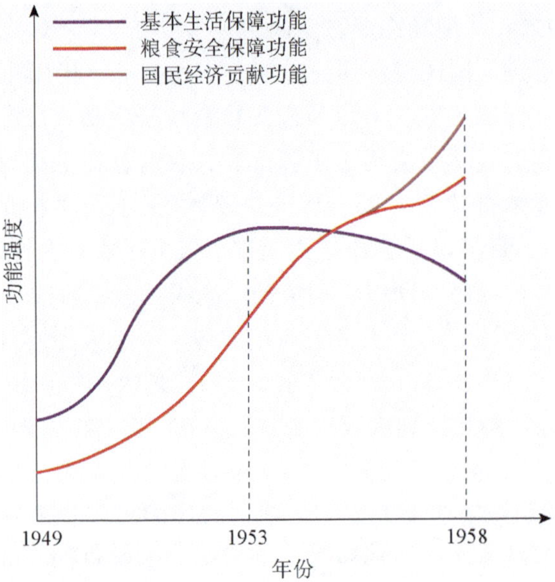

图5-3 基于政策反演的1949～1957年耕地功能形态变化示意图

案)》明确了三级所有、队为基础的制度。从积累工具来看，粮食统购统销制度继续强化。1958～1961年，国家粮食市场持续关闭，尽管于1962年重新开放，但1966～1976年又基本恢复关闭。其间，1965年国家实行粮食征购一定三年，1971年调整为一定五年。从劳动力管理来看，国家对农民向城市自由流动的管理更加严格。1958年《中华人民共和国户口登记条例》颁布，城乡分割户籍管理制度基本定型。

总的来看，该时期耕地功能类型保持稳定，但功能强度继续围绕服务于国家工业化的资本原始积累方向演变。农户层面的基本生活保障功能因人民公社的建立与巩固而持续减弱，但仍然表现为实物形态的食物自给。国家层面的粮食安全保障功能因农业生产发展以及粮食统购统销深入实施而逐步增强。国民经济贡献功能因国家工业化战略深入推进而继续增强，并凌驾于基本生活保障功能与粮食安全保障功能之上。值得注意的是，以上三大功能由于国民经济社会环境变化，以及粮食统购价格政策波动而显著波动。其中，1959～1961年困难时期，以及1966～1976年社会经济发展停滞显著制约了三大功能的发展。综合1949～1957年反演结果，1949～1977年耕地功能形态变化如图5-4所示。

4）1978～1991年耕地功能形态变化

1978年，我国进入改革开放时期。这场改革始于农村，而农村改革则从农业基本经营制度建立开始。其目的就是要解放被集体统一经营束缚的农业生产

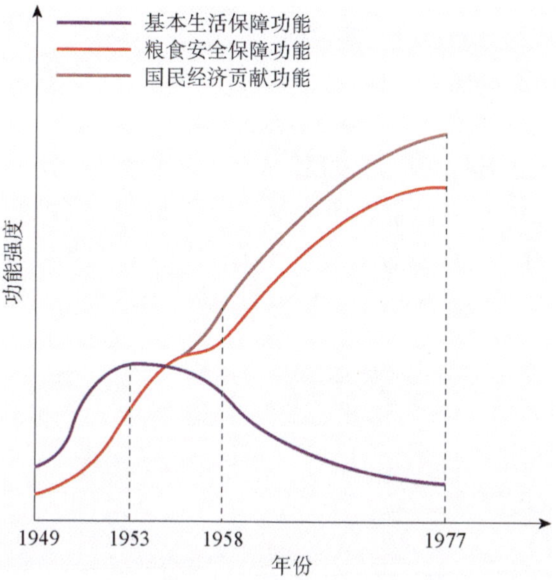

图5-4　基于政策反演的1949～1977年耕地功能形态变化示意图

力。1983 年，人民公社及粮食统购统销制度被取消，但以家庭承包经营为基础、统分结合的双层经营体制初具雏形。1984 年，中央一号文件明确规定，土地承包期一般应在 15 年以上。家庭承包经营制自此基本建立。可见，1978～1984 年，国民经济贡献功能开始减弱并让位于国家层面的粮食安全保障功能，而农户层面的基本生活保障功能逐步增强。

尽管如此，服务于资本原始积累的工农产品价格“剪刀差”并未就此弥合。改革开放促进城市及工业生产迅速扩张，加之 1978～1983 年农村劳动力流动限制，农业生产收益成为农户购买价格日益上涨的非农产品及服务最主要的来源。值得注意的是，家庭承包经营制的建立极大地改善了粮食长期供给不足的局面。对此，自 1985 年，农村、农业改革开始引入市场机制。一方面，农业种植结构开始向粮、经结合方向调整，农产品市场及流通体制开始建立，农村家庭食物消费开始由基本自给向自给与市场购买相结合的方式转变。可见，农户层面的基本生活保障功能开始减弱，而家庭经济贡献功能逐步增强。另一方面，以乡镇企业为代表的农村非农产业异军突起。加之 1984～1988 年农村劳动力流动限制的松动，“民工潮”首次出现。这就意味着，耕地开始成为农民承受外出务工失业风险的“最后一道防线”，耕地对农民的就业保障功能显现。但此次“民工潮”普遍是“离土不离乡、进厂不进城”，因此就业保障功能还相对较弱。

值得注意的是，“民工潮”导致社会结构巨变，交通、治安、经济秩序等问题也随之而来。1988～1991年，我国实行了三年的国民经济整顿。可见，耕地的社会安定维护功能被提上日程。针对农村非农化导致的耕地大规模流失，《中华人民共和国土地管理法》于1986年颁布实施，国家层面的粮食安全保障功能由此增强。为推进农业绿色生产发展，《中华人民共和国计量法》《中华人民共和国标准化法》分别于1985年、1988年颁布实施。这不仅赋予了粮食安全保障的粮食品质安全内涵，而且标志着耕地的生态安全维护功能开始显现。综合1949～1977年反演结果，1949～1991年耕地功能形态变化如图5-5所示。

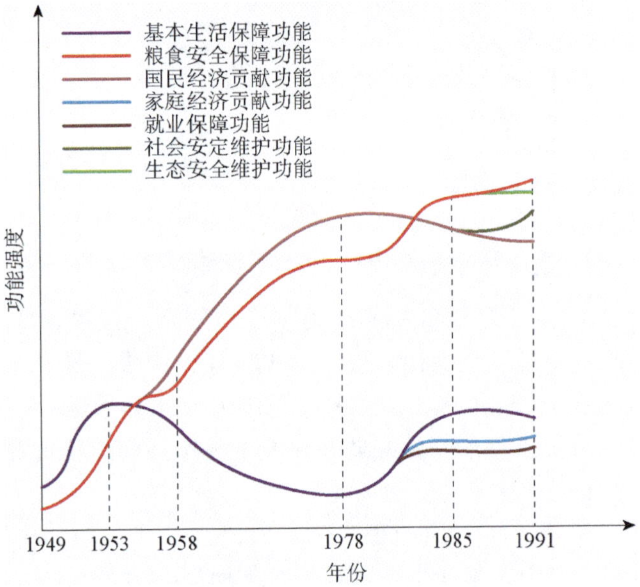

图5-5　基于政策反演的1949～1991年耕地功能形态变化示意图

5）1992～1999年耕地功能形态变化

自1992年，改革开放加快深化，市场化改革全面推进。1993年，《中共中央关于建立社会主义市场经济体制若干问题的决定》审议通过，社会主义市场经济体制初步建立。绝大多数农产品市场定价基本形成，粮食等基本消费品由定量配给转为市场采购，农户基本消费普遍转为市场购买保障。以实物形态食物自给为特征的基本生活保障功能开始减弱，家庭经济贡献功能继续增强并在20世纪90年代后期超过基本生活保障功能。

工业化、城市化快速发展对农村劳动力的需求显著增强。1992年，国家开始鼓励并合理引导农村劳动力转移，由此出现了以“离土又离乡、进厂又进城”为主要特点的“民工潮”。非农部门就业机会大幅新增，但相对于庞大的农村剩余劳动力而言仍显不足。而且，国家并没有出台有力的政策用以控制、安置城镇下岗职工。因此，“民工潮”的再度出现使得耕地对农民的“最后一道防线”作用明显增强，同时也大大增加了社会管理的难度。加之征地矛盾迅速激化，社会安定维护功能明显增强。

自 20 世纪 90 年代中期，国家工业化所需资本已基本充足，工农产品价格“剪刀差”被逐步摒弃。加之二三产业部门的迅速发展，国民经济贡献功能持续减弱。1998 年，粮食流通体制改革开始深化。同年，国家组建国土资源部，耕地保护在修订的《中华人民共和国土地管理法》中被确立为基本国策，而且《中华人民共和国基本农田保护条例》颁布实施，国家层面的粮食安全保障功能由此进一步增强。此外，1992 年国家发布《国务院关于发展高产优质高效农业的决定》，1995 年《中华人民共和国食品卫生法》审议通过，1996 年国家技术监督局、农业部发布实施《关于加强农业标准和农业监测工作，促进高产、优质、高效农业发展的意见》。这在强化食品安全的同时，也提升了生态安全维护功能。综合1949～1991 年反演结果，1949～1999 年耕地功能形态变化如图5-6所示。

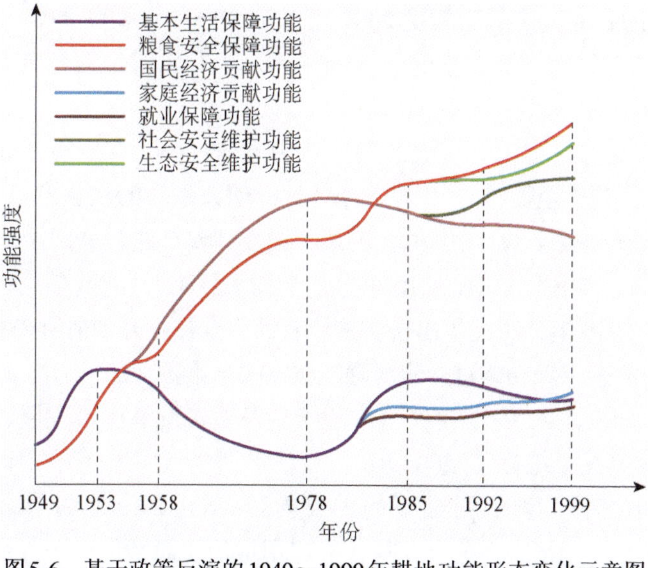

图5-6　基于政策反演的1949～1999 年耕地功能形态变化示意图

6）2000 年以来耕地功能形态变化

21 世纪初，我国进入城乡、工农协调发展阶段。农业结构战略性调整的同时，农村税费改革开始试点并逐步推广。2004 年，粮食收购市场全面放开，以种粮直补、农资综合补贴、农机购置补贴等为主要内容的强农惠农政策全面实施。同时，最严格的耕地保护制度基本建立。此后，中央连续发布 1 号文件，要求加强耕地保护，确保粮食安全并发挥农业的基础地位作用。而且，2016 年 8 月 4

日，国土资源部、农业部联合发布实施《关于全面划定永久基本农田实行特殊保护的通知》。自此，永久基本农田红线逐步划定落实，并被确立为优化国土空间格局、建立国土空间规划体系的底线。由此表明，国家层面的粮食安全保障功能及农户层面的家庭经济贡献功能进一步提高，而基本生活保障功能进一步减弱。

2001年以来，经济社会发展机遇空前，但市场风险也显著增多。而且，城乡劳动力市场一体化于2000年开始推进，农村劳动力转移进入由市场决定的发展阶段。1998年亚洲金融危机的后续效应以及始于2008年的全球金融危机，进一步加剧了农村劳动力进城务工的失业风险。但是自2004年以来，农村社会保障事业发展迅速，耕地对农民的就业保障功能被农村社会保障制度大大取代。可见，就业保障功能自2004年由逐步增强走向趋稳。

中部崛起、西部大开发、新型工业化、新农村建设等重大发展战略的实施，推动经济社会加速发展。由此，国民经济贡献功能逐步降低，同时也催生了大规模的失地农民，加之农村劳动力大规模进城，社会不稳定性显著增强。维护社会安定成为该时期尤其是2004年以来政府的重要任务之一。而且，自2009年各地相继将维护社会安定与政绩挂钩。由此，耕地的社会安定维护功能大大增强，并超过生态安全维护功能。

随着农产品出口扩大、居民的健康意识迅速增强，国家更加注重农产品质量安全管理。《关于全面推进“无公害食品行动计划”的实施意见》《中华人民共和国农产品质量安全法》《中华人民共和国食品安全法》分别于2002年、2006年、2009年颁布实施，《化肥使用环境安全技术导则》《农药使用环境安全技术导则》分别于2010年、2011年出台实施。食品安全被提升到前所未有的高度，国家层面的粮食安全保障功能进一步增强，生态安全维护功能更加凸显。

2003年，十六届三中全会提出统筹城乡发展、统筹区域发展、统筹人与自然和谐发展等“五个统筹”。2005年，十六届五中全会将改善乡村面貌、加强农村人居环境治理作为新农村建设的重要内容。《全国土地利用总体规划纲要（2006—2020年）》指出，“充分发挥各类农用地的生态功能……加快建设以大面积、集中连片的……基本农田等为主体的国土生态安全屏障……将大面积连片基本农田、优质耕地作为绿心、绿带的重要组成部分……”自2014年起，国家开始划定全国生态保护红线。协调生态保护红线与永久基本农田红线成为建立国土空间规划体系、增强国土空间治理能力的关键。而且，2015年，中共中央国务院印发《生态文明体制改革总体方案》，明确提出“树立山水林田湖是一个生命共同体的理念”“建立耕地草原河湖休养生息制度”。由此，耕地的生态安全维护功能大幅提升。综合1949～1999年反演结果，1949～2011年耕地功能形态变化如图5-7所示。

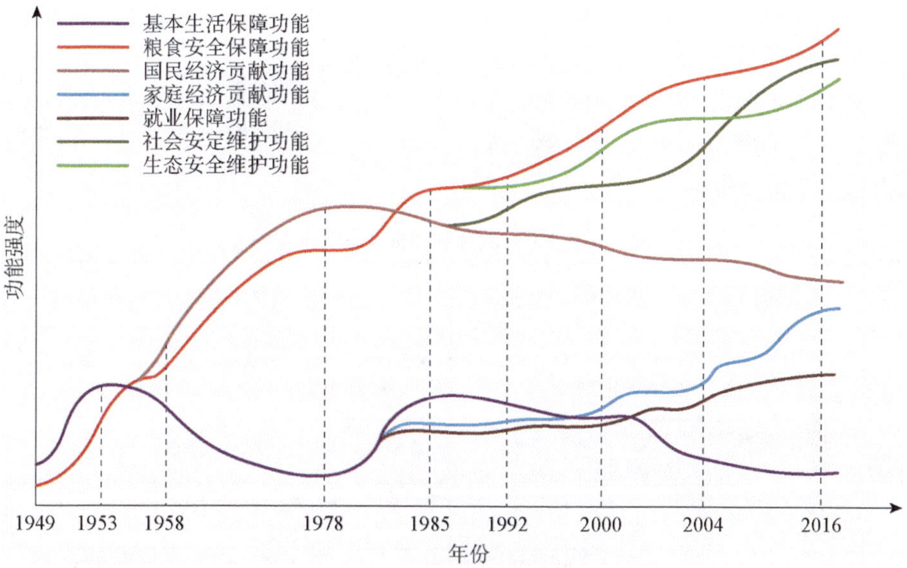

图5-7　基于政策反演的1949～2016年耕地功能形态变化示意图（宋小青等，2014）

3. 中华人民共和国成立以来耕地功能转型态势

1985年后，耕地功能分化明显并呈现7种类型（表5-4）。1992 年后，粮食品质安全内涵充分展现，国民经济贡献功能由服务于国家工业化转向夯实农业基础地位、促进经济持续发展。家庭经济贡献功能在20世纪90年代后期赶超基本生活保障功能。2000年后，生态安全维护功能、社会安定维护功能、家庭经济贡献功能迅速增强，就业保障功能快速赶超基本生活保障功能。2004年后，粮食安全保障功能更加强调粮食品质安全保障，生态安全维护功能强调人与自然和谐发展以及耕地的景观生态效应，社会安定维护功能赶超生态安全维护功能，家庭经济贡献功能快速增强。总的来看，自2004年，随着经济社会发展和城乡居民需求升级，耕地功能形态高端化态势明显（宋小青等，2014）。

表5-4　1985～2011年中国耕地多功能类型

功能类型	国家主体	农户主体
社会功能	粮食安全保障功能	基本生活保障功能
	社会安定维护功能	就业保障功能
经济功能	国民经济贡献功能	家庭经济贡献功能
生态功能	生态安全维护功能	

5.2.2 基于实证指标的耕地利用功能变化评价

1. 评价方法

基于政策反演的耕地功能类型及内涵，在咨询土地利用、农业经济、景观生态、自然地理与区域发展领域专家的基础上，考虑数据可获得性，构建耕地利用功能评价指标体系（表5-5）。

表5-5 中国耕地利用功能评价指标体系

功能名称	度量指标	指标含义	正逆	计算方法	单位
粮食安全保障功能	耕地压力指数（蔡运龙等，2002）	耕地保证预定粮食自给与消费水平的能力	−	（粮食自给率×人均粮食需求量）/（粮食播面单产×粮作比×复种指数×人均耕地面积）	—
	粮食消费价格平衡度	从市场获取粮食的公平性及难易程度	+	粮食生产价格指数/居民粮食消费价格指数	—
	粮食品质安全保障指数	耕地利用对粮食品质安全的影响程度	+	化肥施用安全标准/（化肥施用折纯量/耕地面积）	—
社会安定维护功能	收入公平程度指数	耕地利用效益激化社会矛盾的程度	+	消除价格因素的农村家庭经营纯收入/消除价格因素的城镇居民人均可支配收入	—
	耕地非农化强度	耕地资源变化激化社会矛盾的程度	−	耕地非农化面积/农业从业人员	m^2/人
基本生活保障功能	农村居民家庭恩格尔系数	农户家庭经济水平	+	—	%
	食品消费自给率	农户食品消费自给能力	+	1−农村居民家庭人均食品消费现金支出/农村居民家庭人均食品消费支出	—
	食品消费现金支出额	农户食品市场消费水平	−	—	元/人
就业保障功能	农业劳动力转移就业失业风险指数	农业劳动力进城务工失业风险	+	城镇登记失业率×（消除价格因素的城镇居民人均可支配收入/消除价格因素的农民人均纯收入）×（农业从业人员/乡村从业人员）	%
	农业从业人员人均耕地经营面积	耕地资源对劳动力的承载能力	+	耕地面积/农业从业人员	hm^2
	农业机械化水平	农业机械对劳动力的替代能力	−	农业机械总动力/农业从业人员数	(kW•h)/人
国民经济贡献功能	农业对GDP贡献	耕地利用对GDP贡献水平	+	农业增加值/GDP	—
	农业对农林牧副渔业贡献	耕地利用对农林牧副渔业产值贡献水平	+	农业增加值/农林牧副渔增加值	—
家庭经济贡献功能	家庭经营纯收入地位	耕地利用对农户家庭经济收入贡献水平	+	农村家庭经营纯收入/农民人均纯收入	—
	家庭经营纯收入	耕地利用的经济收益水平	+	—	元/人

续表

功能名称	度量指标	指标含义	正逆	计算方法	单位
生态安全维护功能	耕地生态系统多样性指数	耕地生态系统恢复力	+	$-\sum b_i \ln b_i$，b_i为各品种作物播种面积与农作物播种面积之比	—
	耕地化学品负荷	揭示农田健康水平及降解化学品的能力	−	化肥施用折纯量/耕地面积	kg/hm^2
	路网密度	揭示耕地景观破碎度	−	（公路里程+铁路里程）/土地总面积	km/km^2

耕地多功能的本质属性（宋小青和欧阳竹，2012a）决定了耕地利用功能变化实证评价的复杂性与系统性。耕地多功能实证或供给范畴的内涵规定了评价的科学性与客观性（宋小青和欧阳竹，2012b）。熵权法是复杂系统客观综合评价的重要方法，已被广泛应用于土地评价（刘彦随等，2011；宋小青等，2007）。在此，运用熵权法开展耕地功能变化评价。鉴于指标标准化结果存在负值，首先对其进行坐标平移，然后计算指标熵权（郭显光，1998）与功能值：

$$E = \sum w \times X_{ij} \tag{5-4}$$

$$w = g_i \Big/ \sum g_i \tag{5-5}$$

$$g_i = 1 - e_j \tag{5-6}$$

$$e_j = -\frac{1}{\ln n}\sum\left(X_{ij} \times \ln X_{ij}\right) \tag{5-7}$$

式中，E为耕地功能评价值；w为指标熵权；X_{ij}为第i年j指标经正向处理后的标准化值；g_i为j指标的差异性系数；e_j为j指标的熵值；n为1985～2008年的年数。

2. 数据来源

（1）农业生产数据。化肥施用量（折纯）、农业机械总动力、农作物播种面积、分品种（26种）作物播种面积、粮食产量来自《新中国农业60年统计资料》（中华人民共和国农业部，2009）。

（2）农业经济数据。农业增加值、农林牧副渔增加值来自《中国农村统计年鉴（1986—2019）》（国家统计局农村社会经济调查司，1986–2009b）。

（3）其他经济社会数据。总人口、GDP、城镇居民人均可支配收入、城镇登记失业率、农村居民家庭人均食品消费支出、农村居民家庭恩格尔系数、铁路里程、公路里程来自《新中国六十年统计资料汇编》（国家统计局国民经济综合统计司，2010），乡村户数、乡村从业人员、农业从业人员、农民人均纯收入来自《新中国农业60年统计资料》（中华人民共和国农业部，2009），粮食生产价格指数来自《中国农产品价格调查年鉴（1986—2009）》（国家统计局农村社会经济调查司，1986–2009a），居民粮食消费价格指数、农村居民家庭人均食品消费现金支出来自《中国统计年鉴（1986—2009）》（中华人民共和国国家统计局，1986–2009）。

此外，耕地数据为5.1.1节重建的耕地面积。综合《国家粮食安全中长期规划纲要（2008—2020年）》及相关研究（卢良恕，2003，2008），在耕地压力指数计算中设定人均粮食需求量、粮食自给率分别为400kg、95%。在粮食品质安全保障计算中，化肥施用安全标准采用发达国家安全标准上限（张林秀等，2006）。

3. 1985年以来耕地功能转型态势

1）分类型耕地功能变化

粮食安全保障功能变化。图5-8显示，1985～2008年，粮食安全保障功能指数从0.50增长到0.56，年度该功能指数在0.38～0.61波动，表明粮食安全保障功能总体增强且波动性不大，但阶段性变化特征明显。其中，1987～1992年该功能大幅减弱主要是粮食消费价格与生产价格不协调所致的粮食消费价格平衡度下降；1998～2003年该功能大幅减弱主要是粮食产量下滑带来的耕地压力指数大幅上升；2003～2008年该功能持续增强主要得益于粮食持续增产带来的耕地压力指数下降，而粮食消费价格平衡度的贡献并不明显。由此可见，粮食消费价格与生产价格已被协调在相对合理的范围内，粮食产量稳步增长对国家粮食安全保障的作用逐步增强。此外，1985～2008年粮食品质安全保障持续减弱。其中，1992年后粮食品质安全保障指数下降到1以下，耕地利用的化学品投入开始明显高于发达国家安全标准上限，这对粮食安全保障构成了直接威胁。

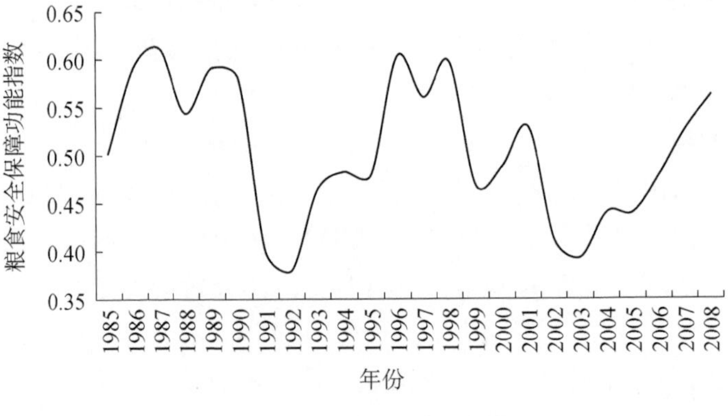

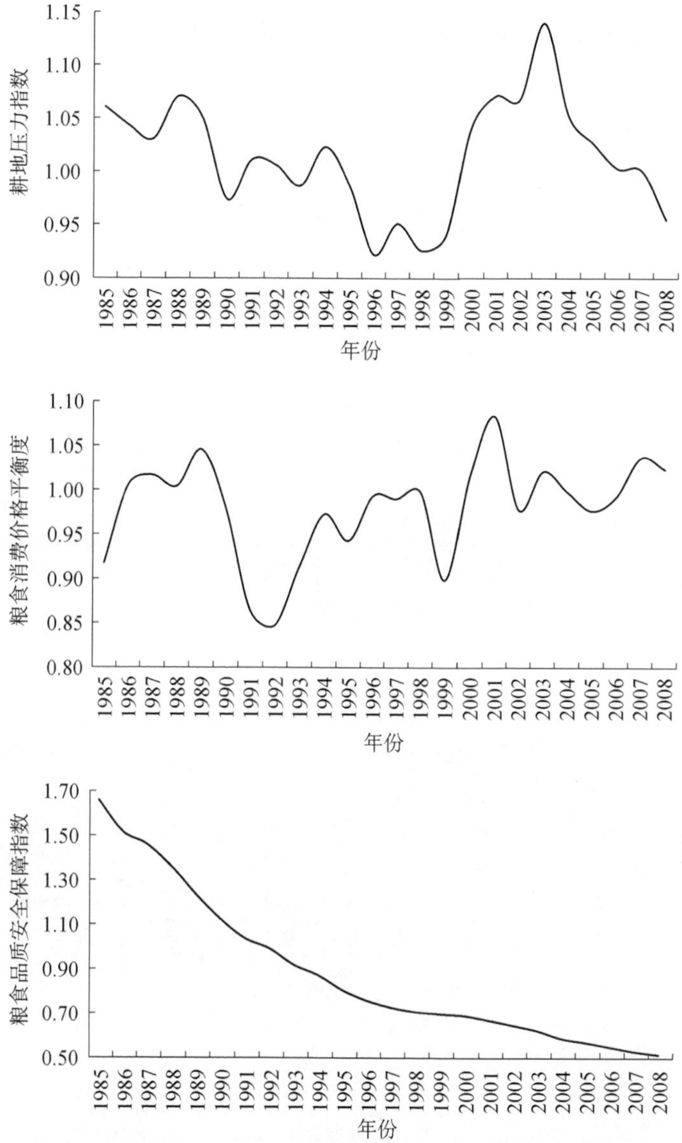

图5-8　1985～2008年中国耕地粮食安全保障功能变化

社会安定维护功能变化。图5-9显示，1985～2008年，社会安定维护功能指数从0.46呈阶段性下滑至0.20，表明社会安定维护功能阶段性快速减弱，这主要缘于快速工业化、城镇化发展引起的耕地快速非农化和城乡收入差距扩大。尽管耕地非农化是工业化、城镇化进程中不可避免的现象，但大规模的优质耕地持续、快速流失，势必造成失地农民数量快速增加，带来诸多社会不安定因素。同时，城乡收入差距持续扩大导致农业劳动力大规模进城务工，对城镇社会管理构成严峻挑战。始于1984年、1992年以及2000年前后的“民工潮”均带来了社会安定状况的恶化。其中，2000～2008年，农业劳动力大规模持续快速转移尤为值得关注，该阶段是改革开放以来社会不安定因素持续快速升级、社会潜在矛盾日益激化最典型的阶段。可见，国家层面的社会安定维护功能必须与收入分配优化、城乡劳动力有序流动、城乡土地有序适度转化等管理正向协同演化。

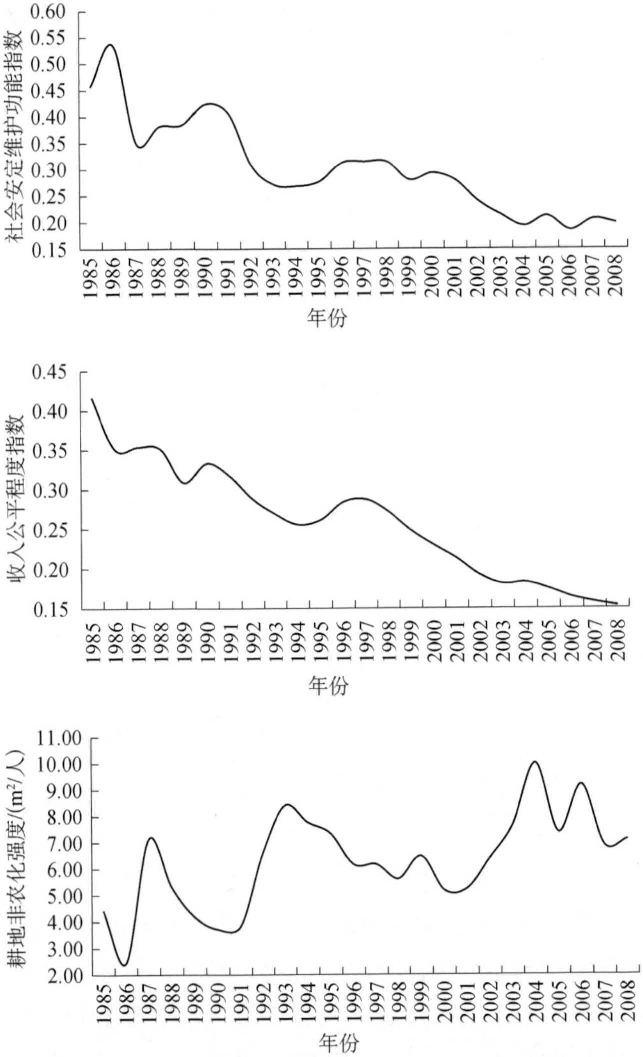

图5-9　1985～2008年中国耕地社会安定维护功能变化

基本生活保障功能变化。图5-10显示，1985～2008年，基本生活保障功能指数从 0.76 逐步下滑到 0.25，表明基本生活保障功能持续减弱。一方面，这主要由于随着农村居民家庭经济状况逐步改善，农村居民家庭恩格尔系数逐步下降。另一方面，随着农产品市场及其流通体制不断完善，以及国家对农产品生产价格与消费价格变化的协调管理，农产品生产价格优势逐步显现并提高，由此促进农户通过市场购买途径满足进行食物消费需求。这主要表现为食品消费现金支出额及其占食品消费支出总额的同时增长。

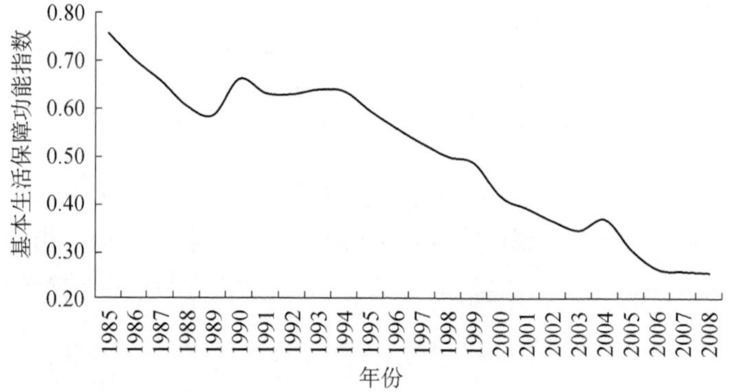

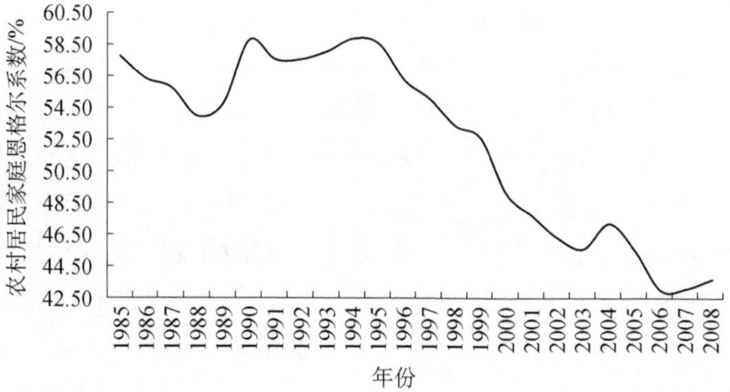

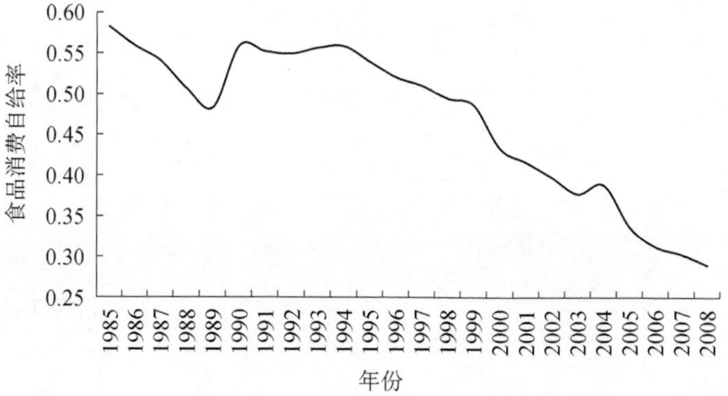

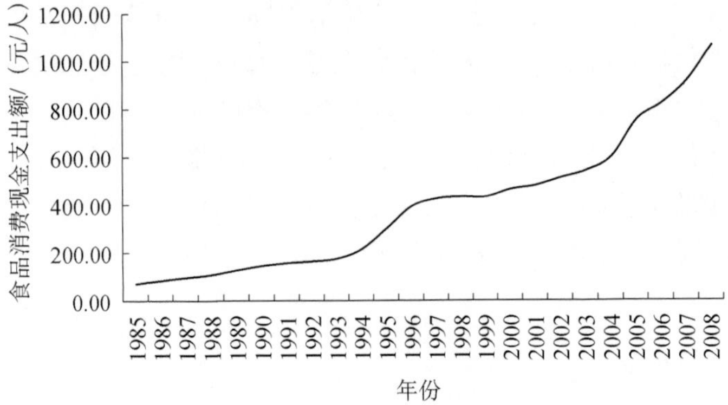

图5-10　1985～2008年中国耕地基本生活保障功能变化

就业保障功能变化。图5-11显示，1985～2008年，就业保障功能指数总体上从0.57波动增长到0.58，其中1991～1995年，就业保障功能指数小幅上升；2000～2008年，就业保障功能指数显著上升。随着城乡收入差距逐步扩大，城镇非农就业对农业劳动力的吸引日益增强，农业劳动力倾向于转移进城就业。然而，城镇登记失业率逐步上升，城镇为农业劳动力提供稳定就业岗位的保障度逐步下降，这就导致耕地对农业劳动力承受进城就业失业风险的“最后一道防线”的作用逐步增强。但是，1985～1990年，农业从业人员人均耕地经营面积下降，而且农业机械化水平较低，导致该时期就业保障功能下降。同时，1996～2000年，农业从业人员人均耕地经营面积波动下降，这也是导致同期就业保障功能下降的重要原因。与此相反，1991～1995年、2000～2008年，农业从业人员人均耕地经营面积扩大，为就业保障功能的发挥提供了资源基础；农业劳动力转移就业失业风险明显升高，耕地为农业劳动力提供的进城就业失业风险“最后一道防线”的作用显著增强。加之农业机械化水平快速提高，农业机械化对劳动力的替代作用明显增强，进一步推动了这两个时期就业保障功能增强。

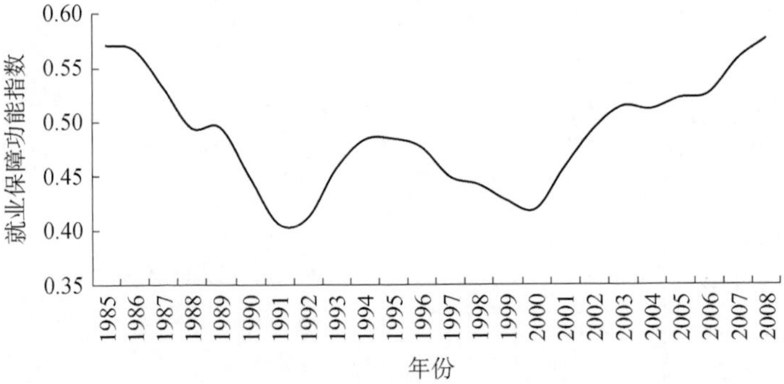

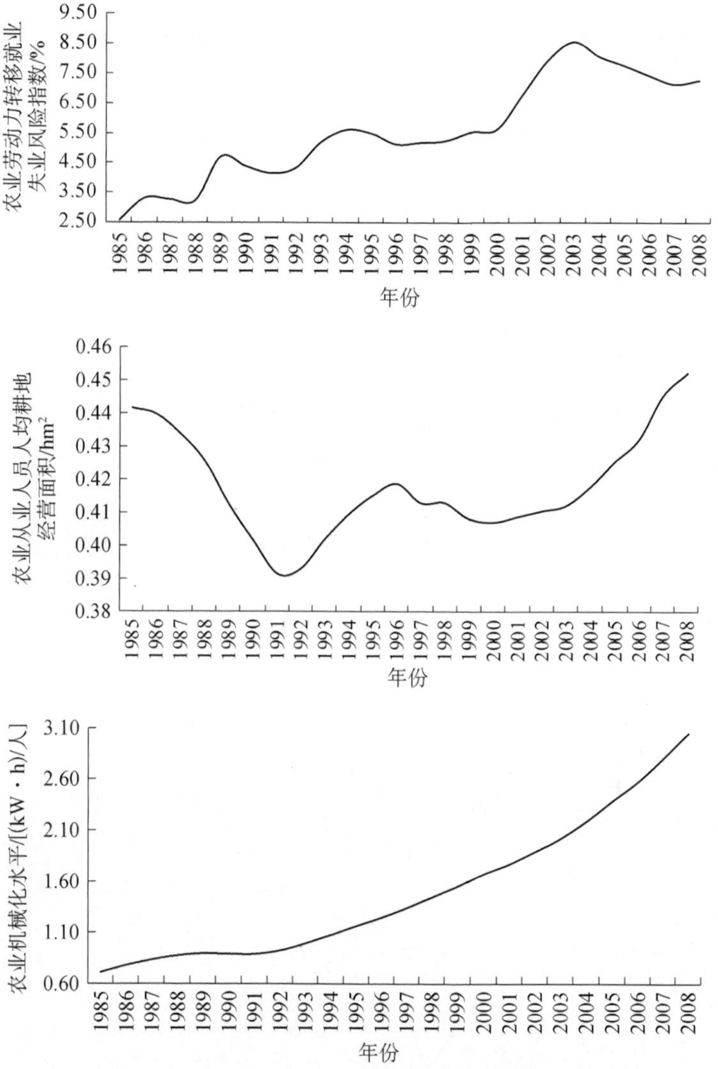

图5-11　1985～2008年中国耕地就业保障功能变化

国民经济贡献功能变化。图5-12显示，1985～2008年，国民经济贡献功能指数总体上从0.53减少到0.16，但阶段变化明显。该功能指数在经历了1985～1988年快速减少后进入波动变化阶段，1993年后持续减少，表明国民经济贡献功能自社会主义市场经济体制基本建立后持续减弱。具体来看，1985～1988年农村产业结构大幅调整，农村非农化发展迅速，国民经济贡献功能明显减弱；1988～1993年，农业政策重新强化了农业基础地位，但与第二、第三产业及城市化相比，农业的贡献并没有明显改善。而且，农林牧副渔业内部结构也有所调整，国民经济贡献功能波动较大；1993年后，工业化、城市化发展加快，国民经济结构明显升级，国民经济贡献功能持续稳步减弱。

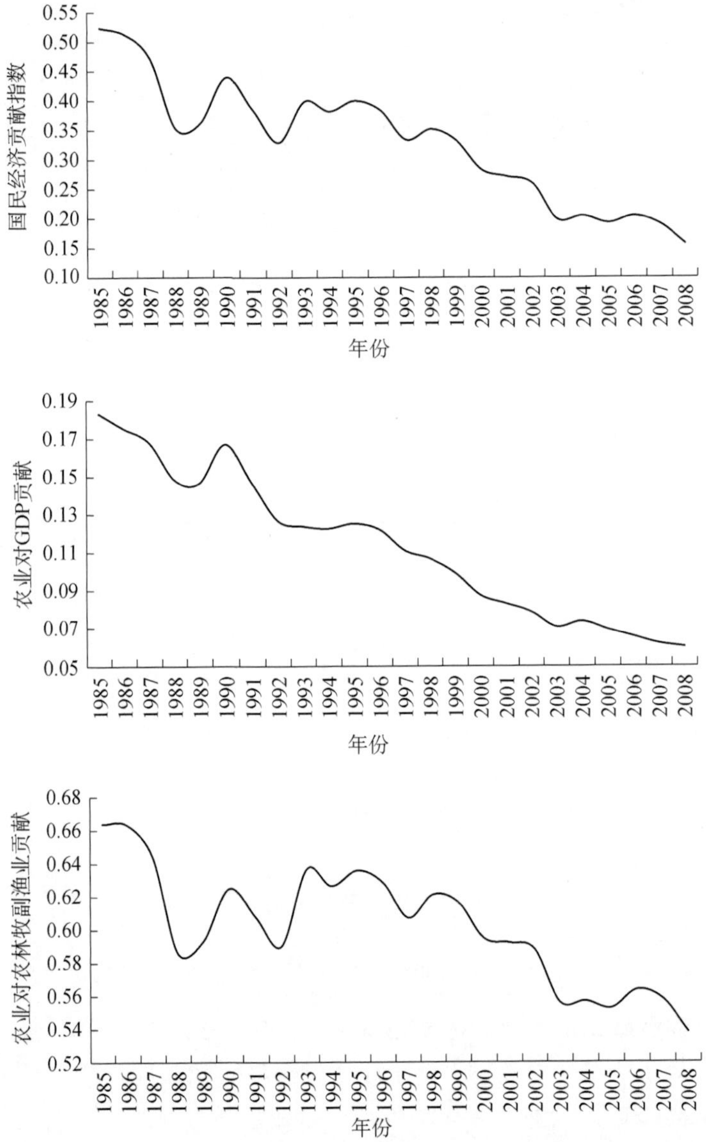

图5-12　1985～2008年中国耕地国民经济贡献功能变化

家庭经济贡献功能变化。图5-13显示，1985～2008年，家庭经济贡献功能指数总体增减不明显但阶段变化明显。1985～1992年，家庭经营纯收入在家庭人均纯收入中占据绝对主导地位且增长缓慢，家庭经济贡献功能变化不明显。

1993～1997年，社会主义市场经济体制初步建立，国民经济结构升级还不明显，家庭经营纯收入在家庭人均纯收入中仍然占据主导地位且增长迅速，家庭经济贡献功能大幅提升。1998～2003年，国民经济结构持续调整升级，加之第三次“民工潮”持续推进，农村居民家庭收入结构明显升级。农村居民家庭人均纯收入快速多元化发展的同时，工资性收入、财产性收入地位逐步增强，家庭经营纯收入在家庭人均纯收入中的地位迅速下降。而且，该阶段由于农业

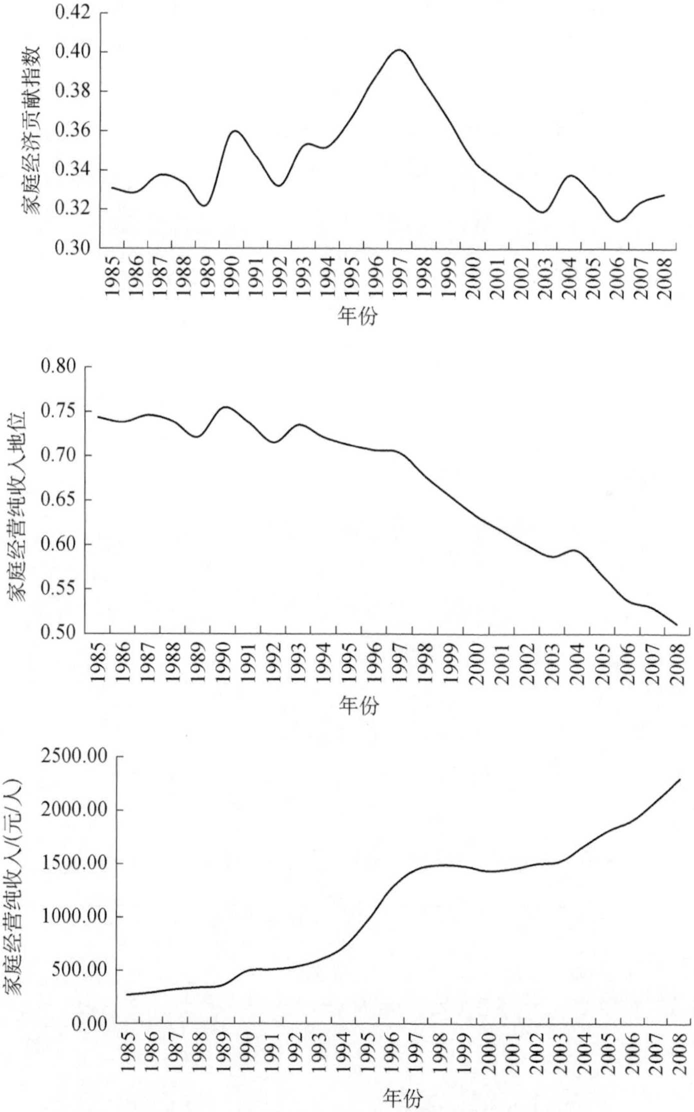

图5-13　1985～2008年中国耕地家庭经济贡献功能变化

生产下滑等，家庭经营纯收入增长缓慢，家庭经济贡献功能持续减弱。此后，尽管惠农富农政策实施力度逐步加大，但国民经济结构快速升级导致农村居民家庭工资性收入、财产性收入快速大幅增长，家庭经济贡献功能小幅上升且具有波动性。

生态安全维护功能变化。图5-14显示，1985～2008年，生态安全维护功能指数从0.82波动下降到0.22。为追求耕地商品性生产功能的持续增长，农户逐步实行作物单一化、均质化种植，耕地生态系统多样性由此降低，进一步导致耕地生态系统功能退化。同时，化肥投入强度快速上升引起耕地生态系统健康状况恶化、污染物降解能力弱化。线型交通设施发展导致耕地景观生态功能下降。值得注意的是，自2006年，生态安全维护功能下降态势明显趋缓。这主要得益于耕地生态系统多样性下降得到明显遏制而且存在恢复态势，同期，化肥投入强度增长也有所趋缓，从而为耕地生态系统功能恢复提供了条件。

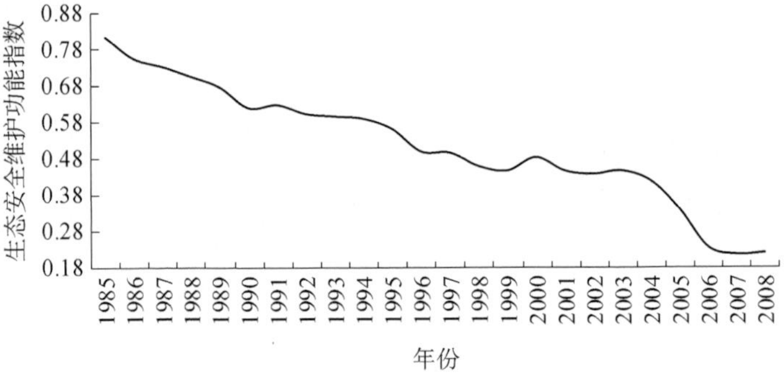

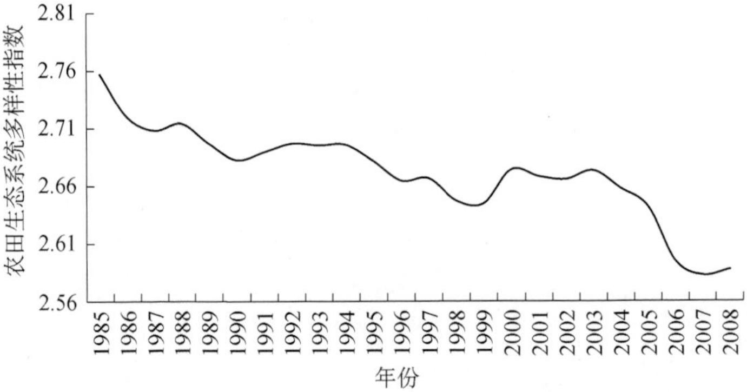

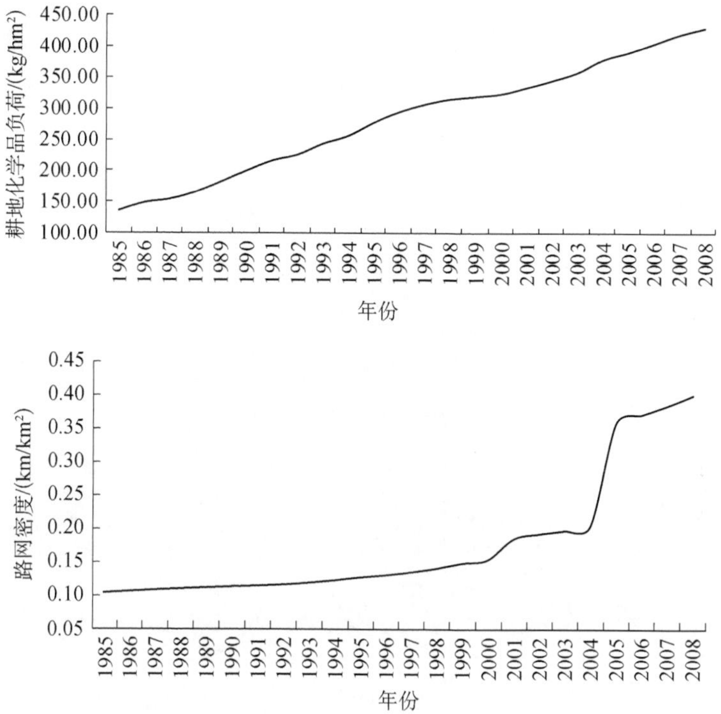

图5-14　1985～2008年中国耕地生态安全维护功能变化

2）耕地功能形态变化

图5-15显示，1985～1992年，耕地功能综合值下降明显，其变异系数总体变化不大但波动明显。1992～1999年，耕地功能综合值略有下降，其变异系数明显上升。1999～2006年，耕地功能综合值及其变异系数均持续下降。2006～2008年，耕地功能综合值回升，其变异系数快速下降。由此表明，自2006年耕地功能总体增强，且7类功能均衡发展态势明显。

图5-16显示，1985～2006年，生态安全维护功能、基本生活保障功能快速减弱，粮食安全保障功能、就业保障功能略有减弱且波动明显，国民经济贡献功能、社会安定维护功能快速波动性减弱，家庭经济贡献功能变化不明显但有所波动。2006～2008年，生态安全维护功能、基本生活保障功能减弱明显趋缓，粮食安全保障功能、就业保障功能、家庭经济贡献功能持续增强，国民经济贡献功能、社会安定维护功能略有减弱但总体平稳。由此表明，2006年耕地功能变化发生了趋势性转折，开始沿城乡居民需求发展方向演变。

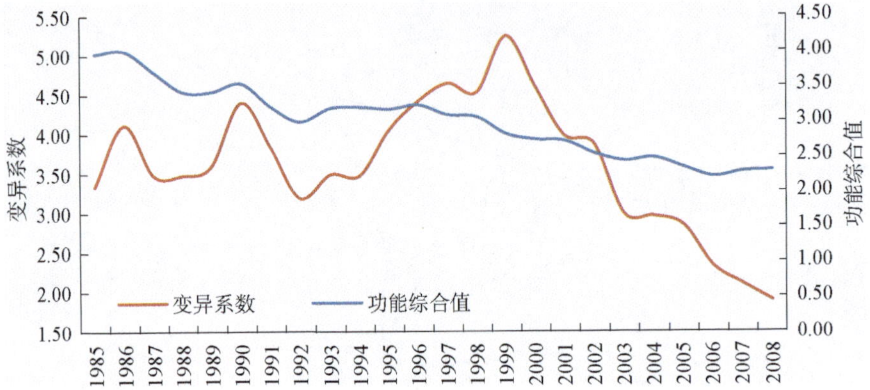

图5-15　基于实证评价的1985～2008年中国耕地功能总体变化

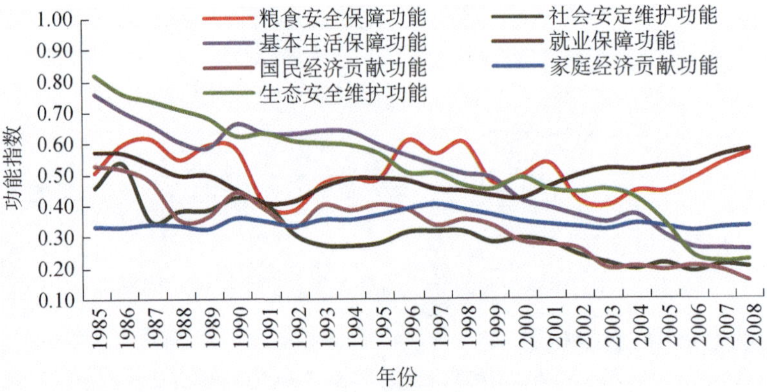

图5-16　基于实证评价的1985～2008年中国耕地功能类型变化（宋小青等，2014）

5.2.3　基于实证指标的耕地利用功能分异评价

1. 评价方法

耕地多功能存在显著的尺度差异性。同时，在国家和地市尺度上，耕地功能评价的基础数据可获得性也有区别。鉴于此，在保持评价工作相对稳定的前提下，本章对耕地多功能指标体系进行适度调整：①由于地市之间存在粮食贸易，粮食安全保障功能表现为地市对国家粮食安全的贡献功能。除保证粮食品质安全外，这种能力还体现为地市耕地利用对国家粮食产量的实际贡献及其稳定程度。其中，贡献稳定度从耕地质量角度度量，具体运用标准耕地系数（Chen et al.，2007；郑海霞和封志明，2003）刻画。②征地导致出现大规模的失地农民。这是影响地市社会安定最受关注的话题。③由于家庭经营纯收入绝对值与地区经济发展水平相关，其并不能揭示家庭经济贡献功能真实情况，因此，将家庭经营纯收入调整为家庭经营纯收入地位优势度。④由于数据获取受限，将农业对 GDP 贡献计算方法由农业增加值调整为第一产业增加值，将农业对农林牧副渔业贡献计算方法由增加值法调整为总产值法。同时，在生态安全维护功能中增加耕地生态类型指数指标。

空间差异角度的功能形态评价方法与功能形态时间序列变化评价基本一致。调整的指标采用以下方法计算：①粮食产量实际贡献=地市粮食产量/全国粮食产量；②标准耕地系数=（地市粮食播面单产×地市复种指数）/（全国粮食播面单产×全国复种指数）（Chen et al.，2007；郑海霞和封志明，2003）；③征地新增失业人口（人）为2010年农民承包土地被征用致未工作人口；④家庭经营纯收入地位优势度=地市家庭经营纯收入占农民人均纯收入比重/全国家庭经营纯收入占农民人均纯收入比重；⑤耕地生态类型指数=0.7×（山地水田比重×0.15+丘陵水田比重×0.25+平原水田比重×0.5+坡地水田比重×0.1）+0.3×（山地旱地比重×0.15+丘陵旱地比重×0.25+平原旱地比重×0.5+坡地旱地比重×0.1）。该指数在考虑地形影响因素的基础上，从土地利用类型角度度量耕地的生态功能。其中，0.7、0.3分别代表水田、旱地的功能权重，0.15、0.25、0.5、0.1分别代表山地、丘陵、平原、坡地对水田、旱地生态功能的影响。

根据以上指标，采用5.2.2节的熵权法进行耕地功能分异评价。为揭示耕地功能形态的空间差异，首先对评价结果进行频率统计分析，然后基于ArcMap的“Hot Spot Analysis”工具对评价结果空间格局进行热点分析，以区分耕地功能分布热点区与冷点区。其中，热点区是高功能指数分布的聚集区，代表着耕地功能的高势能区，反之亦然。

2. 数据来源

（1）耕地数据。耕地数据来源于中国科学院地理科学与资源研究所资源环境科学与数据中心（https://www.resdc.cn/data.aspx?DATAID=99）公布的1km栅格数据。

（2）农业生产和农业经济数据。化肥施用量（折纯）、农业机械总动力、农作物播种面积、分品种农作物播种面积、粮食产量等农业生产数据，农业增加值、农林牧副渔增加值等农业经济数据，来自各省（自治区、直辖市）农村统计年鉴。

（3）其他经济社会数据。总人口、GDP、城镇居民人均可支配收入、城镇登记失业率、农村居民家庭人均食品消费支出、农村居民家庭恩格尔系数、铁路里程、公路里程、乡村户数、乡村从业人员、农业从业人员、农民人均纯收入、粮食生产价格指数、居民粮食消费价格指数、农村居民家庭人均食品消费现金支出来自各省（自治区、直辖市）统计年鉴和农村统计年鉴。

此外，在粮食品质安全保障计算中，化肥施用安全标准采用发达国家安全标准上限（张林秀等，2006）。

3. 耕地利用功能形态差异

1）粮食生产贡献功能空间差异

从统计结果来看，2010年中国地市耕地的粮食生产贡献功能指数均值、中值分别为0.871、0.851，最大值、最小值分别为1.549、0.708，标准差为0.086，偏度、峰度分别为2.206、10.429。由此表明，粮食生产贡献功能指数频率分布曲线呈陡峭的正偏态分布，高功能强度地市数量少于低功能强度地市，该功能指数在中值附近的聚集度较高，大多数地市耕地的粮食生产贡献功能发展有待提高（图5-17）。

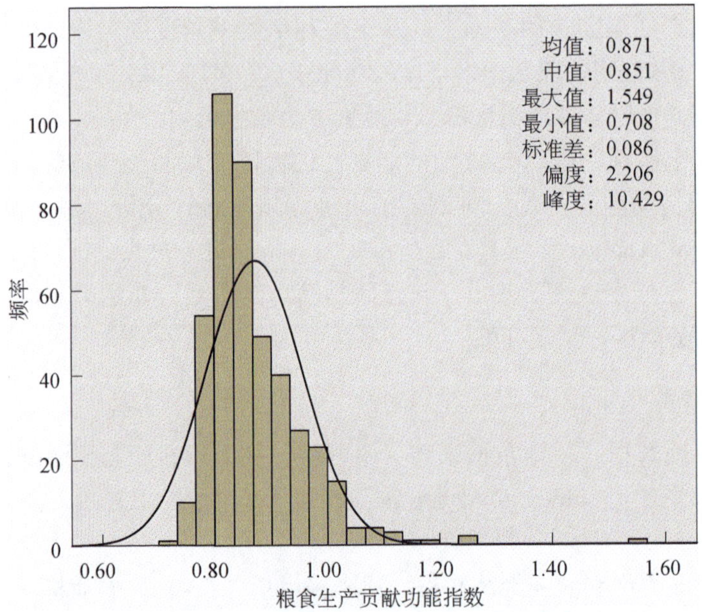

图5-17　2010年中国地市耕地粮食生产贡献功能指数频率分布

从空间格局来看，2010年松嫩平原、呼伦贝尔草原、黄海平原、胶西黄泛平原、豫东平原、皖北平原、淮南沿海平原、川西部分峡谷区等地区耕地粮食生产贡献功能最强。热点分析结果显示，粮食生产贡献功能高势能地市聚集在以松嫩平原为主的北部地区，以及以胶西黄泛平原、豫东平原、皖北平原为主的中东部地区，低势能地市聚集在环京津地区、珠江三角洲地区（图5-18）。

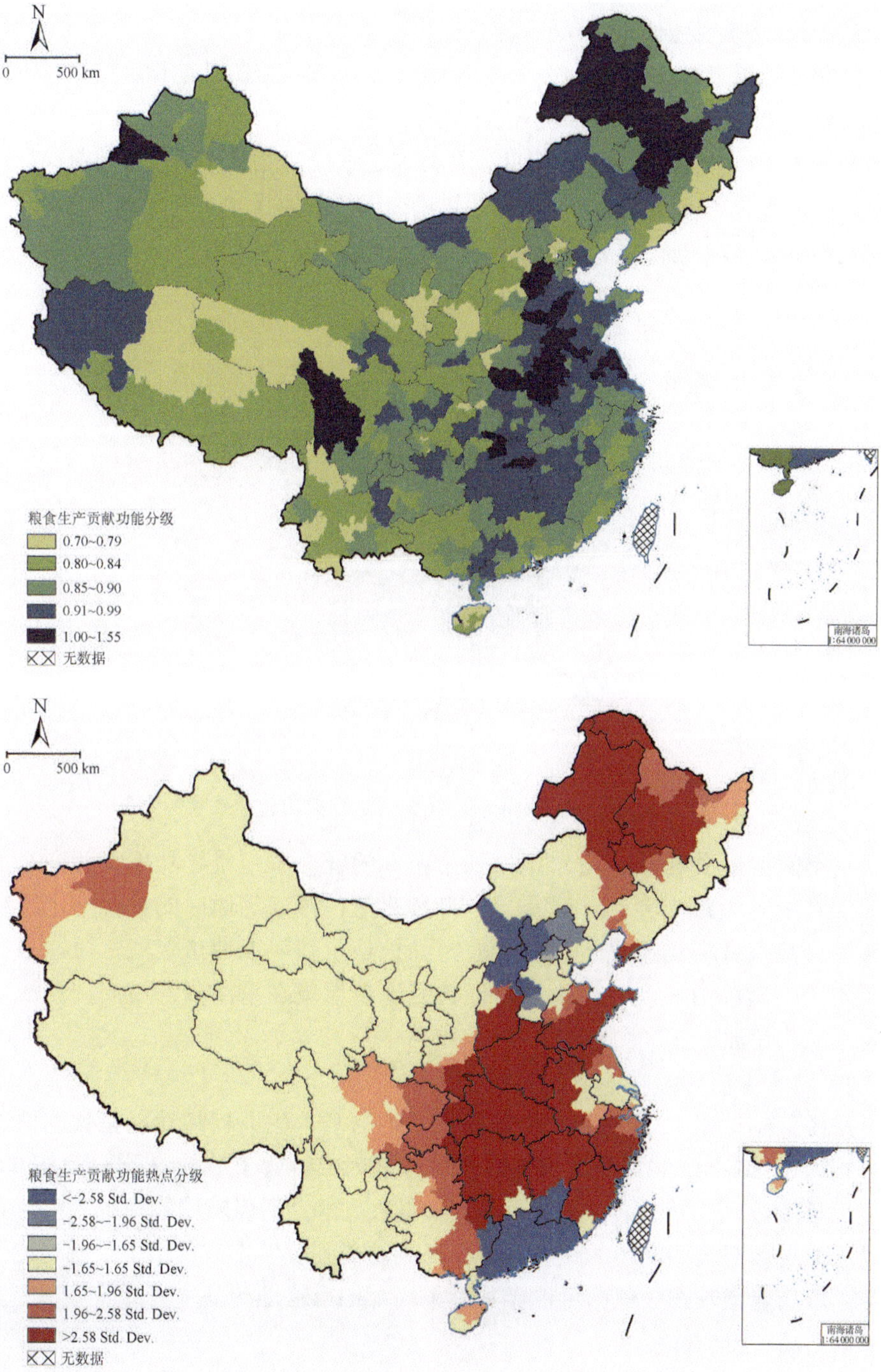

图5-18　2010年中国地市耕地粮食生产贡献功能格局

Std. Dev. 表示标准差，下同

2）社会安定维护功能空间差异

从统计结果来看，2010年中国地市耕地的社会安定维护功能指数均值、中值分别为0.947、0.934，最大值、最小值分别为1.648、0.643，标准差为0.131，偏度、峰度分别为0.715、2.506。由此表明，社会安定维护功能指数频率分布曲线呈较为平缓的正偏态分布，高功能强度地市数量略少于低功能强度地市，该功能指数在中值附近的聚集度较差，地市耕地的社会安定维护功能发展协调性较差（图5-19）。

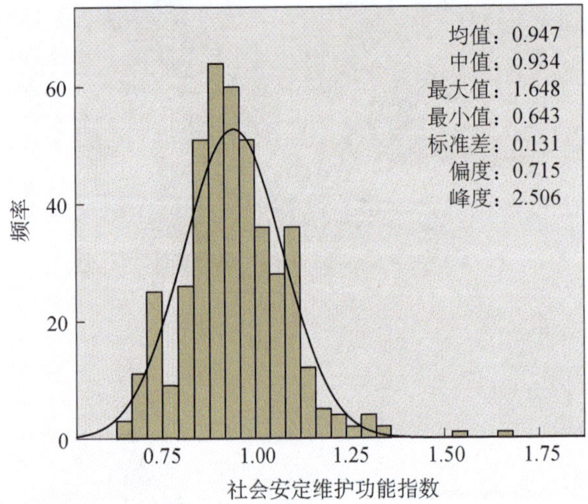

图5-19　2010年中国地市耕地社会安定维护功能指数频率分布

从空间格局来看，2010年中国地市耕地的社会安定维护功能沿西向东逐步减弱。其中，川藏交界、青藏交界、青海北部、藏南等地区的社会安定维护功能最强。热点分析结果显示，社会安定维护功能高势能地市聚集在松嫩平原、大兴安岭中南部山地及西部大部，低势能地市聚集在京津冀都市圈、长江三角洲及珠江三角洲地区（图5-20）。

3）基本生活保障功能空间差异

从统计结果来看，2010年中国地市耕地的基本生活保障功能指数均值、中值分别为0.680、0.682，最大值、最小值分别为1.103、0.185，标准差为0.084，偏度、峰度分别为0.010、4.138。由此表明，基本生活保障功能指数频率分布曲线呈近似对称但较为陡峭的正偏态分布，高功能强度地市数量略少于低功能强度地市，该功能指数在中值附近的聚集度不高，地市耕地的基本生活保障功能发展协调性不高（图5-21）。

从空间格局来看，2010年中国地市耕地的基本生活保障功能沿西南向中北、向东逐步减弱。其中，甘南、川西北、青海南部、藏北、新疆西南部等地区耕地

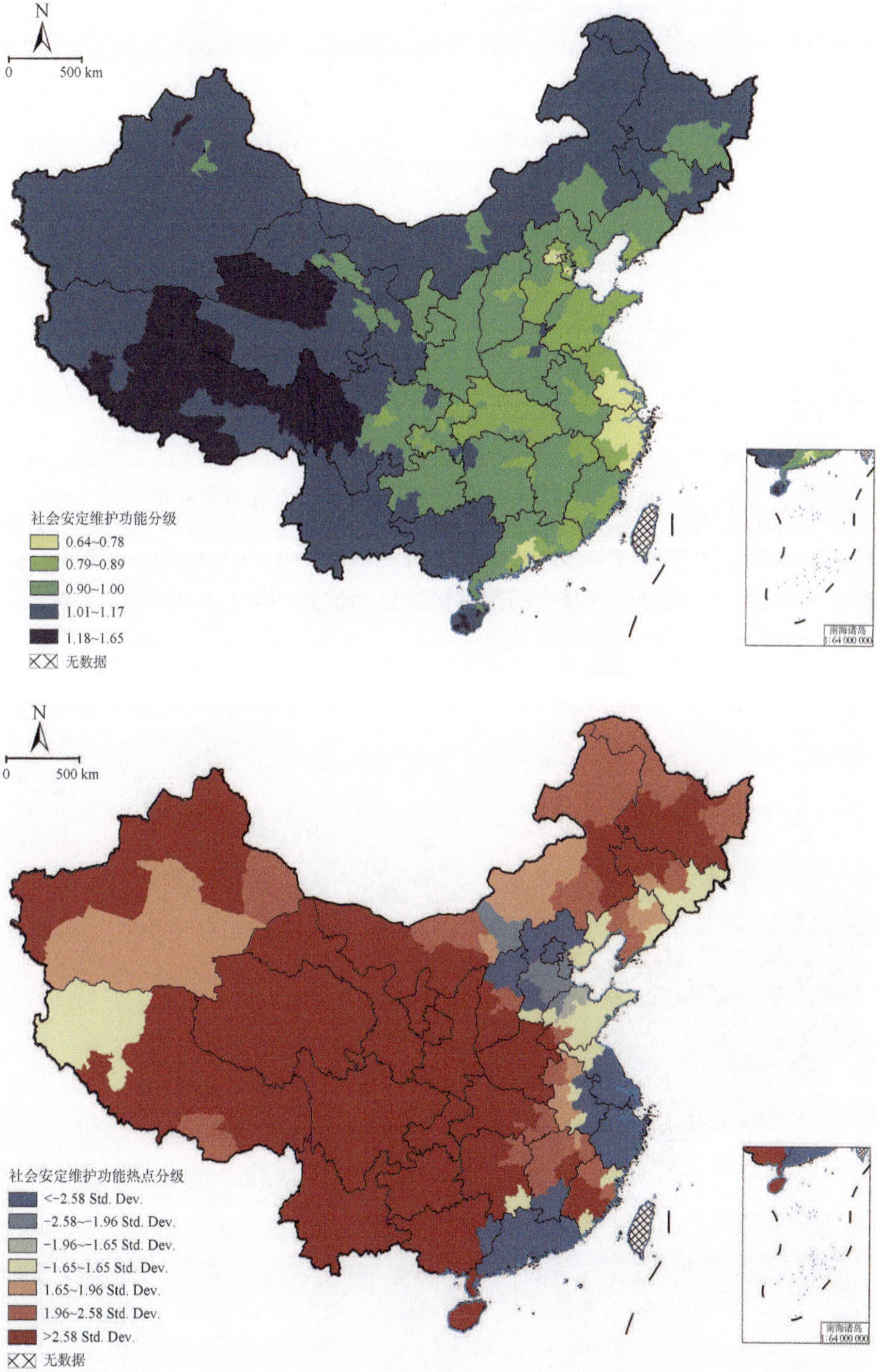

图5-20　2010年中国地市耕地社会安定维护功能格局

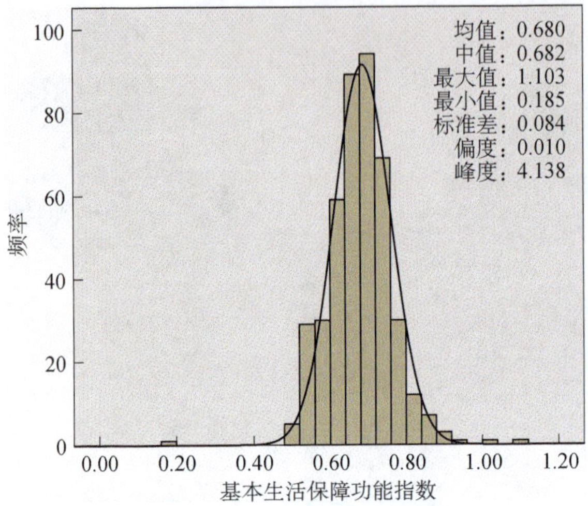

图5-21　2010年中国地市耕地基本生活保障功能指数频率分布

的基本生活保障功能最强。热点分析结果显示，基本生活保障功能高势能地市聚集在新疆西部、青藏交界以及中西部地区，低势能地市聚集在京津冀都市圈、长江三角洲及珠江三角洲地区（图5-22）。

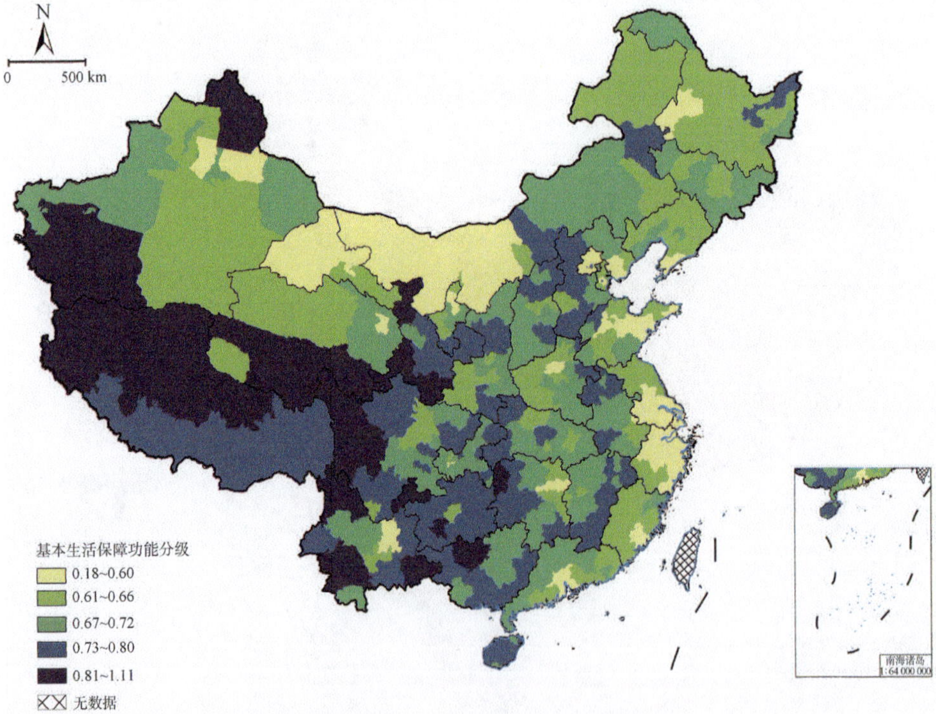

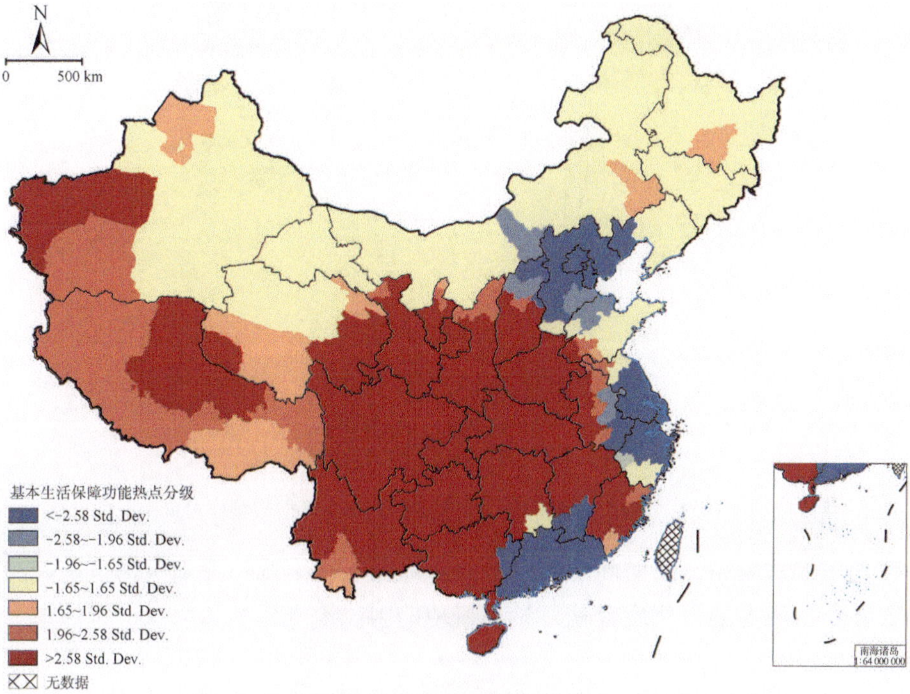

图5-22　2010年中国地市耕地基本生活保障功能格局

4）就业保障功能空间差异

从统计结果来看，2010年中国地市耕地的就业保障功能指数均值、中值分别为0.712、0.701，最大值、最小值分别为1.361、0.612，标准差为0.071，偏度、峰度分别为5.104、37.320。就业保障功能指数频率分布曲线呈陡峭的正偏态分布，表明高功能强度地市数量明显少于低功能强度地市，该功能指数在中值附近聚集度较高，大多数地市耕地的就业保障功能发展较为协调（图5-23）。

从空间格局来看，2010年中国地市耕地的就业保障功能沿西南向中部、向东逐步减弱。其中，新疆克拉玛依，云南保山、曲靖、普洱、玉溪功能最强。热点分析结果显示，就业保障功能高势能地市聚集在喀什三角洲、伊犁谷地、准噶尔西部山地、闽西山地丘陵、浙闽沿海丘陵、赣东山地丘陵以及中西部地区，低势能地市聚集在京津冀都市圈、珠江三角洲，以及江淮丘陵和淮南沿海平原中部（图5-24）。

5）国民经济贡献功能空间差异

从统计结果来看，2010年中国地市耕地的国民经济贡献功能指数均值、中值分别为0.669、0.660，最大值、最小值分别为1.058、0.398，标准差为0.091，偏度、峰度分别为0.502、1.268。国民经济贡献功能指数频率分布曲线呈较为

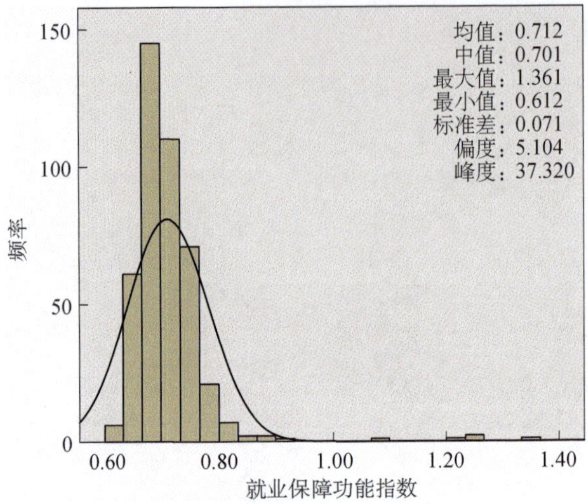

图5-23　2010年中国地市耕地就业保障功能指数频率分布

平缓的正偏态分布，表明高功能强度地市数量略少于低功能强度地市，该功能指数在中值附近的聚集度较差，地市耕地的国民经济贡献功能发展协调性不够（图5-25）。

从空间格局来看，2010年中国地市耕地的国民经济贡献功能西北、东北、中北部高而西南、东南部低。其中，陕甘宁丘陵沟壑区、黄淮平原、胶西黄泛

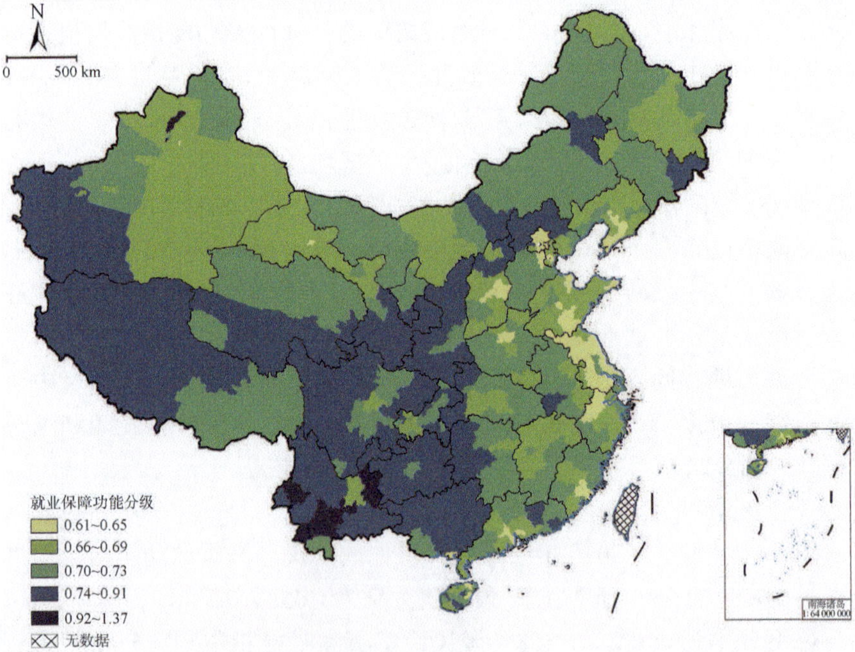

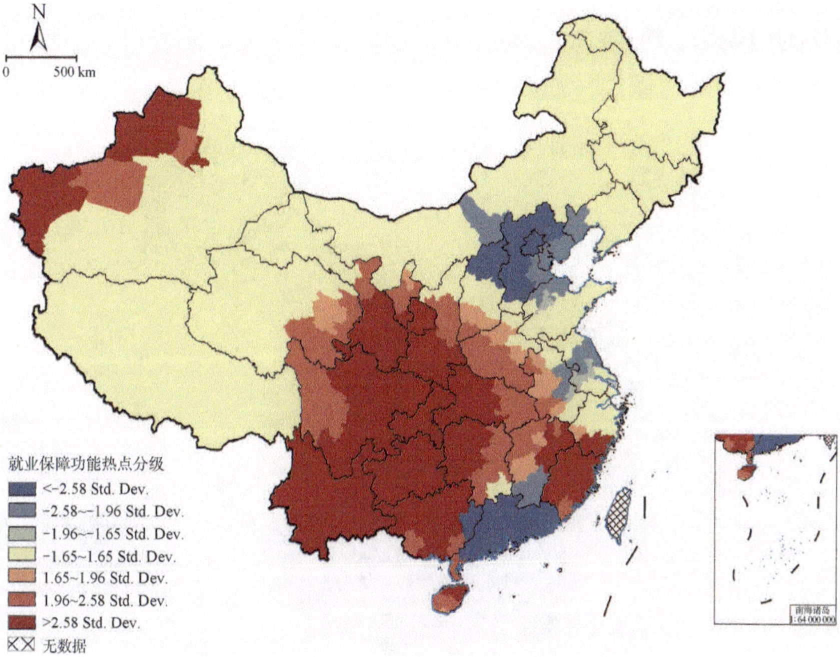

图5-24 2010年中国地市耕地就业保障功能格局

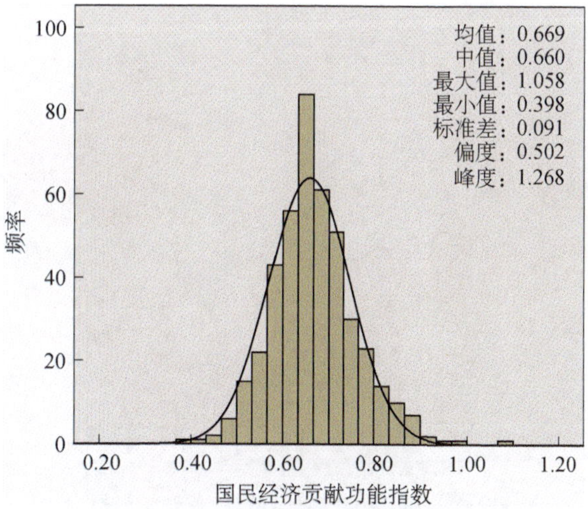

图5-25 2010年中国地市耕地国民经济贡献功能指数频率分布

平原、豫东平原、皖北平原、黔东北山地、湘西山地以及鄂西南山地区的国民经济贡献功能最强。热点分析结果显示，国民经济贡献功能高势能地市聚集在新疆西部、松嫩平原西南部、三江平原、喀什三角洲、伊犁谷地、准噶尔西部山地、昆仑山北麓以西、中部地区、闽西山地丘陵等地区，低势能地市聚集在燕山山地、晋北忻同盆地与阴山东部丘陵结合部、长江三角洲以及珠江三角洲等地（图5-26）。

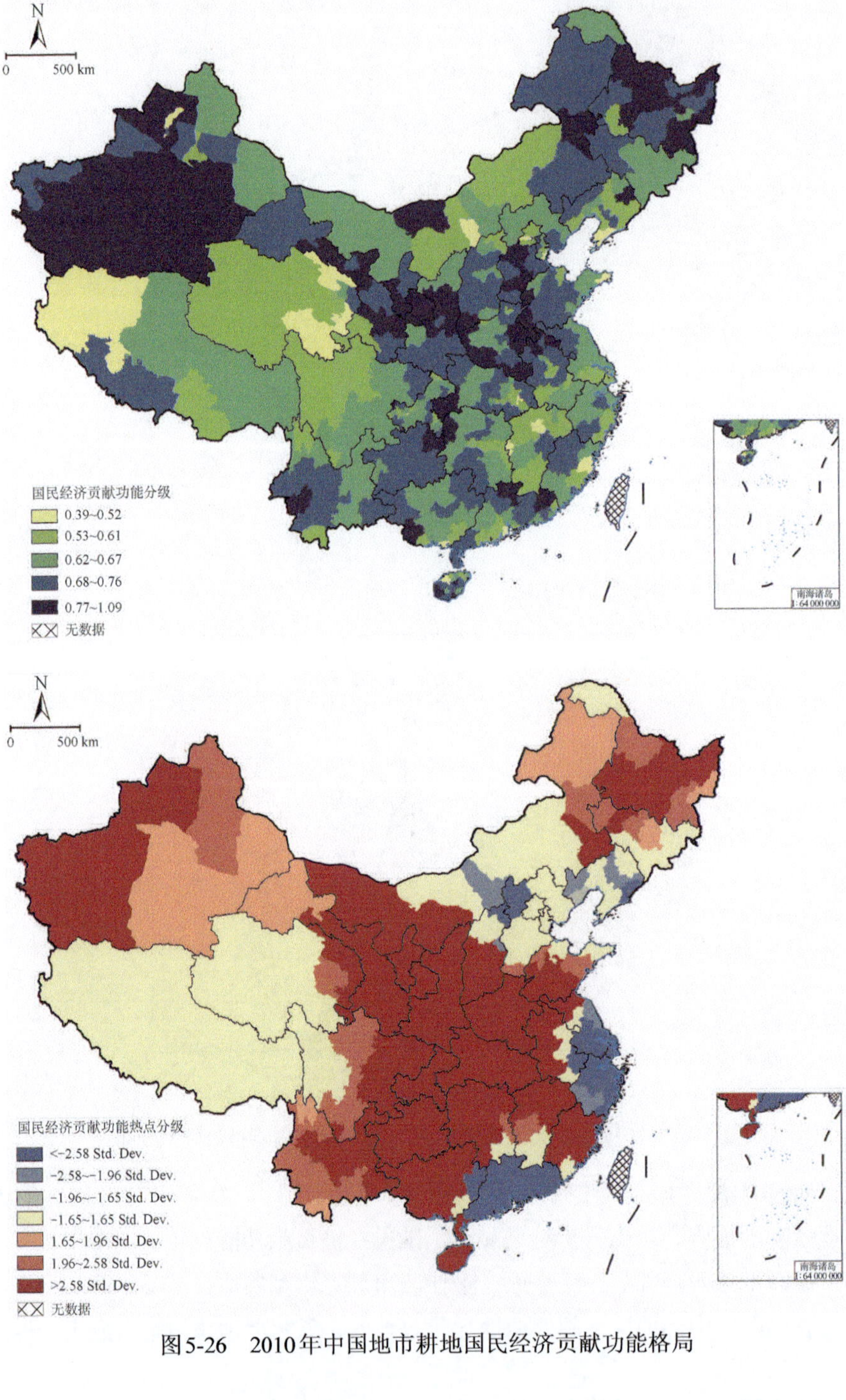

图5-26　2010年中国地市耕地国民经济贡献功能格局

6）家庭经济贡献功能空间差异

从统计结果来看，2010年中国地市耕地的家庭经济贡献功能指数均值、中值分别为0.710、0.711，最大值、最小值分别为1.058、0.398，标准差为0.118，偏度、峰度分别为−0.510、0.410。家庭经济贡献功能指数频率分布曲线呈较为平缓的负偏态分布，表明高功能强度地市数量略多于低功能强度地市，该功能指数在中值附近的聚集度较差，地市耕地的家庭经济贡献功能发展协调性较差（图5-27）。

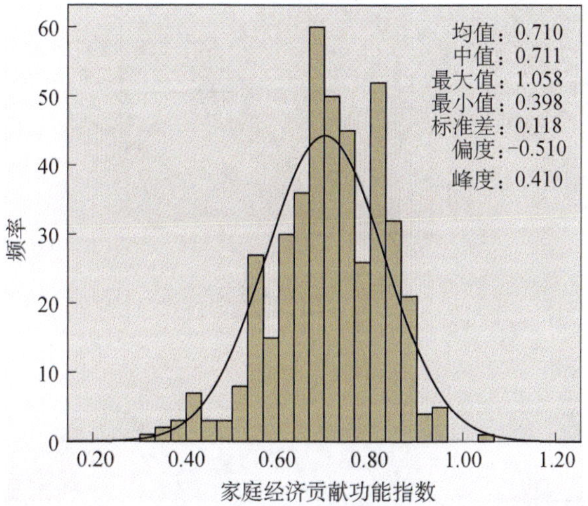

图5-27　2010年中国地市耕地家庭经济贡献功能指数频率分布

从空间格局来看，2010年中国地市耕地的家庭经济贡献功能在西北、东北、西南边缘高、中部隆起。热点分析结果显示，家庭经济贡献功能高势能地市聚集在东北三省、胶东半岛、胶中丘陵、中部地区、西南地区、陕甘宁地区、阿拉善高原、东疆盆地、阿尔泰山北麓、喀什三角洲、天山南麓以西、天山北麓以及准噶尔西部山地等地区，低势能地市聚集在燕山山地、晋北忻同盆地、阴山东部丘陵、长江三角洲以及珠江三角洲等地（图5-28）。

7）生态安全维护功能空间差异

从统计结果来看，2010年中国地市耕地生态安全维护功能指数均值、中值分别为1.411、1.407，最大值、最小值分别为2.009、0.977，标准差为0.098，偏度、峰度分别为1.197、7.731。由此表明，生态安全维护功能指数频率分布曲线呈较为陡峭的正偏态分布，高功能强度地市数量少于低功能强度地市，该功能指数在中值附近的聚集度较高，大多数地市耕地的生态安全维护功能发展较为协调（图5-29）。

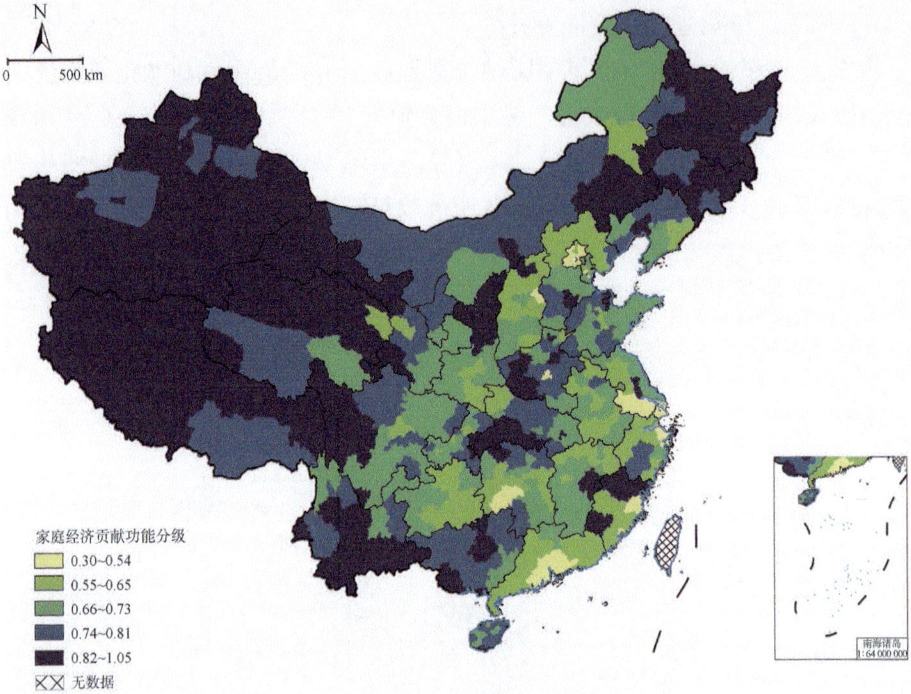

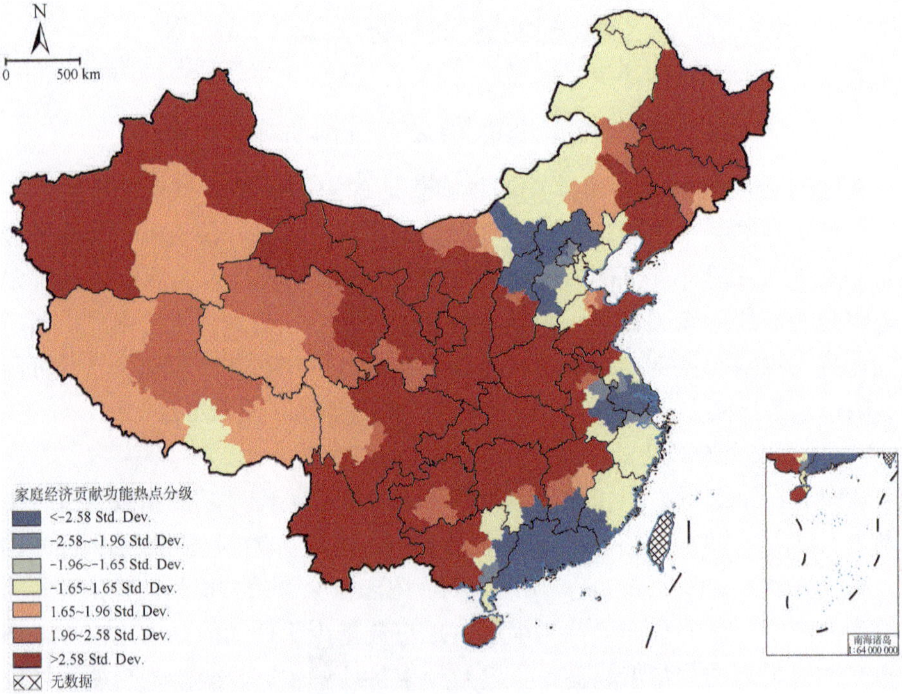

图5-28 2010年中国地市耕地家庭经济贡献功能格局

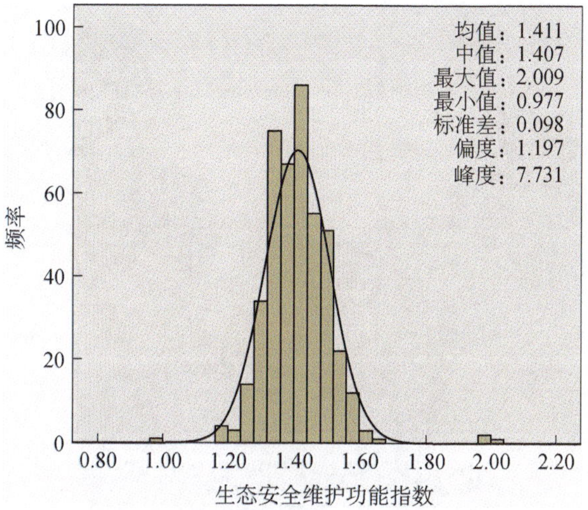

图5-29　2010年中国地市耕地生态安全维护功能指数频率分布

从空间格局来看，2010年中国地市耕地的生态安全维护功能北高南低、东高西低，而且毗邻“胡焕庸线”两侧地市功能指数较弱。其中，阿拉善高原、锡林郭勒草原、呼伦贝尔草原、川西高原、淮南沿海平原、太湖杭嘉湖平原、江淮丘陵等地功能最强。热点分析结果显示，生态安全维护功能高势能地市聚集在苏南、闽、浙、鄂东、皖西、豫南、赣北等地，低势能地市聚集在京津冀都市圈及其西部屏障、珠江三角洲等地（图5-30）。

8）地市耕地多功能形态

从统计结果来看（表5-6），2010年中国地市耕地的生态安全维护功能指数均值、中值最大且二者接近，同时偏态程度较小且中值附近功能指数聚集度较高。因此，生态安全维护功能位居地市耕地多功能之首。尽管粮食生产贡献功能指数均值、中值略低于社会安定维护功能，但前者频率曲线峰度明显大于后者，前者中值附近功能指数聚集度明显较高。因此，粮食生产贡献功能强度高于社会安定维护功能。从均值、中值来看，家庭经济贡献功能指数与就业保障功能大体相当。从正态性来看，家庭经济贡献功能指数呈负偏态分布但中值附近指数聚集度较差，就业保障功能指数中值附近指数聚集度高但呈显著正偏态分布。可见，尽管家庭经济贡献功能发展均衡性相对较差，但高值指数已经占据主导地位。因此，家庭经济贡献功能强度略高于就业保障功能。基本生活保障功能与国民经济贡献功能指数均值、中值相当，且均呈略微正偏态分布，但前者指数中值附近聚集度明显高于后者，因此基本生活保障功能强度略高于国民经济贡献功能。将以上分析抽象化后的地市耕地多功能形态如图5-31所示。

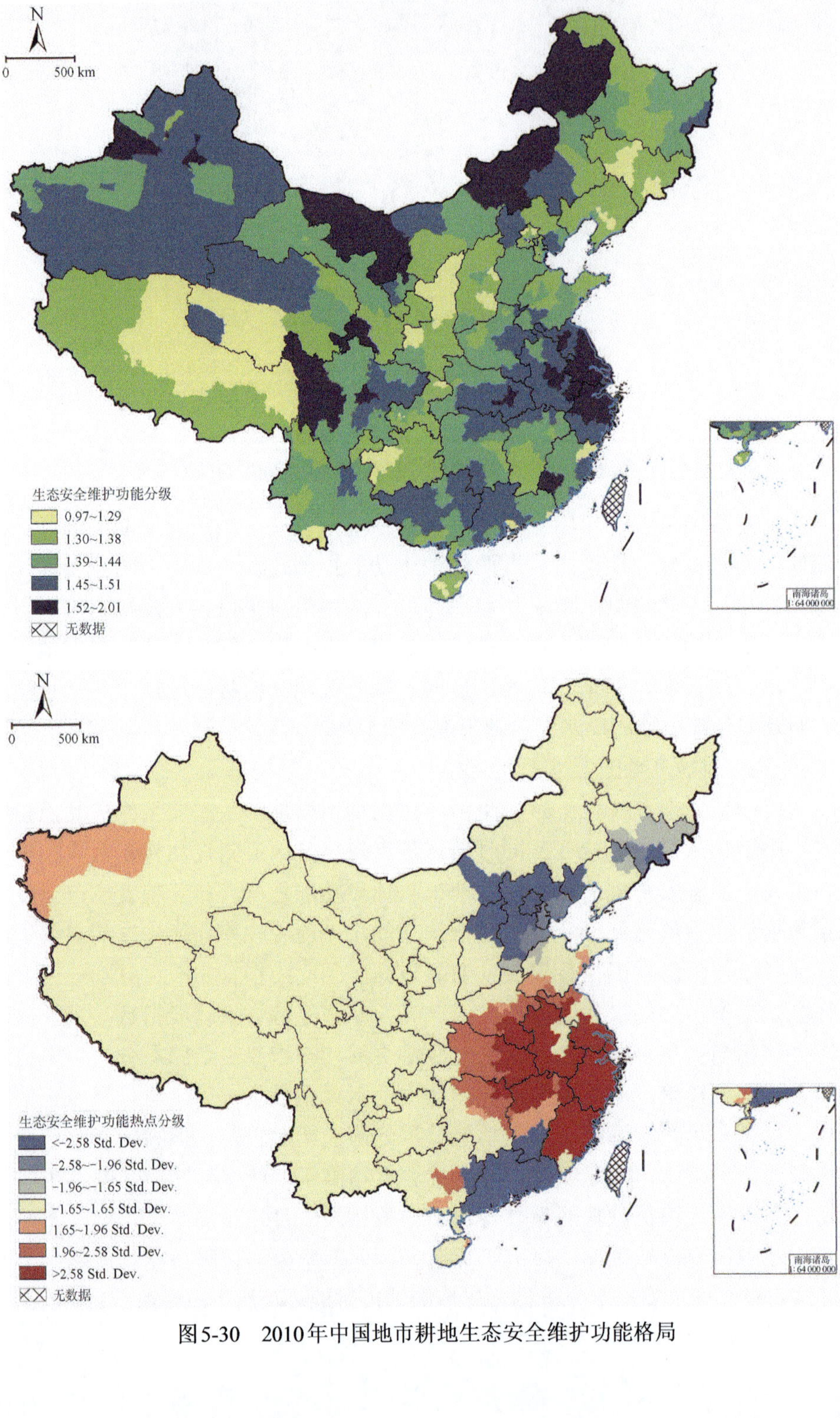

图5-30　2010年中国地市耕地生态安全维护功能格局

表5-6 2010年中国地市耕地多功能形态

耕地功能	均值	中值	最大值	最小值	偏度	峰度
粮食生产贡献功能	0.871	0.851	1.549	0.708	2.206	10.429
社会安定维护功能	0.947	0.934	1.648	0.643	0.715	2.506
基本生活保障功能	0.680	0.682	1.103	0.185	0.010	4.138
就业保障功能	0.712	0.701	1.361	0.612	5.104	37.320
国民经济贡献功能	0.669	0.660	1.058	0.398	0.502	1.268
家庭经济贡献功能	0.710	0.711	1.058	0.398	−0.510	0.410
生态安全维护功能	1.411	1.407	2.009	0.977	1.197	7.731

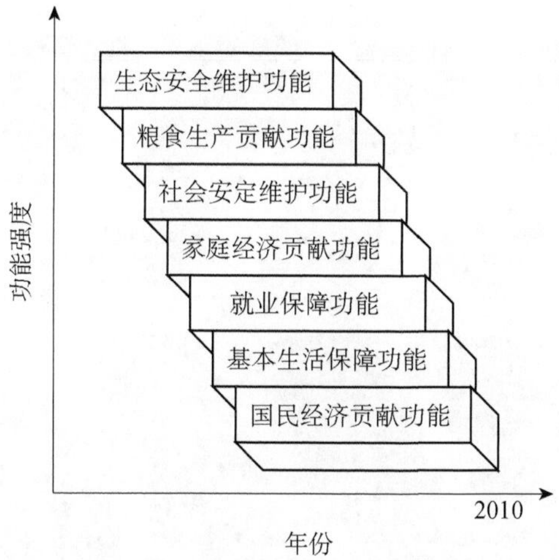

图5-31 2010年中国地市耕地多功能形态

从空间格局来看，热点分析结果显示：①粮食生产贡献功能与生态安全维护功能空间格局大体趋同（图5-18、图5-30），但二者的热点区、冷点区规模差异显著。可见，自然地理格局决定了粮食生产贡献功能与生态安全维护功能趋同分布，但二者有待统筹发展。②社会安定维护功能、国民经济贡献功能与家庭经济贡献功能空间格局大体趋同（图5-20、图5-26、图5-28），但社会安定维护功能、家庭经济贡献功能的热点区、冷点区规模均超过国民经济贡献功能。可见，经济地理格局决定了社会安定维护功能、国民经济贡献功能与家庭经济贡献功能趋同分布，但三者发展进程差异显著。③基本生活保障功能与就业保障功能空间格局大体趋同（图5-22、图5-24），但基本生活保障功能的热点区、冷点区规模明显超过就业保障功能。可见，经济–人文地理格局决定了基本生活保障功能与就业保障功能趋同分布，但二者发展进程差异显著。

5.2.4 耕地利用功能转型态势

为直观地揭示耕地利用功能形态变化，围绕7类功能强弱变化及动态关系，将图5-7、图5-16整合抽象为图5-32。总的来看，农村经济、土地管理等政策的渐进性演进决定了需求范畴，即政策反推的耕地利用功能相对稳定，且2004年后功能高端化态势明显。土地利用变化决定了供给范畴，即实证评价的耕地功能波动变化与相互赶超，但2005年后功能相互赶超明显趋缓，而且2006年功能变化发生了趋势性转折。综合而言，耕地利用功能自2006年开始转型，其中供给范畴的耕地利用功能转型滞后于需求范畴2年，这主要由政策实施的时间滞后性所致。

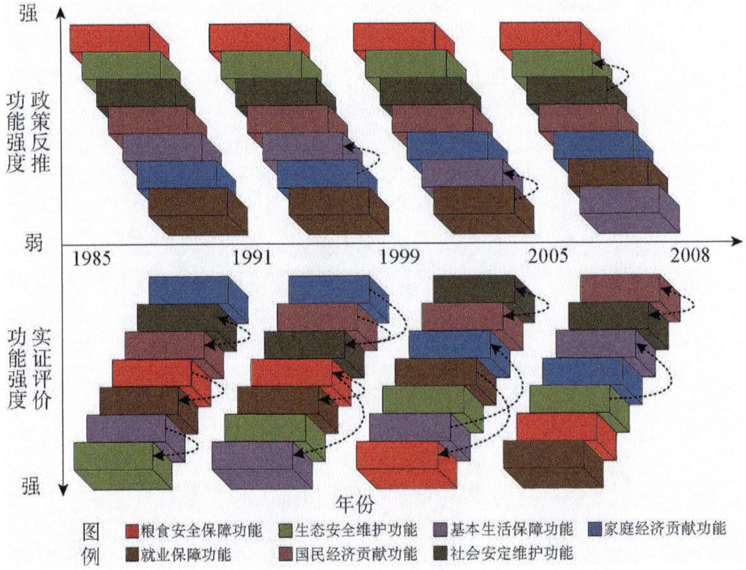

图5-32 1985～2008年中国耕地功能形态变化（宋小青等，2014）

5.3 耕地利用转型总体阶段分析

5.3.1 耕地利用转型总体阶段

1. 耕地利用格局转型阶段

从国际比较来看，中国耕地利用格局转型比欧洲15国平均滞后近20年，比美国、加拿大、日本平均滞后约30年，比韩国滞后近13年。值得注意的是，我国耕地细碎化程度远高于欧洲、北美洲国家。2017年，中国农业从业人员人均耕地面积仅0.51hm^2，与20世纪60年代日本、20世纪80年代中期韩国相近。因此，我国耕地利用格局转型尚处于起步阶段，而且以经营格局和景观格局优化为特征，而耕地总量由减少转而增长的难度较大。因此，我国必须具备继续推进耕地经营格局和景观格局优化的体制机制。例如，可以针对土地流转等耕地空间形态转型问题，建立类似于日本《农地法》《农业基本法》《农促法》《农振法》《农用地利用增进法》等法律体系，同时学习韩国20世纪70年代开始的“新村运动”经验，将二者共同融入当前中国的乡村振兴。

2. 耕地利用功能转型阶段

2004年以前，我国耕地利用功能形态变化主要受自上而下的制度供给驱动。2006年后，自下而上的居民生存与发展的需求诱导驱动特征明显，耕地利用功能转型趋势在2006年后显现。需要进一步回答的问题是，我国耕地利用功能转型究竟处于哪个阶段？

自20世纪60年代，欧洲居民对环境发展和食物品质安全的需求日益增强，由此产生了对农业污染等环境问题的持续关注。加之，农业、农村边际化开始在欧洲多国出现。对此，欧盟于20世纪80年代开始推行农业多功能政策，促进了耕地利用功能转型（Brandt and Vejre，2003；Vereijken，2003）。可见，欧洲耕地利用功能转型具有浓重的自下而上的需求诱导型特征。类似的转型动力在美国、加拿大、日本、韩国也同样存在。由此说明，2004年后我国的确已经具备了耕地利用功能转型的自下而上的需求诱导性动力，耕地利用功能转型趋势已经显现。然而，1985～2008年耕地利用功能并没有显著增强，而且2010年地市的耕地多功能发展也缺乏统筹。也就是说，我国耕地利用功能转型的趋势已经出现，但这一趋势的出现比欧洲15国滞后近40年。

5.3.2　耕地利用转型主要问题分析

1. 耕地经营格局优化滞后于农业机械化发展

根据3.4.1节，耕地利用转型的基本规律表明，加强耕地流转、推进耕地规模经营是实现耕地空间形态转型的理性选择。近年来，河南、湖南、四川等地区耕地流转工作成效显著（半月谈，2008；田家贵，2012；中国广播网，2013），但大多数地区耕地流转进展缓慢，这主要表现为地方政府对耕地流转的规范引导力度不够。究其原因，一方面，由于新型城镇化、乡村振兴及农业产业化发展滞后，转出地农民无法保障充分就业；另一方面，宏观政策对耕地的就业保障功能、社会安定维护功能做出了制度性安排，耕地流转不能过快推进。但这两方面原因并不能掩盖政府对耕地流转目标方向不明确的事实。也就是说，耕地适度规模经营究竟如何界定是当前耕地流转进展缓慢的症结。值得注意的是，1986～2017年，农业从业人员人均农业机械总动力从0.75kW·h逐年增长到4.72kW·h。同期，农业从业人员人均耕地增长并不明显，而且呈现先下降后增长的态势。具体来看，农业从业人员人均耕地从1986年的0.48hm^{2}下降到2003年的0.43hm^2，然后增长到2017年的0.51hm^2。可见，耕地经营格局优化滞后于农业机械化发展，这并不符合耕地利用转型的基本规律。

2. 土地整治对耕地景观生态特性及权属考虑不足

自1999年我国普遍实施土地整治以来，土地整治目标从片面追求增加耕地面积发展为增加有效耕地面积的同时注重耕地质量提高。但从近年来各地农村土地整理实际情况来看，消除田坎、填埋沟塘、改土质沟渠为水泥沟渠仍然是农用地整理的普遍做法。与此不同的是，欧洲发达国家土地整理一向重视田坎等线形小生境，以及沟塘等面状小生境保护。而且，欧洲发达国家将非生产性小生境纳入国家乡村自然资本调查指标体系。其理由就是，农田非生产性小生境是维护农业生态条件及区域生态系统稳定的基本要素。此外，我国土地整治并不注重地权核定和调整优化，而欧洲等国土地整理在这方面也走在了前列。可见，我国土地整治模式亟待改进，尤其应注重景观、生态保护、土地确权及调整优化。

3. 耕地功能强制性制度供给压制耕地多功能统筹发展

政策反演结果显示，耕地多功能变化在2000年以前受自上而下的强制性制度供给驱动。其中，社会安定维护功能与就业保障功能是1985年前后由国民经济贡献功能、基本生活保障功能分化而来的。从表面上看，二者的存在由社会保障体系不够完善，以及工业化、城镇化水平较低而不能充分吸纳剩余劳动力所致。但实质上，二者是实现资本原始积累的必然产物（许经勇，2009），而且具有强制性制度供给特征。具体来看，工业化、城镇化发展需要大量资本及廉价农村劳动力。受城乡二元结构影响，农民工工资水平提高缓慢且难以实现市民化。而农村土地承包经营制恰好为农民提供了就业和生存保障。

社会安定维护功能与就业保障功能长期稳定存在的前提是，耕地承包经营权必须长期稳定，而且耕地不能在农户间普遍流转。这两大功能长期存在的后果是，耕地规模经营滞后从而影响农村居民家庭经营收入，耕地的资产属性无法体现从而影响农村居民家庭财产性收入，最终制约家庭经济贡献功能发展。耕地利用功能时间序列变化评价结果显示，家庭经济贡献功能一直落后于就业保障功能。

对比粮食生产贡献功能格局（图5-18）与家庭经济贡献功能格局（图5-28）可以发现，粮食生产贡献功能高的地市家庭经济贡献功能低，两大功能的空间格局大致呈错位、互补关系。究其原因就是，社会安定维护功能和就业保障功能制度性安排将大量农业劳动力长期束缚在小规模承包地上，农村居民家庭收入单一，压制家庭经济贡献功能的发展。若激励农业生产的政策不能及时跟进，农业劳动力必将大量外出务工，耕地被抛荒或不合理利用，从而影响国家粮食安全保障功能，甚至导致生态安全维护功能减弱。1991年、1996年前后的耕地边际化就是其例证（刘成武和李秀彬，2006）。同时值得注意的是，1985～2008年，社会安定维护功能指数、就业保障功能指数分别下降了75.98%、33.60%。

以上分析表明，社会安定维护功能与就业保障功能不具备长期存在的合理性。而且，与1985～2003年相比，2004～2008年二者指数变化由波动减少转为持续减少，年均净减少率分别由2.87%、1.44%增长为11%、1.63%。这主要由于2004年中国总体进入"刘易斯拐点"阶段（Zhang et al.，2010），而且农民工工资议价机制开始形成，从而拉动二者持续减弱。这进一步证实了二者不能适应市场经济发展要求。

4. 国家层面耕地多功能不协调问题突出

从经济发展规律来看，随着国民经济发展及市场经济体制完善，基本生活保障功能与国民经济贡献功能将持续减弱并稳定在一定强度水平上。图5-7、图5-16显示，基本生活保障功能与国民经济贡献功能符合这一变化规律。然而，耕地利用功能转型过程中也存在耕地多功能不协调、供需错位、供给滞后、形态扭曲等问题。

1）耕地功能形态供需错位

政策反演结果显示（图5-7），粮食安全保障功能凌驾于生态安全维护功能之上，国民经济贡献功能凌驾于家庭经济贡献功能之上，家庭经济贡献功能凌驾于就业保障功能之上而且在20世纪90年代后期赶超基本生活保障功能。耕地利用功能时间序列变化评价结果显示（图5-16），就业保障功能位居七大功能之首，家庭经济贡献功能于1995年赶超国民经济贡献功能，但在2004年后才赶超基本生活保障功能。可见，宏观政策偏重耕地的资源属性而忽视生态属性，对生态安全维护功能的基础支撑考虑不足。同时，宏观政策对国民经济贡献功能随工业化、城镇化推进而逐步降低的规律，以及家庭经济贡献功能随经济社会发展而逐步增强的规律的把握略显谨慎。家庭经济贡献功能赶超基本生活保障功能的时间滞后但与惠农政策吻合，表明惠农政策实施滞后于工业化、城镇化发展战略，同时暗示政策制定中并没有充分考虑耕地功能应及时向农村居民需求回归。

2）单项耕地功能供需错位

生态安全维护功能供需错位。土地利用措施对耕地生态属性考虑不足，以及土地管理对耕地利用化学品投入、耕地景观形态缺乏监管，导致生态安全维护功能的实际供给持续下降，与需求范畴逐步增强的生态安全维护功能错位。

社会安定维护功能供需错位。从需求层面来看，国家希望通过耕地利用为农户提供可观的经济收入，保证农业部门充分就业，尽量减少社会不安定因素。从供给层面来看，由于农业比较效益低下、城乡收入差距以及家庭经营收益与工资性、财产性收入差距扩大，“土地财政”“造城运动”等不可持续的发展观念的影响，耕地利用效益引起的社会不安定因素持续累积。加之农村社会保障体系长期缺失，失地农民缺乏基本生活与经济来源的安全感，征地矛盾与冲突持续存在。由此导致社会不安定因素逐步积累，社会安定维护功能的实际供给持续下降，与需求范畴逐步增强的社会安定维护功能错位。评价结果显示，1985～2008年，耕地利用效益引起的社会不安定因素对社会安定维护功能供给下降的贡献达76.66%，耕地资源变化引起的社会不安定因素的贡献仅23.34%。由此表明，不仅要重视构建城乡社会保障体系，而且更应重视切实提高农业比较效益、加快缩小城乡收入差距，这就对提升家庭经济贡献功能提出了要求。

就业保障功能供需错位。城乡收入差距、家庭经营收益与工资性、财产性收入差距逐步扩大，导致城镇部门对农村劳动力转移就业产生了巨大吸引。农村劳动力向经济发达地区大规模、集中转移。然而，城乡劳动力市场统筹发展滞后，加之宏观经济波动对城镇就业的影响，城镇部门无法保障农村劳动力充分就业。同时城乡劳动力市场不够完善，农村劳动力转移就业的失业风险日益加大，耕地为农民抵御这种风险的“防线”作用逐步增强，与需求范畴的就业保障功能错位。评价结果显示，1985～2008 年，耕地承担的“防线”作用对增加就业保障功能供给的贡献达2799.89%。由此表明，当前亟须建立城乡统筹劳动力市场，引导农村劳动力有序转移，保障城镇部门充分就业，加快弱化耕地对农民的这种“防线”作用。

3）耕地功能供给滞后

粮食安全保障功能供给滞后。对粮食生产价格与消费价格统筹调控的滞后，对耕地利用化学品投入监管的缺失，以及政策向重视农业生产经济回归的滞后（宋小青和欧阳竹，2012c），导致 1985～2003 年粮食安全保障功能的实际供给强烈波动、提升缓慢。2003 年后其实际供给才持续增强，与需求范畴的功能变化相比明显滞后。

家庭经济贡献功能供给滞后。农业生产比较效益低下导致家庭经济贡献功能实际供给无明显提升，且于 2004 年后才赶超基本生活保障功能。然而，需求范畴的家庭经济贡献功能于 20 世纪 90 年代后期即赶超基本生活保障功能，且在 2000 年后快速增长。

4）耕地功能形态扭曲

图 5-32 显示，需求范畴与供给范畴的耕地功能形态存在明显扭曲，而生态安全维护功能、社会安定维护功能与就业保障功能的供需错位是造成扭曲最重要的原因。矫正耕地功能形态，重视耕地功能统筹管理，是引导耕地功能向符合城乡居民需求发展方向转型的现实所需。

5）家庭经济贡献功能、粮食安全保障功能与生态安全维护功能不协调

5.2.2 节评价结果显示，1985～2008 年，耕地压力指数下降、粮食消费价格平衡度上升对粮食安全保障功能提升的贡献分别达 184.89%、193.81%，而粮食品质安全保障指数下降导致粮食安全保障功能指数下降了 278.70%。其中，2005 年后粮食安全保障功能随耕地压力指数下降与粮食消费价格平衡度上升而持续、稳步增强，但粮食品质安全保障指数持续快速下降。1985～2008 年，耕地生态系统多样性指数下降与耕地化学品负荷增强对生态安全维护功能持续下降的贡献高达 69.20%。2005 年后生态安全维护功能下降明显趋缓，但二者对其下降的贡献仍然高达 67.02%。可见，推进粮食安全保障功能与生态安全维护功能协同发展的关键在于重视对耕地的生态属性管理。这不仅需要在政策制定中充分协调耕地的生产、生活与生态属性，更需要激发农民参与的积极性。这正是日本、韩国、美国及欧洲发达国家加强耕地多功能管理最重要的策略。但中国当前在这一方面还存在明显不足，其最显著的问题就是家庭经济贡献功能发展滞后。

以上分析表明，基本生活保障功能、社会安定维护功能、就业保障功能、国民经济贡献功能的管理应高度重视经济与社会体制对耕地功能的支配作用。包括产业结构与消费结构升级对基本生活保障功能与国民经济贡献功能的决定性调节作用，城乡社会保障体系对社会安定维护功能的置换，城乡统筹劳动力市场、农村劳动力有序转移机制对就业保障功能的置换。也就是说，耕地多功能管理应在发挥市场对功能的决定性调节作用、体制对功能的置换作用的基础上，推动家庭经济贡献功能、粮食安全保障功能与生态安全维护功能协调发展。

5. 国家与地方层面耕地功能形态不协调

对比耕地功能形态时间序列变化与空间差异评价结果发现（图5-16、图5-31），在国家层面上，1985～2008年，耕地利用功能由强至弱分别为：就业保障功能>粮食安全保障功能>生态安全维护功能>家庭经济贡献功能>基本生活保障功能>社会安定维护功能>国民经济贡献功能；在地市层面，2010年耕地利用功能由强至弱分别为：生态安全维护功能>粮食安全保障功能>社会安定维护功能>家庭经济贡献功能>就业保障功能>基本生活保障功能>国民经济贡献功能。由此可见，就业保障功能和社会安定维护功能是国家与地方层面耕地功能形态错位的关键。这进一步佐证了耕地利用功能形成的强制性制度供给特征。

6. 推动耕地利用转型的制度体系仍不完善且耕地功能管理存在意识与行动的背离

2010年，我国人均国民收入与欧洲15国、美国、加拿大、日本20世纪70年代前后相当，与韩国1988年左右相当，城市化水平与日本1968年前后、韩国1977年前后相当。若修正城市与农村间“两栖人口”的影响，城市化水平将更低。从3.4.1节耕地利用转型的基本规律看，当前经济基础离耕地数量变化转折的要求较远。

当前，我国耕地保护制度体系主要由土地用途管制制度、耕地占补平衡制度、基本农田保护制度、土地宏观调控制度、生态退耕、惠农政策及土地节约集约利用制度组成。然而，耕地流转、耕地利用环境影响管制、农民转移就业、土地整治缺乏明确的法律基础。此外，尽管我国自2003年开始推行新农村建设，但该项农村振兴计划并没有将耕地多功能提升纳入目标范畴。总的来看，与耕地利用转型案例国家相比，我国推动耕地利用转型的制度体系仍不完善。

1985～2008年，粮食安全保障功能总体上升了12.14%，而生态安全维护功能下降了42.98%（图5-16）。地市耕地粮食生产贡献功能与生态安全维护功能热点分析结果显示（图5-18、图5-30），2010年，与粮食生产贡献功能相比，生态安全维护功能热点区明显收缩而冷点区明显扩张。其中，中东部热点区向东南部苏南、浙、闽地区收缩，冷点区由环京津地区向东部沿海及东北方向扩张。可见，经济扩张导致粮食生产贡献功能向生态安全维护功能侵占。

图5-33显示，2010年中国地市标准耕地系数与粮食品质安全保障空间格局存在错位。其中，中东部地市标准耕地系数值高而粮食品质安全保障度低，西南及北部地市标准耕地系数值低而粮食品质安全保障度高。由此可见，地市耕地质量维持以高强度的化学品投入从而牺牲粮食品质安全及环境为代价。

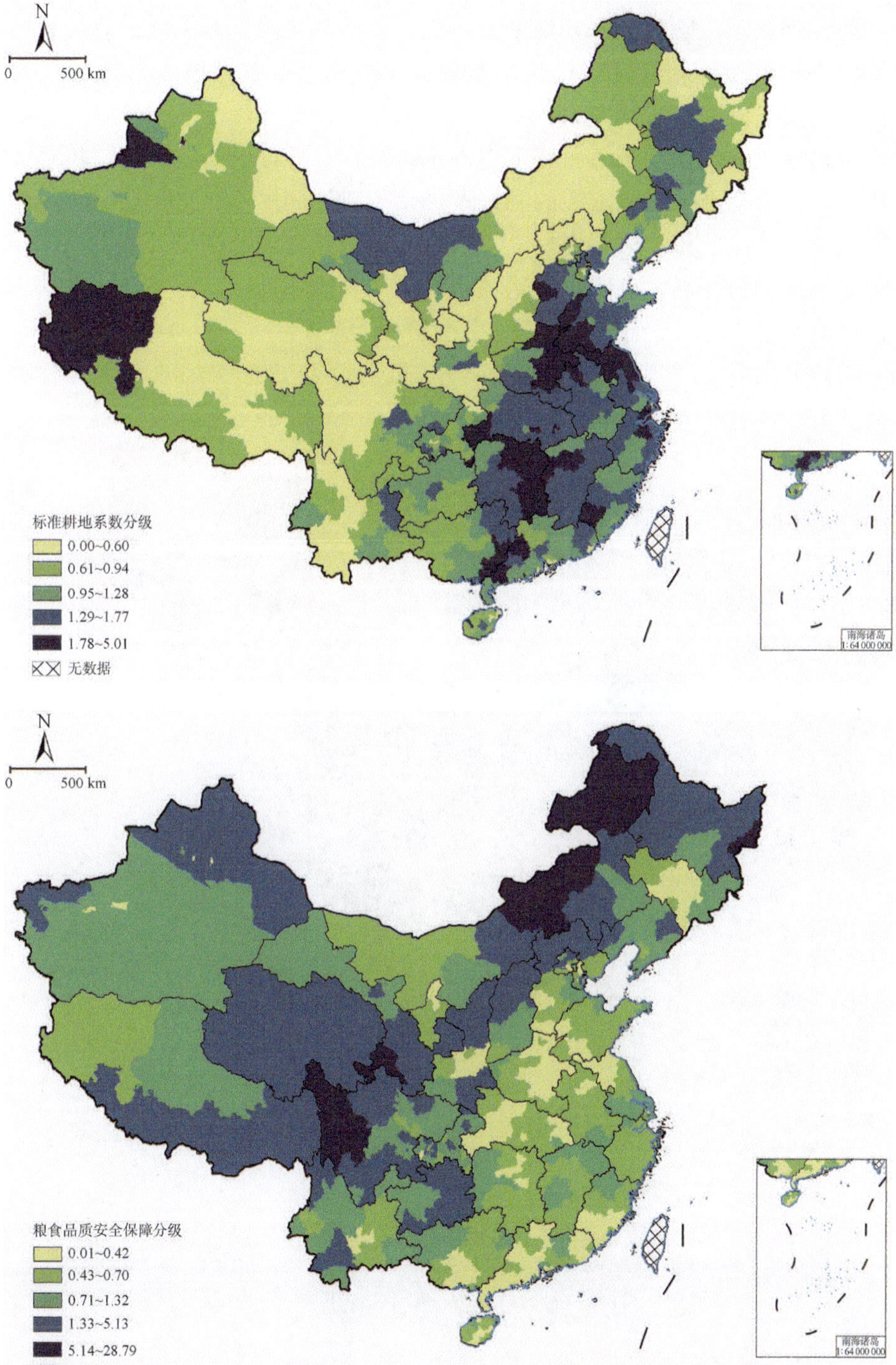

图5-33　2010年中国地市耕地粮食生产贡献功能评价指标值空间格局

图5-34显示，除苏浙部分地区外，中南部地区耕地生态类型指数与耕地生态系统多样性空间格局存在错位，耕地生态安全维护功能并未有效发挥。其中，沿江汉平原、洞庭湖平原、湘中丘陵盆地向南至珠江三角洲平原、粤西桂中丘陵耕地生态类型指数高而耕地生态系统多样性低，表明以上区域耕地类型结构是生态安全维护功能发挥的利好条件，但耕地利用专业化、均质化影响生态安全维护功能发挥；成都平原、川西南及云南等地耕地生态类型指数低而耕地生态系统多样性高，表明以上区域耕地利用明显多样化，但并没有从根本上优化耕地类型结构，从而影响生态安全维护功能发挥。

因此，从宏观政策与地方实际行动来看，耕地功能管理存在意识与行动的明显背离，耕地多功能亟待统筹管理。

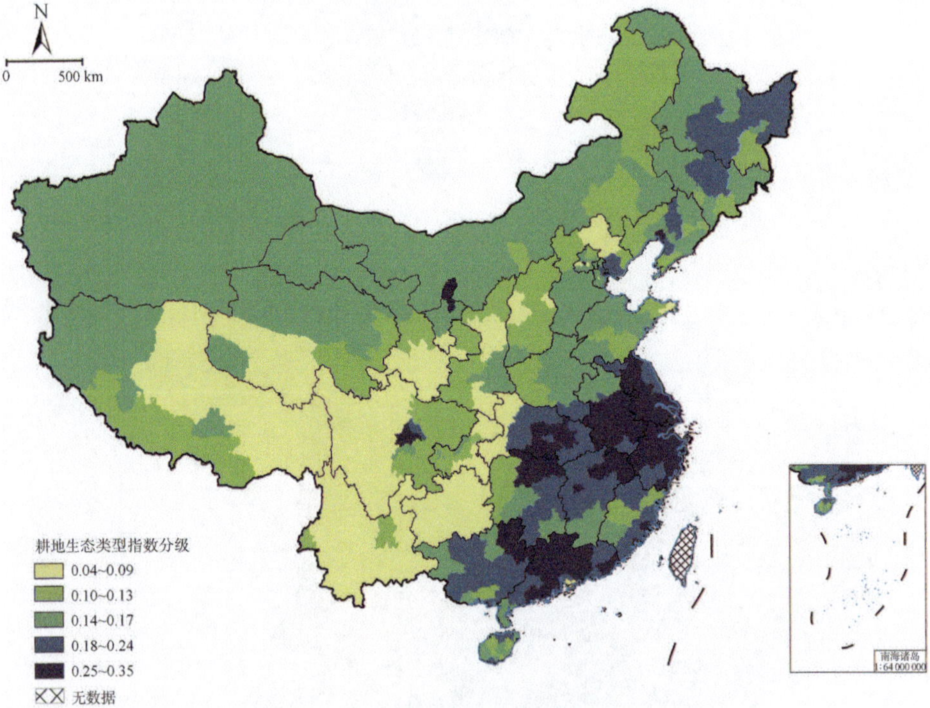

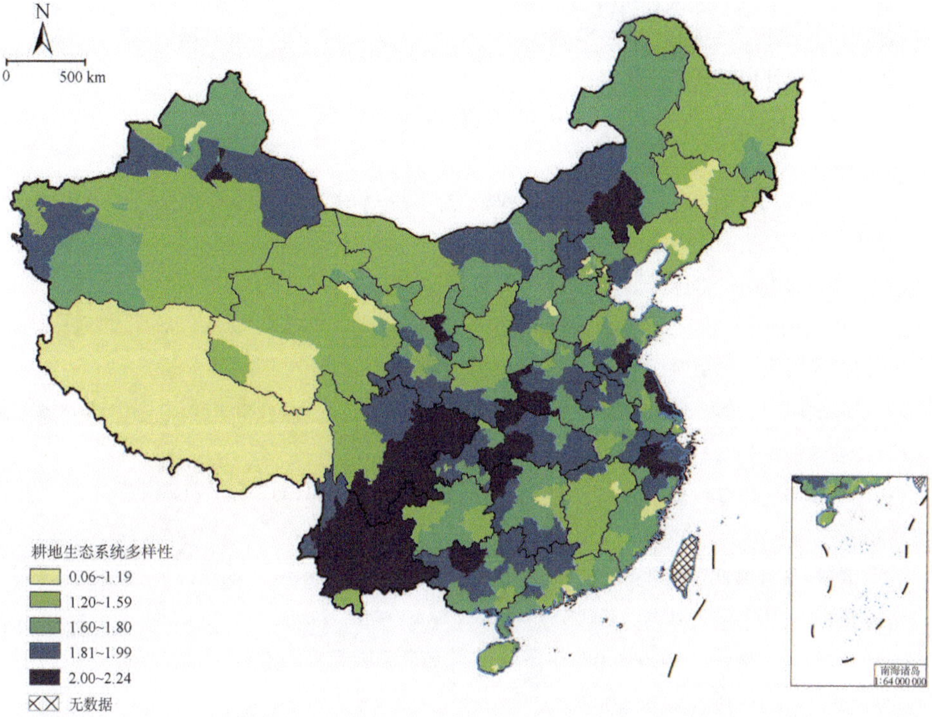

图5-34　2010年中国地市耕地生态安全维护功能评价指标值空间格局

参考文献

半月谈. 2008. 警惕土地流转中的不良倾向[EB/OL]. http://news.xinhuanet.com/politics/2008-10/26/content_10253169.htm[2022-06-13].

毕于运，郑振源. 2000. 建国以来地面积增减变化分析[J]. 资源科学，22（2）：8-12.

蔡运龙，付泽强，戴尔阜. 2002. 区域最小人均耕地面积与耕地资源调控[J]. 地理学报，57（2）：127-134.

封志明，刘宝勤，杨艳昭. 2005. 中国耕地资源数量变化的趋势分析与数据重建：1949—2003[J]. 自然资源学报，20（1）：35-43.

郭显光. 1998. 改进的熵值法及其在经济效益评价中的应用[J]. 系统工程理论与实践，（12）：98-102.

国家统计局国民经济综合统计司. 2010. 新中国六十年统计资料汇编[M]. 北京：中国统计出版社.

国家统计局农村社会经济调查司. 1986—2009a. 中国农产品价格调查年鉴（1986—2009）[M]. 北京：中国统计出版社.

国家统计局农村社会经济调查司. 1986–2009b. 中国农村统计年鉴（1986—2009）[M]. 北京：中国统计出版社.

刘彦随，刘玉，陈玉福. 2011. 中国地域多功能性评价及其决策机制[J]. 地理学报，66（10）：1379-1389.

刘成武，李秀彬. 2006. 对中国农地边际化现象的诊断——以三大粮食作物生产的平均状况为例[J]. 地理研究，25（5）：895-904.

卢良恕. 2003. 中国农业新发展与食物安全[J]. 中国食物与营养，（11）：11-14.

卢良恕. 2008. 中国区域农业资源合理配置、环境综合治理和农业区域协调发展战略研究[M]. 北京：中国农业出版社.

宋小青，麻战洪，曾毅，等. 2007. 基于综合集成赋权法的建设用地集约利用评价[J]. 国土资源科技管理，24（3）：55-59.

宋小青，欧阳竹. 2012a. 中国耕地多功能管理的实践路径探讨[J]. 自然资源学报，27（4）：540-551.

宋小青，欧阳竹. 2012b. 耕地多功能内涵及其对耕地保护的启示[J]. 地理科学进展，31（7）：859-868.

宋小青，欧阳竹. 2012c. 1999-2007 年中国粮食安全关键影响因素[J]. 地理学报，67（6）：793-803.

宋小青，申雅静，王雄，等. 2020. 耕地利用转型中的生物灾害脆弱性研究[J]. 地理学报，75（11）：2362-2379.

宋小青，吴志峰，欧阳竹. 2014. 1949 年以来中国耕地功能变化[J]. 地理学报，69（4）：435-447.

田家贵. 2012. 关于我省土地流转情况的调研[EB/OL]. http://www.hnagri.gov.cn/web/zcfgc/zcdy/content_85297.html[2022-06-13].

许经勇. 2009. 中国农村经济制度变迁六十年[M]. 厦门：厦门大学出版社.

张林秀，黄季焜，乔方彬. 2006. 农民化肥使用水平的经济评价和分析//朱兆良，诺斯，孙波. 中国农业面源污染控制对策[M]. 北京：中国环境科学出版社.

郑海霞，封志明. 2003. 中国耕地总量动态平衡的数量和质量分析[J]. 资源科学，25（5）：33-39.

中国广播网. 2013. 四川耕地流转 1195 万亩流转率突破 20%[EB/OL]. http://sc.cnr.cn/touban/kansichuan/201302/t20130226_512032953.shtml[2022-06-13].

中华人民共和国国家统计局. 1986-2009. 中国统计年鉴（1986-2009）[M]. 北京：中国统计出版社.

中华人民共和国农业部. 2009. 新中国农业60年统计资料[M]. 北京：中国农业出版社.

Brandt J，Vejre H. 2003. Multifunctional Landscapes Volume I：Theory，Values and History[M]. Southampton：WIT Press.

Chen J F，Wei S Q，Chang K T，et al. 2007. A comparative case study of cultivated land changes in Fujian and Taiwan[J]. Land Use Policy，24（2）：386-395.

Vereijken P H. 2003. Transition to multifunctional land use and agriculture[J]. NJAS Wageningen Journal of Life Sciences，50（2）：171-179.

Zhang X B，Yang J，Wang S L. 2010. China has Reached the Lewis Turning Point[EB/OL]. http://www.ifpri.org/sites/default/files/publications/ifpridp00977.pdf[2022-06-13].

第6章 中国耕地利用转型新解释：诱致性生产替代

根据2.5.3节，农户在既定耕地资源禀赋和政策条件下，将在市场诱导下对耕地利用活动进行选择。随着经济社会发展，这种选择将遵循诱致性生产替代原理，通过耕地利用结构演变决定耕地利用功能转型。本章选择广东省为典型案例区，揭示诱致性生产替代驱动的耕地利用功能转型。

6.1 研究假说

6.1.1 耕地利用结构的解释

根据2.5.3节，耕地利用结构包括耕地利用类型结构、投入结构和种植结构。在一定的技术条件下，农作物的生理特性和资源环境承载能力决定了耕地利用类型结构、投入结构、种植结构必然相互匹配。从功能角度，农作物可以分为粮食作物、经济作物、园艺作物和生态作物。其中，粮食作物包括稻谷、小麦、玉米等；经济作物包括大豆、甘蔗、花生、烟叶等；园艺作物包括各类蔬菜、瓜类等；生态作物包括绿肥等，其种植过程较为粗放，对化学品等非土地投入要求较少，能有效改良土壤、提升地力。大多数经济作物、园艺作物属于旱生作物。在我国以种植粮食作物为主的地区内，东北部分区域和南方的耕地往往以水田为主，北方大部分区域的耕地往往以旱地为主。在以种植经济作物、园艺作物为主的地区内，耕地往往以旱地为主。从劳动力和生物化学品投入来看，园艺作物投入量最大，经济作物次之，粮食作物最少（表6-1）。从机械投入来看，粮食作物投入量最大，经济作物和园艺作物投入次之。相比其他农作物，生态作物的投入最少。

表6-1　广东省、全国农产品成本收益（2015年）

	广东省			全国		
	粮食作物	经济作物	园艺作物	粮食作物	经济作物	园艺作物
每亩主产品产量/kg	404.59	2765.48	2351.54	434.28	2707.49	2764.87
每亩净利润/元	−2.21	80.44	3298.30	91.58	107.26	1659.37
每亩现金收益/元	674.72	982.26	6061.60	672.30	1014.23	2906.62
每50kg主产品净利润/（元）	−0.26	29.80	65.31	10.30	10.57	32.59
每50kg主产品现金收益/（元/亩[①]）	82.74	160.15	127.74	76.45	109.57	57.16
每亩用工数量/日	6.86	10.26	45.58	5.90	11.50	21.00
每亩化肥折纯量/kg	24.64	45.36	55.04	22.34	40.85	42.61
每亩净利润平均用工数量/（元/日）	−0.32	7.84	72.36	15.52	9.33	79.03
每亩现金收益平均用工数量/（元/日）	98.35	95.78	132.98	113.95	88.23	138.42

资料来源：国家发展和改革委员会价格司，2016。

6.1.2　耕地利用功能转型的总体路径

根据2.2.2节和2.3.2节，耕地利用功能形态是指不同耕地利用功能的组合形式。根据第5章研究结果，2004年后我国耕地利用功能分化为粮食安全保障功能、基本生活保障功能、社会安定维护功能、就业保障功能、国民经济贡献功能、家庭经济贡献功能、生态安全维护功能7种类型。考虑到省级尺度与国家尺度耕地利用功能的差异，以及耕地利用结构与耕地利用功能的衔接关系，在本章研究中，将广东省耕地利用功能整合调整为粮食生产功能、社会保障功能、经济贡献功能、生态调节功能和环境保育功能。

特定的经济社会发展阶段，必然有与之对应的耕地利用功能形态（图6-1）。一般而言，在经济社会发展初级阶段，土地、劳动力、生产资料及资本市场处于发育阶段，耕地的生态调节功能、环境保育功能较强，粮食生产功能、社会保障功能强于经济贡献功能，耕地利用功能形态表现为社会生态型。在经济社会发展中高级阶段，土地、劳动力、生产资料及资本市场加快发展，经济贡献功能、粮食生产功能明显增强，生态调节功能、环境保育功能明显减弱，耕地利用功能形态表现为经济社会型。在经济社会发展高级阶段，土地、劳动力、生产资料及资本市场趋于完善，经济贡献功能、粮食生产功能与生态调节功

① 1亩≈666.7m²。

能、环境保育功能协同发展，社会保障功能趋于稳定，耕地利用功能形态表现为生态经济型。其中，在经济社会发展由初级向中高级过渡和经济社会发展由中高级向高级过渡的阶段，耕地利用功能转型分别表现为由社会生态型向经济社会型转型的路径和由经济社会型向生态经济型转型的路径。

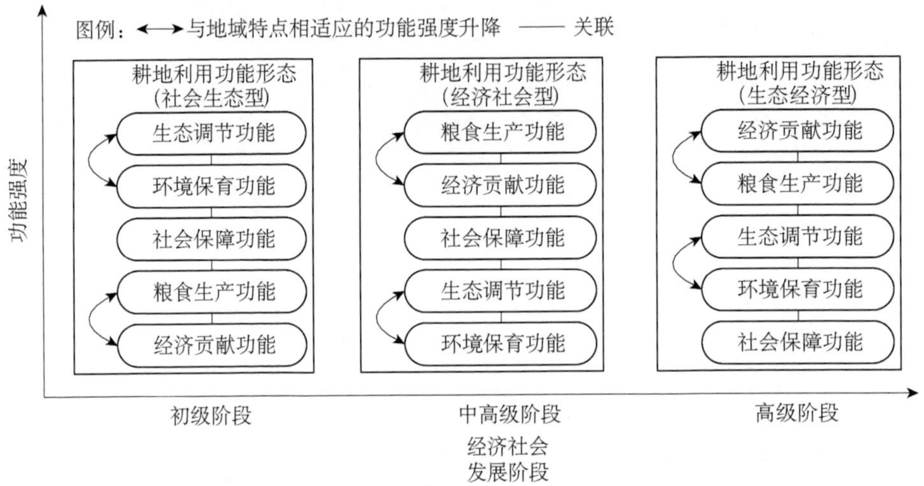

图6-1 区域耕地利用功能转型简图（宋小青和李心怡，2019）

6.1.3 诱致性生产替代驱动的耕地利用结构演变假说

根据“希克斯—速水—拉坦—宾斯旺格”诱致性技术创新理论（Hayami and Ruttan，1985；Yamada and Ruttan，1980；Song and Wu，2013），对于给定区域，耕地利用投入要素相对价格和产品（服务）相对价格会随着经济社会发展而变化。这种变化诱致投入要素之间、农作物之间发生替代，进而导致不同类型耕地之间替代（图6-2）。

具体而言，随着经济社会由初级向中高级阶段发展，土地、劳动力、生产资料及资本市场由发育走向加快发展。农户耕地经营规模从主要由土地分配政策决定转向由土地分配政策和土地市场共同决定，耕地流转快速发展，耕地资源市场价值逐步显化。耕地价格低于生物化学品价格的态势逐步弱化，由此诱致农户倾向于投入更多的生物化学品以节约耕地，从而提高土地生产力。同时，由于非农业部门工资快速提升，农业劳动力务农机会成本快速增加，农业劳动力向非农业部门大量流动，农业劳动力价格低于机械服务价格的态势逐步弱化，由此诱致农户倾向于投入更多的机械以节约农业劳动力，从而提高劳动生产力。另外，农产品市场也会加快发展。随着城乡居民膳食结构升级和消费

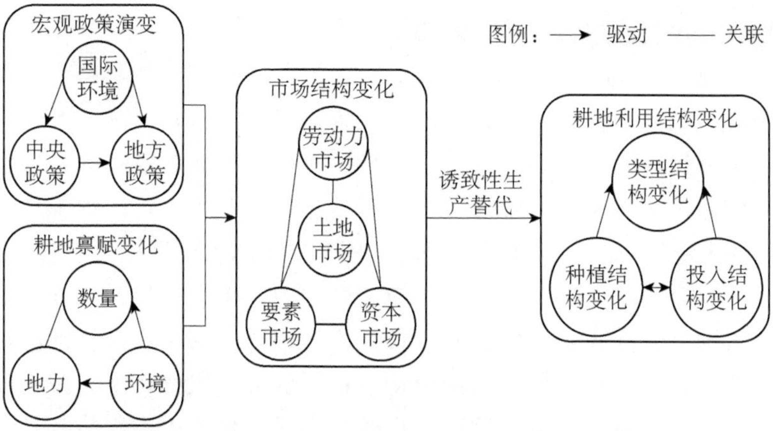

图6-2　诱致性生产替代驱动的耕地利用结构演变（宋小青和李心怡，2019）

水平提高，粮食价格低于经济作物产品尤其是园艺作物产品价格的态势逐步明显，由此诱致农户倾向于专业化种植经济效益更高的作物，从而产生粮食作物对生态作物的替代，经济作物对粮食作物和生态作物的替代，以及园艺作物对经济作物、粮食作物和生态作物的替代。一般而言，经济作物和园艺作物大多为旱生作物。种植结构的变化会推动耕地类型结构变化，即水田转旱地。

随着经济社会由中高级向高级阶段发展，土地、劳动力、生产资料及资本市场由加快发展走向成熟。农户耕地经营规模主要由土地市场决定，耕地的市场价值明显提高。农户获取耕地的交易成本明显降低，耕地随土地市场需求自由流转。由于食品安全、环境健康和景观休闲等高品质生活成为城乡居民需求的焦点，耕地生态服务价格低于农产品价格的态势逐步弱化，由此诱致农户倾向于按照耕地和农作物特性合理投入生物化学品，以实现持续、健康的土地生产力。同时，农业劳动力在农业和非农业部门之间自由流动，农业劳动力低于机械服务价格的态势进一步弱化，由此诱致农户倾向于投入更多的机械以节约农业劳动力，从而进一步提高劳动生产力。另外，城乡居民膳食结构和消费水平趋于稳定，粮食、经济作物产品、园艺作物产品的相对价格趋于稳定，由此诱致农户倾向于根据市场对产品（服务）需求，扩大耕地经营规模，实行作物多样化种植，发展综合性生态农场，部分经济作物、园艺作物被粮食作物、生态作物替代。部分旱地随之恢复为水田，直至耕地利用类型结构与市场需求达到平衡。

6.1.4　诱致性生产替代驱动的耕地利用功能转型假说

一般而言，在经济社会发展初级阶段，土地、劳动力、生产资料及资本市场处于发育阶段，农户耕地经营规模主要由土地分配政策决定而受土地市场影响较小，农业劳动力较少向非农业部门流动，机械、生物化学品投入能力较弱，农户耕地利用的自给自足特征明显。为满足国家粮食需求以及自身食物需求，农户普遍以粮为纲，同时倾向于多样化种植，形成了较高的耕地生态系统多样性。同时，生物化学品投入较少，耕地环境负荷较小，土地生产力较低，耕地利用的经济收益较少。此时，耕地利用功能形态表现为社会生态型。

在经济社会发展中高级阶段，土地、劳动力、生产资料及资本市场加快发展，农户耕地经营规模由土地分配政策和土地市场共同决定，耕地流转快速推进，农业劳动力向非农业部门大量流动，机械服务、生物化学品投入能力明显增强，耕地利用的外向型特征明显。尽管社会对粮食的需求仍然较强，但是受农业劳动力务农机会成本和耕地利用要素投入成本快速上涨倒逼，农户倾向于专业化种植经济收益较高的农作物，耕地生态系统多样性大大降低。同时，生物化学品投入增加，耕地的环境负荷持续增强。而土地生产力和劳动生产力明显提高，耕地利用的经济收益加快提升。相比经济社会发展初级阶段，该阶段内大量水田转为旱地，耕地生态系统组分受损，生态调节功能明显下降。此时，耕地利用功能形态表现为经济社会型。

在经济社会发展高级阶段，土地、劳动力、生产资料及资本市场逐步完善，农户耕地经营规模主要由土地市场决定，农业劳动力在农业和非农业部门之间自由流动，机械、生物化学品投入能力继续增强，耕地利用的外向型特征继续增强。受城乡居民日益多样化的食物、环境、休闲等需求引导，农户倾向于发展综合性、生态化农场，耕地生态系统多样性明显恢复。同时，生物化学品投入主要考虑农作物需求和资源环境承载能力，劳动生产力和全要素生产力明显提高，耕地利用的生态经济收益明显增强。相比经济社会发展中高级阶段，该阶段内部分旱地恢复为水田，生态调节功能明显恢复。此时，耕地利用功能形态表现为生态经济型。

综合以上分析，随着经济社会从初级发展阶段经历中高级到高级阶段，在诱致性生产替代作用下，耕地利用类型结构、投入结构和种植结构的演变决定耕地利用功能形态从社会生态型逐步转向经济社会型、生态经济型（图6-3）。

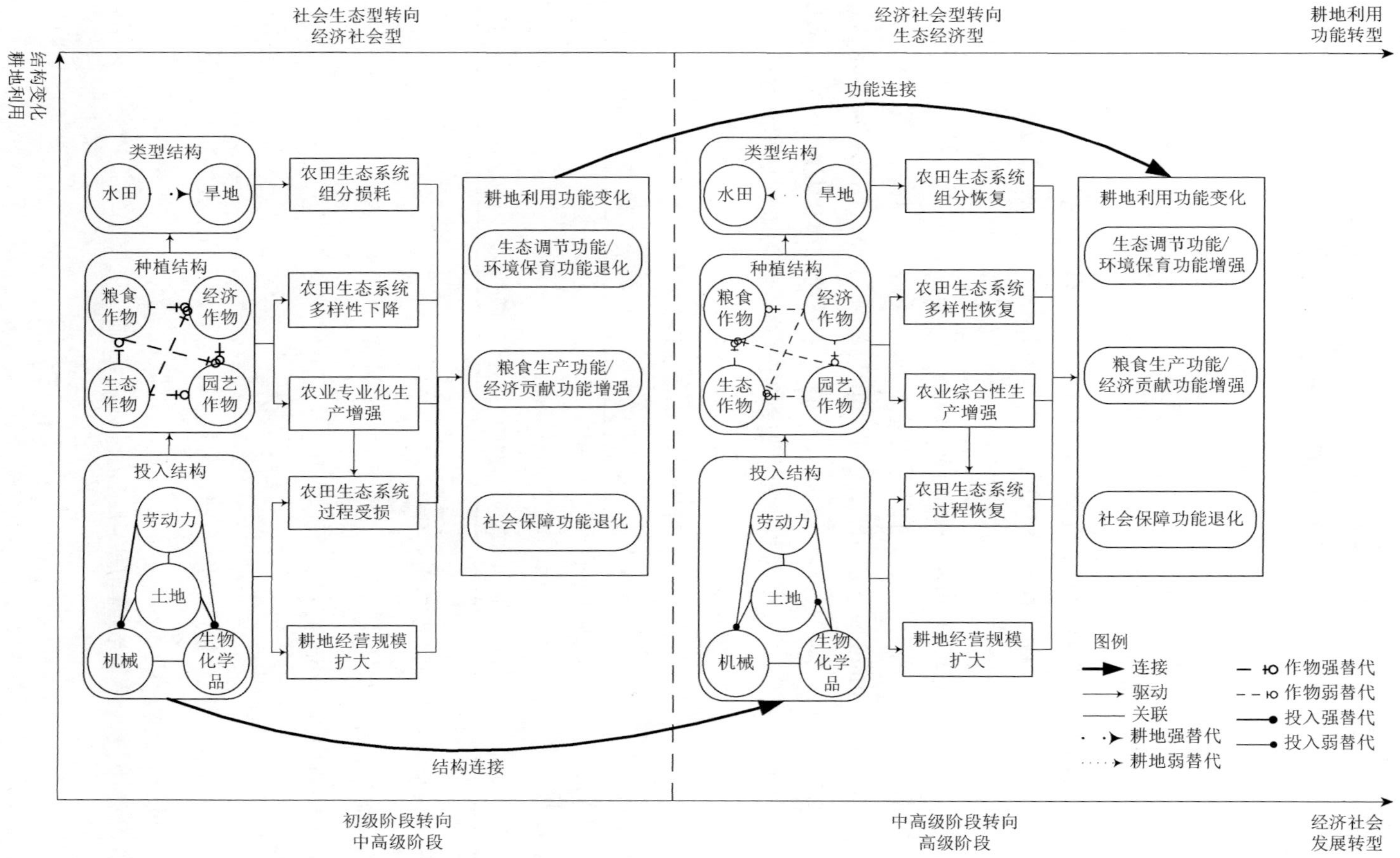

图6-3　诱致性生产替代、耕地利用结构演变与耕地利用功能转型的关系（宋小青和李心怡，2019）

6.2 研究区域、方法与数据

6.2.1 研究方法

1. 经济社会发展阶段划分方法

以人均GDP、人口城镇化水平为主要指标，结合经济社会背景及城乡收入差距，划分经济社会发展阶段。1993年，我国开始探索建立社会主义市场经济体制。考虑到经济社会政策实施效果存在2年滞后，以1995年全国人均GDP（5091元）（中华人民共和国国家统计局，1996）为参考，明确经济社会发展初级阶段的上限阈值。当前，我国正处于社会主义市场经济体制完善期。以2017年全国人均GDP（59660元）（中华人民共和国国家统计局，2018）为参考，明确经济社会发展中高级阶段的上限阈值。同时，考虑到城镇化发展的“S”形曲线规律，分别以35%、70%作为经济社会发展初级阶段的上限阈值和高级阶段的下限阈值。综合以上分析，制定经济社会发展阶段划分依据（表6-2）。

表6-2 经济社会发展阶段划分依据

经济社会发展阶段	经济社会背景	人均GDP/元	人口城镇化水平/%	城乡收入差距
初级阶段	市场经济体制初建	≤5000	≤35	扩大
中高级阶段	市场经济体制逐步完善	5000～60000	35～70	扩大
高级阶段	市场经济体制日益成熟	>60000	>70	缩小至平衡

2. 耕地利用结构测度方法

1）耕地利用类型结构

用旱地面积比重指示耕地利用类型结构：

$$R_d = \frac{S_d}{S} \times 100\% \quad (6\text{-}1)$$

式中，R_d为旱地面积占耕地总面积的百分比；S_d为旱地面积；S为耕地总面积。

2）耕地利用投入结构

耕地利用投入结构表现为劳动力、机械、土地、化学品等投入之间的相对数量关系：

$$\text{AML} = \frac{M}{L} \quad (6\text{-}2)$$

$$\mathrm{INF}=\frac{\mathrm{NF}}{S} \tag{6-3}$$

$$\mathrm{IP}=\frac{P}{S} \tag{6-4}$$

式中，AML 为农业劳动力人均农业机械总动力；M 为农业机械总动力；L 为农业劳动力数量，用乡镇第一产业劳动力数量表示；INF 为单位耕地面积氮肥施用折纯量；NF 为氮肥施用折纯量；IP 为单位耕地面积农药使用量；P 为农药使用量。

3）耕地利用种植结构

耕地利用的种植结构表现为粮食作物、经济作物、园艺作物和生态作物播种面积比重：

$$R_{\mathrm{cg}}=\frac{S_{\mathrm{cg}}}{S_{\mathrm{c}}}\times 100\% \tag{6-5}$$

$$R_{\mathrm{cc}}=\frac{S_{\mathrm{cc}}}{S_{\mathrm{c}}}\times 100\% \tag{6-6}$$

$$R_{\mathrm{ch}}=\frac{S_{\mathrm{ch}}}{S_{\mathrm{c}}}\times 100\% \tag{6-7}$$

$$R_{\mathrm{ce}}=\frac{S_{\mathrm{ce}}}{S_{\mathrm{c}}}\times 100\% \tag{6-8}$$

式中，R_{cg}、R_{cc}、R_{ch}、R_{ce} 分别为粮食作物、经济作物、园艺作物和生态作物播种面积占农作物播种总面积的百分比；S_{c} 为农作物播种总面积。根据表 6-1，粮食作物、经济作物、园艺作物和生态作物播种面积比重变化也可以指示耕地利用投入结构变化。

然后，采用农作物种植多样性指数（宋小青等，2014）测度耕地利用种植结构水平：

$$\mathrm{Sim}=1-\sum_{i=1}^{n} p_i^2 \tag{6-9}$$

式中，Sim 为农作物种植多样性指数，值越大，意味着耕地生态系统结构越稳定，生态调节功能越强；p_i 为第 i 类农作物播种面积占农作物播种总面积的比重；i 为农作物类型；n 为农作物类型数。

3. 耕地利用功能转型诊断方法

广东旱地主要用于种植经济作物和园艺作物，水田主要用于种植水稻等粮食作物。表 6-1 显示，经济作物和园艺作物种植所需的劳动力、化学品投入和经济收益明显高于粮食作物种植。根据理论分析框架，经济社会发展过程中，R_{d}、R_{cc}、R_{ch}、AML、INF、IP 值快速升高而 R_{cg}、R_{ce}、Sim 值快速下降，意味着耕地利用的粮食生产功能、生态调节功能、环境保育功能和社会保障功能减弱，而经济贡献功能增强，耕地利用功能形态开始从社会生态型转向经济社会型。这一阶段的耕地利用功能转型一般发生在经济社会从初级阶段向中高级阶段转型阶段。

随着经济社会进一步发展，R_{d}、R_{cc}、R_{ch}、AML 值继续升高至趋于稳定的同时，INF、IP 值缓慢升高甚至转而下降，R_{cg}、R_{ce}、Sim 值趋于稳定甚至开始恢复，意味着耕地利用的经济贡献功能继续增强，粮食生产功能、生态调节功能和环境保育功能开始恢复，而社会保障功能继续减弱，耕地利用功能形态开始从经济社会型转向生态经济型。这一阶段的耕地利用功能转型一般发生在经济社会从中高级向高级转型阶段。

6.2.2 广东省概况

广东省土地类型多样，是全国光、热、水最丰富的地区之一，农业开发历史悠久，耕地资源禀赋好。作为全国人口和经济第一大省，广东省耕地利用首先要保障居民生活所需的食物生产功能。广东省毗邻港澳，改革开放优惠政策多而灵活，外向型经济特征突出，耕地利用比较优势低迷、机会成本高昂，由此倒逼广东省耕地利用向更高附加值的功能方向演变。然而，广东省地域分异明显，山地丘陵约占省域土地总面积的2/3，既有粤中世界级城市群珠江三角洲，也有发展相对滞后的东翼、西翼和山区（图6-4）。这就为广东省耕地利用功能的差异演变提供了“先天”条件。因此，广东省是研究区域耕地利用功能转型的“天然宝地”。

6.2.3 数据来源

1. 耕地数据

广东省及各地市1992～2015年耕地、水田、旱地面积来自《广东农村统计年鉴（1993—2016）》（广东农村统计年鉴编辑委员会，1993–2016）。其中，2000～2015年耕地数据为新统计口径，1992～1999年耕地数据为旧统计口径。在此，运用耕地历史数据重建方法（毕于运和郑振源，2000；封志明等，2005），即以2000年新统计口径耕地数据为基础，根据年内新增耕地和年内减少耕地，反推1992～1999年新统计口径耕地数据。考虑到水浇地在广东省的利用实际以及与水田的明显差异，将水浇地面积并入旱地面积。

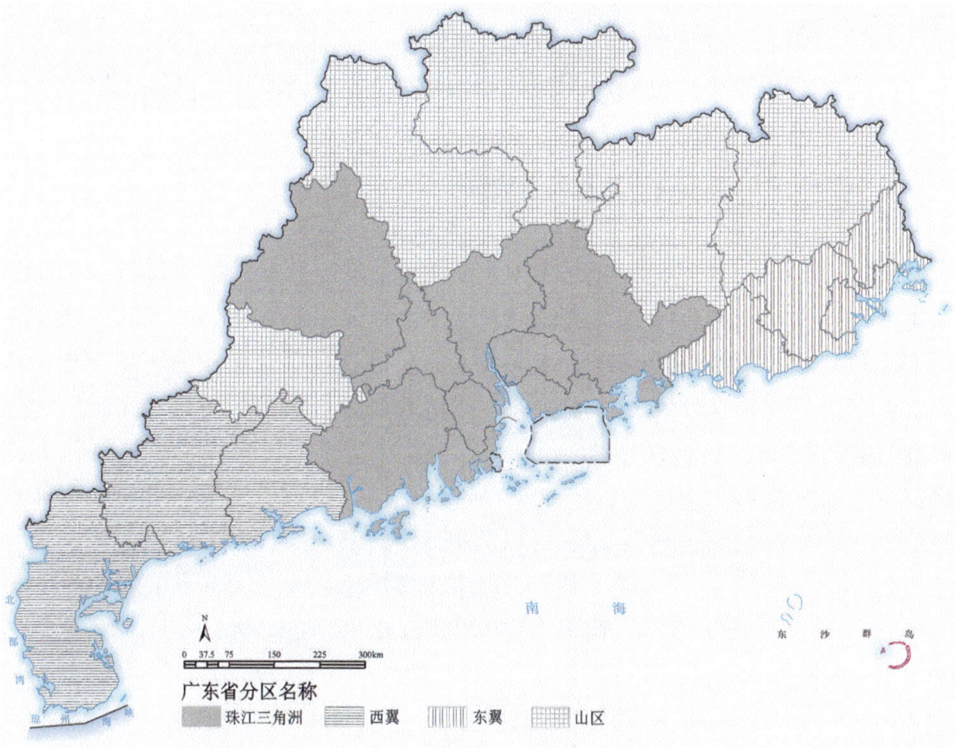

图6-4　广东省综合地域分区（宋小青和李心怡，2019）

2. 农业生产数据

广东省及各地市1992～2015年早稻、晚稻、小麦、旱粮、薯类等粮食作物，大豆、糖蔗、果蔗、花生、其他油料、麻类、烟叶、木薯、药材、其他经济作物、青饲料等经济作物，蔬菜、瓜类等园艺作物，绿肥等生态作物的播种面积，以及乡镇第一产业从业人员数、农业机械总动力、化肥施用量、农药使用量来自《广东农村统计年鉴（1993—2016）》（广东农村统计年鉴编辑委员会，1993-2016）。广东省、全国农产品成本收益数据来自《全国农产品成本收益资料汇编（2016）》（国家发展和改革委员会价格司，2016）。

3. 经济社会数据

广东省及其各地市1992～2015年人均GDP、常住人口、城镇人口、农民人均纯收入、城镇居民人均可支配收入来自《广东统计年鉴（1993—2016）》（广东省统计局，1993-2016）。

6.3 诱致性生产替代驱动的广东省耕地利用功能转型

6.3.1 省级尺度耕地利用功能转型

1992～2008年，广东省经济社会发展从初级阶段转型为中高级阶段（表6-3）。人均GDP、人口城镇化快速发展的同时，城乡收入差距扩大，拉动大量农村劳动力转移进城，带动耕地流转快速发展，加之惠农政策全面实施，耕地资源市场价值逐步显化。农作物种植逐步向显化耕地资源市场价值方向转型，即大量粮食作物、生态作物被经济作物和园艺作物替代，而且农作物种植逐步专业化，带动大量水田转为旱地。与之相伴的便是，化肥、农药等农业生产资料使用量的快速增加。这一转型过程可以从图6-5得以证实。1992～2008年，$R_{cg}>R_{cc}>R_{ch}>R_{ce}$。$R_d$从26.02%增长到29.47%。同期，$R_{cg}$从55.75%下降到43.52%，$R_{ce}$从1.74%下降到0.53%，$R_{cc}$从31.93%增长到35.37%，$R_{ch}$从10.58%增长到20.58%，Sim从0.854下降到0.840。同期，AML从0.96kW/万人增长到1.29kW/万人，INF、IP分别从265.28kg/hm^2、23.75kg/hm^{2}增长到346.61kg/hm^2、35.51kg/hm^2。因此，1992～2008年，伴随着经济社会发展从初级阶段转型为中高级阶段，广东省耕地利用功能实现了从社会生态型向经济社会型的转型。

表6-3 1992～2015年广东省经济社会转型阶段特征

经济社会转型阶段	年份	经济社会背景	人均GDP/元	人口城镇化水平/%	城乡收入比
初级转型为中高级	1992	社会主义市场经济体制建立，合理引导农村劳动力转移，农村土地流转迅速发展，惠农政策全面实施	3699	35*	2.66
	2008		37638	63.40	3.08
中高级向高级过渡阶段	2010	社会主义市场经济体制逐步完善，农村劳动力自由转移，农村土地普遍流转，大力支持多功能农业发展	44758	66.20	3.03
	2015		67503	68.71	2.60

* 1992年人口城镇化水平根据该年的人口非农化水平（25.38%）估计。

2010～2015年，广东省经济社会发展处于中高级向高级过渡阶段（表6-3）。人均GDP、人口城镇化继续发展但增速趋缓，城乡收入差距开始缩小，农村劳动力、耕地随之按照市场需求分别在城乡之间、经营主体之间自由流动。随着城乡居民对农业景观、休闲及高品质农产品需求快速增长，集休闲、观光、旅游于一体的多功能农业在广东省普遍兴起，带动耕地利用的生态调节、环境保育等功能的市场价值逐步显化，农户耕地利用开始向作物类型多样化、生产方式环境友好型方向转变。农作物种植开始向显化耕地资源多功能价值方向转型，即经济作物、园艺作物对粮食作物、生态作物的替代明显趋缓，园艺作物的快速增长部分来源于对经济作物的替代，带动水田继续向旱地转变。这一转型过程可以从图 6-5 得以证实。2010～2015 年，$R_{cg}>R_{ch}>R_{cc}>R_{ce}$。$R_d$ 年均增长 0.79 个百分点，超过 1992～2008 年的 0.22 个百分点；R_{cc} 年均增长 0.13 个百分点，小于 1992～2008 年的 0.22 个百分点；R_{ch} 年均增长 0.58 个百分点，小于 1992～2008 年的 0.63 个百分点；R_{cg} 年均下降 0.71 个百分点，小于 1992～2008 年的 0.76 个百分点。然而，R_{ce}、Sim 均出现增降波动但是变化幅度较小。其中，R_{ce} 小幅波动但基本维持在 0.66%，Sim 从 0.823 波动下降到 0.822。同期，AML 年均增长 0.09kW/人，明显超过 1992～2008 年的 0.02kW/人。2012 年后，INF、IP 增长明显趋缓甚至有所下降。因此，2010～2015 年，伴随着经济社会发展从中高级向高级过渡，广东省耕地利用功能处于从经济社会型向生态经济型转型的过渡期。

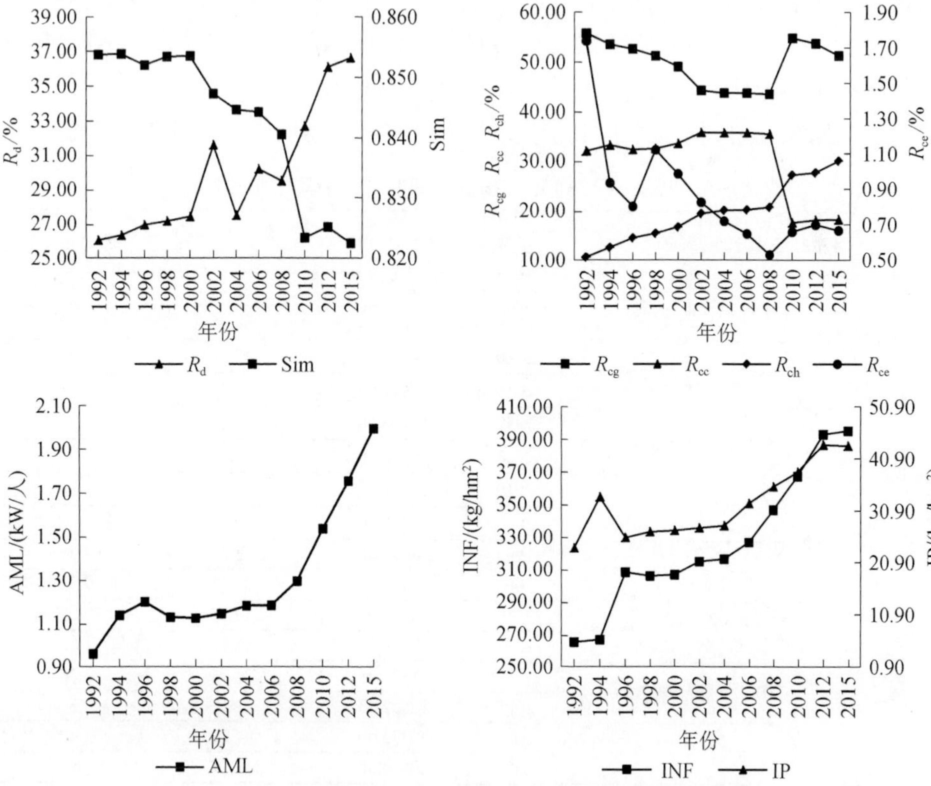

图6-5　1992～2015 年广东省耕地利用结构指标变化

6.3.2 区域尺度耕地利用功能转型

1. 珠江三角洲耕地利用功能转型

1992～2015年，珠江三角洲经济社会发展从中高级阶段转型为高级阶段（表6-4），耕地利用结构相应呈现显著的阶段性特征。其中，1992～2008年，$R_{cg}>R_{cc}>R_{ch}>R_{ce}$（图6-6）。$R_d$从19.81%增长到24.76%。$R_{cg}$从53.88%下降到36.20%，$R_{ce}$从1.52%下降到0.16%，$R_{cc}$从32.05%增长到36.88%，$R_{ch}$从12.54%增长到26.76%，Sim从0.829下降到0.800。同期，AML从1.74kW/人增长到2.23kW/人，INF、IP分别从293.66kg/hm^2、29.42kg/hm^{2}增长到328.51kg/hm^2、35.61kg/hm^2。2010～2015年，$R_{cg}>R_{ch}>R_{cc}>R_{ce}$。$R_d$年均增长0.98个百分点，超过1992～2008年的0.31个百分点；R_{cc}年均增长0.16个百分点，小于1992～2008年的0.30个百分点；R_{ch}年均增长0.27个百分点，小于1992～2008年的0.89个百分点；R_{cg}年均下降0.44个百分点，小于1992～2008年的1.11个百分点；R_{ce}恢复增长，年均增长0.01个百分点；Sim小幅波动但基本维持在0.783。同期，AML年均增长0.08kW/人，明显超过1992～2008年的0.03kW/人。2012年后，INF、IP增长明显趋缓。因此，1992～2015年，伴随着经济社会发展从中高级阶段转型为高级阶段，珠江三角洲耕地利用功能实现了从经济社会型向生态经济型的转型。

表6-4 1992～2015年广东省区域经济社会转型阶段特征

区域经济社会转型阶段		年份	人均GDP/元	人口城镇化水平/%	城乡收入比
珠江三角洲	中高级转型为高级	1992	7567.11	53.25	1.84*
		2008	62643.83	80.05	2.58*
	高级	2010	68633.00	82.72	2.42*
		2015	107011.00	84.59	2.33
东翼	初级转型为中高级	1992	1794.50	31.15	1.73*
		2008	15396.36	56.58	2.57*
	中高级	2010	19371.00	57.70	2.33*
		2015	31426.00	59.93	1.88
西翼	初级转型为中高级	1992	2053.00	26.20	3.24*
		2008	17972.52	37.67	2.32*
	中高级	2010	23239.00	39.25	2.22*
		2015	38461.00	42.01	1.76
山区	初级转型为中高级	1992	1682.25	28.96	3.70*
		2008	15539.43	43.16	2.66*
	中高级	2010	20370.00	44.29	2.47*
		2015	29583.00	47.17	1.89

*由于数据缺失，分别以1992年、2008年、2010年广州市、汕头市、湛江市和清远市城乡收入比反映珠江三角洲、东翼、西翼和山区对应年份的城乡收入比。

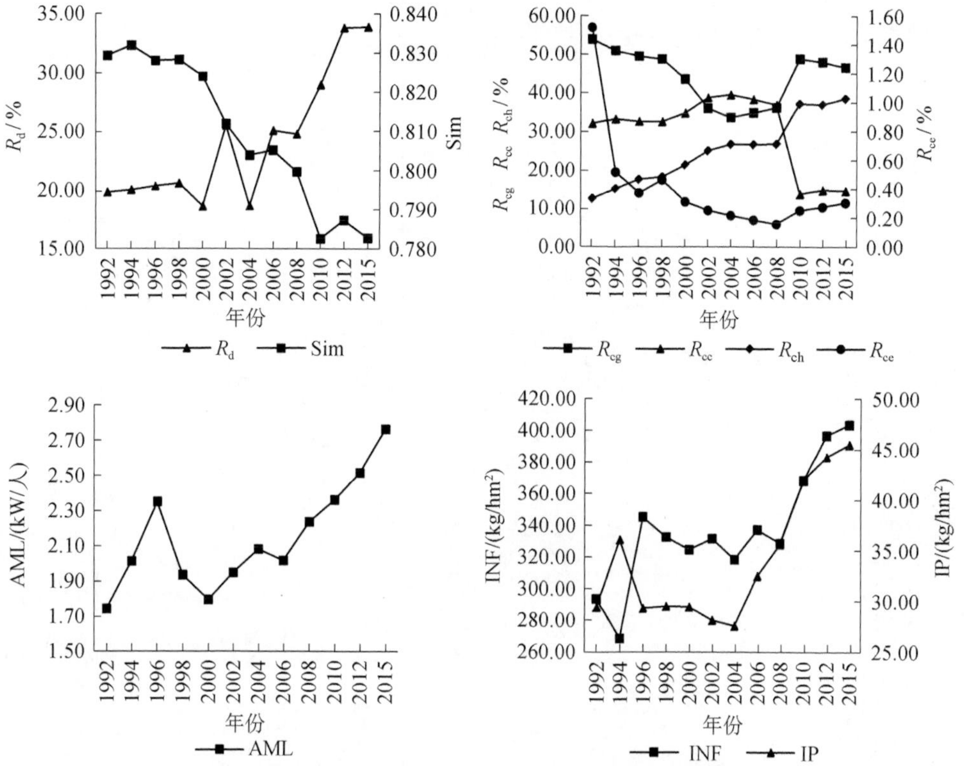

图6-6 1992～2015年珠江三角洲耕地利用结构指标变化

2. 东翼耕地利用功能转型

1992～2015年，东翼经济社会发展从初级阶段转型为中高级阶段（表6-4），耕地利用结构相应呈现显著的阶段性特征。其中，1992～2008年，$R_{cg}>R_{cc}>R_{ch}>R_{ce}$（图6-7）。$R_d$从24.95%下降到20.85%。同期，$R_{cg}$从65.26%下降到49.53%，$R_{ce}$从0.83%下降到0.13%，$R_{cc}$从23.64%增长到28.71%，$R_{ch}$从10.28%增长到21.63%，Sim从0.848下降到0.823。同期，AML从0.58kW/人波动下降到0.46kW/人，INF、IP分别从409.81kg/hm^2、36.15kg/hm^{2}增长到534.48kg/hm^2、58.37kg/hm^2。2010～2015年，$R_{cg}>R_{ch}>R_{cc}>R_{ce}$。$R_d$转而增长，年均增长0.60个百分点；$R_{cc}$年均增长0.01个百分点，小于1992～2008年的0.32个百分点；R_{ch}年均增长0.76个百分点，高于1992～2008年的0.71个百分点；R_{cg}年均下降0.76个百分点，小于1992～2008年的0.98个百分点；R_{ce}年均下降0.01个百分点；Sim年均下降0.001。同期，AML年均增长0.05kW/人，明显超过1992～2008年。2012年后，INF、IP明显下降。因此，1992～2015年，伴随着从初级阶段转型为中高级阶段，东翼耕地利用功能实现了从社会生态型向经济社会型

的转型。

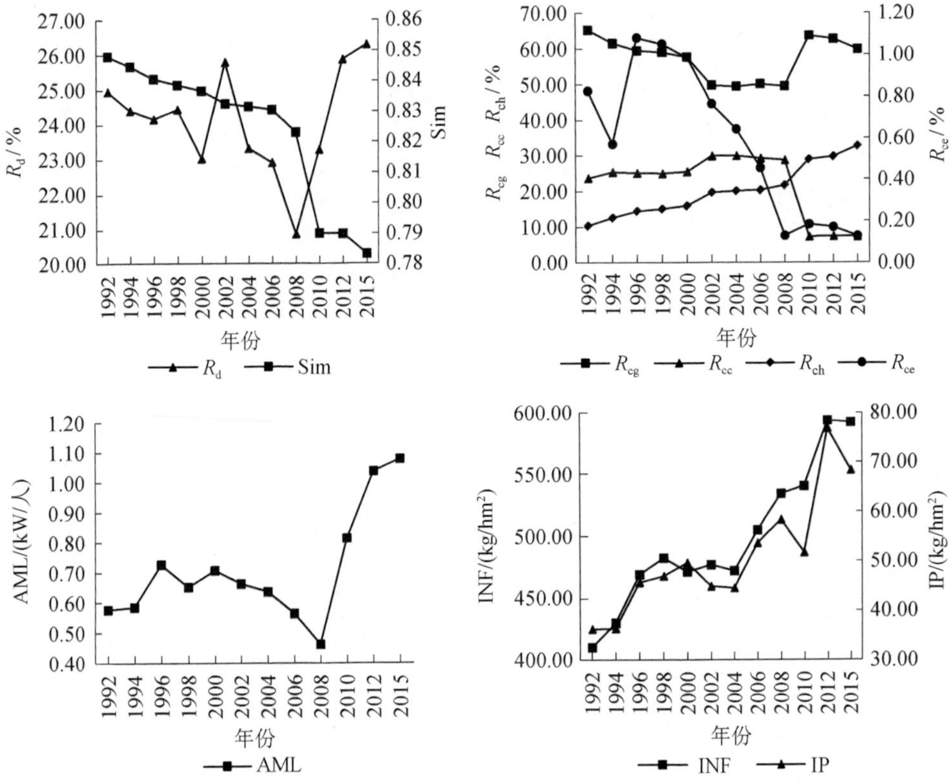

图6-7 1992～2015年广东省东翼耕地利用结构指标变化

3. 西翼耕地利用功能转型

1992～2015年，西翼经济社会发展从初级阶段转型为中高级阶段（表6-4），耕地利用结构相应呈现显著的阶段性特征。其中，1992～2008年，$R_{cg}>R_{cc}>R_{ch}>R_{ce}$（图6-8）。$R_d$从35.81%增长到39.23%。同期，$R_{cg}$从51.84%下降到45.20%，$R_{ce}$从0.45%下降到0.15%，$R_{cc}$从36.63%增长到36.93%，$R_{ch}$从11.08%增长到17.72%，Sim从0.864下降到0.856。同期，AML从0.70kW/人波动增长到1.25kW/人，INF、IP分别从256.91kg/hm^2、21.06kg/hm^{2}增长到340.92kg/hm^2、33.51kg/hm^2。2010～2015年，$R_{cg}>R_{cc}>R_{ch}>R_{ce}$。$R_d$年均增长0.79个百分点，超过1992～2008年的0.21个百分点；R_{cc}年均增长0.22个百分点，超过1992～2008年的0.02个百分点；R_{ch}年均增长0.57个百分点，超过1992～2008年的0.42个百分点；尽管Sim增长了0.002，但是R_{cg}年均下降0.80个百分点，超过1992～2008年的0.42个百分点，而且R_{ce}下降了0.008个百分点。同期，AML年均增长

0.10kW/人，明显超过 1992～2008 年的 0.03kW/人。2012 年后，INF、IP 增长明显趋缓。因此，1992～2015 年，伴随着从初级阶段转型为中高级阶段，西翼耕地利用功能形态实现了从社会生态型向经济社会型的转型。

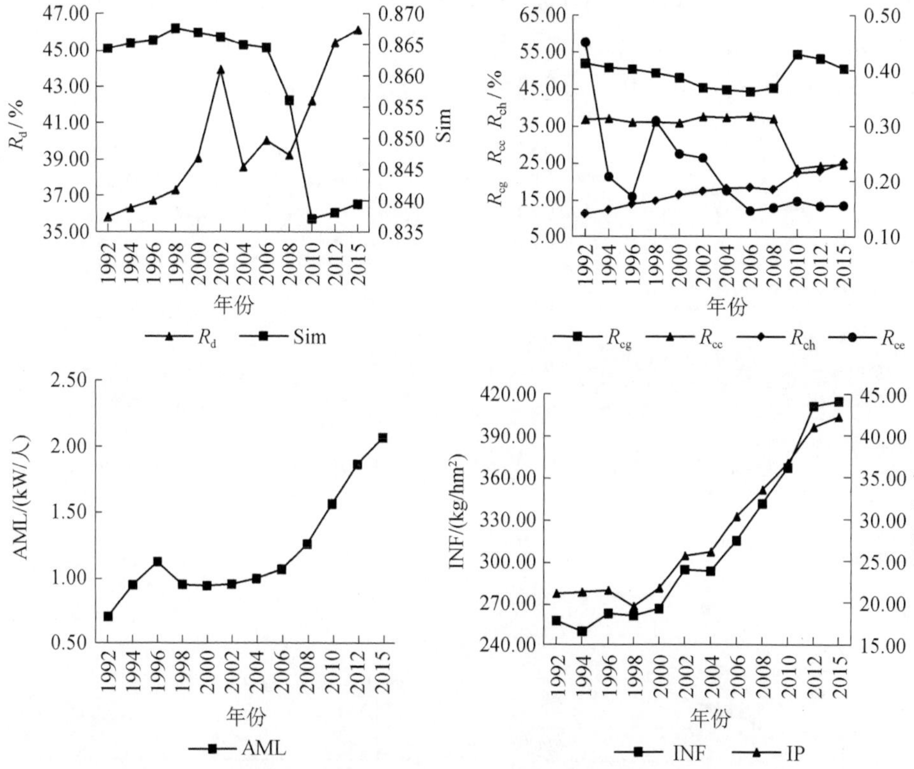

图6-8　1992～2015年广东省西翼耕地利用结构指标变化

4. 山区耕地利用功能转型

1992～2015 年，山区经济社会发展从初级阶段转型为中高级阶段（表6-4），耕地利用结构相应呈现显著的阶段性特征。其中，1992～2008 年，$R_{cg}>R_{cc}>R_{ch}>R_{ce}$（图6-9）。$R_d$ 从 23.20%增长到 26.14%。同期，R_{cg} 从 56.95%下降到 47.20%，R_{ce} 从 3.37%下降到 1.41%，R_{cc} 从 31.71%增长到 35.15%，R_{ch} 从 7.97%增长到 16.24%，Sim 从 0.855 下降到 0.850。同期，AML 从 0.64kW/人波动增长到 1.05kW/人，INF、IP 分别从 189.36kg/hm^2、15.72kg/hm^2 增长到 309.62kg/hm^2、30.50kg/hm^2。2010～2015 年，$R_{cg}>R_{ch}>R_{cc}>R_{ce}$。$R_d$ 年均增长 0.71 个百分点，超过 1992～2008 年的 0.18 个百分点；R_{cc} 年均增长 0.04 个百分点，小于 1992～2008 年的 0.22 个百分点；R_{ch} 年均增长 0.86 个百分点，超过 1992～2008 年的 0.52 个百

分点；R_{cg}年均下降0.89个百分点，超过1992～2008年的0.61个百分点；R_{ce}小幅下降，年均下降0.004个百分点；Sim小幅波动，但基本维持在0.830。同期，AML年均增长0.90kW/人，明显超过1992～2008年的0.03kW/人。INF、IP分别年均减少增长0.20kg/hm^2、0.51kg/hm^2，分别低于1992～2008年的7.52kg/hm^2、0.92kg/hm^2。因此，1992～2015年，伴随着从初级阶段转型为中高级阶段，山区耕地利用功能形态实现了从社会生态型向经济社会型的转型。

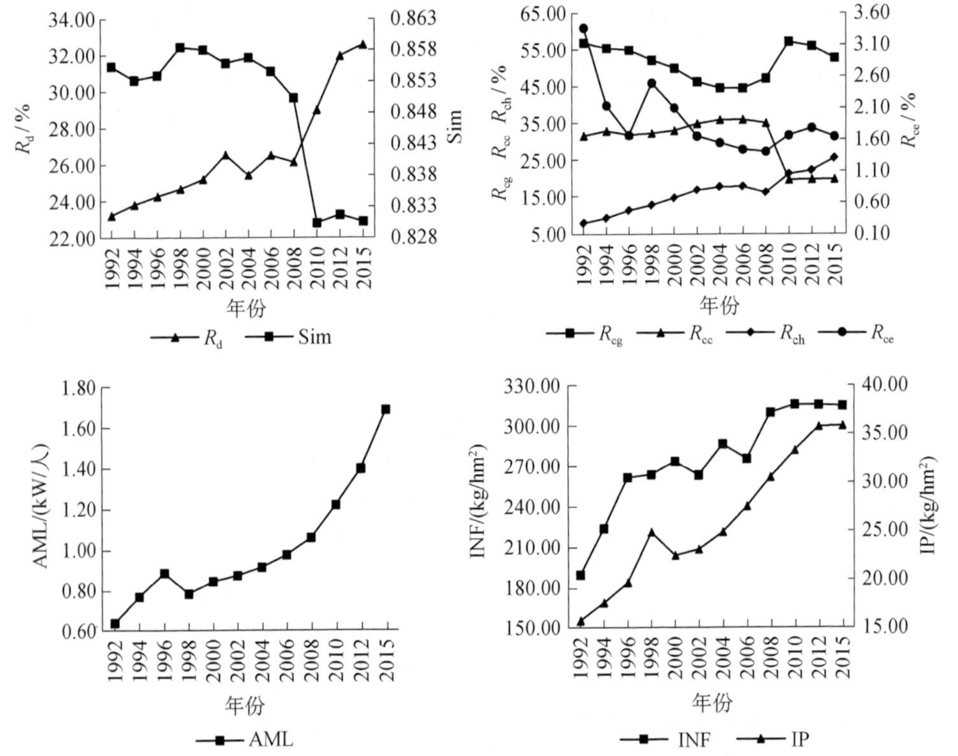

图6-9　1992～2015年广东省山区耕地利用结构指标变化

6.3.3 耕地利用功能转型的人文驱动机理

考虑到1992～2015年广东省自然因素变化相对较小而经济、社会、体制因素变化强烈，从经济-社会驱动力和社会-体制驱动力两个维度分析耕地利用功能转型的人文驱动机理。

1. 经济-社会驱动力

以上实证研究结果证实了本章的理论观点，即随着经济社会从初级阶段经历中高级到高级阶段，耕地利用功能形态将从社会生态型逐步向经济社会型、生态经济型转型。同时表明，R_d、R_{ch}、R_{cg}、Sim、INF、IP等代表性指标变化的趋势性转折是耕地利用功能转型的直观表现。其中，从R_d增幅来看，珠江三角洲（14.06%）>西翼（10.31%）>山区（9.37%）>东翼（1.34%）。从R_{ch}增幅来看，珠江三角洲（25.97%）>东翼（22.41%）>山区（17.63%）>西翼（13.96%）。从R_{cg}变化来看，珠江三角洲（−7.25%）<东翼（−5.41%）<山区（−4.17%）<西翼（−1.46%）。从Sim变化来看，东翼（−0.065%）<珠江三角洲（−0.047%）<山区（−0.025%）=西翼（−0.025%）。从INF增幅、IP增幅来看，珠江三角洲<山区<西翼<东翼。从城镇化发展水平来看，珠江三角洲>东翼>山区>西翼。可见，R_d增幅、R_{ch}增幅与城镇化发展总体呈正相关，而R_{cg}增幅、Sim增幅、INF增幅、IP增幅与之总体呈负相关。这些相关关系在地市尺度表现得也非常明显（图6-10）。可见，城镇化是耕地利用功能转型的动力之源。

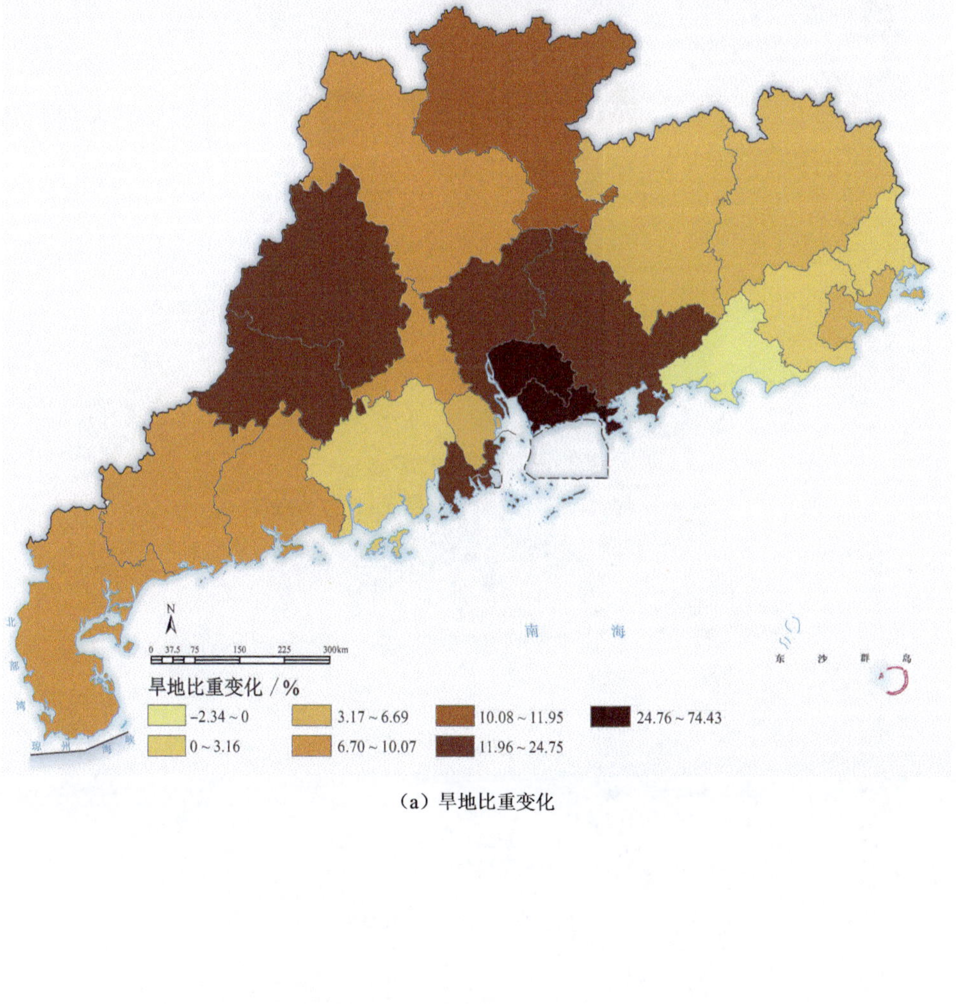

（a）旱地比重变化

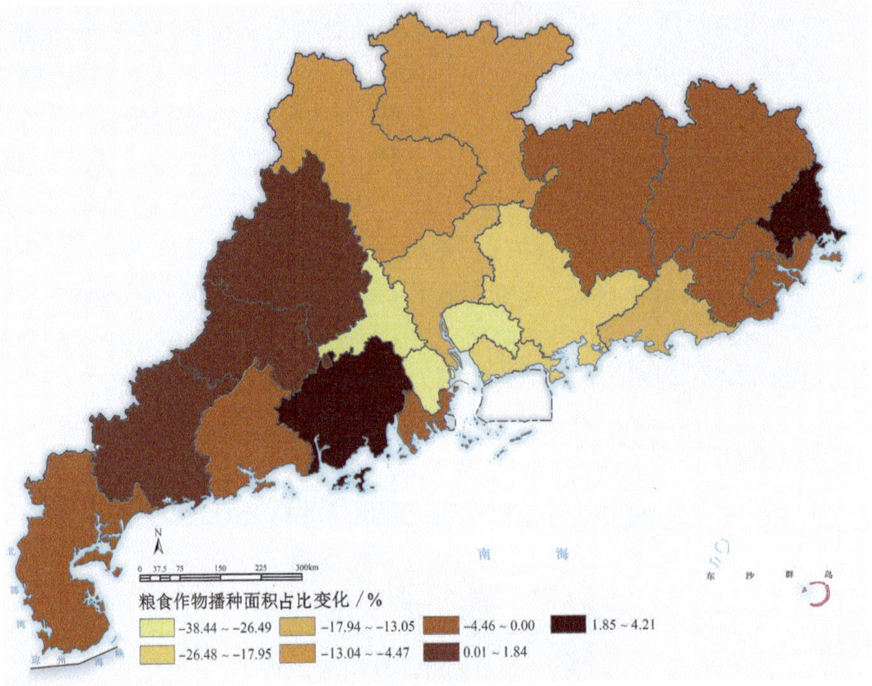

（b）粮食作物播种面积占比变化

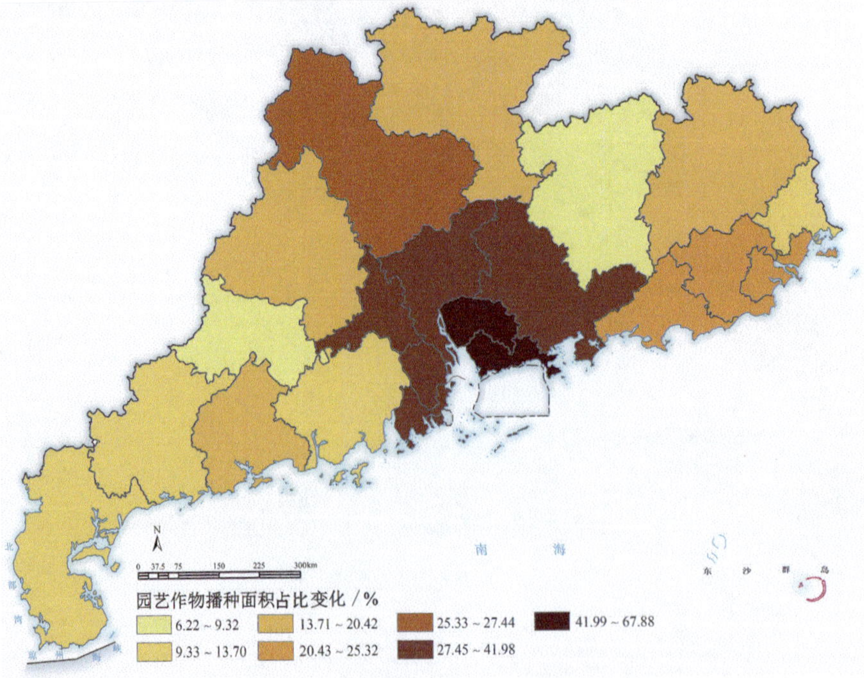

（c）园艺作物播种面积占比变化

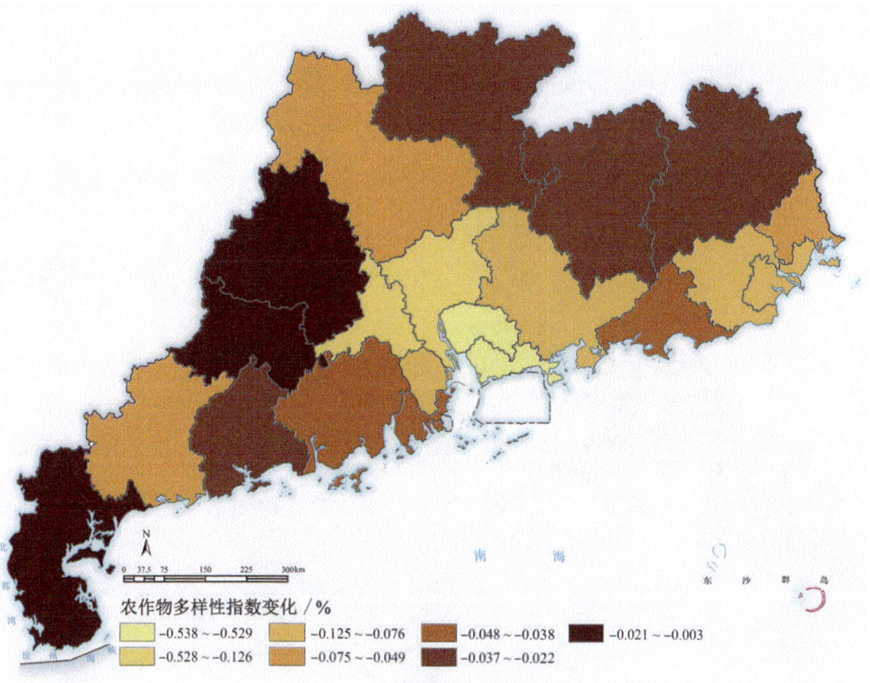

（d）农作物多样性指数变化

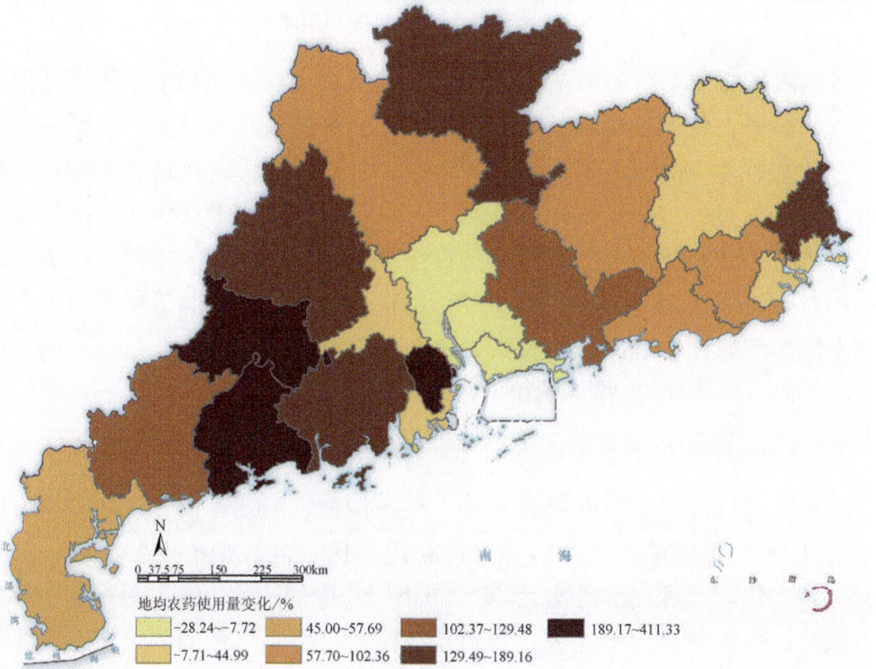

（e）地均农药使用量变化

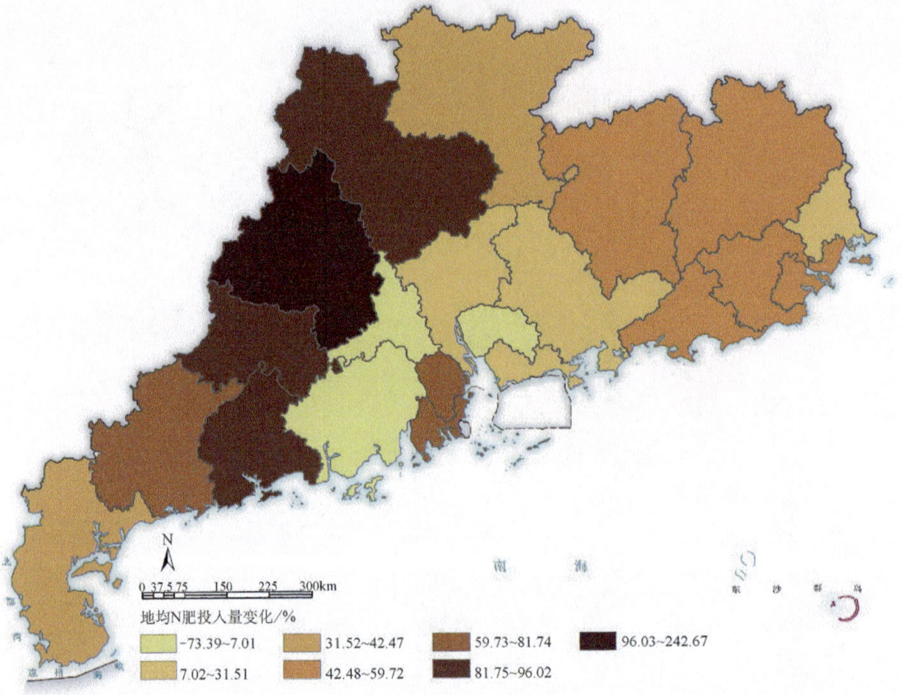

(f) 地均N肥投入量变化

图6-10 1992～2015年广东省耕地利用结构变化格局

根据本章提出的理论框架，城镇化发展仅是推动耕地利用功能转型的源动力。这一源动力将直接引发并通过农产品消费结构及水平升级（包括从商品向景观、生态等非商品服务的升级）间接推动农业劳动力、耕地、生物化学品等要素投入的相对价格变动。同时，农产品消费结构及水平升级（包括从商品向景观、生态等非商品服务的升级）将直接推动各类农产品的相对价格变动。而这些相对价格变动将直接导致农业劳动、耕地、生物化学品等要素投入之间，以及不同类型农作物之间产生替代，进而导致耕地利用功能转型。因此，诱致性生产替代是耕地利用功能转型的重要直接驱动力。

2. 社会-体制驱动力

图6-5～图6-9显示，从粮食作物、经济作物、园艺作物和生态作物占比来看，R_{cg}最大，是影响省级和区域尺度耕地利用功能转型的主要指标。1992～2008年，省级和区域尺度的R_{cg}都发生了不同程度的持续下降。根据本章提出的理论框架，这主要是由于经济作物和园艺作物对粮食作物的诱致性生产替代。但是，2008～2009年，省级和区域尺度的R_{cg}急剧上升，同时R_{cc}急剧下降。这

主要是由于部分经济作物被粮食作物替代。但这一现象并不是对诱致性生产替代这一经济–社会驱动力的否定，而是由于2010年中央一号文件强调“完善强化相关政策措施，坚决防止粮食生产滑坡”，政府加大了粮食安全政策、惠农政策、耕地保护政策等实施力度。可见，社会–体制驱动力是耕地利用功能转型的重要驱动力。然而，这一驱动力是否能持续还有待考证。具体来看，2010～2015年省级和区域尺度的R_{cg}恢复下降，同时R_{cc}恢复增长。因此，尽管社会–体制驱动力能够在短期内快速影响耕地利用功能转型，但是城镇化发展推动的诱致性生产替代才是耕地利用功能转型的持久动力。

3. 人文驱动机理

根据以上分析，结合本章提出的理论框架，城镇化发展推动经济发展水平提高、农业劳动力转移、环境治理意识及水平提升，通过农产品消费市场变化间接推动生产市场变化，共同导致诱致性生产替代，进而推动耕地利用类型结构、种植结构和投入结构变化。这种变化直接决定了耕地利用功能形态从社会生态型逐步向经济社会型、生态经济型转型。而以粮食安全政策、惠农政策、耕地保护政策等实施为代表的社会–体制驱动力在短期内快速影响耕地利用结构变化，并可以直接决定耕地利用功能定位，进而推动耕地利用功能转型。因此，耕地利用功能转型的人文驱动机理表现为经济–社会和社会–体制两方面的驱动力沿“城镇化发展—经济发展水平提高—诱致性生产替代—耕地利用结构演变—耕地利用功能形态转变”的级联驱动效应（图6-11）。

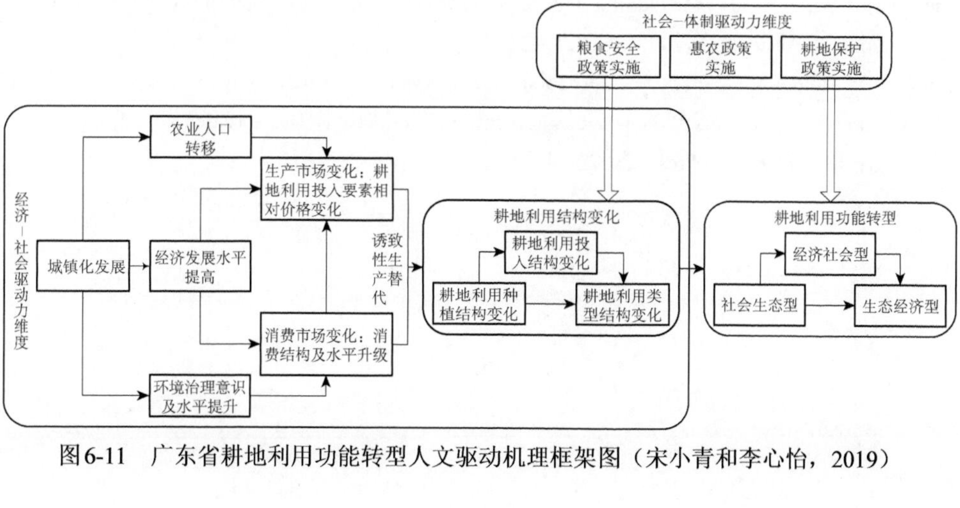

图6-11　广东省耕地利用功能转型人文驱动机理框架图（宋小青和李心怡，2019）

参 考 文 献

毕于运，郑振源. 2000. 建国以来中国实有耕地面积增减变化分析[J]. 资源科学，22（2）：8-12.

封志明，刘宝勤，杨艳昭. 2005. 中国耕地资源数量变化的趋势分析：1949-2003[J]. 自然资源学报，20（1）：35-43.

广东农村统计年鉴编辑委员会. 1993–2016. 广东农村统计年鉴（1993—2016）[M]. 北京：中国统计出版社.

广东省统计局. 1993–2016. 广东统计年鉴（1993—2016）[M]. 北京：中国统计出版社.

国家发展和改革委员会价格司. 2016. 全国农产品成本收益资料汇编（2016）[M]. 北京：中国统计出版社.

宋小青，李心怡. 2019. 区域耕地利用功能转型的理论解释与实证[J]. 地理学报，74（5）：992-1010.

宋小青，吴志峰，欧阳竹. 2014. 1949年以来中国耕地功能变化[J]. 地理学报，69（4）：435-447.

汪涌，王滨，马仓，等. 2008. 基于耕地面积订正的中国复种指数研究[J]. 中国土地科学，22（12）：46-52.

中华人民共和国国家统计局. 1996. 中国统计年鉴（1996）[M]. 北京：中国统计出版社.

中华人民共和国国家统计局. 2018. 中华人民共和国2017年国民经济和社会发展统计公报[R]. 北京：中国统计出版社.

Hayami Y，Ruttan V W. 1985. Agricultural Development：An International Perspective[M]. Baltimore，MD：John Hopkins University Press.

Song X Q，Wu Z F. 2013. Modelling and mapping trends in grain production growth in China[J]. Outlook on Agriculture，42（4）：255-263.

Yamada S，Ruttan V W. 1980. ‘International comparisons of productivity in agriculture’［A］// Yamada S，Ruttan V W. New Developments in Productivity Measurement，1ed. Chicago：University of Chicago Press：507-594.

第7章　中国耕地利用转型新问题：生物灾害脆弱性

病虫草害等生物灾害与耕地利用密切相关，而且已对粮食安全构成严重威胁。降低耕地利用生物灾害脆弱性已迫在眉睫。那么，伴随耕地利用转型，我国耕地利用生物灾害脆弱性是否也已经发生转型？对此，本章在耕地利用格局和功能转型研究的基础上，从耕地利用活动角度进一步探讨诱致性生产替代驱动的耕地利用生物灾害脆弱性转型问题，以期以耕地利用转型为纽带建立市场与政策、生态系统的关联。

7.1　问题的提出

2020年蝗灾影响警示人类迫切需要降低耕地利用系统脆弱性。环境变化驱动的自然灾害是导致耕地利用系统脆弱性最突出的因素。20世纪90年代以来，气候变化科学范式推动农业自然灾害脆弱性研究取得了重要进展（Field et al.，2014；Wirehn et al.，2015；Campbell et al.，2016）。然而，以往研究集中在与气候变化相关的农业洪涝、干旱脆弱性方面（Carvajal-Yepes et al.，2019；Fitton et al.，2019；Formetta and Feyen，2019；Mougou et al.，2011），对作物病虫草害等农业生物灾害脆弱性关注甚少。事实上，生物灾害是粮食减产的重要因素。例如，2010～2014年，病虫害导致全球小麦、水稻、玉米、土豆、大豆等产量损失分别高达21.5%、30.0%、22.6%、17.2%、21.4%（Savary et al.，2019）。1988～2017年，病虫草害导致全国粮食自然损失量（挽回损失量与实际损失量之和）达24.38亿t，占该时期全国粮食总产的15.87%（中华人民共和国农业农村部，1989–2018）。当前，国际科学界呼吁采取切实行动以应对生物灾害对粮食安全的威胁（Carvajal-Yepes et al.，2019；Paini et al.，2016）。可见，农业生物灾害脆弱性研究迫在眉睫。

人地耦合系统脆弱性往往与资源利用活动紧密关联（Adger，2006）。由此，农业生物灾害脆弱性必然与耕地利用关系密切。然而，鲜有学者从耕地利用角度研究农业生物灾害脆弱性。从土地利用格局角度来看，全球耕地利用正处于从生计农业模式下的细碎化利用向集约农场模式下的规模化利用转型阶段（Foley et al.，2005）。欧美多功能农业实践、最优管理实践（best management practices，BMP）、综合害虫管理实践（integrated pest management，IPM）（宋小青和欧阳竹，2012）以及可持续集约化（sustainable intensification，SI）（Cassman and Grassini，2020；Scherer et al.，2018；Tilman et al.，2011）实践表明，与生计农业相比，集约农场更加注重农业生态系统服务管理，水、肥配置及生物灾害防治更加精准、科学，而且灾害防治合作意愿更强烈（Stallman and James，2015），因而具有更强的生物灾害应对能力。1988～2017年，全国农业劳动力人均耕地从0.45hm^2增长到0.64hm^2（中华人民共和国农业农村部，1989–2018）。随着耕地经营面积增加，单位面积化肥和农药使用量呈下降态势（Ren et al.，2019；Ju et al.，2016）。研究显示，耕地经营面积每增加1%，除草剂和杀虫剂用量下降1.8%、化肥用量下降0.3%（Wu et al.，2018）。同时，与细碎化经营的散户相比，种田大户采用施肥、病虫害防治等新技术的意愿更强烈，也更愿意付出时间和成本学习农业知识（Hu et al.，2022；Petit et al.，2020）。此外，家庭农场、种田大户、农业企业、农业合作社等新型农业经营主体带动小农发展的生产格局已经形成。2018 年全国小农2.6亿户，新型农业经营主体超过300万个（李耀锋和张余慧，2020）。新型农业经营主体的突出贡献之一是，大力推动了农业生物灾害统防统治。根据作者调查，黑龙江省五常市五常大米种植区通过农业企业带动实现了生物灾害统防统治航化作业；苏南、苏北的农业企业也已实施水稻生物灾害统防统治。从土地利用功能角度来看，2006年以来，从全国到地市尺度，耕地利用多功能态势已经显现。发达地区（如珠江三角洲）的耕地利用功能形态已从经济社会型转向生态经济型，生态功能从快速退化走向恢复（Song et al.，2015；宋小青和李心怡，2019）。

综合发达国家经验以及我国情况来看，化学品使用强度下降以及耕地利用功能形态转向生态经济型，必定促成我国耕地生态系统由受损转向恢复并降低耕地利用的负面环境影响，从而有利于降低耕地利用系统的暴露度和敏感性。同时，农业生物灾害防治意愿和能力的提升必然增强耕地生态系统对农业生物灾害的应对能力。那么，随着经济社会发展，我国耕地利用生物灾害脆弱性是否存在或者已经转型？

7.2　耕地利用生物灾害脆弱性转型诊断框架

7.2.1　耕地利用生物灾害脆弱性的理论解释

1. 耕地利用生物灾害脆弱性基本概念

脆弱性概念源于自然灾害研究，经气候变化科学范式完善后获得科学界的认可。它是指系统暴露于外部环境受到损害或威胁的倾向性以及应对能力的缺乏（Adger，2006；Field et al.，2014）。据此可以将耕地利用生物灾害脆弱性解释为，耕地利用系统暴露于外部环境中，受到生物灾害损害或威胁的倾向性，以及生物灾害防治能力的缺乏。其中，外部环境包括自然生态环境和经济社会环境（图 7-1）。从生态学角度来看，病虫草害的相互关联性强，而螺害和鼠害与病虫草害的关联性相对较弱。因此，本章研究关注的农业生物灾害包括病虫草害，但不包括螺害和鼠害。

2. 耕地利用生物灾害脆弱性的构成要素

耕地利用生物灾害脆弱性是暴露度、敏感性和应对能力的函数（图 7-1）。其中，暴露度是指耕地利用系统在容易导致病虫草害等农业生物灾害环境中的暴露程度。考虑到本章研究时段 1988～2017 年自然环境相对稳定而经济社会环境变化显著，本章聚焦耕地利用系统暴露于经济社会环境影响而产生的脆弱性问题，将自然环境作为背景因素考虑。本章所说的暴露度是指耕地利用系统所承受的容易导致农业生物灾害的经济社会压力。敏感性是指耕地利用系统受到农业生物灾害的可能影响程度，由耕地生态系统状态及生物灾害强度共同决定。应对能力是指耕地利用应对农业生物灾害的能力，由生物灾害防治水平及成效反映。

3. 耕地利用“趋利避害”、农业诱致性生产替代与生物灾害脆弱性

耕地利用是由农户“趋利性”和“避害性”动机共同支配的经济行为。在“趋利性”方面，耕地利用表现为农业诱致性生产替代（Hayami and Ruttan，1985；Lambin et al.，2001；Scoones et al.，2019；Song and Wu，2013；Song

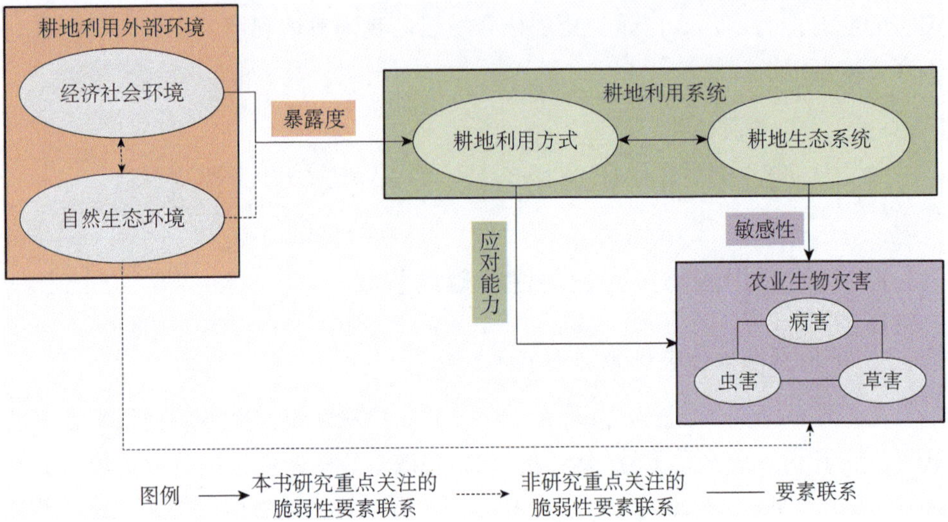

图7-1 耕地利用生物灾害脆弱性概念框架（宋小青等，2020）

et al.，2020；Yamada and Ruttan，1980；宋小青和李心怡，2019）。为实现收益最大化，农户往往根据价格配置农业资源。农户倾向于种植较高收益的作物，从而替代较低收益的作物。1988～2018年，中国粮食种植净利润从794.25元/hm^{2}下降到−1283.85元/hm^2（国家发展和改革委员会价格司，2002−2018），粮食作物播种面积占农作物播种面积的比重从76.02%下降到70.54%，而经济作物与园艺作物播种面积占比从18.93%增长到26.46%，其中蔬菜播种面积占比从4.16%增长到12.32%（中华人民共和国农业农村部，1989−2018）。同时，农户倾向于用较低成本的投入要素替代较高成本的投入要素。1988～2018年，粮食种植化肥成本从301.95元/hm^{2}增长到2085.30元/hm^2，土地成本从110.40元/hm^{2}增长到3373.05元/hm^2（国家发展和改革委员会价格司，2002−2018）。土地相对于化肥的成本优势下降，诱致逐步稀缺的土地被越来越充裕的化肥所替代。农业诱致性生产替代必然导致耕地化肥使用强度和作物多样性的变化。1988～2017年，单位耕地面积化肥投入量从151.41kg/hm^{2}迅速增长到434.41kg/hm^2（中华人民共和国农业农村部，1989−2018）。耕地化肥使用强度升高和作物多样性下降必将影响耕地生态系统对生物灾害的抵御能力。在“避害性”方面，为最大限度地避免损失尤其是生物灾害导致的减产，农户倾向于投资生物灾害防治。而农户的这种投资能力往往由其收入水平决定，其是影响生物防治能力的关键因素。

综上所述，农业资源相对稀缺等经济社会压力构成了耕地利用生物灾害暴露度，耕地利用的化肥使用强度和作物多样性等影响耕地生态系统功能的因素以及生物灾害强度决定了耕地利用生物灾害敏感性，而生物灾害防治水平及成效揭示了耕地利用生物灾害应对能力。暴露度、敏感性和应对能力在“趋利性”和“避害性”的支配下形成了耕地利用生物灾害脆弱性。

4. 耕地利用生物灾害脆弱性转型的综合解释

耕地利用生物灾害脆弱性转型是指耕地利用生物灾害脆弱性随着经济社会发展从一种状态向另一种状态的趋势性转折。随着经济社会进入快速发展时期，城乡关系往往表现为不平衡状态（Feng et al.，2019；Lewis，1954）。快速工业化、城镇化导致城乡收入差距扩大，耕地大量流失、破碎化加剧、稀缺性增强（Azadi and Hasfiati，2011；Li et al.，2014；Liu et al.，2014；Ning et al.，2018）。提高经济收益是农户耕地利用的重要目标，而日益升高的土地成本是制约耕地规模经营的重要因素。在“趋利性”驱使下，农业诱致性生产替代一方面导致化肥等增产性投入被大量使用以节约逐步昂贵的土地要素（Hayami and Ruttan，1985；Song and Wu，2013；Yamada and Ruttan，1980；Song et al.，2020），另一方面导致粮食作物逐步被经济与园艺作物替代（Klasen et al.，2016；Lambin and Meyfroidt，2011；Li et al.，2018；Su et al.，2016；宋小青和李心怡，2019）。而且，农作物倾向于专业化种植，以便于机械化耕作并提高产量。此外，粮食作物种植的亩均化肥施用量明显低于经济作物与园艺作物（国家发展和改革委员会价格司，2002−2018；宋小青和李心怡，2019）。作物替代必然导致耕地化肥使用强度逐步升高，进而导致耕地生态系统过程明显受损（Foley et al.，2005；Guo et al.，2010；Zuo et al.，2018）。同时，专业化种植大大降低作物多样性，导致耕地生态系统组分受损（d’Acunto et al.，2018；King and Hofmockel，2017；Osterholz et al.，2018；Roesch-McNally et al.，2018；Shaver et al.，2015；Sirami et al.，2019；Storkey et al.，2019；Tiemann et al.，2015）。耕地生态系统组分及过程受损共同促成耕地生态系统功能弱化。这必定明显降低耕地生态系统对生物灾害的抵御能力，进而导致生物灾害强度增强。在“避害性”方面，农户经济收入受限导致生物灾害防治的积极性及能力难以提高。而且，耕地破碎化制约了生物灾害防治效率。根据以上分析，随着经济社会进入快速发展时期，呈扩大态势的城乡收入差距及呈增强态势的耕地破碎化和稀缺性，导致耕地利用生物灾害暴露度升高；呈升高态势的耕地化肥使用强度、专业化种植水平及生物灾害强度，导致耕地利用生物灾害敏感性增强；受限的生物灾害防治积极性、能力与防治效率，导致耕地利用生物灾害应对能力难以提高。以上共同导致耕地利用生物灾害脆弱性增强。

随着经济社会发展进入相对发达阶段，城乡收入差距缩小（Feng et al.，

2019；Su et al.，2015；Lewis，1954），农村土地大量流转带动耕地规模经营水平提高（Su et al.，2018；Fei et al.，2021）。2012～2016 年，全国耕地流转面积从 1.30×10^5hm^2 增长到 3.10×10^5hm^2（Liu et al.，2019），地劳关系明显优化。加之，土地生产力水平已大大提高，可显著缓解耕地稀缺性，从而降低耕地压力（Song et al.，2015；蔡运龙等，2002）。值得注意的是，该阶段耕地多功能需求凸显，耕地生态系统服务价值逐步显化，农业生产的环境损害成本升高（宋小青和欧阳竹，2012）。由此，在“趋利性”方面，农业诱致性生产替代导致农户根据耕地生态系统特征和作物生理需求决定化肥施用量。与前一发展阶段相比，耕地利用的化肥使用强度增长明显趋缓甚至下降。1988～2003 年，城乡收入比从 2.17 增长到 3.23，耕地利用的化肥使用强度从 151.41kg/hm^2 增长到 326.67kg/hm^2，年均增长 11.68kg/hm^2（中华人民共和国农业农村部，1989–2018）。2004～2017 年，城乡收入比从 3.45 下降到 2.71，耕地利用的化肥使用强度从 345.76kg/hm^2 增长到 434.41kg/hm^2，年均增长 6.82kg/hm^2（中华人民共和国农业农村部，1989–2018）。同时，由于粮食品质提高及耕地生态系统服务市场价值显化，经济与园艺作物产品价格高于粮食价格的优势退化。这将导致经济与园艺作物对粮食作物的诱致性替代逐步减弱，从而进一步降低耕地化肥使用强度并提升作物种植多样性。由此，耕地生态系统过程及组分转而恢复。这必将增进耕地生态系统功能，进而增强耕地生态系统对生物灾害的抵御能力，生物灾害强度势必下降。在“避害性”方面，农户经济收入水平显著提高将切实增强生物灾害防治的投资积极性及能力。而且，耕地规模化利用将大大提升耕地管理水平，从而增强生物灾害防治效率。根据以上分析，随着经济社会发展进入相对发达阶段，呈缩小态势的城乡收入差距、逐步提升的耕地规模化利用水平以及呈弱化态势的耕地稀缺性，导致耕地利用生物灾害暴露度下降；呈下降态势的耕地化肥使用强度、呈增长态势的作物多样化种植水平以及呈下降态势的生物灾害强度，导致耕地利用生物灾害敏感性下降；逐步增强的生物灾害防治积极性及能力与防治效率，导致耕地利用生物灾害应对能力显著增强。以上共同导致耕地利用生物灾害脆弱性减弱（图7-2）。

综上所述，耕地利用生物灾害脆弱性转型可以理解为，沿着“经济社会环境—耕地利用活动—生物灾害反馈—灾害防治应对”社会生态交互逻辑，随着经济社会发展，耕地利用生物灾害脆弱性从增强向减弱的趋势性转折。

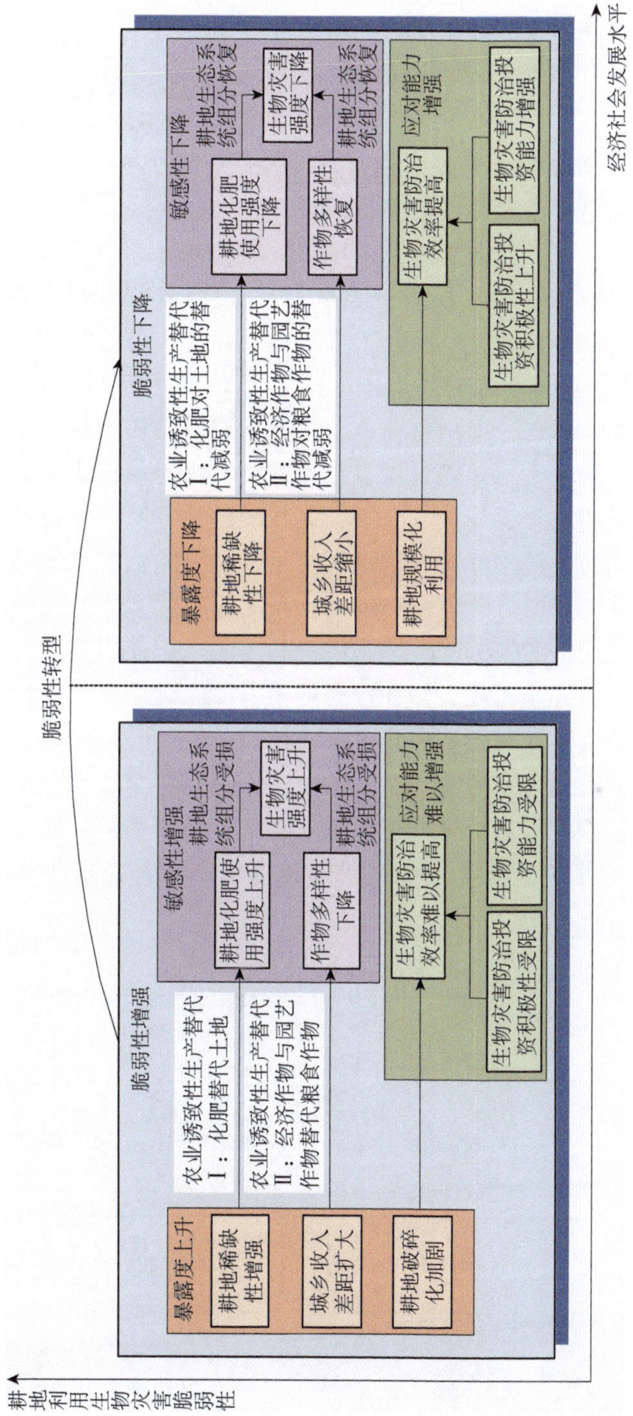

图 7-2　耕地利用生物灾害脆弱性转型理论框架

7.2.2 耕地利用生物灾害脆弱性评价方法

1. 评价指标体系

根据 7.2.1 节理论解释，耕地压力指数、农业劳动力人均耕地和城乡收入比是决定耕地利用生物灾害暴露度的关键指标，作物多样性、耕地利用的化肥使用强度和地均生物灾害发生面积是决定敏感性的关键指标，生物灾害防治率、生物灾害防治失控率和生物灾害损失挽回率是决定应对能力的关键指标。在暴露度方面，考虑到耕地稀缺性是耕地数量、质量和食物需求的综合反映，在此运用耕地压力指数衡量耕地稀缺性（Song et al.，2015；蔡运龙等，2002）。耕地稀缺性越高，脆弱性越强。运用农业劳动力人均耕地、城乡收入比分别衡量耕地规模经营水平、城乡收入差距。城乡收入差距、耕地规模经营水平分别与耕地利用生物灾害脆弱性呈正相关、负相关。在敏感性方面，作物多样性是维持耕地生态系统功能的关键指标，与耕地利用生物灾害脆弱性呈负相关。以各类作物播种面积为基础数据，运用 Simpson 指数衡量作物多样性（宋小青和李心怡，2019；Song et al.，2015，2020）。耕地利用的化肥使用强度、地均生物灾害发生面积均与脆弱性呈正相关。在应对能力方面，运用作物生物灾害防治率和作物生物灾害防治失控率衡量生物灾害防治积极性和防治能力，它们分别与耕地利用生物灾害脆弱性呈负相关、正相关。考虑到粮食作物是农作物种植的主要类型，运用生物灾害损失挽回率衡量生物灾害防治效率，其与耕地利用生物灾害脆弱性呈负相关。综上，构建耕地利用生物灾害脆弱性评价指标体系（表 7-1）。

表 7-1　耕地利用生物灾害脆弱性评价指标体系

脆弱性	指标名称	指标属性	指标涵义	评价方法	单位
暴露度	耕地压力指数（Song et al.，2015；蔡运龙等，2002）	+	耕地稀缺性	CLPI=（$f\times d$）/（$y\times r\times$mci$\times$PerCLA） CLPI，耕地压力指数；f，粮食自给率；d，人均粮食需求量；y，粮食播面单产；r，粮作比；mci，复种指数；PerCLA，人均耕地面积	—
	农业劳动力人均耕地	−	耕地规模经营水平	PCLAEA=CLA/EA PCLAEA，农业劳动力人均耕地；CLA，耕地面积；EA，农业从业人员	hm^2
	城乡收入比	+	城乡收入差距	RIUR=IU/IR RIUR，城乡收入比；IU，城镇居民家庭人均可支配收入；IR，农村居民家庭人均纯收入	—

续表

脆弱性	指标名称	指标属性	指标涵义	评价方法	单位
敏感性	作物多样性（宋小青和李心怡，2019；Song et al.，2015，2020）	−	维持耕地生态系统功能的系统组分多样性水平	$\text{Diversity}=1-\sum C_i^2$ Diversity，作物多样性指数；C_i，作物 i 播种面积占农作物播种面积的比重	—
	耕地利用的化肥使用强度	+	化学品对耕地生态系统的影响程度	CFUI=ACFU/CLA CFUI，耕地化肥使用强度；ACFU，化肥施用量（折纯量）；CLA，耕地面积	kg/hm^2
	地均生物灾害发生面积	+	生物灾害发生强度	RBDA=BDA/CLA RBDA，地均生物灾害发生面积；BDA，作物病虫害等生物灾害发生面积；CLA，耕地面积	—
应对能力	生物灾害防治率	−	生物灾害防治积极性	RBDPCA=BDPCA/TSAC RBDPCA，地均生物灾害防治面积；BDPCA，作物病虫害等生物灾害防治面积；TSAC，农作物播种面积	—
	生物灾害防治失控率	+	生物灾害防治能力	FRBDPC=BDA/BDPCA FRBDPC，生物灾害防治失控率；BDA，作物病虫害等生物灾害发生面积；BDPCA，作物病虫害等生物灾害防治面积	—
	生物灾害损失挽回率	−	生物灾害防治效率	RRGL=RGL/（AGL+RGL）RRGL，生物灾害损失挽回率；RGL，生物灾害损失挽回量；AGL，生物灾害实际损失量	—

注：①“+”“−”分别表示指标值与耕地利用生物灾害脆弱性呈正相关、负相关；②综合《国家粮食安全中长期规划纲要（2008—2020年）》及相关研究（卢良恕，2003，2008），在耕地压力指数计算中设定人均粮食需求量和粮食自给率分别为 400kg 和 95%。

2. 评价指标标准化方法

首先，运用倒数法将负向指标正向化。然后，运用极大值法（Jain et al.，2018；刘竞妍等，2018）将正向化后的评价指标无量纲化：

$$X_{ij}=\frac{x_{ij}}{\max\left(x_j\right)} \tag{7-1}$$

式中，i、j 分别表示评价对象、评价指标；x_{ij} 为正向化后的评价指标；max（x_j）为正向化后的评价指标中的最大值；X_{ij} 为评价指标无量纲值。

3. 逻辑斯谛增长模型

系统要素与系统功能之间往往呈非线性关系（Holling，1973）。同时，由于农业资源的生态限制性，农业生产表现为典型的生态承载力特征（Harris and

Kennedy，1999）。对此，采用逻辑斯谛增长模型（Harris and Kennedy，1999；Murray，2002；Wang et al.，2018）计算标准化后评价指标的耕地利用生物灾害脆弱性分值。

$$\mathrm{CLVBD}_{ij}=\frac{k}{1+a\mathrm{e}^{bX_{ij}}} \tag{7-2}$$

式中，CLVBD_{ij}为耕地利用生物灾害脆弱性评价指标分值。为保证CLVBD值介于（0，1），设置k=1，且a、b均为常数。根据逻辑斯谛增长曲线特征，假定$X_{ij}\to0.01$，则$\mathrm{CLVBD}_{ij}\to0.001$；假定$X_{ij}\to0.99$，则$\mathrm{CLVBD}_{ij}\to0.999$。由此推算出$a$、$b$分别为1150.22052、−14.09542。

4. 综合计量模型

考虑到评价指标对耕地利用生物灾害脆弱性的贡献差异，运用熵权法计算评价指标权重，并运用线性加权求和法计算耕地利用生物灾害脆弱性值。

$$\mathrm{CLVBD}=\sum\left(w_j\times\mathrm{CLVBD}_{ij}\right)\times100\% \tag{7-3}$$

式中，CLVBD为耕地利用生物灾害脆弱性；w_j为评价指标j的权重。

7.2.3 耕地利用生物灾害脆弱性转型诊断方法

1. 单因素模拟方程

根据7.2.1节理论解释，以人均GDP衡量经济社会发展水平并作为自变量，运用一元二次方程检验其与因变量耕地利用生物灾害脆弱性值之间的关系。

$$\mathrm{CLVBD}=\alpha\mathrm{PerGDP}^2+\beta\mathrm{PerGDP}+\gamma+\mu \tag{7-4}$$

式中，CLVBD为耕地利用生物灾害脆弱性；PerGDP为人均GDP；α、β为待估参数；γ为常数项；μ为误差项。

2. 多因素面板数据回归模型

耕地利用生物灾害脆弱性变化的影响因素包括自然环境和经济社会环境多因素。那么，诊断耕地利用生物灾害脆弱性转型，不仅要考虑人均GDP，而且还要在尊重数据可获得性的基础上考虑自然环境和其他经济社会因素。在自然环境方面，主要考虑气温和降水对生物灾害的影响。耕地利用“趋利性”和“避害性”的动机是由耕地利用目标所诱导的。而耕地利用目标表现为追求土地生产力和劳动生产力最大化。对此，在经济社会环境方面，将土地生产力、劳动生产力作为脆弱性变化的影响变量（表7-2）。

表7-2 耕地利用生物灾害脆弱性面板回归模型变量

变量	变量类型	变量含义	变量属性	单位
CLVBD	因变量	耕地利用生物灾害脆弱性	—	—
Temp	自变量	气温	控制变量	℃
Precip	自变量	降水量	控制变量	mm
ProLand	自变量	土地生产力（即单位耕地面积种植业增加值）	控制变量	万元/hm^2
ProLabor	自变量	劳动生产力（即单位农业从业人员种植业增加值）	控制变量	万元/人
PerGDP	自变量	人均GDP	核心变量	万元/人
$PerGDP^2$	自变量	人均GDP的二次方	核心变量	$(万元/人)^2$

为探索脆弱性转型机制，以脆弱性为因变量，以人均GDP及其二次方为核心变量，同时将气温、降水量、土地生产力、劳动生产力纳入控制变量，构建面板数据回归模型：

$$\begin{aligned}\text{CLVBD}_{ij} = a + b_i + c_j + \varphi\text{Temp}_{ij} + \omega\text{Precip}_{ij} + \sigma\text{ProLand}_{ij} + \delta\text{Prolabor}_{ij} \\ + \varepsilon\text{PerGDP}_{ij} + \in \text{PerGDP}_{ij}^2 + d_{jk}\end{aligned} \tag{7-5}$$

式中，a为常数项；b_i和c_j分别为时间和地区固定效应因子；φ、ω、σ、δ、ε、$\in$为待估参数；d_{jk}为误差项；i和j分别表示年份和省（自治区、直辖市）。

7.2.4 数据来源

1. 耕地数据

耕地数据为1988～2017年全国及各省（自治区、直辖市）耕地面积。其中，1996年耕地面积、2009年耕地面积分别为第一次、第二次全国土地调查成果，其余年份数据为土地利用变更调查成果，来自《中国土地年鉴》《中华人民共和国国土资源统计年鉴（1996—2017）》（中华人民共和国国土资源部，1996—2017）。相对于第一次全国土地调查，第二次全国土地调查采用的遥感影像等基础资料更加精细。因此，2009～2017年耕地面积比1997～2008年耕地面积的精度更高。为保证数据精度一致性，有必要以2009～2017年耕地面积为基础，校正1997～2008年耕地面积。考虑到复种指数在2008～2009年波动较小，在此首先运用复种指数校正2008年耕地面积。

$$\text{CLA}_{\text{adj2008}} = \frac{\text{TASC}_{2008}}{\text{MCI}_{2009}} \tag{7-6}$$

$$\text{MCI}_{2009} = \frac{\text{TASC}_{2009}}{\text{CLA}_{2009}} \tag{7-7}$$

式中，$CLA_{adj2008}$、CLA_{2009}分别为2008年校正耕地面积、2009年耕地面积；$TSAC_{2008}$、$TSAC_{2009}$分别为2008年、2009年农作物播种面积；MCI_{2009}为2009年复种指数。

然后，以2008年耕地面积、历年年内耕地新增面积和年内耕地减少面积为基础，运用历史重建法（Song et al.，2015；毕于运和郑振源，2000；封志明等，2005），反推1988～2007年耕地面积。其中，1996～2007年耕地新增面积、耕地减少面积来自《中国土地年鉴》《中华人民共和国国土资源统计年鉴（1996—2017）》（中华人民共和国国土资源部，1996–2017）；1988～1995年耕地新增面积、耕地减少面积来自《中国农业年鉴（1989—2018）》（中华人民共和国农业农村部，1989–2018）。

$$CLA_{adj(t+1)}=CLA_{adj(t)}+INCLA_{(t)}-DECLA_{(t)} \tag{7-8}$$

式中，$CLA_{adj(t+1)}$、$CLA_{adj(t)}$分别为第t+1年、第t年耕地面积；$INCLA_{(t)}$、$DECLA_{(t)}$分别为第t年的年内新增耕地面积、年内耕地减少面积。

2. 生物灾害数据

生物灾害数据为1988～2017年全国及各省（自治区、直辖市）病虫害发生面积、病虫害防治面积、病虫害挽回粮食损失量、病虫害实际损失粮食量、草害发生面积、草害防治面积、草害挽回粮食损失量、草害实际损失粮食量，来自《中国农业年鉴（1989—2018）》（中华人民共和国农业农村部，1989–2018）。

3. 农业生产数据

农业生产数据为1988～2017年全国及各省（自治区、直辖市）各类农作物播种面积、化肥施用折纯量。其中，农作物类型包括早稻、中稻和一季晚稻、双季晚稻、冬小麦、春小麦、玉米、高粱、谷子、大豆、马铃薯、其他薯类、棉花、花生、油菜籽、芝麻、胡麻籽、向日葵籽、其他油料、麻类、甘蔗、甜菜、烤烟、其他烟叶、药材、蔬菜、瓜果类、青饲料共27类，均来自《中国农业年鉴（1989—2018）》（中华人民共和国农业农村部，1989–2018）。气温、降水量数据来自《中国统计年鉴（1988—2018）》（中华人民共和国国家统计局，1988–2018）。

4. 经济社会数据

经济社会数据为1988～2017年全国及各省（自治区、直辖市）总人口、农业从业人员、城镇居民家庭人均可支配收入、农村居民家庭人均纯收入、人均GDP、种植业增加值，它们均来自《中国农业年鉴（1989—2018）》（中华人民共和国农业农村部，1989–2018)、《中国统计年鉴（1988—2018）》（中华人民共和国国家统计局，1988–2018）。

7.3　1988～2017年中国耕地利用生物灾害脆弱性转型

7.3.1　国家尺度耕地利用生物灾害脆弱性转型

1988～2017 年，耕地利用生物灾害脆弱性随着经济社会发展发生了转型（图 7-3）。根据模拟方程计算曲线顶点坐标值，可知转型时人均 GDP 为 2.93 万元。对照 1988～2017 年人均 GDP，可知转型时对应年份为 2010 年前后。1988～2009 年，全国耕地利用生物灾害脆弱性值从 15.33%增长到 22.45%，年均增长 0.34 个百分点。2010～2017 年，全国耕地利用生物灾害脆弱性值从 22.40%下降到 19.49%，年均下降 0.42 个百分点。

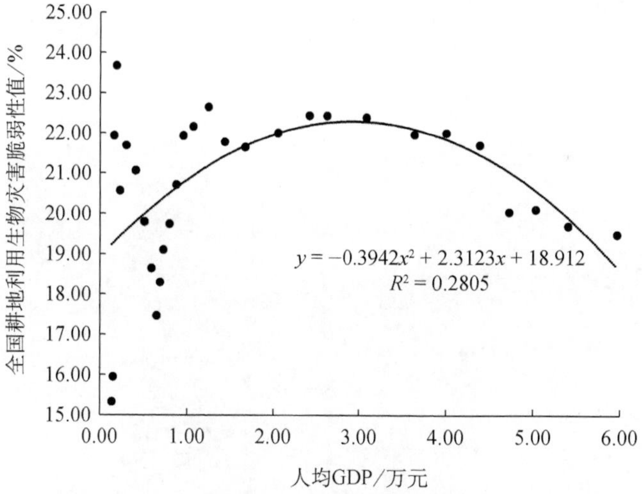

图 7-3　1988～2017 年全国耕地利用生物灾害脆弱性转型“倒 U”形曲线

7.3.2　省级尺度耕地利用生物灾害脆弱性转型

1988～2017年，耕地利用生物灾害脆弱性高值由西北向东南移动，长江中游地区、华南、云贵高原东部脆弱性明显增强，而东北平原、西北地区脆弱性明显减弱。2017年，华南以及湖南省、广西壮族自治区脆弱性明显较强，黄淮海平原区其次，东北平原区、四川盆地及周边地区以及江西省、浙江省最低（图7-4）。

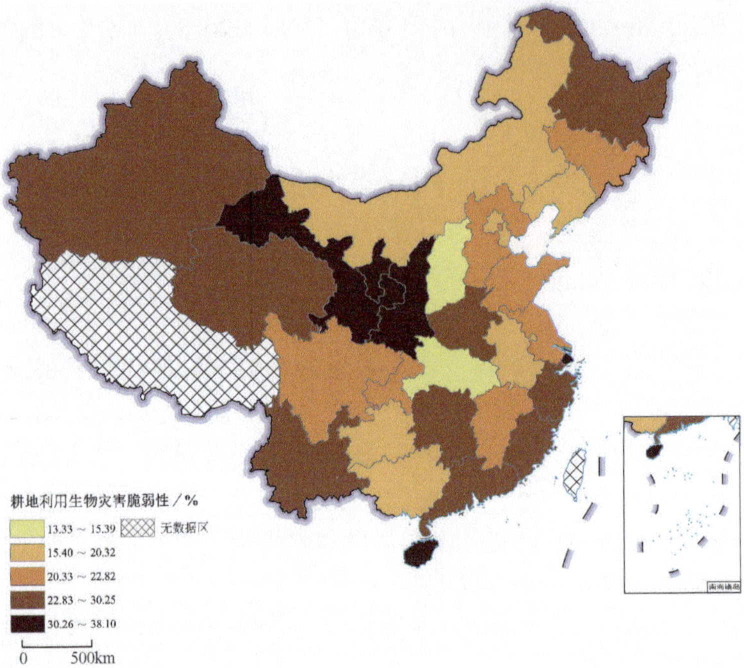

（a）1988 年

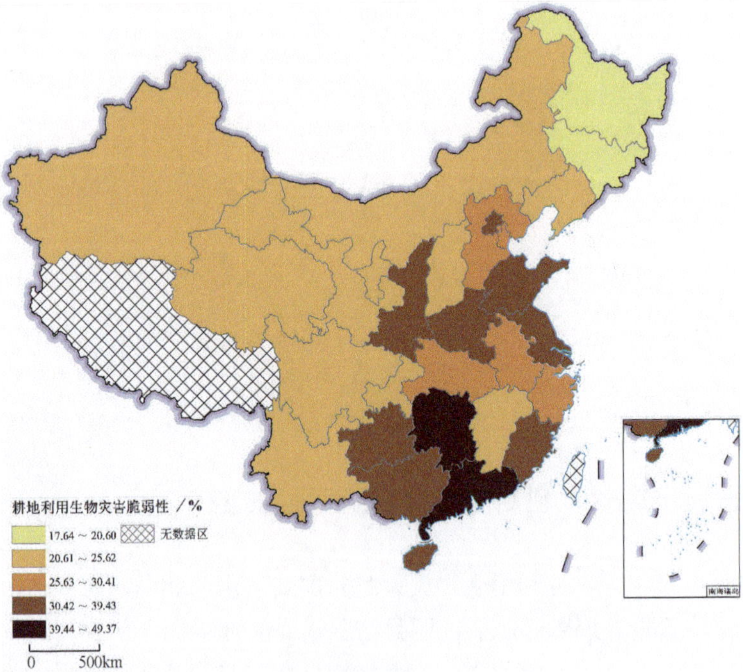

（b）2009 年

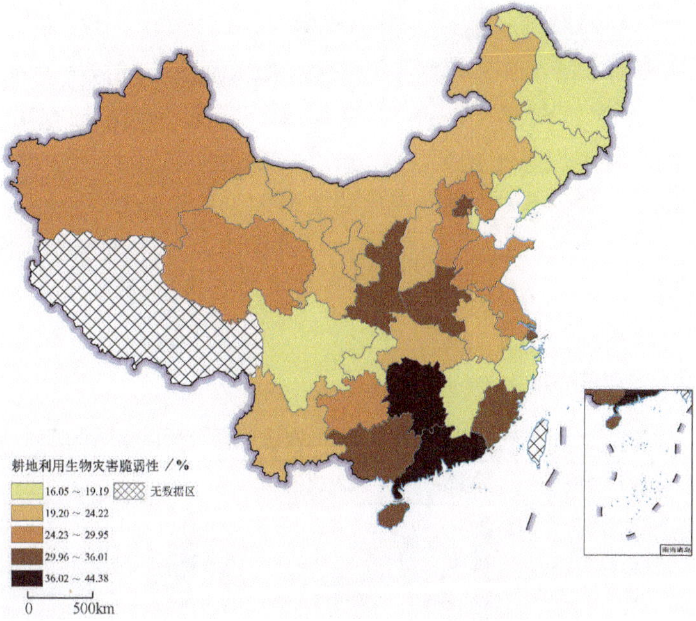

（c）2017 年

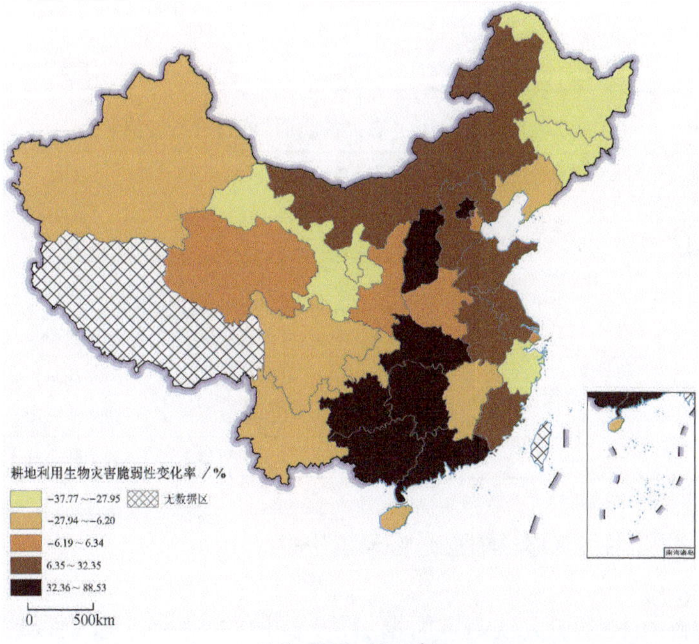

（d）1988～2017 年

图 7-4　1988～2017 年中国省级尺度耕地利用生物灾害脆弱性变化格局

为诊断省级尺度耕地利用生物灾害脆弱性转型态势，本章构建了多因素面板回归模型。协整检验结果显示，拒绝原假设，面板数据存在协整关系。在开展Hausman检验的基础上，运用最小二乘估计求解模型。表7-3为模型变量的统计描述。表7-4显示，气温（Temp）、降水量（Precip）与耕地利用生物灾害脆弱性（CLVBD）相关关系不显著。这与7.2.1节的理论认知一致，即在短时间范围内，自然环境不是导致CLVBD变化的关键因素。土地生产力（ProLand）和劳动生产力（ProLabor）分别与CLVBD呈显著的正相关和负相关关系。人均GDP（PerGDP）与CLVBD的相关性从显著正相关变为显著负相关，证明了本章研究关于耕地利用生物灾害脆弱性转型的理论认知，即随着经济社会发展，耕地利用生物灾害脆弱性由增强向减弱转型。

表7-3　耕地利用生物灾害脆弱性面板回归模型变量描述性统计

变量	均值	中间值	最大值	最小值	标准差	横截面数
CLVBD	28.67	28.25	50.59	13.34	7.05	870
Temp	14.29	15.10	25.40	4.20	5.07	870
Precip	901.61	787.05	2939.70	74.90	525.08	870
ProLand	1.37	0.89	8.39	0.04	1.39	870
ProLabor	0.62	0.41	3.48	0.04	0.58	870
PerGDP	2.04	1.04	12.90	0.06	2.33	870
$PerGDP^2$	9.55	1.07	166.39	0.00	20.65	870

表7-4　耕地利用生物灾害脆弱性面板回归结果

自变量名称	自变量属性	参数估计值	标准差	*t*值	*P*值
Temp	控制变量	−0.252004	0.244870	−1.029134	0.3037
Precip		0.000069	0.000621	0.111802	0.9110
ProLand		2.397000	0.232688	10.30136	0.0000
ProLabor		−3.820744	0.601890	−6.347908	0.0000
PerGDP	核心变量	1.570417	0.382706	4.103459	0.0000
$PerGDP^2$		−0.066274	0.025634	−2.585370	0.0099
a		28.72717	3.642856	7.885891	0.0000

7.3.3　耕地利用生物灾害脆弱性转型特征分析

从转型路径和因子贡献两方面揭示耕地利用生物灾害脆弱性转型特征。为揭示转型路径，构建省级对照组，比较分析转型曲线形态。对照组构建原则如下：①每组包含两个省级地区；②省级地区的耕地资源禀赋、自然环境条件基本一致，而经济社会发展水平差异显著。以全国农业区划方案（http://www.resdc.

cn/data.aspx?DATAID=275）为基础，在确保研究起始年份即1988年农业劳动力人均耕地基本一致、1988～2017年人均GDP均值差异显著的情况下，在每个农业区内构建对照组，最终构建北京和河北、山东和河南、江西和江苏共3个符合条件的对照组。然后，开展以上省区耕地利用生物灾害脆弱性转型单因素模拟，并根据模拟方程计算曲线拐点处的坐标、曲率等曲线特征关键值。

图7-5显示，1988～2017年，北京市、河北省、上海市、江苏省、浙江省和江西省耕地利用生物灾害脆弱性发生了转型，但是转型时的经济社会发展水平各异。表7-5显示，相对于经济社会发展水平较低的省（直辖市），经济社会发展水平较高的省（直辖市）发生耕地利用生物灾害脆弱性转型时的人均GDP更高、脆弱性更强，转型拐点处的曲率更小，即转型后脆弱性减弱的速度更慢。由此，可以总结出两条转型路径，即代表经济社会发展水平较低地区的转型路径Ⅰ和代表经济社会发展水平较高地区的转型路径Ⅱ，而路径Ⅲ代表耕地利用生物灾害脆弱性转型调控的目标路径（图7-6）。

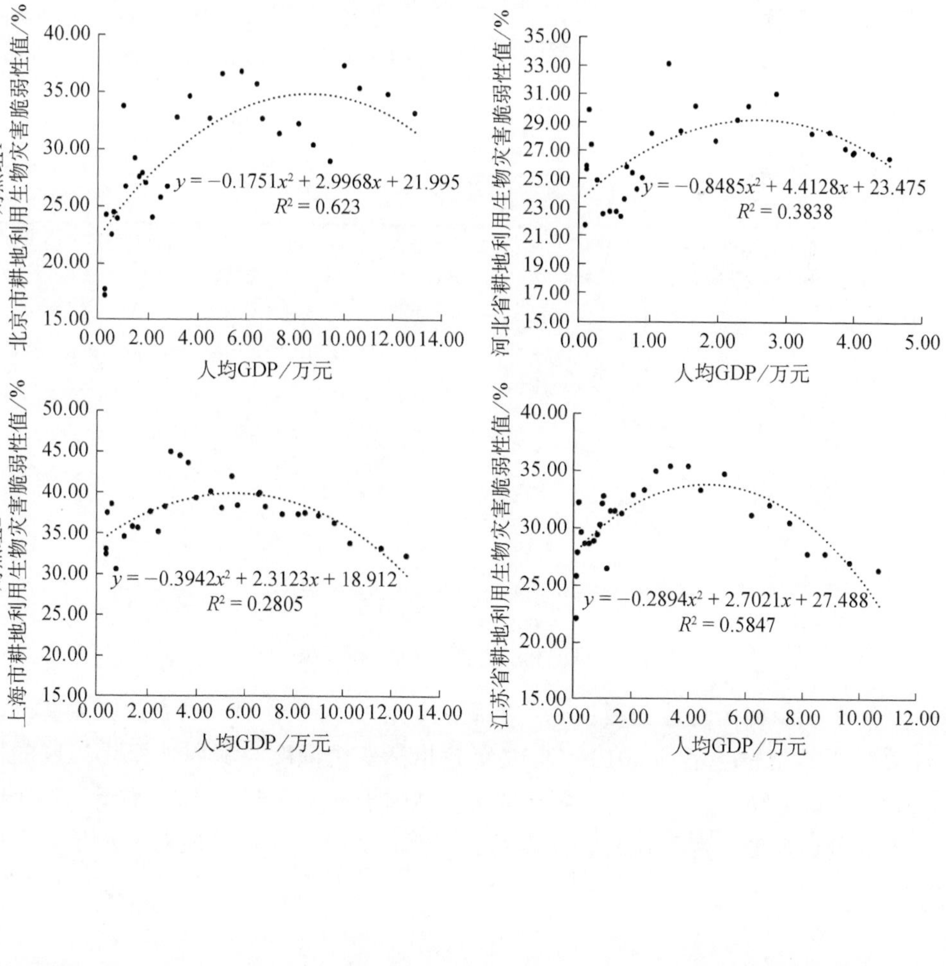

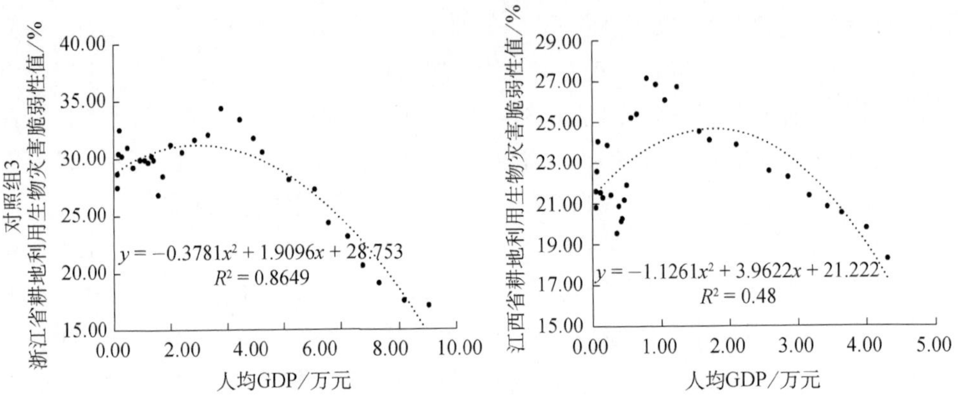

图7-5 1988～2017年省级对照组耕地利用生物灾害脆弱性转型"倒U"形曲线

表7-5 1988～2017年省级对照组耕地利用生物灾害脆弱性曲线比较

对照组	省级行政区名称	耕地资源禀赋/（hm^2/人）	自然环境因素	经济社会发展水平/（万元/人）	转型拐点特征值		
					人均GDP/万元	脆弱性值/%	曲率
对照组1	北京市	0.43	黄淮海平原	4.48	8.56	34.82	0.35
	河北省	0.43		1.66	2.60	29.21	1.70
对照组2	上海市	0.32	长江中下游地区	4.95	5.61	39.93	0.41
	江苏省	0.30		2.91	4.67	33.80	0.58
对照组3	浙江省	0.31	长江中下游地区	3.05	2.53	31.16	0.76
	江西省	0.30		1.30	1.76	24.71	2.25

注：耕地资源禀赋是指转型初始年份即1988年农业从业人员人均耕地；自然环境因素是指所处的农业区域；考虑到经济社会发展变化较快，以1988～2017年人均GDP均值衡量经济社会发展水平。

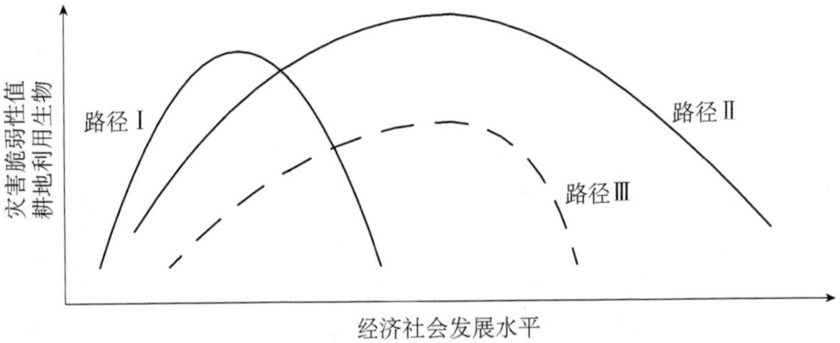

图7-6 耕地利用生物灾害脆弱性转型路径

为进一步揭示耕地利用生物灾害脆弱性转型因子贡献，以农业区为基础，计算分析转型发生后即2010～2017年各指标变化幅度与脆弱性变化幅度的比值。由于数据缺失，不开展青藏高原区转型因子贡献分析。表7-6显示，在全国和农业区域尺度，脆弱性减弱主要源自暴露度下降，其次是应对能力提升。但是，脆弱性下降的同时，敏感性继续增强。暴露度下降主要源自城乡收入比的缩小和农业劳动力人均耕地的提升，应对能力增强主要源自生物灾害损失挽回率的提升和生物灾害防治失控率的下降，而敏感性增强主要源自作物多样性的下降和耕地利用的化肥使用强度上升。

表7-6　2010～2017年中国农业区耕地利用生物灾害脆弱性转型因子贡献

（单位：%）

地区名称	脆弱性变化幅度	暴露度				敏感性				应对能力			
		耕地压力指数（+）	农业劳动力人均耕地（−）	城乡收入比（+）	小计	作物多样性（−）	耕地利用的化肥使用强度（+）	地均生物灾害发生面积（+）	小计	生物灾害防治率（−）	生物灾害防治失控率（+）	生物灾害损失挽回率（−）	小计
全国	−2.91	0.00	0.21	0.92	1.13	−0.14	−0.23	0.03	−0.34	0.00	0.13	0.08	0.21
东北平原区	−3.06	0.01	−0.04	5.28	5.25	−3.63	−0.40	0.11	−3.92	−1.02	10.09	−9.41	−0.34
黄淮海平原区	−4.59	1.26	−0.21	0.66	1.71	−0.09	−0.57	−0.08	−0.74	0.00	−0.08	0.12	0.04
长江中下游地区	−5.93	−0.08	0.10	0.46	0.48	−0.07	0.22	0.31	0.46	0.00	0.02	0.04	0.06
华南区	−4.30	−0.01	−0.11	0.83	0.71	−0.13	−0.09	0.17	−0.05	0.00	0.04	0.31	0.35
四川盆地及周边地区	−6.36	0.00	0.35	0.59	0.94	−0.02	0.00	0.00	−0.02	0.00	0.06	0.01	0.07
云贵高原区	−1.38	0.01	2.77	4.59	7.37	−5.33	−2.43	−0.02	−7.78	0.31	−0.22	1.33	1.42
黄土高原区	−1.46	0.00	0.10	1.70	1.80	−0.51	−1.23	−0.01	−1.75	0.00	0.83	0.12	0.95
北方干旱半干旱区	−0.92	0.00	−0.02	1.09	1.07	−0.74	0.23	0.00	−0.51	0.00	0.17	0.39	0.56

注：（+）表示评价因子为正向因子，即因子值越大，脆弱性越强；（−）表示评价因子为负向因子，即因子值越大，脆弱性越弱。

7.4　耕地利用生物灾害脆弱性转型研究理论反思

土地利用转型作为土地利用/覆被变化综合研究的新途径被引入国内后（龙花楼，2003），迅速引起决策层和学术界的热议。它是指一定地域的土地利用形态随着经济社会发展而发生的趋势性转折（Grainger，1995；Lambin and Meyfroidt，2010；宋小青，2017）。学术界遵循“格局监测—过程识别—机理探索—效应评估”研究逻辑，聚焦森林（Li et al.，2019；Mather，1990，1992；Mather et al.，1999；Mather and Needle，1998）、耕地（Bertoni et al.，2018；Ge et al.，2018，2019；Lu et al.，2017；Ma et al.，2020；宋小青和李心怡，2019）、城乡建设用地（Ernstson et al.，2010；Long et al.，2007；Su et al.，2019；Wen et al.，2020）转型开展了大量研究，为应对全球环境变化、加大生态建设力度、改进耕地保护制度、优化城乡建设布局提供了重要支撑。

综合性是土地利用转型研究的突出优势和内在要求（Lambin and Meyfroidt，2010；龙花楼，2003；宋小青，2017），集中体现在方法论综合和研究对象综合方面。在方法论综合方面，土地利用转型研究紧紧围绕人地关系核心命题，充分吸收了社会生态学思想，旨在揭示人类集团（社会）的组织、行为与生态系统之间的交互作用（Grainger，1995；Lambin and Meyfroidt，2010；宋小青，2017）。以森林转型为例，通过分析空间行为对森林的影响，揭示了社会系统对生态系统的作用；为应对森林变化引起的生态环境效应而采取的策略如退耕还林，揭示了生态系统对社会系统的反馈及社会响应（Rudel et al.，2005）。在研究对象综合方面，与土地利用/覆被变化研究相比，土地利用转型不再拘泥于对地块和区域尺度土地的生物物理、社会经济具体属性的监测分析，而是试图将土地及其利用属性综合为土地利用形态，揭示土地利用空间形态（格局）和功能形态变化随着经济社会发展的宏观规律。然而，以往大多从显性视角研究土地利用格局转型，或者从隐性视角研究土地利用功能转型（Long et al.，2020；龙花楼，2015；宋小青等，2014），有关这两方面的耦合研究还不够深入（宋小青，2017），并未充分彰显土地利用转型研究的综合优势。因此，学术界迫切需要探索新的领域，以提升土地利用转型的综合研究水平。

耕地利用生物灾害脆弱性是耕地生态系统对生物灾害承受能力和耕地利用对生物灾害应对能力的综合度量，反映了耕地生态系统自身状态和耕地利用水平。也就是说，耕地利用生物灾害脆弱性转型必然是耕地利用空间形态（或格局）的构成要素（即不同数量、类型和形状的耕地地块）和耕地利用功能形态的构成要素（即不同性质、类型和强度的耕地功能）（宋小青，2017；宋小青等，2014）耦合作用的结果。从这一解释来看，耕地利用生物灾害脆弱性转型是代表着耦合耕地利用空间形态（或格局）与耕地利用功能形态的综合研究领域。因此，研究耕地利用生物灾害脆弱性转型对于探索耕地利用转型研究新领域具有重要意义。

无论是从方法论还是从研究对象的综合来看，本章研究都提升了耕地利用转型的综合研究水平。首先，本章构建的转型理论框架不仅耦合了耕地利用

“趋利避害”动机与农业诱致性生产替代行为，而且建立了“经济社会环境—耕地利用活动—生物灾害反馈—灾害防治应对”社会生态交互逻辑。这不仅体现了人地关系命题，而且从生物灾害角度揭示了耕地利用这一空间行为与耕地生态系统之间的交互作用。其次，本章综合了耕地利用格局和耕地利用功能的内涵，从更加综合的角度——耕地利用生物灾害脆弱性，揭示耕地利用系统状态的趋势性转折，实现了土地利用空间形态（格局）与功能形态变化的耦合研究。因此，本章研究能够为建立耕地利用转型新的综合研究领域提供思路和参考。

参考文献

毕于运，郑振源. 2000. 建国以来中国实有耕地面积增减变化分析[J]. 资源科学，22（2）：8-12.

蔡运龙，傅泽强，戴尔阜. 2002. 区域最小人均耕地面积与耕地资源调控[J]. 地理学报，57（2）：127-134.

封志明，刘宝勤，杨艳昭. 2005. 中国耕地资源数量变化的趋势分析与数据重建：1949—2003[J]. 自然资源学报，20（1）：35-43.

国家发展和改革委员会价格司. 2002—2018. 全国农产品成本收益资料汇编（2002—2018）[M]. 北京：中国统计出版社.

李耀锋，张余慧. 2020. 内生型新型农业经营主体带动小农户发展的动力机制[J]. 中国农业大学学报（社会科学版），37（1）：38-47.

刘竞妍，张可，王桂华. 2018. 综合评价中数据标准化方法比较研究[J]. 数字技术与应用，36（6）：84-85.

龙花楼. 2003. 土地利用转型：土地利用/覆被变化综合研究的新途径[J]. 地理与地理信息科学，19（1）：87-90.

龙花楼. 2015. 论土地利用转型与土地资源管理[J]. 地理研究，34（9）：1607-1618.

卢良恕. 2003. 中国农业新发展与食物安全[J]. 中国食物与营养，（11）：11-14.

卢良恕. 2008. 中国区域农业资源合理配置、环境综合治理和农业区域协调发展战略研究[M]. 北京：中国农业出版社.

宋小青，李心怡. 2019. 区域耕地利用功能转型的理论解释与实证[J]. 地理学报，74（5）：992-1010.

宋小青，欧阳竹. 2012. 中国耕地多功能管理的实践路径探讨[J]. 自然资源学报，27（4）：540-551.

宋小青，申雅静，王雄，等. 2020. 耕地利用转型中的生物灾害脆弱性研究[J]. 地理学报，75（11）：2362-2379.

宋小青，吴志峰，欧阳竹. 2014. 耕地转型的研究路径探讨[J]. 地理研究，33（3）：403-413.

宋小青. 2017. 论土地利用转型的研究框架[J]. 地理学报，72（3）：471-487.

中华人民共和国国家统计局. 1988−2018. 中国统计年鉴（1988—2018）[M]. 北京：中国统计出版社.

中华人民共和国国土资源部. 1996–2017. 中华人民共和国国土资源统计年鉴（1996—2017）[M]. 北京：地质出版社.

中华人民共和国农业农村部. 1989–2018. 中国农业年鉴（1989—2018）[M]. 北京：中国农业出版社.

Adger W N. 2006. Vulnerability[J]. Global Environmental Change，16（3）：268-281.

Azadi H，Hasfiati P H L. 2011. Agricultural land conversion drivers：a comparison between less developed，developing and developed countries[J]. Land Degradation & Development，22（6）：596-604.

Bertoni D，Aletti G，Ferrandi G，et al. 2018. Farmland use transitions after the CAP greening：a preliminary analysis using markov chains approach[J]. Land Use Policy，79：789-800.

Campbell B M，Vermeulen S J，Aggarwal P K，et al. 2016. Reducing risks to food security from climate change[J]. Global Food Security，11：34-43.

Carrão H，Naumann G，Barbosa P. 2016. Mapping global patterns of drought risk：an empirical framework based on subnational estimates of hazard，exposure and vulnerability[J]. Global Environmental Change，39：108-124.

Carvajal-Yepes M，Cardwell K，Nelson A，et al. 2019. A global surveillance system for crop diseases：global preparedness minimizes the risk to food supplies[J]. Science，364（6447）：1237-1239.

Cassman K G，Grassini P. 2020. A global perspective on sustainable intensification research[J]. Nature Sustainability Volume，3（4）：262-268.

d'Acunto L，Andrade J F，Poggio S L，et al. 2018. Diversifying crop rotation increased metabolic soil diversity and activity of the microbial community[J]. Agriculture，Ecosystems and Environment，257：159-164.

Ernstson H，Leeuw S E V D，Redman C L，et al. 2010. Urban transitions：on urban resilience and human-dominated ecosystems[J]. Ambio，39：531-545.

Fei R L，Lin Z Y，Chunga J. 2021. How land transfer affects agricultural land use efficiency：evidence from China's agricultural sector[J]. Land Use Policy，103：105300.

Feng W L，Liu Y S，Qu L L. 2019. Effect of land-centered urbanization on rural development：a regional analysis in China[J]. Land Use Policy，87：104072.

Field C B，Barros V R，Dokken D J，et al. 2014. Climate Change 2014：Impacts，Adaptation，and Vulnerability. Part A：Global and Sectoral Aspects. Contribution of Working Group II to the Fifth Assessment Report of the Intergovernmental Panel on Climate Change[M]. Cambridge and New York：Cambridge University Press.

Fitton N，Alexander P，Arnell N，et al. 2019. The vulnerabilities of agricultural land and food production to future water scarcity[J]. Global Environmental Change，58：101944.

Foley J A，deFries R，Asner G P，et al. 2005. Global consequences of land use[J]. Science，309（22）：570-574.

Formetta G，Feyen L. 2019. Empirical evidence of declining global vulnerability to climate-related hazards[J]. Global Environmental Change，57：101920.

Ge D Z，Long H L，Zhang Y N，et al. 2018. Farmland transition and its influences on grain production in China[J]. Land Use Policy，70：94-105.

Ge D Z，Wang Z H，Tu S S，et al. 2019. Coupling analysis of greenhouse-led farmland transition and rural transformation development in China's traditional farming area：a case of Qingzhou City[J]. Land Use Policy，86：113-125.

Grainger A. 1995. National land use morphology：patterns and possibilities[J]. Geography，80（3）：235-245.

Guo J H，Liu X J，Zhang Y，et al. 2010. Significant acidification in major Chinese croplands[J]. Science，327：1008-1010.

Harris J M，Kennedy S. 1999. Carrying capacity in agriculture：global and regional issues[J]. Ecological Economics，29：443-461.

Hayami Y，Ruttan V W. 1985. Agricultural Development：An International Perspective[M]. Baltimore：John Hopkins University Press.

Holling C S. 1973. Resilience and stability of ecological systems[J]. Annual Review of Ecology and Systematics，4：12-23.

Hu Y，Li B B，Zhang Z H，et al. 2022. Farm size and agricultural technology progress：evidence from China[J]. Journal of Rural Studies，93：417-429.

Jain S，Shukla S，Wadhvani R. 2018. Dynamic selection of normalization techniques using data complexity measures[J]. Expert Systems With Applications，106：252-262.

Ju X T，Gu B J，Wu Y Y，et al. 2016. Reducing China's fertilizer use by increasing farm size[J]. Global Environmental Change，41：26-32.

King A E，Hofmockel K S. 2017. Diversified cropping systems support greater microbial cycling and retention of carbon and nitrogen[J]. Agriculture，Ecosystems and Environment，240：66-76.

Klasen S，Meyer K M，Dislich C，et al. 2016. Economic and ecological trade-offs of agricultural specialization at different spatial scales[J]. Ecological Economics，122：111-120.

Lambin E F，Meyfroidt P. 2010. Land use transitions：socio-ecological feedback versus socio-economic change[J]. Land Use Policy，27（2）：108-118.

Lambin E F，Meyfroidt P. 2011. Global land use change，economic globalization，and the looming land scarcity[J]. Proceedings of The National Academy of Sciences of The United States of America，108：3465-3472.

Lambin E F，Turner B L，Geist H J，et al. 2001. The causes of land-use and land-cover change：moving beyond the myths[J]. Global Environmental Change，11：261-269.

Lewis W A. 1954. Economic development with unlimited supplies of labor[J]. Manchester School, 22: 139-191.

Li J, Zhang Z L, Jin X F, et al. 2018. Exploring the socioeconomic and ecological consequences of cash crop cultivation for policy implications[J]. Land Use Policy, 76: 46-57.

Li L C, Chhatre A, Liu J L. 2019. Multiple drivers and pathways to China’s forest transition[J]. Forest Policy and Economics, 106: 101962.

Li Y H, Chen C, Wang Y F, et al. 2014. Urban-rural transformation and farmland conversion in China: the application of the environmental Kuznets Curve[J]. Journal of Rural Studies, 36: 311-317.

Liu J Y, Kuang W H, Zhang Z X, et al. 2014. Spatiotemporal characteristics, patterns, and causes of land-use changes in China since the late 1980s[J]. Journal of Geographical Sciences, 24 (2): 195-210.

Liu Y, Yan B J, Wang Y, et al. 2019. Will land transfer always increase technical efficiency in China? A land cost perspective[J]. Land Use Policy, 82: 414-421.

Long H L, Heilig G K, Li X B, et al. 2007. Socio-economic development and land-use change: analysis of rural housing land transition in the transect of the Yangtse River, China[J]. Land Use Policy, 24 (1): 141-153.

Long H L, Qu Y, Tu S S, et al. 2020. Development of land use transitions research in China[J]. Journal of Geographical Sciences, 30 (7): 1195-1214.

Lu X, Shi Y Y, Chen C L, et al. 2017. Monitoring cropland transition and its impact on ecosystem services value in developed regions of China: a case study of Jiangsu province[J]. Land Use Policy, 69: 25-40.

Ma L, Long H L, Tu S S, et al. 2020. Farmland transition in China and its policy implications[J]. Land Use Policy, 92: 104470.

Mather A S, Fairbairn J, Needle C L. 1999. The course and drivers of the forest transition: the case of France[J]. Area, 15 (1): 65-90.

Mather A S, Needle C L. 1998. The forest transition: a theoretical basis[J]. Area, 30 (2): 117-124.

Mather A S. 1990. Global Forest Resources[M]. London: Belhaven.

Mather A S. 1992. The forest transition[J]. Area, 24 (4): 367-379.

Mougou R, Mansour M, Iglesias A, et al. 2011. Climate change and agricultural vulnerability: a case study of rain-fed wheat in Kairouan, Central Tunisia[J]. Regional Environmental Change, 11 (1): 137-142.

Murray J D. 2002. Mathematical Biology I: An Introduction[M]. Heidelberg: Springer.

Ning J, Liu J Y, Kuang W H, et al. 2018. Spatiotemporal patterns and characteristics of land-use change in China during 2010-2015[J]. Journal of Geographical Sciences, 28 (5): 547-562.

Osterholz W R, Liebman M, Castellano M J. 2018. Can soil nitrogen dynamics explain the yield benefit of crop diversification? [J] Field Crops Research，219：33-42.

Paini D R，Sheppard A W，Cook D C，et al. 2016. Global threat to agriculture from invasive species[J]. Proceedings of The National Academy of Sciences of The United States of America，113（27）：7575-7579.

Petit S，Muneret L，Carbonne B，et al. 2020. Landscape-scale expansion of agroecology to enhance natural pest control：a systematic review[J]. Future of Agricultural Landscapes，PT I，63：1-48.

Ren C C，Liu S，van Grinsven H，et al. 2019. The impact of farm size on agricultural sustainability[J]. Journal of Cleaner production，220：357-367.

Roesch-McNally G E，Arbuckle J G，Tyndall J C. 2018. Barriers to implementing climate resilient agricultural strategies：the case of crop diversification in the U.S. Corn Belt[J]. Global Environmental Change，48：206-215.

Rudel T K，Coomes O T，Moran E，et al. 2005. Forest transitions：towards a global understanding of land use change[J]. Global Environmental Change，15（1）：23-31.

Savary S，Willocquet L，Pethybridge S J，et al. 2019. The global burden of pathogens and pests on major food crops[J]. Nature Ecology & Evolution，3：430-439.

Scherer L A，Verburg P H，Schulp C J E. 2018. Opportunities for sustainable intensification in European agriculture[J]. Global Environmental Change，48：43-55.

Scoones I，Smalley R，Hall R，et al. 2019. Narratives of scarcity：framing the global land rush[J]. Geoforum，101：231-241.

Shaver I，Chain-Guadarrama A，Cleary K A，et al. 2015. Coupled social and ecological outcomes of agricultural intensification in Costa Rica and the future of biodiversity conservation in tropical agricultural regions[J]. Global Environmental Change，32：74-86.

Sirami C，Gross N，Baillod A B，et al. 2019. Increasing crop heterogeneity enhances multitrophic diversity across agricultural regions[J]. Proceedings of The National Academy of Sciences of The United States of America，116（33）：16442-16447.

Song X Q，Huang Y，Wu Z F，et al. 2015. Does cultivated land function transition occur in China[J]? Journal of Geographical Sciences，25（7）：817-835.

Song X Q，Wu Z F. 2013. Modelling and mapping trends in grain production growth in China[J]. Outlook on Agriculture，42（4）：255-263.

Song X Q，Yang L E，Xia F Z，et al. 2020. An inverted U-shaped curve relating farmland vulnerability to biological disasters：implications for sustainable intensification in China[J]. Science of The Total Environment，732（25）：138829.

Stallman H R，James Jr H S. 2015. Determinants affecting farmers' willingness to cooperate to control pests[J]. Ecological Economics，117：182-192.

Storkey J，Bruce T J A，McMillan V E，et al. 2019. The future of sustainable crop protection relies on increased diversity of cropping systems and landscapes//Lemaire G，Carvalho P C D

F，Kronberg S，et al. Agroecosystem Diversity：Reconciling Contemporary Agriculture and Environmental Quality[M]. London：Academic Press：199-209.

Su B Z，Li Y H，Li L Q，et al. 2018. How does nonfarm employment stability influence farmers' farmland transfer decisions? Implications for China's land use policy[J]. Land Use Policy，74：66-72.

Su C W，Liu T Y，Chang H L，et al. 2015. Is urbanization narrowing the urban-rural income gap? A cross-regional study of China[J]. Habitat International，48：79-86.

Su K C，Hu B Q，Shi K F，et al. 2019. The structural and functional evolution of rural homesteads in mountainous areas：a case study of Sujiaying village in Yunnan province，China[J]. Land Use Policy，88：104100.

Su S L，Zhou X C，Wan C，et al. 2016. Land use changes to cash crop plantations：crop types，multilevel determinants and policy implications[J]. Land Use Policy，50：379-389.

Tiemann L K，Grandy A S，Atkinson E E，et al. 2015. Crop rotational diversity enhances belowground communities and functions in an agroecosystem[J]. Ecology Letters，18（8）：761-771.

Tilman D，Balzer C，Hill J. 2011. Global food demand and the sustainable intensification of agriculture[J]. Proceedings of The National Academy of Sciences of The United States of America，108（50）：20260-20264.

Wang J，McCue S W，Simpson M J. 2018. Extended logistic growth model for heterogeneous populations[J]. Journal of Theoretical Biology，445：51-61.

Wen Y Y，Zhang Z F，Liang D，et al. 2020. Rural residential land transition in the Beijing-Tianjin- Hebei region：spatialtemporal patterns and policy implications[J]. Land Use Policy，96：104700.

Wirehn L，Danielsson A，Neset T S S. 2015. Assessment of composite index methods for agricultural vulnerability to climate change[J]. Journal of Environmental Management，156：70-80.

Wu Y，Xi X，Tang X，et al. 2018. Policy distortions，farm size，and the overuse of agricultural chemicals in China[J]. Proceedings of The National Academy of Sciences of The United States of America，115（27）：7010-7015.

Yamada S，Ruttan V W. 1980. International comparisons of productivity in agriculture//Yamada S，Ruttan V W. New Developments in Productivity Measurement[M]. Chicago：University of Chicago Press：507-594.

Zuo L J，Zhang Z X，Carlson K M，et al. 2018. Progress towards sustainable intensification in China challenged by land-use change[J]. Nature Sustainability，1：304-313.

第 8 章　中国耕地利用转型调控：耕地多功能管理的“杠杆”

2.4 节耕地功能管理模式类型划分以及第 3 章发达国家耕地利用转型规律共同表明，耕地多功能管理是撬动耕地利用转型的“杠杆”。那么，未来我国究竟该如何开展耕地多功能管理？对此，本章首先研究提出设计耕地多功能管理的实践路径，然后探索耕地多功能管理突破口并制定区域差别化的耕地多功能统筹发展任务，据此建立耕地多功能管理层次机制体系。

8.1　耕地多功能管理实践路径

8.1.1　耕地利用转型调控模式

3.4 节耕地利用转型基本规律表明，耕地利用格局转型是与耕地资源禀赋相适应的经济社会变迁的理性响应。一般而言，地劳关系紧张，如人均耕地经营规模小于 $1hm^2$，同时城市化水平相对较低的国家，倾向于选择耕地利用格局优化优先于耕地总量管控的耕地利用转型道路。我国农业从业人员人均耕地长期低于 $0.50hm^2$，2008 年城市化水平仅 46.99%。5.1 节结果表明，我国耕地总量快速减少的势头于 2008 年前后得到有效遏制，耕地经营格局变化、耕地景观格局变化分别于 2004 年前后、2005 年前后出现趋势性转折。因此，我国选择了耕地利用格局优化优先于耕地总量管控的耕地利用格局转型道路，这是与耕地资源禀赋相适应的经济社会变迁的理性响应。未来我国耕地利用格局转型调控应充分尊重这一基本规律。

5.2节和5.3节结果表明，2006年后自下而上的居民生存与发展的需求对耕地利用功能变化的诱导明显，耕地利用功能转型趋势在2006年后显现。尽管这一趋势的出现比欧洲15国滞后近40年，但我国耕地利用功能变化的需求诱导型特征符合耕地利用功能转型的基本规律。因此，未来耕地利用转型调控应因势利导，以提升耕地多功能价值为基础，发挥耕地多功能管理的“杠杆”作用。

综合来看，未来我国耕地利用转型应当顺应耕地利用格局优化优先于耕地总量管控的耕地利用格局转型趋势，以及自下而上的需求诱导型耕地利用功能转型趋势，同时强化实施耕地多功能管理。

8.1.2 耕地利用转型调控机制框架

1. 耕地利用转型的可能机制

（1）耕地利用格局转型的社会–经济动态机制。①经济现代化。经济持续增长的出路在于通过管理及技术进步实现资本对土地的替代，否则经济增长将持续徘徊甚至停滞。“中等收入陷阱”便是最好的例证（Eichengreen，2011；Gill et al.，2007；Schuman，2010；郑秉文，2011）。也就是说，经济社会发展到一定阶段以后，耕地消耗将随着资本对土地的替代而明显减少甚至停滞。②耕地用途转换成本的上升。随着经济社会发展，耕地价值呈上升态势。这无疑将带动耕地地租产出能力的增强，乃至耕地利用比较优势的提升。二者共同导致耕地转换为其他类型或用途土地的成本增加，进而遏制耕地消耗。③土地管理政策演进。耕地的持续消耗导致耕地压力逐步增强。在此驱使下，各级政府倾向于制定并落实更加严格的土地节约集约利用及耕地保护政策，从而促进耕地利用格局转型。④农作物产品区际贸易。农作物产品进口地区的耕地压力将转移到出口地区，进而迫使出口地区更加重视促进耕地利用格局转型。⑤土地保护伦理意识的增强。土地保护伦理意识将随着社会文明程度的发展逐步增强。相应地，耕地保护意识也必将从法制层面上升为道德领域，从而形成耕地利用格局转型的利好条件。

（2）耕地利用功能转型的社会–生态负反馈机制。①耕地稀缺。这实质上是由耕地供给稀缺而引致的。一方面，耕地生产潜力的有限性、土地面积的有限性与人口数量增长、消费水平升级的矛盾，决定了耕地供给的自然稀缺；另一方面，耕地经济供给的稀缺，即与特定发展阶段城乡居民生存和发展需求相适应的耕地的稀缺，将伴随城乡居民需求拓展与升级而不断增强。这是耕地利用功能转型最重要的动力。②耕地退化与环境污染。长期耕地单功能利用导致耕地退化甚至农业污染，从而倒逼耕地资源管理模式向耕地多功能管理方向转型。这在欧洲农业多功能及景观多功能政策演进（宋小青和欧阳竹，2012a）中得到了充分体现。

2. 耕地利用转型调控机制框架

从耕地功能管理模式来看，耕地多功能管理代表着耕地资源管理的发展方向，旨在推动耕地多功能化，即耕地利用功能转型。而耕地多功能化的关键途径之一是显化耕地多功能价值，从而引导耕地利用合理竞争（宋小青和欧阳竹，2012b）。这就意味着，耕地利用功能转型必然导致耕地价值的提升，进而引致以下结果：①改变生产要素市场中资本与土地的价格比，导致降低耕地消耗的技术与制度诱致性变迁，从而实现由经济现代化主导的耕地利用功能转型；②直接增加耕地用途转换成本，打破城乡二元体制，进而通过优化市场配置促进耕地利用格局转型；③促进土地管理政策向强化耕地保护方向演进，为耕地利用格局转型提供制度保障；④提升农产品出口地区的贸易优势，从而形成耕地利用格局转型的利好条件；⑤增强耕地保护社会认同与伦理意识，为耕地利用格局转型提供非正式制度保障。

从以上分析可知，社会–生态负反馈与社会–经济动态高度耦合。由社会–生态负反馈驱动的耕地利用功能转型，主导着由社会–经济动态驱动的耕地利用格局转型进程。撬动耕地利用格局转型的“杠杆”便是耕地多功能管理。那么，可以从耕地多功能管理切入，基于耕地利用功能转型与耕地利用格局转型的耦合机理，构建耕地利用转型调控机制框架（图 8-1）。该框架的意义在于，其揭示了耕地利用转型不仅仅是客观地理现象，更是需要宏观政策干预的资源管理目标。

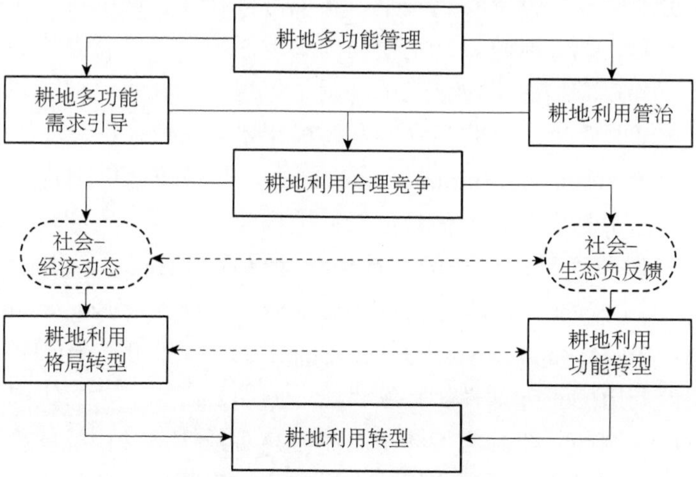

图 8-1　耕地利用转型调控机制框架

8.1.3 典型发达国家耕地多功能管理经验

1. 荷兰农地多功能管理

上毕斯兰低田多功能管理（Deelstra et al.，2001）是荷兰代尔夫特市农地多功能管理的典范。其成功之处在于：①城乡居民已形成了农地多功能需求及农地多功能利用意识；②低田多功能利用满足了区域及国家等各级空间规划政策及代夫特市城市化需求；③土地利用规划融合了提供乳品生产功能的有机农场，以及提供消遣、自然发展、天然水处理、增强意识与教育功能的传统低田，实现了低田多功能利用；④土地利用规划引导了农地功能利用合理竞争，实现了农地功能利用的社会效用优化而不是个体利益最大化。首先，政府通过明晰农地的使用权、收益权、处分权等完善了农地产权制度。其次，政府将农地租赁期从1年延长至12年，稳定了农民的收益权，并鼓励农地使用权流转，实现了有机乳品生产的规模经营，而有机乳品可观的市场价格奠定了农户收入基础。此外，政府向农民发放了占农民经营收入10%的自然发展及消遣功能管理补贴，将农户的农地功能利用正外部性进行内部化。以上制度安排共同激发了农民参与低田多功能利用的积极性，也满足了公众尤其是市民及环境主义者对宜居环境的需求，缓解了政府土地管理的压力。

2. 美国农地多功能管理

美国农地保护主要通过提升农地多功能价值，以探索实施农地多功能管理来实现。①明确农地非商品性生产功能保护目标。主要包括保障国家经济产出、充分的劳动就业、世界食物安全、环境可持续性、城市新鲜而健康的食物来源、社区活力、地方财政。②构建面向农地保护的土地分类综合管理制度体系。国家及地方政府构建了包括土地利用总体规划、农业保护区划、农场生命力计划、城市增长管理法、购买农地发展权计划、减税政策、转移发展权等13项农地保护工具（Farmland Information Center，2008）的制度体系，不仅为农地多功能管理奠定了制度基础，而且创新性地构建了农地节约利用、建设用地理性增长、自然保留地严格保护的土地资源综合管理模式。③积极发展生态系统服务市场（ecosystem services markets，ESM）（Gomez-Baggethun and Ruiz-Perez，2011；BenDor and Doyle，2010；Stuart et al.，2010）。构建该市场的目的是内部化农地利用的正外部性，持续供给非商品性产出，从而实现环境保护与农业持续发展。例如，在温室气体市场中，具有降低自身环境足迹需要的个人或产业活动者向农民购买固碳信用；农民则通过实施保护性耕作、减少合成肥料施用量等措施生产并出售固碳信用。④开展最优管理实践（best management practices，BMP）。BMP的目的是在节省农业生产成本并保持最优产量的前提下，实现水质及土壤保护。对于水质保护而言，为降低污染排放及其处理成本，在水质市场中受法律管制的公共事业运营商向农民或其他信用提供者购买水质信用，农户则在农地利用中实行以减少化肥使用为主的养分管理，从而改善水质并出售水质信用。对于土壤保护而言，农户则被要求实行少耕。若以上BMP措施引起了产量及收入的下降，农户将得到维持未实施BMP时产量及收入的经济补偿。⑤实行综合害虫管理（integrated pest management，IPM）。运用生物、物理、化学及人工措施治理害虫、杂草及作物病虫，以降低农药大量使用引起的健康及环境风险。

3. 耕地多功能管理先进经验

根据 2.4 节和 8.1.1 节，从耕地功能管理的发展来看，耕地多功能管理是解决我国耕地保护问题的出路。而荷兰及美国的实践经验则为把握我国耕地多功能管理的核心问题提供了经验。①根据 2.3.5 节，耕地多功能至少存在空间分离的多功能和空间融合的多功能是耕地多功能的具体表现形式。荷兰上毕斯兰低田多功能管理主要通过聚合具有不同单一功能的、空间分离的低田实现，而美国农地多功能管理则体现了对同一时间具有不同功能的、空间分离的农地的融合。②政府的适当干预与市场配置均是耕地多功能管理的有效工具。例如，荷兰代尔夫特市更加强调规划对低田功能利用竞争的引导，而美国农地保护除体现规划与计划等工具的职能外，还充分发挥了生态系统服务市场的作用。③管控与激励相结合是耕地多功能管理的重要策略。城市化高级阶段的城乡居民对耕地功能的多元需求是耕地多功能管理的前提，而激发农户参与的积极性是成败的关键。④耕地多功能价值显化是协调耕地功能利用相关主体间利益分配，进而解决外部性问题的有效途径。而价值显化途径至少包括补贴、耕地非商品性产出及其替代品的商品化。例如，荷兰和美国均就农户耕地功能利用的正外部性对农户进行了政策性补贴，荷兰代尔夫特市农场的有机乳品及美国农地的环境信用均是市场化途径的体现。⑤将耕地置身于土地系统，从耕地与剩余土地系统的内在关系出发，完善耕地多功能管理的制度体系保障。例如，美国农地保护更加体现了对农地本身、城镇等建设用地及自然保留地等未利用地进行的综合性管理。

4. 耕地多功能管理国情比较

我国在运用荷兰及美国耕地多功能管理成功经验时还必须考虑政策背景等国情差异（表 8-1）。①人地关系差异。从人均耕地面积来看，2018 年我国人地关系紧张程度低于荷兰、高于美国。从土地后备资源数量、分布以及城市化水平来看，未来人地关系紧张将比荷兰和美国更加突出。②政策背景差异。荷兰及美国的农地权能结构相对完善，农地所有者拥有明晰、稳定的收益权及处分权。而我国农地的产权权能仍有待完善、产权主体地位仍有待明晰，农地使用权流转市场仍有待发展。此外，荷兰及美国均已建立起城乡统一、高效公平的社会保障制度。而我国农村社会保障体系建设还需加强，农民的就业、生活及养老等对土地的依赖仍然较强。例如，2018 年，我国农业从业人员比重高达 14.35%，明显高于荷兰及美国。③经济发展水平差异。2020 年，我国人均 GDP 为 1.05 万美元，分别仅占荷兰、美国的 20.08%、16.54%。同时，我国城镇居民人均可支配收入、农民人均纯收入分别仅 4.38 万元、1.71 万元，城乡收入比仍然高达 2.56。④城市化发展水平差异。2020 年，我国城市化水平达 59.58%，但仅相当于完成了荷兰城市化的 65.03%、美国城市化的 72.51%。

表 8-1　中国、荷兰及美国经济社会发展主要指标

国家	2018 年人均耕地面积/hm^2	2018 年农业从业人员比重/%	2020 年人均 GDP/万美元	2018 年城市化水平/%
中国	0.08	14.35	1.05	59.58
荷兰	0.06	0.98	5.23	91.62
美国	0.48	0.65	6.35	82.17

注：人均耕地面积、农业从业人员比重、城市化水平等数据来源于 FAO 数据库；人均 GDP 来源于《中国统计年鉴 2021》。

国情的差异决定了我国耕地多功能管理路径设计的特殊性。①紧张的人地关系决定了我国耕地保护的严峻形势，也凸显出加快推进耕地多功能管理对保障我国可持续发展的战略意义。②必须完善当前土地管理制度，激励农民参与耕地多功能管理的积极性。此外，城乡二元土地制度为我国工业化、城镇化的快速发展做出了重要贡献，但也赋予了耕地对农民的生活及就业等保障功能。未来至少一段时期内，耕地对农民的保障功能仍有其存在的价值，耕地功能利用结构转变必须与我国社会保障制度改革协同发展。③未来一段时期内，我国仍将处于由中等收入向高收入水平发展的转型阶段，居民需求升级导致的耕地功能需求扩展及利用结构升级仍将持续。城乡收入的显著差别决定了必须重视并提高农民收入水平，以逐步提高农民的耕地多功能利用意识。④未来一段时期内，人口及土地城市化将持续快速推进。由此造成的以失地农民和农民工就业、生活及养老等为代表的社会保障问题，以景观、生态及文化功能显化为代表的耕地功能需求升级问题，以及以农民土地收益保障为代表的社会公平问题将是耕地多功能管理面临的挑战。此外，为保障城市化健康、持续发展，观念意识的城市化必须与人口及土地城市化均衡发展。这就对当前居民尤其是农民的耕地功能认知转变提出了要求。

8.1.4　我国耕地多功能管理实践路径

在把握耕地多功能管理核心问题的基础上，结合荷兰与美国的成功经验及我国的特殊性，综合考虑传统土地意识与消费观念等影响下制度变迁的路径依赖及制度之间及其与市场之间的互补性与关联性，提出我国耕地多功能管理实践路径：从制度环境与市场环境、耕地与土地系统的互动关系出发，积极运用政策及市场工具推动制度环境与市场环境渐进性整体变革，在公共监督下逐步实现“政府适度干预+市场配置为主”共同引导的耕地功能利用合理竞争（图8-2）。

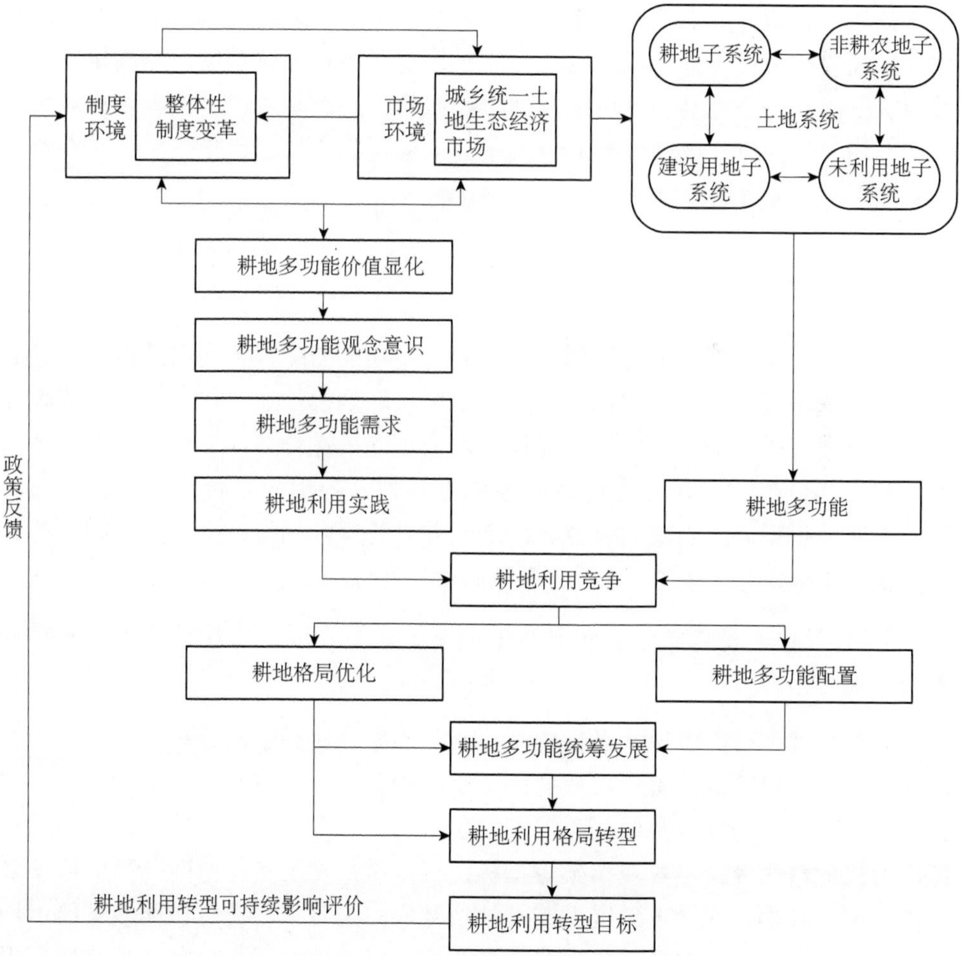

图8-2　我国耕地多功能管理实践路径（宋小青和欧阳竹，2012b）

1. 建立耕地多功能市场，推动农村土地制度及土地市场渐进性整体变革

耕地多功能价值作为联系制度与市场的纽带，其显化是推动农村土地正式制度、非正式制度与土地市场变革的关键。①通过发放补贴和耕地非商品性产出商品化等方式显化耕地多功能价值。耕地经营者尤其是农民，在不降低耕地商品性生产功能的前提下，积极参与耕地非商品性生产功能保护的，可获得政府补贴。政府通过支持“绿色”农作物产品价格，激励农户参与耕地多功能管理。积极培育以政府管控为主导，以环境信用为交易对象，由开发商、公用事业者等购买者，银行、农户、保护组织等销售者，以及第三方组织、融资方等市场服务机构组成的耕地多功能市场，重点支持耕地的CO_2调节、水文调节、水质净化及生物多样性保护等非商品性产出市场化。②进一步发展耕地多功能市场，逐步将耕地非商品性产出纳入市场竞争范畴，促进土地市场的发育。明晰农户的耕地产权主体地位，建立并完善农地使用权流转制度，提高耕地配置效率。③强化公众尤其是农民的耕地多功能价值观念与意识，巩固农户耕地承包经营权主体地位，推动征地制度改革。④通过制度环境优化，加快城乡统一的土地生态经济市场建设进程。

2. 切实保障农民权益，推动农村土地制度与农民社会保障制度渐进性整体变迁

耕地多功能管理包括对耕地空间承载储备功能的配置、利用及保护，其必将导致以快速城镇化区域为代表的局部地区耕地规模性非农化。对此，明晰并稳定农户收益权，根据耕地多功能价值对失地农民进行合理补偿。此外，考虑到农村土地制度与农民社会保障制度的互补性，各地应结合经济社会发展实际，有序弱化耕地对农民的就业、生活及养老等保障功能，推动两项制度的整体性变迁（肖绮芳，2010；宋小青和欧阳竹，2012b）。

3. 实行耕地多功能分层管理和土地系统分类管理，构建耕地多功能综合管理体系

①加强规划布局引导、指标控制与监测预警，实行空间分离与空间融合的耕地多功能分层管理。首先，依托国土空间规划体系，编制耕地多功能专项规划。以乡（镇）为单位，明确可持续发展目标，划分耕地主体功能区。明确功能区内耕地集约经营与景观指数等指标，在区域尺度上实行空间分离的耕地多功能管理。其次，在微观尺度尤其是地块及农户尺度上，通过耕地多功能市场及政府补贴等激励农户参与耕地多功能管理，对耕地利用方式尤其是耕地利用

物质集约度实行指标控制，实行空间融合的耕地多功能管理。最后，发展第三方组织对功能区及农户耕地功能利用进行监测，建立耕地多功能预警及监督管理机制。②加强土地政策间的互补性，实行土地系统分类管理，切实节约耕地资源。首先，对于耕地本身，实行耕地多功能管理，以促进耕地资源节约利用。其次，在支持农产品价格的前提下，通过调整农产品间的价格关系、开展作物种植布局规划及政策引导等方式，加强农业结构调整引导与管制。再次，继续加强建设用地，尤其是城乡建设用地集约利用与更新整治。最后，通过规划引导建设用地布局，有序开发未利用地，降低建设用地占用耕地的压力。

4. 加强社会监督与可持续影响评价，保障耕地功能利用合理竞争

①建立耕地功能利用的社会、经济与生态影响指标体系，以优化耕地功能利用社会效用为原则，以乡（镇）为单位，开展耕地多功能利用可持续影响评价。②加强公众参与社会监督，建立评价结果反馈机制，将可持续影响评价作为制度与市场渐进性整体变革的反馈信息源。通过政府政策引导与制度适度干预，充分发挥城乡统一土地生态经济市场的基础配置作用，实现耕地功能利用合理竞争。

8.2　耕地多功能管理突破口探索

8.2.1　研究思路

第 5 章耕地利用转型总体态势研究表明，我国耕地的社会安定维护功能与就业保障功能是服务于资本原始积累的自上而下强制性制度供给的必然产物，二者的长期存在必然压制耕地多功能统筹发展。随着 2006 年后自下而上需求诱导型耕地利用功能转型动力的逐步增强，继续发展社会安定维护功能与就业保障功能显然不符合未来耕地利用功能转型趋势。对此，积极稳妥推进新型城镇化和乡村振兴，激励耕地适度规模经营，引导农村劳动力在城乡有序、合理流动，同时完善社会保障体系，从而弱化社会安定维护功能与就业保障功能，逐步解除二者对耕地多功能统筹发展的束缚也就成为当务之急。

从经济发展规律来看，随着国民经济发展及市场经济体制完善，基本生活保障功能与国民经济贡献功能将持续减弱并稳定在一定强度水平上。5.2.2 节时间序列的耕地利用功能变化评价结果表明，1985～2008 年基本生活保障功能与

国民经济贡献功能持续减弱，这符合经济发展的一般规律。未来更应尊重这一规律，充分发挥市场对二者的自发调节作用。那么，促进家庭经济贡献功能、粮食安全保障功能、生态安全维护功能协同演化也就成为耕地多功能管理的焦点。然而，5.2.3节地市耕地利用功能空间差异评价表明，粮食生产贡献功能与家庭经济贡献功能、生态安全维护功能的空间分布具有明显的竞争关系。对此，应该如何统筹耕地多功能管理？

探寻耕地多功能管理的突破口是解决这一问题的关键。地方尺度的粮食生产贡献功能与国家尺度的粮食安全保障功能具有效用一致性，是联系家庭经济贡献功能与生态安全维护功能的纽带。从5.2.2节时间序列变化的耕地功能形态评价结果来看，以2003年为转折点，1999年后粮食安全保障功能、家庭经济贡献功能经历了先减弱后增强的过程，而生态安全维护功能持续减弱。因此，有必要对比研究2003年前后粮食安全保障功能的变化机制，以探寻耕地多功能管理的突破口。为保证对比研究的时段对称性，选取1999～2007年为研究时段，2003年为对比分析基准点，考虑数据可获得性，基于省（自治区、直辖市）尺度开展研究。

图8-3显示，1999～2007年耕地面积持续减少。粮食产量在经历了1999～2003年的迅速下滑后，从2003年的43069.53×10^4t逐年增长到2007年的50160.28×10^4t。耕地面积与粮食产量变化的分异表明，耕地面积的持续减少并不一定意味着粮食安全的瓦解。同时，国际经验表明，经济社会发展中的耕地消耗不可避免（刘丽，2004；Azadi et al.，2011）。从相同面积甚至更少的耕地上生产更多的粮食是未来粮食安全保障最可能的情景（Godfray et al.，2010）。这就意味着提高耕地生产力对保障粮食安全具有关键性的作用。从这一认识出发，以耕地生产力变化为切入点，分析粮食安全保障功能的变化机制。

8.2.2 研究方法

1. 耕地生产力评价方法

1）耕地质量度量方法

采用5.2.3节耕地功能分异评价中的标准耕地系数度量地方耕地质量差异。标准耕地系数因政策、耕地利用投入等变化存在年际波动。然而，除农业灾害影响外，一定地区的标准耕地系数波动具有相对稳定性。时间序列的标准耕地系数均值能消除政策、耕地利用投入等短期人为因素变化，从而有效反映受自然因素影响的耕地质量状况。基于此，计算1999～2007年标准耕地系数的

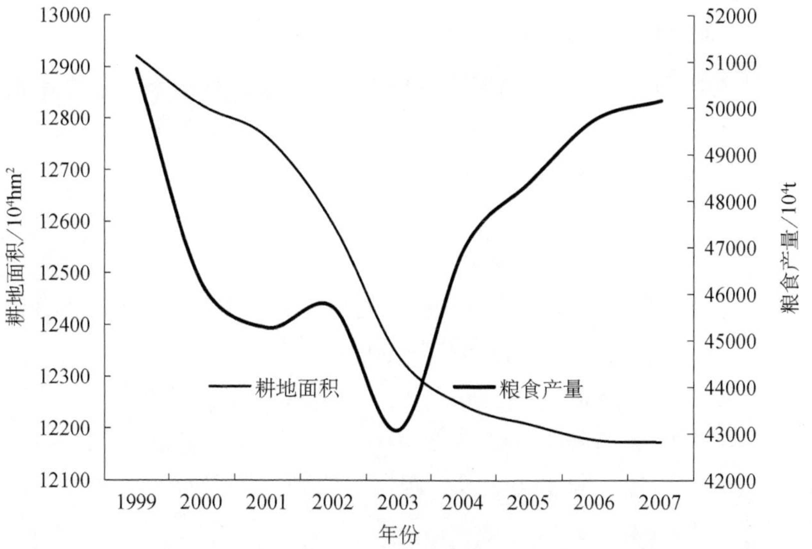

图8-3　1999～2007年中国耕地面积与粮食产量变化

均值，用以度量受自然因素影响的地区耕地质量。

2）要素重心模型

要素重心即要素空间均值，是要素空间格局的统计描述（Hart，1954；Ebdon，1978；Shaw and Wheeler，1985；李秀彬，1999）：

$$x_j = \sum_{i=1}^{n}\left(M_{ij} \times x_i\right) \Big/ \sum_{i=1}^{n} M_{ij} \tag{8-1}$$

$$y_j = \sum_{i=1}^{n}\left(M_{ij} \times y_i\right) \Big/ \sum_{i=1}^{n} M_{ij} \tag{8-2}$$

式中，M_{ij}为地区 i 第 j 年某要素的总量；（x_i，y_i）为地区 i 几何中心坐标；（x_j，y_j）为第 j 年该要素的重心坐标。

3）耕地生产力解析方法

耕地生产力，即单位耕地面积粮食现实产量，是复种指数、粮作比与粮食播面单产的乘积：

$$\mathrm{CLGP} = \mathrm{MCI} \times R \times Y \tag{8-3}$$

式中，CLGP 为耕地生产力（kg/hm^2）；MCI 为复种指数（%）；R 为粮作比，即粮食作物播种面积与农作物播种面积之比（%）；Y 为粮食播面单产（kg/hm^2）。

耕地生产力解析即测度以上三要素的变化对耕地生产力变化的贡献。采用要素变化率与同期耕地生产力变化率的比值度量该要素的贡献。

2. 粮食安全状况评价方法

从耕地利用角度来看，粮食安全状况可以通过粮食消费对耕地的需求量与耕地的实际供给量间的关系反映。耕地压力指数（蔡运龙等，2008；耿艳辉等，2008；李玉平和蔡运龙，2007）是反映这一关系的有效工具：

$$S_{\min} = (w \times r)/(Y \times R \times \mathrm{MCI}) \tag{8-4}$$

$$\mathrm{PICL} = S_{\min}/S \tag{8-5}$$

式中，$S_{\min}$为最小人均耕地需求面积；w为粮食自给率；r为人均粮食需求量；PICL为耕地压力指数；S为实际人均耕地面积。

国家食物与营养咨询委员会提出，基本小康社会、全面小康社会、向富裕阶段过渡时期的粮食安全目标分别为 391kg、437kg、472kg（卢良恕，2003）。综合以上结果，设定r为437kg/人。粮食自给率是粮食贸易、粮食生产条件等因素综合作用的结果。在综合参考相关研究（朱红波和张安录，2007）基础上确定w的赋值。

3. 粮食安全状况变化驱动力模型

采用 5.2.2 节时间序列耕地功能变化评价指标中的耕地压力指数度量粮食安全状况。选择化肥投入（$\mathrm{IP_f}$）、农药投入（$\mathrm{IP_p}$）、机械投入（$\mathrm{IP_m}$）、灌溉基础设施（EIA）、劳动力投入（$\mathrm{IP_l}$）、耕地经济属性（CICLU）、种粮比较效益（RPNP）、农户经济基础（NIF）作为研究指标。

$\mathrm{IP_f}$、$\mathrm{IP_p}$分别为粮食生产中单位面积的化肥施用折纯量、农药使用量。$\mathrm{IP_m}$为粮食生产中的农业机械投入，采用农业机械总动力度量。EIA表征了粮食生产的抗旱能力，采用有效灌溉面积度量。$\mathrm{IP_l}$为粮食生产的农业劳动力投入。CICLU为耕地非农化的比较利益，采用单位面积居民点及工矿用地第二、第三产业增加值与单位面积耕地农业增加值衡量。随着CICLU增加，耕地非农化呈增强态势，对粮食安全构成威胁。RPNP用农民人均种植业纯收入与非种植业纯收入的比值度量。根据“经济人”假设，RPNP的增加有利于提高农户种粮积极性，从而保障粮食安全。NIF用农民人均纯收入度量。在农户种粮积极性一定的前提下，NIF直接决定农户种粮的投入能力，由此也就反映了农户保障粮食安全的能力。

为探寻以上指标对粮食安全指数变化的驱动作用，构建以下计量模型：

$$\ln(y_{it}) = a + b_i + e_t + k_1\ln(x_{it}) + k_{2t}\ln(x_{\mathrm{RPNP}it})(-1) + k_{3i}\ln(x_{\mathrm{NIF}it}) + u_{it} \tag{8-6}$$

式中，y_{it}为地区i第t年的耕地压力指数；a为常数项；b_i为地区固定效应因子；e_t为时间固定效应因子；x_{it}代表地区i第t年的$\mathrm{IP_f}$、$\mathrm{IP_p}$、$\mathrm{IP_m}$、EIA、CICLU及

IP_l；x_{RPNPit}为地区i第t年的RPNP；ln（x_{RPNPit}）（−1）表征RPNP对y_{it}影响的时间滞后效应，一般地，农户种粮积极性的变化会引起下一年种粮行为的调整，因此设置ln（x_{RPNPit}）的时间滞后效应为1年；x_{NIFit}为地区i第t年的NIF；k_1、k_{2t}和k_{3i}为待估参数；u_{it}为误差项。

模型运用EViews软件求解。①计算研究指标及y_{it}的对数值并将其作为模型自变量；②进行Hausman检验和单位根检验，以保证固定效应的有效性；③将ln（x_{RPNPit}）设置为变系数，运用最小二乘估计求解模型。其中，表8-2为自变量的统计描述。

表8-2　自变量的统计描述表

自变量	均值	中间值	最大值	最小值	标准差	样本量	横截面数
ln（PICL）	0.34	0.23	2.39	−0.83	0.57	279	31
ln（IP_f）	4.09	4.42	6.22	0.78	1.22	279	31
ln（IP_p）	0.43	0.89	2.66	−3.05	1.37	279	31
ln（IP_m）	6.7	6.93	8.78	3.68	1.09	279	31
ln（EIA）	7.07	7.27	8.51	5.02	1.02	279	31
ln（IP_l）	6.46	6.66	8.18	3.98	1.12	279	31
ln（CICLU）	3.76	3.73	5.5	1.77	0.58	279	31
ln（RPNP）	−1.07	−0.97	−0.18	−3.25	0.52	279	31
ln（NIF）	7.92	7.83	9.19	7.17	0.43	279	31

8.2.3　耕地生产力变化影响因子

耕地生产力是耕地生态系统各要素综合作用的结果。由此，可将其分解为耕地自然生产力与社会经济生产力。首先分析耕地自然生产力变化的自然影响因子。

1. 自然影响因子

为揭示耕地自然生产力变化情况，根据要素重心模型计算1999年、2003年、2007年耕地净减少面积重心，并绘制重心迁移路径。其中，为便于重心计算，对各省（市、区）相应年份耕地净减少面积进行标准化处理，使其介于0～1。

图8-4显示，耕地自然生产力格局与农业生产自然条件分布基本一致。耕地自然生产力最高的省份主要分布在中部及东南部尤其是沿海地区，而西北部省份耕地自然生产力最低。值得注意的是，在经历了1999～2003年向西北方向的迁移后，2003～2007年耕地净减少面积重心向东南方向移动。可见，2003～

2007年，大量优质耕地迅速流失。这意味着从国家尺度来看，该阶段耕地自然质量呈下降态势。然而，2003～2007年耕地生产力呈上升态势。由此推断，2003～2007年耕地生产力的上升主要缘于耕地社会经济生产力的提高。

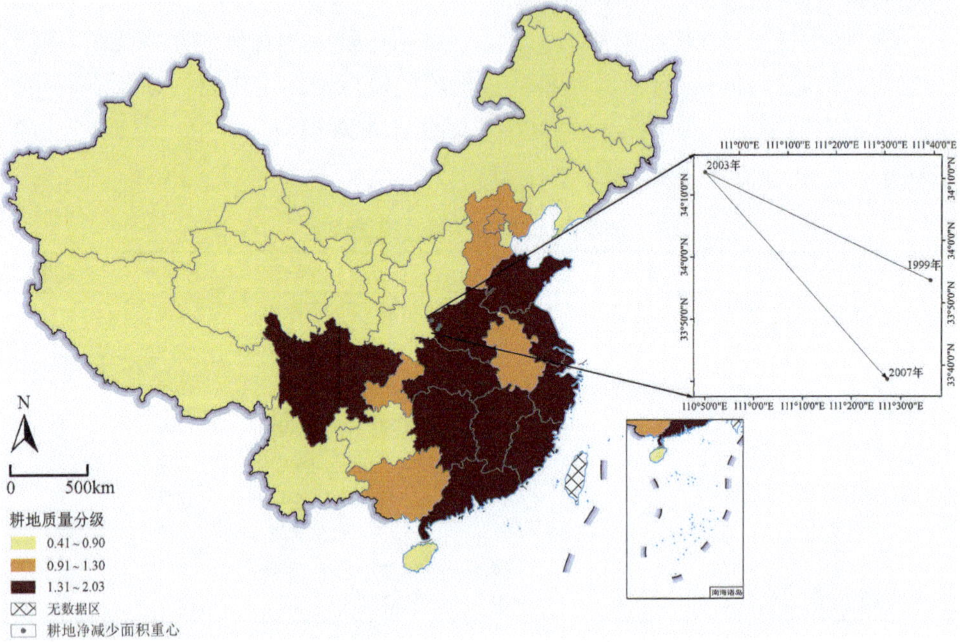

图8-4　1999～2007年中国耕地自然生产力格局与耕地净减少面积重心迁移

2. 社会经济影响因子

表8-3显示，1999～2003年，耕地生产力下降了11.29%。其中，粮作比下降的贡献最大，粮食播面单产下降的贡献其次。根据农产品成本收益数据，亩均化肥施用折纯量及亩均农药使用量（消除价格影响后）仅分别增加了1%、1.21%。同期，亩均机械耕作费用（消除价格影响后）从24.36元下降到22.43元。2003～2007年，耕地生产力上升了18.05%。其中，粮食播面单产增加的贡献最大，粮作比增加的贡献其次。亩均化肥施用折纯量及亩均农药使用量（消除价格影响后）分别增加了7.28%、94.16%。同期，亩均机械耕作费用（消除价格影响后）逐年增加到49.57元。

表8-3　1999～2007年中国耕地生产力分析　（单位：%）

	指标	1999～2003年	2003～2007年	1999～2007年
增长率	耕地生产力	−11.29	18.05	4.72
	复种指数	2.06	2.06	4.16

续表

	指标	1999～2003年	2003～2007年	1999～2007年
增长率	粮作比	−9.87	5.54	−4.88
	粮食播面单产	−3.56	9.60	5.69
贡献度	复种指数	−18.25	11.41	88.17
	粮作比	87.42	30.68	−103.35
	粮食播面单产	31.56	53.18	120.59

从农民行为动机出发，农户种粮积极性是影响耕地集约利用进而决定耕地社会经济生产力的关键因素。积极性的提高主要表现为粮食播种面积的扩大或单位面积粮食生产投入的增加。对比表8-3中两阶段的要素贡献发现，在经历了第一阶段的下降后，积极性于2003～2007年迅速提高。具体来看，1999～2003年，积极性的下降主要表现在粮食播种面积的下降，即放弃种粮；2003～2007年，积极性的提高主要表现为单位面积粮食生产投入的增加。

一般而言，驱动种粮积极性变化的因素包括种粮纯收益及种粮比较效益。根据农产品成本收益数据，1999～2003年，种粮收益率在20%左右波动。其中，2000年、2002年发生了两次大滑坡。然而，2003～2007年，种粮收益率从30.91%逐年增长到38.49%。这意味着种粮纯收益的下降直接导致农民放弃种粮，而种粮纯收益的上升并不一定能激励农民恢复种粮。例如，与1999年相比，2007年的粮作比仍然下降了3.53个百分点。也就是说，2003～2007年，农户种粮积极性提高的同时，仍然有大量的耕地用于种植其他农作物，如经济作物。这主要是由于种粮比较效益的下降。例如，1999～2003年，种粮比较效益从0.77下降到0.60。除2004年有小幅上升外，种粮比较效益持续下降到2007年的0.50。

通过以上分析可以发现，农户种粮积极性的提高是粮食增产的关键因素。然而，种粮比较效益的下降对积极性的提高具有一定制约性。但值得注意的是，为激发农户种粮积极性，以种粮直补为代表的惠农政策于2003年开始正式实施。那么，粮食安全状况究竟将如何变化？在探寻影响粮食安全的关键因素前，首先必须澄清这一问题。

8.2.4　粮食安全状况变化影响因子

1. 粮食安全状况变化格局

根据2007年耕地压力指数大小及1999～2007年变化特征，将31个省（自治区、直辖市）划分为五大类型区。①类型Ⅰ区。由黑龙江、吉林、内蒙古及宁夏组成。该区是全国粮食安全状况最好的地区。②类型Ⅱ区。由安徽、江西、河南、湖南及辽宁组成。该区粮食安全状况总体较好，且呈优化态势。③类型Ⅲ区。由河北、江苏、山东及新疆组成。该区粮食安全状况总体较好，但有所恶化。④类型Ⅳ区。由大多数西部省份组成。该区粮食安全状况总体较差，且有所恶化。⑤类型Ⅴ区。由青海、海南及大多数发达省份如北京、天津、上海、浙江、福建、广东组成。该区是全国粮食安全状况最差的地区，且呈逐步恶化态势（图8-5）。

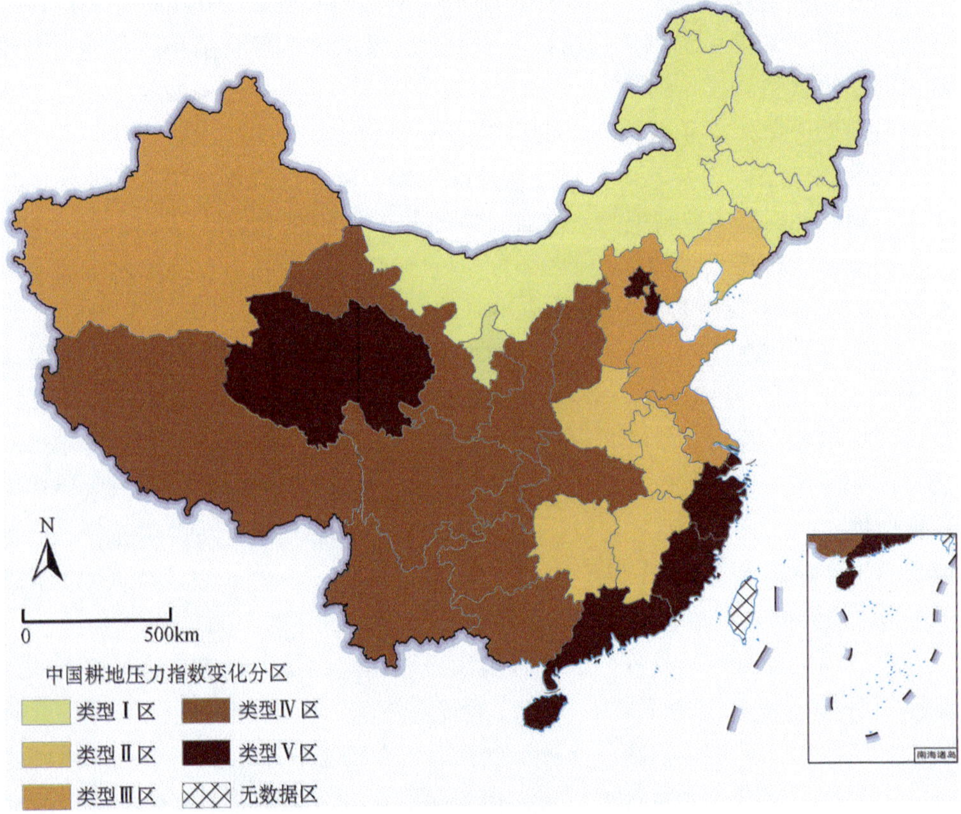

图8-5　1999～2007年中国耕地压力指数变化分区

2. 粮食生产投入与耕地经济属性的影响

粮食安全状况变化驱动力模型R^2、F检验及D.W.值分别为0.994、342.751、2.004，表明模型可信度较高。模型求解后，各驱动因素的系数值如表8-4所示。

（1）化学品投入的影响。ln（IP_f）与ln（IP_p）的系数分别为−0.052、−0.055。也就是说，化肥及农药的大量使用几乎达到了缓解耕地压力的极限。从国家尺度来看，继续增加化学品投入对粮食增产的贡献度确实难以提高（曾希柏等，2002；麻坤和刁钢，2018）。

表 8-4　粮食生产投入与耕地经济属性的影响估计

自变量	参数估计	t 值
ln（IP_f）	−0.052	−41.054
ln（IP_p）	−0.055	−27.697
ln（IP_m）	−0.407	−86.017
ln（EIA）	−0.466	−95.398
ln（IP_l）	−0.892	−95.940
ln（CICLU）	0.095	52.431

（2）农业机械化的影响。ln（IP_m）的系数为−0.407，表明农业机械总动力对粮食安全保障的贡献较高。这主要由于受农户经济收入增长及农业机械补贴的影响，粮食生产的机械化水平大幅度提高，进而促进了耕地规模经营的发展。然而，由农地分配制度导致的耕地细碎化是耕地规模经营发展的重要限制因素（Tan et al.，2006；吕晓等，2011；王佳月等，2018）。总体上看，当前农业生产仍然突出地表现为小农经济模式下的劳动集约型，机械对劳动力的替代仍然很不充分。这就意味着粮食生产劳动力投入的下降将直接导致粮食播种面积的下降，进而威胁粮食安全保障，反之依然。例如，1999～2003 年，农业从业人员数量下降了 1652 万人，粮食播种面积下降了 $1375.06\times10^4 hm^2$，耕地压力指数上升了 0.23；2003～2007 年，农业从业人员数量增加了 184.20 万人，粮食播种面积上升了 $622.76\times10^4 hm^2$，耕地压力指数下降了 0.16。尽管耕地生产力解析表明，后一阶段耕地压力的下降主要来自单位耕地化肥、农药等生产投入增加导致的耕地生产力提高，但施肥、施药等农事活动还难以实现机械对劳动力的替代，仍然说明了劳动力投入对耕地压力变化的重要影响。因而，总的来看，劳动力投入变化对我国粮食安全保障仍然具有重要驱动作用，这由 ln（IP_l）系数为−0.892 来充分反映。

（3）灌溉保障的影响。ln（EIA）的系数为−0.466，表明灌溉基础设施同样也对保障粮食安全具有较高贡献，充分体现了粮食生产的水资源限制。这主要是由于耕地与水资源南北分布不均及薄弱的灌溉基础设施还不完善。

（4）耕地经济属性的影响。1999～2003 年，耕地非农化比较利益增长了 89.85%。然而，ln（CICLU）的系数仅为 0.095，耕地非农化对粮食安全恶化的贡献较弱。这与驱动力模型研究指标选择时的预期——耕地非农化比较利益增加将导致耕地非变化增强，从而对粮食安全构成威胁似乎并不吻合。但实质上这主要是由于支农补农等惠农政策的实施大大削弱了耕地非农化对粮食安全保障的负面影响。例如，用于农业支出的国家财政从1999年的1085.80亿元逐年增加到2007年的4318亿元。其中，2003～2007年的增加幅度是1999～2003年的3.83倍，由此导致了粮食生产的迅速“回暖”。此外，结案违法用地涉及耕地规模从1999年的$1.04\times10^4hm^2$增加到2007年的$3.67\times10^4hm^2$，这也在一定程度上削弱了地方过度耕地非农化行为。

3. 农户种粮积极性的影响

表8-5显示，ln（RPNP）的系数从2000年的0.077下降到2003年的−0.012，然后回升至2007年的0.224。ln（RPNP）与耕地压力指数变化的负向关系仅仅表现在2002年、2003年。考虑到一年的时间滞后效应，种粮比较效益的提高仅仅在惠农政策开始实施的年份对保障粮食安全起到了明显的积极作用。然而，耕地生产力解析表明，2003～2007年农户种粮积极性得到了显著提高，由此推断惠农政策仅在其开始实施的年份对激励农户种粮积极性起到了显著作用。这主要是由于化肥、农药成本的增加与补贴金额大致相当，从而抵消了种粮直补的激励效应。例如，2003～2007年，亩均粮食补贴从0.73元增加到24.93元。同期，亩均化肥及农药成本则分别增加了32.87元、8.95元。然而，2003～2007年的粮食生产价格指数均值比1999～2003年增加了12.70。可见，2003～2007年农户种粮积极性的稳步增加主要来自粮食价格的上涨导致的种粮纯收益的增加，惠农政策在其开始实施年份激发了农民对种粮收益的预期。

表8-5 农户种粮积极性的影响估计

年份	参数估计	t值
2000	0.077	16.542
2001	0.043	10.297
2002	−0.012	−3.552
2003	−0.012	−3.999
2004	0.070	24.728
2005	0.135	45.940
2006	0.188	57.122
2007	0.224	59.977

4. 农户经济基础的影响

表8-6显示，各省ln（NIF）与耕地压力指数变化均呈负向关系，即农民纯

收入增长促进了粮食安全状况的改善。这主要是由于农户收入的增长有利于提升农民增加粮食生产投入的能力。因而，这也反映了农民较强的耕地保护能力。值得注意的是，农民耕地保护能力的空间格局与粮食安全状况基本一致。例如，对于我国粮食安全状况最差的区域——耕地压力类型Ⅴ区而言，其ln（NIF）系数均值为−0.629，即该区农民耕地保护能力居全国最低水平；对于我国粮食安全状况较差的区域——耕地压力类型Ⅳ区而言，其ln（NIF）系数均值为−0.923，即该区农民耕地保护能力仅高于类型Ⅴ区；对于粮食安全状况相对较好的区域包括耕地压力类型Ⅰ区、类型Ⅱ区、类型Ⅲ区而言，其各区ln（NIF）系数均值均介于−1.6～−1，即农民耕地保护能力也较强。这意味着，东北部及中东部粮食安全状况较好的省份因其农民耕地保护能力较强而具有明显的耕地保护优势。

表 8-6　农民耕地保护能力估计

省（自治区、直辖市）	参数估计	*t*值	省（自治区、直辖市）	参数估计	*t*值
河南	−1.553	−188.260	山西	−1.030	−137.761
江苏	−1.395	−128.769	陕西	−1.028	−124.995
安徽	−1.346	−155.161	甘肃	−0.983	−88.103
河北	−1.345	−144.919	云南	−0.907	−94.391
山东	−1.340	−158.864	广西	−0.898	−95.763
吉林	−1.089	−111.327	贵州	−0.724	−61.551
内蒙古	−1.063	−137.976	新疆	−0.558	−44.542
四川	−1.016	−122.424	西藏	−0.250	−30.582
辽宁	−1.013	−125.133	上海	−0.838	−46.424
湖北	−0.969	−93.200	福建	−0.786	−72.968
湖南	−0.872	−99.235	北京	−0.701	−62.170
黑龙江	−0.800	−67.601	天津	−0.618	−108.813
江西	−0.586	−59.755	浙江	−0.425	−34.879
重庆	−1.423	−166.267	广东	−0.284	−23.015
青海	−1.301	−151.622	海南	−0.082	−7.503
宁夏	−1.088	−119.653			

8.2.5　耕地多功能管理突破口

农民农业生产积极性下降直接导致的农业边际化是城镇化过程中的普遍现象（Baldock et al.，1996；Pinto-Correia and Breman，2008；Tan et al.，2021；

Verburg et al.，2009；Wang et al.，2020；刘成武和李秀彬，2006；Shao et al.，2015）。1999～2003年，我国农户种粮积极性明显下滑并对粮食安全构成了威胁。尽管中部及东南部优质耕地的大量流失导致国家尺度上的耕地质量呈下降态势，但2003～2007年种粮积极性的提高大大增强了粮食安全状况的优化。这意味着影响我国耕地粮食安全保障功能的关键已不是土地承载能力的问题，而是能否维持并提高农户种粮积极性。此外，根据第4章研究结果，当前我国耕地资源开发强度所处的演化阶段表现为，以提高耕地资源开发深度为主要特点，同时面临耕地资源开发频度降低（宋小青等，2013）。其中，农户种粮积极性下降是开发频度降低的直接原因。

2003～2007年，种粮积极性持续提高主要是由于市场粮价上涨而不是种粮直补的政策激励，因为种粮直补被持续上涨的化肥、农药等生产投入成本所抵消。黄季焜等的调查结果也表明，种粮直补并未对农民粮食生产投入决策产生影响（Huang et al.，2010）。此外，8.2.3节耕地生产力解析结果表明，种粮比较效益的持续下降制约种粮积极性的提高。可见，提高市场粮价的宗旨是提升种粮比较效益。从种粮比较效益的度量方法来看，它与耕地家庭经济贡献功能的内涵一致。因此，提高市场粮价就是为了提升耕地的家庭经济贡献功能。然而，粮价乃百价之基，粮食价格调控不合理，不仅影响粮食消费价格平衡度，而且威胁粮食安全保障功能，从而可能引发严重的经济恶果。同时，提高市场粮价也只是国际上耕地多功能价值显化的途径之一。因此，从根本上看，加快显化耕地多功能价值，提高耕地的家庭经济贡献功能，从而激发种粮积极性是提升粮食安全保障功能的关键。

2003～2007年，种粮积极性的提高主要表现在生产投入的增加，但化肥和农药的大量使用对降低粮食压力的作用已不明显。而且，5.2.2节时间序列的耕地功能变化与5.2.3节地市耕地功能分异评价结果均显示，化学品集约投入已对耕地的粮食安全保障功能及生态安全维护功能构成了重大威胁。然而，农业机械化发展及灌溉设施完善对保障粮食安全具有重要意义。当前，我国农业生产仍然突出表现为劳动集约型，而且未来水资源约束将日益明显。这就意味着粮食安全的持续保障将依赖于劳动生产率的提高及灌溉管理的优化。因此，加强农户耕地利用投入结构管控是统筹粮食安全保障功能与生态安全维护功能的关键。

综合以上分析，加快耕地多功能价值显化，提高耕地的家庭经济贡献功能，同时合理管控农户耕地利用投入结构，是推进耕地多功能管理的突破口。那么，以此为主线，促进粮食安全保障功能与生态安全维护功能协同发展也就成为统筹耕地多功能管理的解决途径。值得注意的是，地市耕地功能形态具有显著空间差异。因此，有必要划分耕地多功能统筹发展区，实行耕地多功能差异化管理。

8.3　耕地多功能统筹发展分区

8.3.1　分区原则

1. 管理可行性原则

发展分区以5.2.3节2010年地市耕地功能形态评价结果为依据，不打破地市行政界线。同时，同一发展区内的地市原则上保持地理毗邻。

2. 地域一致性原则

同一发展区内的地市原则上应在地形、地貌、经济社会发展水平、耕地资源禀赋等方面具有相似性，确保耕地多功能管理模式及对策具有可操作性。

3. 功能协调性原则

按照耕地多功能管理实践路径要求，从家庭经济贡献功能与粮食安全保障功能、生态安全维护功能的关系出发，来划分耕地多功能统筹发展区。

8.3.2　分区方法

1. 分区流程

如图8-6所示，以2010年地市耕地功能形态空间差异评价结果为基础，基于ArcMap的“hot spot analysis”工具，分别对家庭经济贡献功能格局、粮食生产贡献功能格局及生态安全维护功能格局进行热点分析。通过自然断点法将热点计算值GIZscore由大到小依次分为五级，将一级与二级、四级与五级区域分别界定为热点区、冷点区，将三级区域界定为一般区。根据三大功能关系，制定耕地多功能统筹发展区识别规则。以热点分析结果为基础，按照识别规则初步划分耕地多功能统筹发展区。在保持初步划分结果总体稳定的前提下，按照分区原则对初步划分结果进行微调，形成耕地多功能统筹发展分区方案。

2. 分区方法

从表8-7可以看出，家庭经济贡献功能格局以2.305、0.014为界分为热点区、冷点区、一般区，粮食生产贡献功能格局以2.164、−1.001为界分为热点

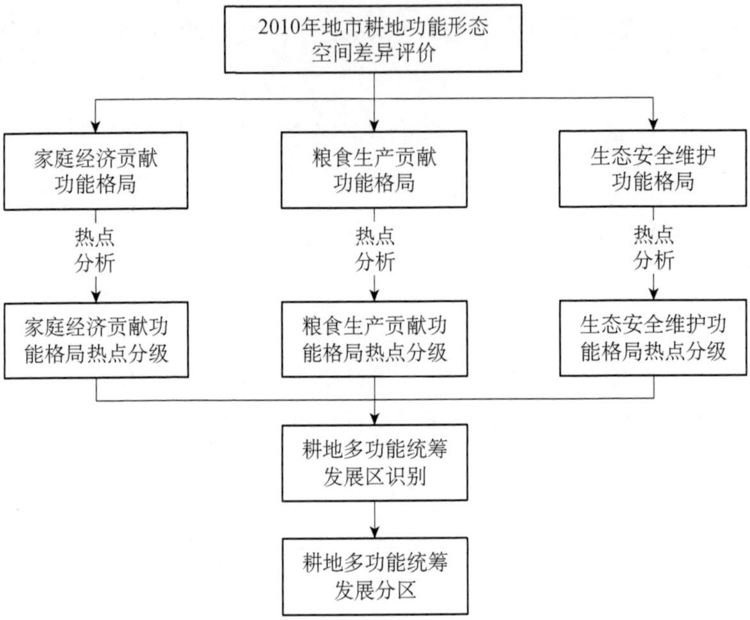

图8-6　中国耕地多功能统筹发展分区流程

区、冷点区、一般区，生态安全维护功能格局以2.485、0.469为界分为热点区、冷点区、一般区。根据功能格局热点分区，每次从各功能中任意抽取一个区形成组合，完成耕地多功能统筹发展初步分区。组合结果表明，三大功能实际组合成20个区域。按照地市毗邻与地域一致性原则，对初步划分结果进行合并，共划分出7个耕地多功能统筹发展区（图8-7）。

表8-7　耕地多功能指数热点分级

耕地功能类别	热点区	冷点区	一般区
家庭经济贡献功能	GIZscore_h≥2.305	GIZscore_h≤0.014	0.014<GIZscore_h<2.305
粮食生产贡献功能	GIZscore_g≥2.164	GIZscore_g≤−1.001	−1.001<GIZscore_g<2.164
生态安全维护功能	GIZscore_e≥2.485	GIZscore_e≤0.469	0.469<GIZscore_e<2.485

8.3.3　区域差别化的耕地多功能统筹发展任务

1. 耕地多功能统筹优势区

该区位于我国中部，覆盖武汉城市经济圈、长株潭城市群长沙、湘潭两市，是全国粮食主产地。从耕地利用功能的全国冷热整体格局来看，区内地市均属于耕地家庭经济贡献功能、粮食生产贡献功能、生态安全维护功能的热点区。区内耕地生态类型指数较高，在保证高粮食生产贡献的基础上，耕地利用

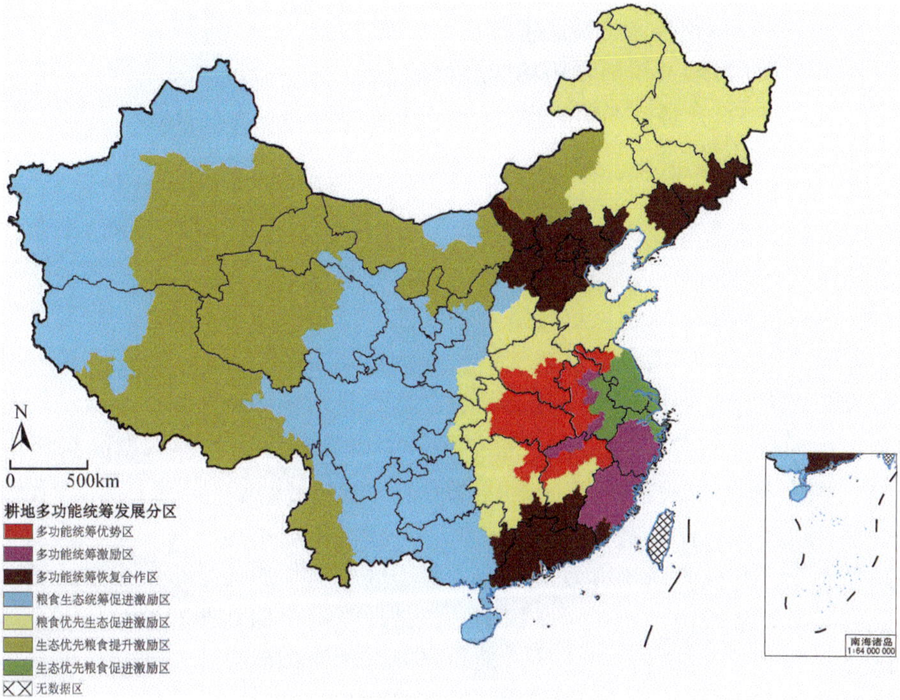

图 8-7　中国耕地多功能统筹发展区

对维护区域生态安全具有重要作用。而且，农户耕地利用经济收益的家庭经济贡献较大，农户参与耕地多功能管理的积极性高。值得注意的是，区内耕地生态系统多样性有待提高，耕地利用投入结构有待优化。未来该区应依托武汉经济圈、长株潭城市群发展，加快乡村振兴进程，带动农业产业化及耕地利用功能形态高端化。严格永久基本农田保护红线管理，加快推进耕地流转，优化农业产业结构，鼓励农户多样化种植。同时，引导农户耕地利用投入结构优化，切实发挥农户在推进粮食生产贡献功能与生态安全维护功能协同发展中的积极作用。

2. 耕地多功能统筹激励区

该区位于我国东南部，覆盖浙江、福建大部及江西、安徽省会及周边地市。从耕地利用功能的全国冷热整体格局来看，区内地市均属于耕地粮食生产贡献功能、生态安全维护功能的热点区，但家庭经济贡献功能较弱。区内耕地生态类型指数较高，区内耕地生态系统多样性维护较好。在保证高粮食生产贡献的基础上，耕地利用对维护区域生态安全具有重要作用。然而，随着区内城市群带动工业化快速发展，农户耕地利用经济收益对家庭经济贡献逐步减弱，农户参与耕地多功能管理的积极性有待提高。未来该区应依托环杭州湾、浙中、温台沿海、海峡西岸、长江中游及安徽城市群发展，带动农业产业化尤其是有机农业规模化发展及耕地利用功能形态高端化，加大工业反哺农业、城市反哺农村力度，加快提升耕地多功能价值，提高农户参与耕地多功能管理的积极性。

3. 耕地多功能恢复合作区

该区由南北两部分组成，覆盖京津冀都市圈、辽中城市群、珠江三角洲及周边地市，大部分地市属粮食主销区。从耕地利用功能的全国冷热整体格局来看，区内地市均属于耕地家庭经济贡献功能、粮食生产贡献功能、生态安全维护功能的冷点区。区内城市群迅速扩张导致耕地大规模流失，农户耕地利用的经济收益对家庭经济贡献逐步减弱，农户参与耕地多功能管理的积极性较低。未来该区应依托京津冀都市圈、首都经济圈、珠江三角洲等大型高端城市群发展，探索耕地多功能统筹恢复区域合作的先行先试。其中，重点依托京津、珠江三角洲、沈阳等核心经济区发展，带动周边地市“菜篮子”工程、休闲观光农业、有机农场集群发展，实现核心区资本与周边地市农户耕地资源对接，发挥耕地多功能高端化在全国的示范带动作用。探索构建城乡统一土地生态经济市场，大力推进耕地流转，加快耕地多功能价值显化。探索耕地多功能管理区域补偿机制，提高农户参与耕地多功能管理的积极性。

4. 生态优先粮食促进激励区

该区位于我国东部，覆盖长江三角洲大部分地市。从耕地利用功能的全国冷热整体格局来看，区内地市均属于耕地生态安全维护功能属全国热点区，粮食生产贡献功能的一般区。同时，家庭经济贡献功能也较弱。与耕地多功能恢复合作区相比，区内大型城市群在快速扩张的同时，耕地保护成效较好。区内耕地生态类型指数较高，耕地利用对维护区域生态安全具有重要作用。值得注意的是，区内耕地生态系统多样性有待提高，耕地利用投入结构有待优化。未来该区应以耕地生态保护优先，依托长江三角洲发展，探索农户耕地多功能管理激励政策的先行先试。加快推进长江三角洲核心区周边地市“菜篮子”工程、休闲观光农业、有机农场集群发展，实现核心区资本与周边地市农户耕地资源对接。探索构建城乡统一土地生态经济市场，大力推进耕地流转，加快耕地多功能价值显化。探索耕地多功能管理农户补偿机制，引导农户耕地利用投入结构优化，提高农户参与耕地多功能管理的积极性。

5. 粮食优先生态促进激励区

该区包括我国中东部、北部地市，属全国粮食主产地，覆盖中原城市群、山东半岛城市群、长株潭城市群株洲市。从耕地利用功能的全国冷热整体格局来看，区内地市均属于耕地粮食生产贡献功能的热点区，生态安全维护功能的一般区，家庭经济贡献功能有待提高。区内耕地质量、耕地生态类型、耕地生态系统多样性不高，但黄海平原、豫东平原、胶东丘陵及胶西黄泛平原耕地利用化学品投入较高。未来该区应继续发挥粮食主产作用，严格永久基本农田保护红线管理，同时加大促进耕地生态保护力度。依托中原城市群、山东半岛城市群、长株潭城市群发展，加快乡村振兴进程，带动农业产业化及有机农业规模化发展。加快推进耕地流转，激励大农场集群发展。优化农业产业结构，引导农户优化耕地利用投入。加大工业反哺农业、城市反哺农村力度，严格落实惠农强农富农政策，实现发达地市资本与农村耕地资源对接。探索构建城乡统一土地生态经济市场，探索耕地多功能管理农户补偿机制，切实提高农户参与耕地多功能管理的积极性。

6. 生态优先粮食提升激励区

该区位于我国西部青、藏、蒙、新等地交界区，属于全国经济欠发达地区。从耕地利用功能的全国冷热整体格局来看，区内地市耕地生态安全维护功能属全国热点区，粮食生产贡献功能、家庭经济贡献功能较弱，耕地利用经济收入较低。区内耕地质量较差，耕地生态系统多样性、农田灌溉指数、耕地利用化学品投入均较低，但耕地利用对维护区域生态安全具有重要作用。未来该区应以耕地生态保护优先，稳定生态退耕成果，严格落实惠农强农富农政策。大力推进农业机械化发展，加强农田基础设施建设及土地改良。有序推进耕地流转，引导农户耕地规模化经营。合理调整农业产业结构，激励农户开展优质、绿色粮食生产工程，切实提高农户参与耕地多功能管理的积极性。

7. 粮食生态统筹促进激励区

该区包括我国西南、西部大部地市，以及新疆西北部地市，区内覆盖川渝经济区、黔中城市群、北部湾经济区。从耕地利用功能的全国冷热整体格局来看，区内地市均属于耕地粮食生产贡献功能、生态安全维护功能的一般区，同时家庭经济贡献功能较弱。区内耕地质量不高、耕地生态类型指数较低，西南部耕地生态系统多样性较高但农田灌溉指数较低。同时，耕地利用化学品投入较少，耕地利用对维护区域生态安全的作用较大。未来该区应以粮食生产、生态保护同步发展，依托川渝经济区、黔中城市群、北部湾经济区建设，带动农业产业化及耕地多功能高端化。大力推进农业机械化发展，加强农田基础设施建设及土地改良。引导耕地后备资源适度、有序开发，稳定生态退耕成果，严格落实惠农强农富农政策。优化农业产业结构，激励农户开展优质、绿色粮食生产工程，切实提高农户参与耕地多功能管理的积极性。

8.4 耕地多功能管理层次机制体系

8.4.1 耕地多功能管理层次机制体系框架

根据8.1节我国耕地利用转型总体模式要求及耕地多功能管理实践路径，在充分借鉴发达国家耕地利用转型成功经验的基础上，以社会问题研究层次框架（Williamson，1998，2000）为方法论，构建耕地多功能管理层次机制体系（图8-8）。

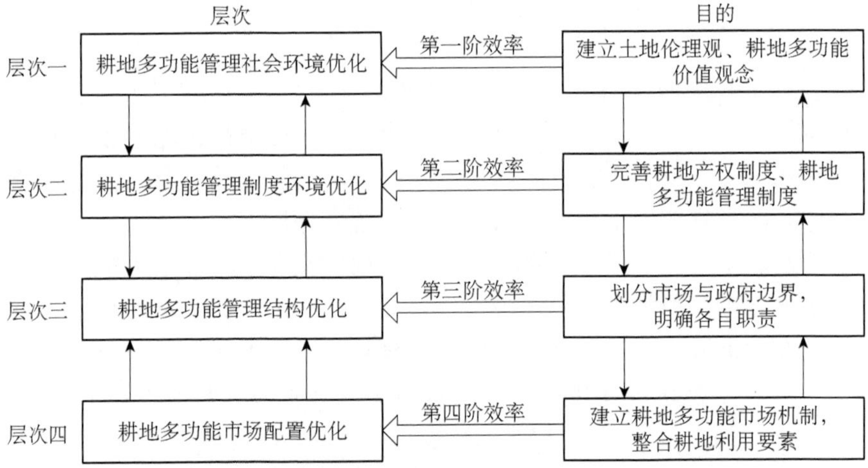

图8-8 耕地多功能管理层次机制体系

第四层次为耕地多功能市场配置优化。该层次关注如何通过市场机制引导、耕地利用要素整合实现耕地多功能市场优化配置，从而保障耕地利用转型调控的第三阶效率。该层次受第三层次的约束并反作用于第三层次。

第三层次为耕地多功能管理结构优化。该层次关注如何划分市场与政府的边界，明确耕地多功能市场及政府在耕地多功能区划中的职责，优化耕地多功能管理结构，尽量减少第四层次的市场失灵，从而保障耕地利用转型调控的第二阶效率。该层次受第二层次的约束并反作用于第二层次。

第二层次为耕地多功能管理制度环境优化。该层次关注如何完善耕地产权制度及耕地多功能管理制度，优化耕地多功能管理正式制度环境，尽量减少第三层次的政府失灵，从而保障耕地利用转型调控的第一阶效率。该层次受第一层次的约束并反作用于第一层次。

第一层次为耕地多功能管理社会环境优化。该层次关注如何建立土地伦理观、耕地多功能价值观念，优化耕地多功能管理社会环境。一般地，文化、习俗、价值观是城乡居民在长期生产、生活中约定俗成的观念，被视作既定的非正式制度。然而，土地伦理观、价值观与地域发展阶段、城乡居民生活水平相适应，具有一定的动态性。因此，本书研究将其视作耕地利用转型调控的可变量加以研究，以保障耕地利用转型调控的第一阶效率。

8.4.2　第一阶效率保障机制：耕地多功能管理社会环境优化

1. 树立耕地多功能管理伦理意识

①维护耕地多功能性。整体性、结构性、层次性、开放性、可持续性是耕地多功能的本质属性。维护耕地多功能性是公平分享耕地多功能管理收益的前提和保障，任何耕地利用活动必须以维护耕地多功能性为准则。②公平分享耕地多功能管理收益。解决耕地利用外部性是耕地多功能管理的关键。耕地利用利益相关方对耕地多功能管理收益拥有知情权、分配权和处分权。③树立耕地多功能价值观念。耕地多功能价值有使用价值和非使用价值之分。其中，使用价值随耕地多功能利用的物质收益增长而增长；非使用价值随经济社会发展而逐步显化。促进非使用价值向使用价值的转化是耕地多功能价值观念的核心。④树立耕地利用有序竞争观念。任何耕地利用活动应以增进社会整体福利为准则，以严格遵守耕地多功能管理制度规范为前提。

2. 加强耕地多功能管理宣传教育

①将耕地多功能管理纳入土地法制宣传教育体系，通过耕地保护及自然资源统筹管理平台开展宣传教育。②将耕地多功能管理纳入新农村建设宣传教育体系，依托农村基层组织，面向农户开展耕地多功能管理常识教育。③将耕地多功能管理纳入生态文明建设宣传教育体系，依托媒体平台开展国民宣传教育。

8.4.3　第二阶效率保障机制：耕地多功能管理制度环境优化

1. 加快完善社会保障制度

①推进城镇社会保障优势资源向农村延伸，建立健全城乡统一、公平、全

覆盖的社会保障体系，加快推进社会保障对耕地社会安定维护功能和就业保障功能的替代。②加大农村居民医疗、养老、子女教育保障力度，以及农村劳动力转移就业的失业、住房保障力度。③开展农民工清查、培训和技能评定，对在务工地居住满一年以上的农民工，按照技能评定结果有序纳入城镇居民社会保障体系。

2. 构建城乡劳动力市场配置制度体系

①取消城乡二元户籍制度，加快校正“农民”的职业内涵，取消“农民”的身份象征。②培育城乡统一的劳动力市场，加强农村劳动力转移职业培训，推进优势就业资源向农村居民倾斜。

3. 构建耕地经营格局优化法律体系

①建议出台《农村劳动力转移促进法》，推进剩余农村劳动力及时、有效转移。②建议出台《农村劳动力转移就业法》，保障剩余农村劳动力转移后的就业权利。③建议出台《农村土地承包经营权流转促进法》，规范推进耕地有序流转，促进耕地规模经营。耕地规模经营不仅可以提升耕地利用的规模效益与竞争优势，而且可以优化利用格局，为新型城镇化建设、乡村振兴和生态保护节省空间。耕地规模经营是发达国家推动耕地利用转型的共同做法。值得注意的是，发达国家并不要求界定适度规模的具体大小，而是适应市场发展需求，通过出台农业基本法律等手段促进耕地经营规模扩大。事实上，我国的土地政策乃至农业经济政策制定一直高度重视耕地适度规模经营。无论从农业发展要求还是从地方探索性实践来看，我国已经到了通过立法或制定国家重大政策大力推广耕地规模经营的阶段。但是，法律或政策不应在适度经营的规模上过多干预，应当发挥市场对耕地经营规模的基础性调节作用。

4. 完善耕地产权制度

①全国巩固落实加快农村土地承包经营权确权、登记、颁证，完善农村土地承包经营权物权化管理。②设置耕地生态安全维护功能发展权和耕地非农建设发展权，并予以确权、登记、颁证，保证其物权化。

5. 改革耕地占补平衡制度

第 5 章研究结果表明，耕地多功能具有显著的时间动态性与空间差异性。而且，从耕地利用转型模式来看，耕地利用格局优化应优先于耕地总量管控。这就对改革当前以数量管控为特征的耕地占补平衡制度提出了要求。具体来看，改革耕地数量动态平衡制度为耕地动态变化考核制度。①耕地保有量、新增建设用地占用耕地指标下达应充分考虑耕地多功能的时间动态性与空间差异性。②以县域为单元，将耕地经营格局优化和耕地景观格局优化纳入地区耕地动态变化考核体系。③将耕地多功能尤其是粮食生产贡献功能、家庭经济贡献功能以及生态安全维护功能变化纳入耕地占用补偿考核体系。

6. 建立耕地多功能统筹利用保障机制

从实证或供给的角度来看，耕地多功能统筹利用需要通过转变耕地利用方式，以维持并提高以生物化学过程为基础的物理联合生产水平。从规范或需求的角度来看，耕地多功能统筹利用的关键在于协调不同耕地管理主体间的利益矛盾。因此，可通过建立耕地多功能利用评价机制及耕地利用利益调配机制，以保障耕地多功能统筹利用。①通过定期评价耕地利用对经济、社会及生态的可持续影响，实行耕地多功能监测与预警。②通过耕地多功能价值评估，以提升耕地价值并为利益调配奠定基础。③弱化 GDP 考核机制并建立耕地多功能监测指标体系，将耕地多功能管理纳入政府考核。

8.4.4　第三阶效率保障机制：耕地多功能管理结构优化

1. 发挥政府对耕地多功能管理的调控能力

按照"规划先行、服务指导"的原则，发挥政府在耕地多功能管理中的调控作用。发挥政府对城乡统一土地生态经济市场、耕地多功能管理第三方组织的培育、发展及监管的指导与服务。依据国土空间规划体系，由自然资源部门主导，农业农村部门、生态环境部门、住房和城乡建设部门共同参与开展编制《耕地多功能专项规划》。规划中明确耕地多功能统筹发展战略、耕地多功能信托类型、耕地多功能管理第三方组织数量及布局、耕地生态安全维护功能发展权与耕地非农建设发展权项目实施计划。

2. 建立建全城乡统一土地生态经济市场

积极培育以政府管控为主导，以生态信用为交易对象，由开发商、公用事业者等购买者，银行、农户、保护组织等销售者，以及第三方组织、经纪、融资方等市场服务机构组成的耕地多功能信托市场，重点支持耕地的 CO_2 调节、水文调节、水质净化及生物多样性保护等非商品性产出市场化。破除城乡二元土地制度，构建城乡统一土地生态经济市场，发挥市场对耕地流转、耕地多功能信托交易、城镇与农村建设用地配置、土地整治的基础性配置作用。

3. 积极培育耕地多功能管理第三方组织

围绕耕地多功能信托市场服务，培育基层耕地多功能管理信托机构。信托机构数量原则上控制为一乡（镇）一个。信托机构履行耕地多功能信托咨询、交易及管理职责，履行本乡（镇）辖区内耕地多功能价值评估、土地整治监督、征地补偿咨询与监督职责，以及履行本乡（镇）统一土地生态经济市场运行监督等职责。乡（镇）已有发展成熟农业合作社的，可以将信托机构与农业合作社集成发展。

8.4.5 第四阶效率保障机制：耕地多功能市场配置优化

1. 构建以主体功能差异化为前提的耕地多功能空间融合模式

根据 2.3.5 节，相比其他耕地多功能空间组织形式，耕地多功能空间融合模式因其耕地功能的多样性优势，更有利于满足人类日益增长的生存与发展需要，从而更利于缓解耕地需求无序竞争并防止耕地生态系统退化。然而，受主体差异性、时间动态性及空间异质性的影响，对于某一地域而言，在其特定经济社会发展阶段也应因地制宜地确定耕地的主体功能。从规范或需求的角度来看，通过规划布局，首先划定耕地主体功能区，并制定各功能区的耕地利用目标与利用方式。从实证或供给的角度来看，提高农户参与耕地多功能管理实践的积极性，加强农业技术创新与推广，引导农户遵循以生物化学过程为基础的物理联合生产原理，改变以往追求耕地单功能增长的退耦化生产模式，推进耕地利用方式转变。

2. 发展多元化的耕地多功能价值显化提升途径

显化提升耕地多功能价值有利于提高耕地利用比较利益、增加耕地用途转换的机会成本并强化农民的耕地承包经营权主体地位。从实证或供给的角度来看，可实行农户耕地多功能管理直接补贴，以激励农户参与耕地多功能管理实践。从规范或需求的角度来看，应积极发展耕地的生态及景观文化功能市场。例如，通过举办“开心农场”、菜地租赁等形式，满足城镇居民对耕地多功能的消费需求；发展温室气体市场、水质市场等生态系统服务市场，由需要降低自身环境足迹的企业向实施保护性耕作、减少化肥施用量等措施的农户进行货币支付（Stuart et al.，2010）。具体来看，①加大对耕地生态安全维护功能的补贴力度。当前种粮直补与粮食种植面积挂钩，而且被农资成本大大所抵消，因此其对提高耕地价值的贡献较低。对此，应面向耕地经营者增加耕地生态安全维护功能补贴。耕地经营者尤其是农民，在不降低耕地商品性生产功能的前提下，积极参与生态安全维护功能维护的，可获得政府补贴。②实施优质农产品价格支持。开展“绿色”农作物产品价格支持，激励农户自发调整耕地利用投入结构。③实行耕地征用多功能补偿。加大环境友好型耕地利用补贴与财政支持，将农产品品质安全保障功能、生态安全维护功能纳入征地补偿标准。④推进耕地多功能价值区域补偿。在划定的耕地多功能统筹发展分区，明确补偿的功能类型、补偿与受偿主体以及补偿标准。

3. 实施耕地发展权转让项目

①加强项目计划管理。将耕地生态安全维护功能发展权转让项目、耕地非农建设发展权项目纳入年度耕地保护考核目标体系。②规范项目运作机制。项目实施计划依据《耕地多功能专项规划》制定，由耕地多功能信托机构组织制定项目实施计划，并开展项目运作。项目实施计划严格按照国土空间用途管制制度，划定发展权转让区和转入区。其中，对非农建设需要购买耕地非农建设发展权的，由非农建设主体向转入区耕地承包经营权人支付现金补偿，转入区耕地承包经营权人承担耕地生态系统健康维护义务和责任，并接受耕地多功能信托机构监督；对生态破坏需要购买耕地生态安全维护功能发展权的，由构成生态破坏的主体向转入区耕地承包经营权人支付现金补偿，转入区耕地承包经营权人承担农田生态系统健康维护义务和责任，并接受耕地多功能信托机构监督。

4. 完善土地整治模式

①改革土地整治技术目标。将土地整治技术目标考核指标调整为整治区规模、新增耕地系数、耕地生产力、线形及面状非生产性生境小区个数及面积比例、土地权属界定。原则上不得消除所有田坎、沟塘、土渠等非生产性生境小区，确需消除的，必须按照方便农业生产、符合生态安全要求的原则设计新建。推广中国科学院禹城综合试验站构建的“四节一网两增”现代农业模式经验，重视农田边界生态系统的设计、构建与保护。整治前后的土地尤其是新增耕地，必须明晰产权归属。②改革土地整治技术体系。将土地整治技术体系调整为土地平整、农田基础设施建设、农田质量建设、耕地生态系统保护修复、农业生产信息服务。重视微生物土壤培肥在土地整治中的应用，以及信息服务在整治项目结束后的农业生产中的应用。③改革土地整治组织体制。将土地整

治项目实施由政府主导调整为农业合作社、耕地多功能信托机构主导。④改革土地整治考核验收。以实现耕地多功能提升为核心，建立由自然资源部门、农业农村部门、水利部门、生态环境部门、林业部门等多部门联动的考核验收机制。⑤改革土地整治激励机制。开展土地整治项目区耕地多功能变化评价，对耕地多功能显著提升的项目区给予土地权属人奖励。

5. 实施土地系统分类管理

加强土地政策间的互补性，实行土地系统分类管理，切实节约耕地资源。①对于耕地本身，实行耕地多功能管理，以促进耕地资源节约利用。②在支持农产品价格的前提下，通过调整农产品间的价格关系、开展作物种植布局规划及政策引导等方式，按照耕地多功能统筹利用分区，实行种植业结构调整的功能性调控。③继续加强建设用地节约集约利用。实行城乡建设用地节约集约利用考核与耕地多功能管理对接。对于考核不合格的，除给予先行处理外，按当地耕地多功能价值予以处罚，将罚金纳入当地财政，专款用于耕地多功能管理。④引导建设项目适度向未利用地布局，降低新建建设用地占用耕地的压力。

6. 实施耕地多功能分层管理

加强规划布局引导、指标控制与监测预警，实行空间分离与空间融合的耕地多功能分层管理。①在《耕地多功能专项规划》中，以县域为单位，制定耕地多功能统筹发展目标，划分耕地多功能统筹发展战略区。以乡（镇）为单位，明确功能区内农作物种植布局，在区域尺度上实行空间分离的耕地多功能管理。②在地块及农户尺度上，通过耕地多功能市场及政府补贴等激励农户参与耕地多功能管理。划定耕地利用投入结构及标准，对耕地利用物质投入实行指标量化控制，实行空间融合的耕地多功能管理。③发展耕地多功能信托机构，开展耕地多功能统筹利用监测，实行耕地多功能统筹利用预警、监督管理。

7. 大力发展有机农场

有机农场是城乡居民消费需求升级的产物，也是推进环境友好型土地利用、提升农业综合效益的载体。发达国家有机农场发展非常迅速。近年来，生态农业园在北京、天津、上海、广州等地快速发展。未来应顺应市场需求，加大对农户参与有机农场建设的扶持力度。

8. 审慎实施“旱改水”推进田园综合体建设

当前，我国“旱改水”方兴未艾。其初衷在于藏粮于田并充分发挥水田的生态效益。第 6 章的研究揭示，随着经济社会发展，耕地利用功能将从社会生态型逐步向经济社会型、生态经济型转型。广东省属于中国经济社会发达地区，其耕地利用功能已完成了从社会生态型逐步向经济社会型的转型，当前正处于从经济社会型向生态经济型转型的过渡期。其间，经济作物、园艺作物对粮食作物、园艺作物对经济作物的替代乃至旱地对水田的替代，是由生产要素市场和农产品（含非商品服务）消费市场决定的，符合经济社会发展趋势的诱致性生产替代。尽管粮食安全、惠农政策、耕地保护政策等社会体制可以在短期内快速地改变这一替代进程，但其持久动力有待考证。根据第 6 章提出的理论框架，与广东省经济社会发展水平相当或滞后于广东省的其他地区，如华南、西南、长江流域等地区，诱致性生产替代势必正在进行。对此，①“旱改水”要严格限定在低洼易涝地，不可“一刀切”、过激推进；②在改后的水田推广稻渔综合种养模式，同时借力乡村振兴，发挥水田对田园综合体等农旅融合业态的支撑能力，提升水田的比较效益，切实避免改后水田撂荒。

9. 优化耕地利用投入结构

①鼓励适度减少化肥及农药等化学投入。发展以农作物品种改良为代表的生物技术，促进农业增产从当前主要依赖化学投入增加向依靠生物技术进步转型。鉴于当前我国农民已形成“高投入、高回报”的生产观念，重视探索鼓励农民适度减少化肥、农药等化学投入的经济机制。例如，实行化学投入风险担保政策。若减少化肥投入而导致减产，农民可获得维持以往未减少化肥投入时收益的经济补偿。同时，在实施惠农政策的同时，应尽快将耕地生态保护、农业环境保护等纳入耕地保护政策体系。②支持加大农业机械投入。继续强化农机补贴，以促进农业机械化尤其是中小型农业机械化发展。鼓励通过农业合作组织、耕地多功能信托机构，提供规模化的农业机械服务。③支持加大灌溉管理投入。强化水权初始分配及交易，以优化流域农业用水管理。加大财政支持力度，加快完善以末级渠系为代表的输水设施体系。根据中国科学院禹城综合试验站在山东省禹城市的试验经验，推广水价改革及计量灌溉。

10. 加强耕地利用功能转型的社会生态效应管控

第6章研究证实，在耕地利用功能完成向生态经济型转型以前，旱地面积占比、经济作物播种面积占比、园艺作物播种面积占比总体上升，而农作物种植多样性、生态作物播种面积占比总体下降。这就意味着耕地利用的化学品投入总体上升，耕地酸化、农业面源污染总体增强，同时耕地生态系统结构的稳定性和生态调节功能总体减弱。根据第6章提出的理论框架，与广东省经济社会发展水平相当或滞后于广东省的其他地区，如华南、西南、长江流域等地区，耕地利用功能转型所引起的社会生态效应理应与广东省类似。对此，①加大耕地利用化学品投入的引导和管控力度，减少环境负荷；②因地制宜推进“旱改水”，完善水田的沟渠配置，增强水田的生态调节功能；③鼓励农作物多样化种植，增强耕地生态系统稳定性，增强其对病虫草害等农业灾害的抵御能力。

11. 加强耕地利用生物灾害脆弱性管控

根据第7章研究结果，在自然环境条件和耕地资源禀赋基本一致的前提下，经济发展相对落后地区和相对发达地区的耕地利用生物灾害脆弱性分别沿“路径Ⅰ”和“路径Ⅱ”转型演化。为了降低生物灾害的影响。建议通过政策措施干预，引导耕地利用生物灾害脆弱性沿着“路径Ⅲ”转型演化，即在经济社会发展水平较低阶段引导脆弱性慢速增长，当达到转型的经济社会条件时引导脆弱性快速下降。为进一步推动耕地利用生物灾害脆弱性快速减弱，①在耕地利用生物灾害暴露度管控方面，进一步促进农民增收，缩小城乡收入差距，降低耕地所承担的促进国民经济增长的压力。此外，根据表7-6，农业劳动力人均耕地对耕地利用生物灾害脆弱性下降的贡献较大，而耕地压力指数的贡献甚微。面板回归模型结果（表7-4）表明，提高土地生产力已无法有效降低耕地利用生物灾害脆弱性，但是提高劳动生产力的作用显著。这就意味着，优化地劳关系、进一步加大耕地规模化经营水平，应当成为降低耕地利用生物灾害暴露度进而降低脆弱性的抓手。这一政策需求在黄淮海平原区和华南区尤为显著。②在耕地利用生物灾害敏感性管控方面，表7-6显示，改进种植制度和农艺水平、提升作物多样性水平，进而促进耕地生态系统组分从受损走向恢复，控制化肥使用强度进而促进耕地生态系统过程从受损走向恢复，是各地区增强耕地利用系统对生物灾害抵御能力的当务之急。③在耕地利用生物灾害应对能力管控方面，表7-6显示，生物灾害防治率提升和生物灾害防治失控率下降是导致脆弱性下降的主要因素，而生物灾害防治率的影响甚微。这就意味着，提升生物灾害统防统治的技术水平和效率是未来提升生物灾害应对能力的关键，这对于东北平原区和云贵高原区尤为重要。

参考文献

蔡运龙，付泽强，戴尔阜. 2002. 区域最小人均耕地面积与耕地资源调控[J]. 地理学报，57（2）：

127-134.
李秀彬. 1999. 地区发展均衡性的可视化测度[J]. 地理科学，19（3）：254-257.
耿艳辉，闵庆文，成升魁，等. 2008. 泾河流域耕地—人口—粮食系统与耕地压力指数时空分布[J]. 农业工程学报，24（10）：68-73.
李玉平，蔡运龙. 2007. 区域耕地—人口—粮食系统动态分析与耕地压力预测[J]. 北京大学学报：自然科学版，43（2）：230-234.
刘成武，李秀彬. 2006. 对中国农地边际化现象的诊断——以三大粮食作物生产的平均状况为例[J]. 地理研究，25（5）：895-904.
刘丽. 2004. 发达国家工业化消耗了多少地[J]. 河南国土资源，10：40-41.
卢良恕. 2003. 中国农业新发展与食物安全[J]. 中国食物与营养，11：11-14.
吕晓，黄贤金，钟太洋，等. 2011. 中国农地细碎化问题研究进展[J]. 自然资源学报，26（3）：530-540.
麻坤，刁钢. 2018. 化肥对中国粮食产量变化贡献率的研究[J]. 植物营养与肥料学报，24（04）：1113-1120.
宋小青，欧阳竹. 2012a. 耕地多功能内涵及其对耕地保护的启示[J]. 地理科学进展，31（7）：859-868.
宋小青，欧阳竹. 2012b. 中国耕地多功能管理的实践路径探讨[J]. 自然资源学报，27（4）：540-551.
宋小青，欧阳竹，柏林川. 2013. 中国耕地资源开发强度及其演化阶段[J]. 地理科学，33（2）：135-142.
王佳月，李秀彬，辛良杰. 2018. 中国土地流转的时空演变特征及影响因素研究[J]. 自然资源学报，33（12）：2067-2083.
肖绮芳. 2010. 农地制度与农民社会保障制度整体性变迁研究[M]. 长沙：湖南人民出版社，8（1）：93-161.
曾希柏，陈同斌，胡清秀，等. 2002. 中国粮食生产潜力和化肥增产效率的区域分异[J]. 地理学报，57（5）：539-546.
郑秉文. 2011. “中等收入陷阱”与中国发展道路——基于国际经验教训的视角[J]. 中国人口科学，（1）：2-15，111.
朱红波，张安录. 2007. 中国耕地压力指数时空规律分析[J]. 资源科学，29（2）：104-108.
Azadi H，Ho P，Hasfiati P H L. 2011. Agricultural land conversion drivers：a comparison between less developed，developing and developed countries[J]. Land Degradation & Development，22（6）：596-604.
Baldock D，Beaufoy G，Brouwer F，et al. 1996. Farming at the Margins：Abandonment or Redevelopment of Agricultural Land in Europe[R]. London：IEEP and LEI-DLO.
BenDor T K，Doyle M W. 2010. Planning for ecosystem service markets[J]. Journal of The American Planning Association，76（1）：59-72.
Deelstra T，Boyd D，van den Biggelaar M，et al. 2001. Multifunctional land use：an opportunity

for promoting urban agriculture in Europe[J]. Urban Agriculture Magazine，4：1-7.
Ebdon D. 1978. Statistics in Geography[M]. Oxford：Basil Blackwell.
Eichengreen B. 2011. Escaping the Middle Income Trap[M]. Berkeley：University of California.
Farmland Information Center. 2008. Farmland Protection Toolbox[R]. American Farmland Trust，2：1-8.
Gill I，Kharas H，Bhattasali D，et al. 2007. An East Asian Renaissance：Ideas for Economic Growth[M]. Washington，D.C.：The World Bank.
Godfray H C J，Beddington J R，Crute I R，et al. 2010. Food security：the challenge of feeding 9 billion people[J]. Science，327：812-818.
Gomez-Baggethun E，Ruiz-Perez M. 2011. Economic valuation and the commodification of ecosystem services[J]. Progress in Physical Geography-Earth and Environment，35（5）：613-628.
Hart J F. 1954. Central tendency in areal distributions[J]. Economic Geography，30：48-59.
Huang J K，Wang X B，Zhi H Y，et al. 2010. Subsidies and distortions in China's agriculture：evidence from producer-level data[J]. The Australian Journal of Agricultural and Resource Economics，55：53-71.
Pinto-Correia T，Breman B. 2008. Understanding marginalization in the periphery of Europe：a multidimensional process//Sustainable Land Management：Strategies to Cope with the Marginalisation of Agriculture[M]. Cheltenham：Edward Elgar Publishing Ltd：11-40.
Schuman M. 2010. Escaping the Middle-income Trap[N]. http://business.time.com/2010/08/10/escaping-the-middle-inc ometrap/[2022-06-13].
Shao J A，Zhang S C，Li X B. 2015. Farmland marginalization in the mountainous areas：characteristics，influencing factors and policy implications[J]. Journal of Geographical Sciences，25（6）：701-722.
Shaw G，Wheeler D. 1985. Statistical Techniques in Geographical Analysis[M]. New York：Wiley.
Stuart D，Canty D，Killebrew K. 2010. Guide to Environmental Markets for Farmers and Ranchers[R]. American Farmland Trust，10：1-29.
Tan S H，Heerink N，Qu F T. 2006. Land fragmentation and its driving forces in China[J]. Land Use Policy，23（3）：272-285.
Tan Y Z，Chen H，Xiao W，et al. 2021. Influence of farmland marginalization in mountainous and hilly areas on land use changes at the county level[J]. Science of The Total Environment：149576.
Verburg P H，de Steeg J A，Veldkamp A，et al. 2009. From land cover change to land function dynamics：a major challenge to improve land characterization[J]. Journal of Environmental Management，90（3）：1327-1335.
Wang Y H，Li X B，Xin L J，et al. 2020. Farmland marginalization and its drivers in mountainous

areas of China[J]. Science of The Total Environment，719（1）：135132.

Wiggering H，Dalchow C，Glemnitz M，et al. 2006. Indicators for multifunctional land use-Linking socio-economic requirements with landscape potentials[J]. Ecological Indicators，6：238-249.

Williamson O E. 1998. Transaction cost economics：how it works；where it is headed[J]. De Economist，146（1）：23-58.

Williamson O E. 2000. The new institutional economics：taking stock，looking ahead[J]. Journal of Economic Literature，38（3）：595-613.